Shehui Gongzuo
Shixi Jiaocheng

社会工作
实习教程

主　编　高芙蓉　黄文斌
副主编　陈丽丽　何新华

中国财经出版传媒集团
经济科学出版社
Economic Science Press
·北京·

图书在版编目（CIP）数据

社会工作实习教程/高芙蓉，黄文斌主编；陈丽丽，
何新华副主编．－－北京：经济科学出版社，2024.1
ISBN 978 - 7 - 5218 - 5505 - 0

Ⅰ.①社… Ⅱ.①高…②黄…③陈…④何… Ⅲ.
①社会工作 - 实习 - 高等学校 - 教材 Ⅳ.①C916.2

中国国家版本馆 CIP 数据核字（2024）第 008653 号

责任编辑：李　雪
责任校对：杨　海
责任印制：邱　天

社会工作实习教程

主　编　高芙蓉　黄文斌
副主编　陈丽丽　何新华
经济科学出版社出版、发行　新华书店经销
社址：北京市海淀区阜成路甲 28 号　邮编：100142
总编部电话：010 - 88191217　发行部电话：010 - 88191522
网址：www. esp. com. cn
电子邮箱：esp@ esp. com. cn
天猫网店：经济科学出版社旗舰店
网址：http：//jjkxcbs. tmall. com
固安华明印业有限公司印装
787 × 1092　16 开　23. 25 印张　452000 字
2024 年 1 月第 1 版　2024 年 1 月第 1 次印刷
ISBN 978 - 7 - 5218 - 5505 - 0　定价：89. 00 元
（图书出现印装问题，本社负责调换。电话：010 - 88191545）
（版权所有　侵权必究　打击盗版　举报热线：010 - 88191661
QQ：2242791300　营销中心电话：010 - 88191537
电子邮箱：dbts@ esp. com. cn）

前　言
PREFACE

　　社会工作是一门实务性、操作性取向的专业。在社会工作专业人才培养中，专业实习实践教学至关重要，它是决定人才培养质量的关键环节。所谓社会工作专业实习实践教学，就是为学生提供真实场域，在校内带教老师和校外专业督导的指导下，遵循社会工作专业要求和规范，艺术化地把理论知识、方法和技巧、专业价值转化为实际工作中的行动，把学生不断培养成为知、觉、行合一的专业人才的教学活动。

　　中国社会工作存在"教育先行、专业滞后"的发展特点。在"专业化、本土化"两大议题之下，中国社会工作教育承载着更多使命和价值。作为社会工作教育的研究者和实践者，我们更愿意科学反思过程和问题，就如何推进人才培养积极作为。正是在这样的专业自觉意识指引下，我们围绕"培养什么样的社会工作专业学生"和"如何培养社会工作专业学生"，就社会工作实习这一主题，充分总结现有做法和成果，结合自身多年社会工作专业实践与教学实践，合力编写了这本适用于社会工作专业人才培养的社工实习教程。

　　本教程分为十二章。遵循 OBE 核心原则，兼顾可操作性和实用性，前十一章的编写体例均按照目标、技能点、思维导图、小节和思考题设置，以便于教学工作者和学习者使用。我们还精选了八个案例编入第十二章，以更为直观的方式呈现有关社会工作实习的部分议题。我们希望本教程是对中国社会工作发展的主动回应，能够为读者提供智识支持和行动参考。经济科学出版社亦洞察到社会工作实习之于社会工作教育的重要意义，并愿意以他们的专业力量推进社会工作专业的发展，对此我们向其表达敬意！

主编谨识

2023 年 10 月于上海

目 录
CONTENTS

第一章

社会工作实习概述

【实训目标】

1. 深入了解社会工作实习的含义及重要意义。
2. 熟知社会工作实习的目标。

【实训技能点】

1. 理解社会工作实习的含义与特征，把握社会工作实习的作用。
2. 了解社会工作实习的目标。

【思维导图】

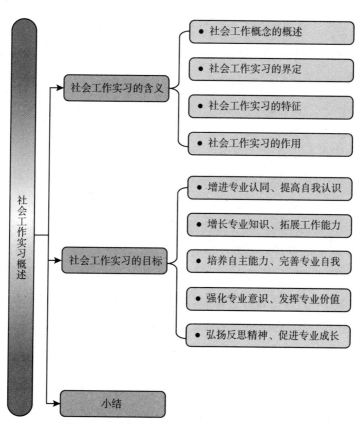

第一节　社会工作实习的含义

社会工作是以实务为本的专业，其专业化的体现源于社会工作教育者对实务教育的重视。实习是社会工作教育的重要组成部分，能够帮助学生把所学理论与"真实世界"的实践环境有机地融合在一起。在介绍社会工作实习这一概念之前，首先简单回顾一下社会工作的内涵。

一、社会工作概念的概述

（一）什么是社会工作

社会工作概念的界定多采用学者王思斌的观点，他对社会工作做了如下定义："现代社会工作是以利他主义理念为指导，运用科学方法，帮助贫弱群体和困境人士解决其基本生活方面的问题，促进其能力发展，调适其与社会环境关系的职业性的专业服务活动"。[①]

从这个定义可以看出，社会工作包含下面几个方面的特有属性：

（1）社会工作的伦理。社会工作拥有独具特色的价值理念、伦理规范，它体现着助人自助的价值观念，遵循以人为本的伦理规范。

（2）社会工作的领域。社会工作涵盖各种职业性领域，虽然概念中没有明确列出职业范畴，实际上它涵盖了相应的职业范围。

（3）社会工作的本质。社会工作是通过提供服务帮助受助群体的一种助人活动。它为了帮助服务对象而进行服务，它与商业服务及对他人的管理、控制有根本的区别，社会工作是以服务对象为本的专业活动。

（4）社会工作的科学性。它是科学的助人活动，不同于慈善活动，也不同于一般的公益性活动，它以科学的知识为基础，是一种专业性的助人活动。

（5）社会工作的职业性。它是一种职业活动，是在社会职业分工中专门从事社会服务的职业，它与志愿活动有本质区别。

---

① 王思斌. 社会工作导论 [M]. 3 版. 北京：北京大学出版社，2021：9.

（二）社会工作的功能

社会工作的功能，也称为社会工作的目的，它是帮助有需要的个人、家庭、群体、组织与社区，发展个人潜能、改善个人生活，调节人与社会的关系，预防解决社会问题，增进社会福祉，促进社会进步。概括起来，社会工作的功能有三个方面。

1. 治疗功能

社会工作是对社会问题的回应。治疗是针对社会病态采取措施，使之恢复和重建，得以发挥社会功能。在微观层面，治疗功能是对个人、团体的直接服务，帮助他们恢复受损的社会功能，重组社会系统、重建社会关系；在宏观层面，治疗是解决社会问题、完善社会制度、促进社会和谐。社会工作的治疗功能体现在消除产生问题、导致个人丧失社会功能的环境因素，恢复重建个人失去的社会功能，并能够获得合适的社会调适模式，或者产生不同于以往的替代模式，从而使服务对象发挥正常的社会功能。

2. 预防功能

预防是采取行动把对社会有害的行为、个人与系统的问题降低，以避免其发生的过程，也即预防新的社会问题的出现或旧的社会问题的再次发生。预防以社会问题的可能发生为前提，发现问题的早期症状，分析它们的原因，通过干预，防止或者减少社会问题的产生。它可从两方面着手：第一，采取超前措施、预防问题发生。从宏观层面上发展有效的社会福利支持体系，从微观层面上要求社会工作者健全助人体系。这是预防的最高境界。第二，问题刚刚处于萌芽状态时即采取果断措施。一个重要手段是进行公众教育，通过一系列活动、计划、宣传等措施让人们从心理上重视它。这属于二级预防。

3. 发展功能

发展功能是指"促进受助者能力的发展，通过能力发展促进其功能恢复或增强其功能，并达致生活目标。能力发展不但是针对遇有困难者而言的，对预防问题的出现也具有重要意义。它不但针对个人和社会群体，对于社区建设也意义明显。"[①] 它通过两种手段达成这一功能：一是通过教育达到发展的目的。教育的作用在于增加人的知识，使其具有正确认识自我与社会环境关系的能力，以在变迁的社会中正常发挥功能。二是通过增强功能帮助人与社会系统成长。增强是

---

① 王思斌. 社会工作概论［M］. 3 版. 北京：北京大学出版社，2014：27.

对现有的社会资源做更有效的运用，通过强化社会福利体系，提高人们物质生活、精神生活的质量，并增强人们对自己所扮演角色的认知、适应和发展。

除上述功能外，社会工作还具有解决社会问题、维护社会稳定、保障公民权利、推动社会正义、促进社会整合、实现社会进步等功能。

（三）社会工作的要素

社会工作的要素有社会工作者、服务对象、社会工作价值观与助人方法四个方面。

1. 社会工作者

社会工作者是社会工作的主体，是社会工作的实施者，是社会工作过程的首要构成部分，是社会工作存在的前提。社会工作者是具有一定社会工作专业知识和技能，在社会福利、社会救助等诸多服务领域从事专业服务的人士。他们具有四方面特点：一是职业化地从事社会服务的人员；二是其职业性质是从事社会服务；三是秉持社会工作价值观，掌握专业助人方法；四是通过合法登记开展服务。

2. 服务对象

服务对象也称受助者，是社会工作的客体，是在社会工作过程中接受服务的一方，是在正常的社会生活中遇到困难而希望得到帮助以摆脱困难的人。他们是在遇到自己不能解决的困难而向社会工作机构求助的个人、家庭、群体、组织和社区，他们能够表达自己的意愿，在社会工作过程中具有自主性，能够与社会工作者互动。

3. 社会工作价值观

社会工作价值观是社会工作者所持有的、能够支撑其开展专业实践的哲学信念，它由一系列对社会、对个人、对个人与社会的关系、对社会公正和社会进步、对社会问题、对社会工作等的看法和评价组成。它的核心是"利他主义"，是社会工作者帮助他人、服务他人的行动目标，是社会工作的灵魂。

4. 助人方法

社会工作的助人方法表现为一系列的专业方法，是社会工作者群体在长期的助人实践中形成的、经过实践检验行之有效的做法，它是一套基于多种科学知识而形成的处理人与人的关系、帮助人走出困境的方法，是一些操作性很强的实务工作方法。在社会工作中，个案工作、小组工作、社区工作是三种重要的直接服务方法，还有社会工作行政、政策分析、社会工作研究等间接方法。助人方法是社会工作不可缺少的要素，也是社会工作知识体系最主要的组成部分。

二、社会工作实习的界定

社会工作是一门应用性、实务性很强的学科，具有极高的操作性。它不但要求社会工作专业学生去"想"，还要求学生能够把服务社会的方法与理念付诸行动。因此，社会工作不止于"纸上谈兵"，而是通过实干，达到人人共享社会福利、实现社会福利的理想目标。这样，社会工作的实践既有宏观层面上的政策研究，又在中观层面上对社区的服务与实践，同时还离不开团体与个人层面上的直接服务。社会工作的实践活动要求社会工作者具有对社会、对人进行服务的广博知识，并有能够达成工作目标的一套工作技术、方法与价值观。

社会工作教育中一个重要的环节是为学生提供理论原则与专业知识教学的实践机会，一方面是让学生能在认知层面获得理论上的概念与知识，另一方面要使学生能够艺术化地把知识、方法、价值体现在直接的服务过程之中，将所学理论转化为具体服务的行动。这种艺术化地运用知识、价值与技巧去提供服务的能力需要经过特别安排的学习与训练养成。[①]

这种专门安排学生所做的训练实质上是把学生派驻到社会工作机构，在实践中，把课堂上学习到的知识、专业方法运用于实际场景，把社会工作价值理念内化于社会工作实务工作中，并将其转化为具体的服务工作。这样一个发展过程，就是社会工作实习。论及社会工作实习概念，存在着广义和狭义之分。广义上的社会工作实习是指学生参与课堂外所有社会服务的专业实践活动；狭义上的社会工作实习是指在学校的计划安排下，有专业老师作为督导的情况下，让学生到专门的机构接受社工实务技能训练与价值观内化的活动。本书使用的是狭义上的概念。如何界定社会工作实习，不同学者给出的定义略有不同。

美国学者汉密尔顿是著名的社会工作教育家，他提出社会工作实习是有目的、有计划、有意识的经验活动，在具体实务过程中，学生先期对社会工作进行基本的了解与认知，后期则体现自主参与的实务表现。

曾华源认为在社会工作专业教育中，实习与其他课程一样，是达成教育目标的一种手段，是一种较特殊的学习模式，它有别于学校课堂上的知识传授，是让学生有机会接触未来可能服务的情境，从中学习运用知识和技巧。[②]

陈良谨用"野外实习"一词形容社会工作实习，指出它是评价社会工作教

---

①② 王思斌. 社会工作概论 ［M］. 3 版. 北京：高等教育出版社，2014：400.

育是否正规化的一个维度。它为社会工作专业学生提供了将课堂上所学的理论知识运用、整合进实践，发展社会工作的认同感和承诺的宝贵机会。[①]

学者王思斌提出社会工作实习具有社会工作实务的特性，即从事具体的社会工作实践活动，同时，它又主要是教育取向的，即通过从事实际社会工作的活动学习运用社会工作的知识、技巧，并且在实际的服务提供过程中学习与发展新的知识，尝试体验社会工作者的角色，检视自己的价值与态度，促进专业意识与自觉，从而发展自己的专业自主能力并成为人格成熟的社会工作者。社会工作实习是整个社会工作专业教育中的有机部分，在专业训练中占有十分重要的地位，是实现专业养成的重要途径与手段。[②]

综上所述，社会工作实习虽然离开了课堂，但它仍是一种特殊的学习形式，只是它将课堂放在了社会工作机构或者城市、农村社区。社会工作实习是一种深化学习、持续学习的过程，是一种情景学习、临床学习的过程，是一个有目的、有计划的教学过程与主动学习过程，是一种有督导指导的学习过程。

三、社会工作实习的特征

从上述社会工作实习的概念可以引申出社会工作实习的一些主要特征。

（一）社会工作实习是一个深化与持续学习的过程

在社会工作专业教育中课堂教学与实习教学都是专业教育的有机组成部分，二者在培养目标上是一致的。课堂教学要先于实习教学，学生首先对社会工作理论与方法有一个理念上的认识，建立初步的专业价值观与意识，借助实习把这些知识、理论与技巧运用于实际工作中，深化与巩固理论知识，熟练掌握社会工作方法与技巧。实习活动虽然服务于社会，为社会成员提供直接的服务，但实习最终目的不在于提供服务本身，而在于训练学生的理论水平、专业态度与工作技巧。在实习工作中，提供服务的过程分为评估、计划、介入与总结四个主要阶段。社会工作专业学生只有通过持续参与到具体的实务过程中，才能真正体验到社会工作技能与理念的运用，也才能将社会工作的价值观内化于心，外化于形。社会工作的过程持续时间相当长，对于实习生而言，他们所从事的工作是经过实习导师的甄选，从简单到复杂，从容易到困难，这一过程遵循循序渐进的规律，

---

① 陈良谨. 中国社会工作百科全书 ［M］. 北京：中国社会出版社，1994：128.
② 王思斌. 社会工作概论 ［M］. 3 版. 北京：高等教育出版社，2014：400 - 401.

容易使学生尽快上手并进入工作状态。国际上对社会工作的一般理解是："一个具有专业资格的社会工作者，必须是经过相当长实习过程训练的社会工作专业学生，其社会工作的实习时间应为 800 个小时。英国社会工作文凭训练中，实习占全部课时的 50%。"① 持续而深化的实习过程是专业养成所必需的。

（二）社会工作实习是一种情境学习与临床实习的过程

虽然从目标上看，课堂上的理论学习与实践中的实习教学是一致的，但在形式上则差别很大。理论学习主要是在课堂中通过教师讲授来达到教学目标，而实习则是在工作场景通过情境学习来达成培养目标。情境学习就是让学生离开课堂，走入社会，亲自体验一线社会工作者的感受，直接服务于受助者，在为人们提供服务的过程中把社会工作理论与原则实践于行动中，把社会工作价值观与理论内化到心中，通过二者的结合，提升社会工作专业学生的技能与技巧。课堂教学是不能为社会工作学生提供这样的学习经验的，就像医学院学生只有经历一段时间的临床实战才可以成为合格的医生一样，社会工作专业的学生也必须通过相应的情境学习，方可成为一名合格的社会工作者。像医学院的学生实习一样，社会工作专业的学生需要到社会工作机构或社区中去历练和学习，只有成为社会工作机构的一员方能履行专业社会工作者的角色，掌握助人工作的技巧。社会工作专业特性要求社会工作者不仅具备人类行为与社会环境方面的知识，还需要拥有洞察社会的悟性和理解人性的能力，同时还要具有与服务对象一起工作的实操能力。这样的能力要想得到提升就必须在具体的工作环境中去培养。社会工作实习具有与医学、教育学等专业实习相同的性质，通过不断重复的工作过程强化专业的"诊断—评估""处方—计划""治疗—介入"、总结等技术，为成为合格的社会工作者奠定坚实基础。

（三）社会工作专业实习是一个有目的、有计划的教学过程与主动学习过程

社会工作实习的主要目标是要培养有能力的实务工作者。这对实习内容提出了要求，就是要有详细计划与教学方案。计划包括实习的目标、方式、时间、主要内容、实习过程中的督导、评估等多方面的内容。实习教学方案要明确规定学生实习的内容。英国在二年制社会工作文凭训练课程中对实习课程内容做了明确规定，规定了每一次实习要掌握的指标，实习要达到的要求，包括社会工作知识、价值观、社会工作技能、社会工作评估与计划的能力、社会工作实施能力，

① 王思斌. 社会工作概论 [M]. 3 版. 北京：高等教育出版社，2014：401.

与受助者个体、家庭、团体、社区、组织一起工作的能力等。有目的、有步骤的学习过程使学生把理论、知识、技巧内化到为受助者的服务中，学习到正确的价值观，深化课程知识，验证与丰富理论概念。社会工作实习不同于学徒式的一对一实习，它注重学习者个人潜能的发挥。一般来讲，社会工作实习放在学生掌握了基本的概念、技巧与知识之后，学生对社会工作有了初步的认识，在实习过程中学生具有把理论应用于实务情境的冲动与兴趣。在实习中获得的体验与知识，又会激发学生在课堂教学中学习的欲望，通过由知到行、再由行到知的反复实践学习过程，激发学生学习的积极性与学习动力，培养学生的创造力与想象力，在学习过程中成为学习的主导者而非被动者。

（四）社会工作实习是一种有督导指导的学习过程

社会工作实习在社会工作教育过程中具有重要地位，它能为学生提供实践的学习机会，而不是以追求工作量为目的。为满足学习目的，实习是在督导的指导下进行的。督导则是依据学习需要拟订实习计划，对学生进行定期的督导，安排不同的工作内容，让学生掌握不同情境中的工作技巧。社会工作实习强调学生个人积极性与主动性的发挥，但并不意味着实习就是无组织的经验积累与无目标的实验试错。在整个社会工作实习过程中，实习督导发挥着重要作用，它是保证实习有效进行的主要手段。如果没有有计划、有目的的督导，学生就难以获得系统性的知识与相应的工作态度，影响社会工作的专业权威与专业伦理，损害社会工作的专业形象与服务对象的权益。为满足学生学习的要求，实现专业教育的目标，保障服务对象的权益，维护社会工作专业的权威与专业伦理，要明确督导的作用，发挥他们的有效性。正是因为有督导的存在，社会工作实习与一般意义上的志愿服务有很大不同。志愿服务侧重于服务，以完成任务作为第一要务，服务的内容相对单一，没有专门的训练和指导。当然，有些情况下机构也会为志愿者提供训练，但相比之下，这里的训练不是出于专业成长的需要考虑，而是以完成任务为前提。因此，这种简单的培训并不能满足社会工作专业实习的要求。

四、社会工作实习的作用

社会工作实习并非理论知识的重复讲解，不能用课堂教学取代实习。同样，实习也是在理论指导下的实务活动，它不同于一般的训练，实习离不开课堂教学打下的基础。国外学者斯蒂恩（Stein）调研过实习对社会工作人才的意义，他认为学生们都觉得实习比其他专业课学习重要，许多学生对实习教学的评价高于课堂教学，如诊断问题、解决问题的方法和技巧主要是从实习或实习与课堂教学的结合中学到的；社会工作者的自我知觉多来自于实习过程，它有助于社会工作专业学生了解社会工作机构与运作程序等。有学者通过教学实践总结，提出社会工作实习的作用主要有以下五方面。[①]

（一）实习有助于达成专业教育目标

实习是社会工作专业教育的有机组成部分和必要手段。一般的专业课程体系分为基础课、专业基础课与专业课三部分，而社会工作专业的性质则决定着基础课与专业基础课的学习结束之后还要进入专业的教学实习环节。实习环节包含专业课学习之前及之后两个阶段。学习专业课之前进行的实习，也称为认知实习，其目的在于培养学生的专业感性认识，为学生学习专业课奠定认识基础；专业课学习结束之后的学习，也叫毕业实习，是要求学生在具体实务过程中能将所学的专业课程运用其中。可见，社会工作专业的实习是专业教育必不可少的组成环节，也是实现专业教育目标的重要手段。

（二）实习有助于学生坚定从事社会工作的决心和信心

在我国，社会工作是一个恢复重建的专业，由于停办时间较长，现在很多人都不甚知晓。正因为如此，许多学生看不清社会工作者的作用，不了解社会对社会工作者的需求，对社会工作专业的学习缺乏信心与兴趣。通过社会工作实习则有助于解决这一问题。实践经验表明，通过实习可以让社会工作专业学生接触现实生活，对社会工作有更深刻认识，发现社会工作的价值与意义，激发学习社会工作专业的兴趣。

（三）实习有助于培养社会工作专业学生的专业价值观

实习有助于消除学生不适当的态度、情绪和偏见，形成专业自我。服务对象经常会面临不同的问题，如酗酒、贫困、抑郁、家庭矛盾等，面对这种状况，社会工作者的人道主义价值观有重要作用。不论面对什么境遇的服务对象，社会工作者都会把受助者的尊严与价值放在第一位，不会因为人有各种各样的缺点而轻视谁。社会工作的目的之一是帮助人们正确地认识到自身的错误、改正错误，社会工作价值观要求社会工作者既要看到他人的优点，又要接受别人的弱点与不

---

① 库少雄.社会工作实习［M］.武汉：华中科技大学出版社，2003：3-7.

足。在专业实习中，理智地了解自我、正确地使用自我，保持客观、冷静，以便控制不适当的感受、态度与偏见，这是专业自我的要素。专业自我的培养和自我觉知关系密切，培养自我觉知的良方就是实习。实习有助于学生了解自己行为的主观性，感受自己的行为对服务对象的影响。基于专业自我的指导，可以使学生控制好自身情绪、管控好自己的行为，表现出良好的专业角色形象，呈现应有的专业角色行为，同时也能接受服务对象的行为与态度。

（四）实习有助于社会工作专业学生在实习中践行理论

在实习中，学生在课堂教学中学习到的人类行为理论、社会学理论、社会工作实务知识可以得到理解、检验、修正并发展和应用理论。大量的实践表明，社会工作实习有助于学生内化社会工作的价值观，有助于学生正确理解人类的差异性和多样性。目前，社会工作教学体系的完备性还不够充分，教材虽然从最开始的借鉴甚至完全照搬发达国家已过渡到逐渐拥有了自己的一套相对健全的教材体系，但这样的教材体系仍不够成熟，还需要进一步完善。发达国家和地区的社会工作理论与方法固然先行，但能否适应中国的国情，如何更好地应用与发展，还需要在实习中解答这一问题。

（五）实习有助于学生检验社会工作是否是他们的最佳职业选择

社会工作是一个新兴起的专业，但并非适合任何人，包括目前正在学习社会工作专业的学生。选择终身的职业是人生中的重大抉择，一旦出错有可能遗憾终生，仅靠空想是难以做出理想选择的。在实习中，与现实生活交流、碰撞的过程是学生发现自己思想与心灵深处的过程，也是选择未来职业方向的过程。在学生实习过程中，督导老师会关注学生的实习表现，对他们的实习进行科学的评估，帮助学生分析、发现他们的优势与短板，引导他们发现未来的工作机会与最佳选择。

第二节　社会工作实习的目标

社会工作实习对于培养社会工作者的专业素养具有重要作用。社会工作实习的目的在于让学生有更多的机会熟悉社会工作机构或社区的运作和功能，能够让学生通过实习提高专业素质，也为学生提供就业的机会。作为未来的社会工作者必须具备几个方面的知识与能力，即专业认同和自我认识、专业知识和工作能力、自主能力和专业自我、专业意识和专业价值、反思精神和专业成长等。以此为基础，社会工作实习的目标也应从以下方面入手。

一、增进专业认同、提高自我认识

社会工作专业学生通过与服务对象的正式接触，可以认识到专业工作与一般意义上的助人活动的实质区别，使他们对自己的专业有更客观而全面的认识，增进他们的专业认同感。一般助人活动具有随意性的特征，这种特质决定它在助人过程中缺乏严密的组织性，欠缺前后相连续的系统性，解决问题也不可能做到全面彻底，这是一种插入式或嫁接式的人文关怀。对于志愿者，志愿性活动疏导了他们的助人意愿，满足了他们了解弱势群体生活状态的需要。对于受助对象，他们享受了一次探望式的人文关怀。当活动结束之后，各自仍旧回归原有的生存状态，对改变他们的弱势群体地位并没有起到本质的作用。社会工作是一门科学，更是一门艺术，它是组织性、系统性和彻底性的统一。志愿性活动只是传达了社会对弱势群体人文关怀的信号，表达了社会接纳他们的诚挚心意，社会工作则是把这种良好意愿落到实处。社会工作意味着付出的同时还要寻求接纳，在相互接纳中承担责任。

社会工作专业学生对自身的定位从实习之日起开始由"社会人"转变为"社会工作者"，体现自身价值的同时，也坚定了做社会工作者的信念。有人说，看一个人的人品如何，去看他对穷人的态度即可。同样，从一个社会对生活不能自理者的态度中，也可以知晓其文明程度。一个健全的社会，应该为一切成员提供健全灵魂的空间，提供维护生命尊严的条件。体会到这一切，作为社会工作专业学生就负有了强烈的使命感和责任感，实习更加强化了这种认识。

二、增长专业知识、拓展工作能力

实习教学的本质是协助社会工作专业学生把理论与实务结合起来，通过实务工作，将理论具体地表现出来。实习的目标，着重在将课堂所学的理论转换到实务情景中去，评估服务对象的需要和自身工作实际，将理论知识和实务有机结合，强化对理论的认识，反思实务情境下运用理论的技巧，进而在实践中学习。因此实习的一个重要目标是把理论与实务整合起来，只有理论没有实践则会变成空谈，只有实践没有理论则不具备发展、创造与转移知识的能力，充其量只算一个能干的工匠。理论与实务的整合，不是"理论"与"实务"简单地相加，而是一个全新的学习过程。在实习过程中，学生会逐步体会、消化课堂所学知识，把价值、理论、方法外化到自己的行为中。实习情境提供了丰富的资料，启发学生认真思考，既加深对理论知识的印象，又促使学生反思学习的理论，修正与审视现有理论的不足，发展新的知识。实习过程是接触问题、解决问题的过程，是对理论知识系统应用的过程。在实习的过程中，社会工作专业学生可以积累更多关于残疾人、矫治对象、老年人、儿童等特殊群体的生理、心理以及社会需求的第一手材料，这些资料是他们修正理论、验证理论最好的基础。

三、培养自主能力、完善专业自我

根据王思斌的观点，所谓专业自主是指"在专业上独立自主的实务工作者，不仅要能有计划地安排工作和解决问题，而且要有其内在动机并以社会工作专业独特的思考与判断方法去发现问题、解决问题的能力。"[1] 社会工作者有一套解决问题、专业观察的思维方法，它是超越个人习惯性思维形态的、具有敏锐眼光的、能够运用价值理念和理论知识进行指导的创造性思考。这要求社会工作者具有敏锐的专业判断能力发现未被满足的需要与问题，寻求解决问题的策略，回应不断变化的社会需要。因此，具有专业自主能力的社会工作者应具备相应的专业知识与基本的判断能力，尤其是具备运用专业方法解决问题的能力。实习教育就是促使学生发展专业自主能力并认同专业，在实习过程中通过让学生有批判性的思考和独立行动来获得这种能力。实习的重要目标即在于提供机会让学生验证他们的观念，鼓励学生进行批判性思考，提出问题，在服务提供的过程中获得答案。为发展学生的专业自主能力，要给学生提供足够的学习机会，以便验证、发展知识、积累经验。专业自主能力的成长是社会工作实习的一个重要目标。

专业自我是指"社会工作者在与受助者工作时所表现的自我态度、情绪和专业价值观。"[2] 社会工作者在接触服务对象时，往往会带着个人情绪、偏好以及独特的价值观，一般情况下如果不是有意识地内省，这种偏见并不能被社会工作者本身觉察，但在与受助者的互动中会反映出来。如果这种价值观在工作过程中一直被社会工作者所坚持，并不能主动发觉，一旦与受助者行为抵触，个人则会产生不适感，就会影响对受助者的了解与接纳，影响与受助者建立融洽的工作

---

①② 王思斌. 社会工作概论［M］.3 版. 北京：高等教育出版社，2014：403.

关系。作为一个专业社会工作者在实习工作中不能盲从，需要明白自己要的是什么、干的是什么、为什么这样做。这需要社会工作者既要以专业知识作为行为的指引，又要探索个人内在心理方面可能对自己的行为产生的影响，特别要明白自己在工作中的情绪。为提高服务质量，社会工作者必须有意识地使用"自我"，控制自己不恰当的感受、态度与偏好，保持良好的专业素养。社会工作实习一个重要目标是提供机会，使学生在与服务对象接触的工作过程中反省与了解自己的价值观、态度与偏好，提高自我意识，有意识地运用专业自我，保持客观性，增进专业能力。

四、强化专业意识、发挥专业价值

社会工作是以价值为导向的助人自助的专业，其全部活动都体现了价值取向，它是社会工作以专业理念向社会做出的一种承诺。每一位社会工作者的实务活动都必须体现社会工作的专业理想，遵从社会工作专业的伦理守则。培养专业意识，确立价值观念是社会工作专业教育的重要环节。相对于知识与技巧而言，常常将价值观教育置于首位，因为知识与技巧的应用前提是要有为社会、为人民服务的精神，有对社会工作的认同与认可。只有认同专业的价值，社会工作专业的学生才能有意识地使自己的行为符合专业的理想和伦理守则。许多研究表明，社会工作实习提供了一个具体生动的机会让学生体认社会工作的价值观，正是通过实习中遇到的具体案例，学生才会真正经历，感受社会工作价值观的实际意义。经验表明，课堂教学给予学生有关社会工作专业价值观及专业理想的概念，实习过程则使学生把理论转化为实践，亲身体验社会工作价值观与理想的社会意义，由被动接受价值观教育到主动探索、思考其意义，承诺担负实现专业价值与理想的任务，并逐渐把价值观内化，使言行合一。社会工作实习的一个重要目标即是提供真实的工作环境，在学习为受助者提供服务的过程中，帮助学生正确认识、客观分析自身价值观、社会价值观和专业价值观三者之间的差异与共同点，将社会工作价值观和专业理想内化于心，自觉以专业价值观指导自己的实务工作，树立专业意识与专业价值观。①

---

① 王思斌. 社会工作概论 [M]. 3 版. 北京：高等教育出版社，2014：404.

五、弘扬反思精神、促进专业成长①

所谓专业成长是指由于社会发展变化，社会工作的专业知识理论、服务受助者的技巧与价值观也不断发展，同时也指社会工作者不断追求自我完善，追求知、觉、行三方面的融合，不断提高专业知识与实务能力，促进专业自我的成长。从非专业化的慈善助人活动到专业化的助人活动，社会工作一直与社会发展的脉搏共振，回应社会发展的需要而更新理论、知识、技巧和社会公正的价值观。这样社会工作才能在社会变动与发展中保持生命活力，才使其在社会中保持其独特的专业位置。社会工作教育的一个重要任务是让学生具有自我反思、批判的精神，不断追求个人人格的成熟与完善，同时，教授学生一种思维方法，使他们具有一种不断学习的能力，培养学生独立思考问题、解决问题的能力。只有这样，学生才能面对不断发展的社会，发展社会工作的专业知识与专业自我，不断获得成长与进步。社会工作是在不断向不合理的社会陈规陋习挑战并追求服务成效的过程中发展的。

社会工作实习教育是促进学生获得专业成长的一个重要途径。实际的工作情境为学生提供了机会，使学生体会精深的社会工作专业知识、精致的工作技巧与精诚的工作态度是提高社会工作服务成效的重要因素，并激发学生用批判的眼光反思现有的服务传递系统及社会工作的知识体系与服务需要的差距，积极主动地追求专业知识与专业自我的成长。

小 结

本章对社会工作实习的概念进行了梳理，不同学者对社会工作实习的界定略有差异，但总体看社会工作实习具有四大特征，即它是一种特殊的学习形式，是一种情景学习、临床学习，一种有目的、有计划的教学过程与主动学习过程，一种有督导指导的学习过程。社会工作实习具有五个方面的作用，通过社会工作实习能达成五个方面目标，即增进专业认同、提高自我认识，增长专业知识、拓展工作能力，培养自主能力、完善专业自我，强化专业意识、发挥专业价值，弘扬反思精神、促进专业成长。

---

① 王思斌.社会工作概论［M］.3 版.北京：高等教育出版社，2014：404－405.

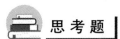 **思考题**

1. 社会工作实习的含义是什么？
2. 社会工作实习的特征是什么？
3. 社会工作实习的作用有哪些？
4. 社会工作实习的目标是什么？

第二章

社会工作实习的形式与内容

【实训目标】

1. 深入了解不同类型的社会工作实习形式，依据实习的真实情境选择不同的实习形式。

2. 通过认识影响实习内容的因素，掌握社会工作实习内容的原则。

【实训技能点】

1. 理解社会工作实习形式的含义、功能，能够依据具体情况确定实习形式。

2. 依据实习内容的原则，制定详细的实习内容。

【思维导图】

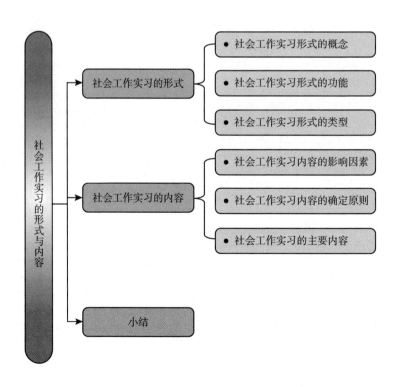

第一节　社会工作实习的形式

作为一门强调社会实践的学科，社会工作专业对实习的要求十分严格，主要体现在实习形式和内容的规制上。

一、社会工作实习形式的概念

鉴于社会工作专业发展的现实情况，不同地区、不同高校会采取不同的实习形式。那么，什么是社会工作实习的形式呢？所谓实习形式，也称为实习组织形式，是指师生依据相应的制度、程序完成实习教学活动的一种结构形式。

实习形式并不像看起来的那么简单，其中涉及许多问题。这是具体实习中师生必然要遇到的问题，主要包括：①教学人员的组合形式。教学人员的组合形式一方面确定了在不同的学生参与形式中，教师以什么样的方式与学生联系；另一方面确定了学生是以个别形式还是集体形式参加社会工作实习活动。②实习时间和空间的安排方式。作为学生学习生活的一部分，实习不仅需要时间，而且需要合适的空间，并需要以一定的方式安排学生进行实习。如学生是以分散的时间实习还是以集中的时间实习；学生是在学校所在地还是在学校所在地以外的地方实习；不同时间和空间安排方式与实习目标、实习内容、实习方法、实习教学评估之间的联系和相互作用。③实习场所的安排方式。学生是到社会工作实务机构，还是到社会管理政府部门，或是城乡居民基层社区参加实习活动；不同实习场所安排方式与实习目标、实习内容、实习方法、实习教学评估之间的联系和相互作用。④实习时机的安排方式。学生是在课堂专业课程教学期间，还是在课堂专业课程教学结束后参加实习；不同实习时机的安排方式与实习目标、实习内容、实习方法、实习教学评估之间的联系和相互作用。①

---

① 史柏年，侯欣. 社会工作实习 [M]. 北京：社会科学文献出版社，2003：89 - 90.

二、社会工作实习形式的功能

在实习教学中，实习形式处于重要地位，实习形式的不同决定着实习目标、任务以及教学规律与原则的差异。作为社会工作实习的不同组成部分，只有通过某种方式组合在一起，才可以发挥相应的功能。不同的结构决定着不同的组织方式，会产生不同的功能。也就是说，实习形式会影响实习教学的效率与效果，制约教师和学生的积极性发挥，影响社工人才培养目标的实现。因此，为了最大限度地发挥社会工作实习的功能，就要正确选择实习形式。社会工作实习形式的功能总结起来大致有以下几个方面。[①]

第一，正确选择和确定实习形式，有助于形成科学合理的教学课程体系。专业教学的课程体系包括课堂课程和实习课程两部分。两种课程既有区别又有联系。二者的区别在于课堂课程是专业教育的主体部分，它以专业的系统理论、知识、方法、价值的传授和学习为目标，一般采用教师课堂讲授的方式进行，有学科门类、教学时数及进度等方面的规定；而实习课程是专业教育不可缺少的组成部分，它提供机会让学生能把课堂课程学习掌握的理论知识和方法技巧拿到实务情境中去运用，达到巩固专业理论知识、训练专业方法技巧、培养专业价值观的目的。而二者的联系在于课堂课程学习是实习课程的前提和基础；实习课程是课堂课程的延伸和深化。正因为两种课程具有内在的逻辑联系，所以实习形式的选择和确定很有讲究，它在师生组合方式、场所选定、时间空间安排、时机把握等方面，都要服从专业教育教学的目标、内容的需要，都要受教学规律、原则的约束。正确选择和确定实习形式、有助于形成科学合理的教学课程体系，而如果不按专业教育教学的目标、内容的需要，不按教学规律、原则的要求，随意确定实习形式，则可能打乱教学课程体系的内在结构，非但不能促进教学质量的提高，还会妨碍教学目标的实现。例如，有的院校在实习教学的时机选择上，不是按教学课程体系的进度要求，而是随意安排在课堂专业课程尚未开设的入学初期，这样组织的实习教学效果肯定是不会好的。

第二，正确选择和确定实习形式，有助于教和学双方积极性的发挥。教学人员的组合形式是实习形式的核心内容。在实习活动中，学生是以个别形式还是集体形式参加；教师是以经常性的方式还是定期性的方式与学生发生联系，关系到实习教学资源利用的高低和实习教学成果的大小，关系到教师和学生能否发挥教

---

① 史柏年，侯欣. 社会工作实习［M］. 北京：社会科学文献出版社，2003：90−93.

和学两方面的积极性，关系到能否实现实习教学的理想目标。

教育教学发展的历史表明，教学组织形式适应社会发展和人才培养的变化需求，经历了从个别教学到集体教学，再到个别与集体相结合的综合化、多样化形式的发展过程。从课堂课程的教学看，班级授课一直是教学的基本组织形式，因为它的优点是合理地确定了教学中教师与学生的人员组合，科学地安排了教学活动的组织程序，充分利用了教育资源，最大限度地发挥了教学系统的功能，大面积提高了学生的学习质量，培养了国家建设所需要的多种合格人才。但是，班级授课的教学组织形式也有局限性，表现在不能很好地照顾学生的个性差异，不能因材施教。

实习教学跳出了课堂、班级的局限，可以根据个别化的原则组织教学，采用灵活的教与学的组合方式，有利于教与学，尤其是学生方面积极性的发挥。因此，正确地选择和确定实习形式，是实习教学中必须认真对待的课题。

第三，正确选择和确定实习形式，有助于专业教育培养目标的实现。社会工作专业高等教育的培养目标是培养合格的社会工作专门人才。但是，不同学历层次的高等教育、不同性质的学校、专业发展的不同阶段，专业教育的培养目标会有具体要求上的差异。有的学校侧重培养社会工作微观操作层面的人才，而有的学校侧重培养社会工作宏观管理层面的人才；有的学校侧重培养能从事社会治疗服务方面的人才；有的学校侧重培养能从事研究专业教育方面的人才；有的学校侧重培养能从事社会发展规划方面的人才；有的学校侧重培养能从事一线福利服务方面的人才；有的学校侧重培养能从事政府部门工作的人才；有的学校侧重培养能从事居民社区工作的人才；等等。不同的具体培养目标，必须选择和确定不同的实习组织形式。例如，在实习场所的安排上，有的学校看重和选择到居民社区的实习；有的学校看重和选择到政府部门的实习；有的学校看重和选择到实务机构实习。实习形式和培养目标的合理配合，将大大促进专业培养目标的实现。

三、社会工作实习形式的类型

社会工作实习组织形式并不是单一的，可以根据不同标准进行划分。库少雄在《社会工作实习》一书中将社会工作实习形式区分为间隔式实习和并行式实习。在间隔式实习中，学生首先在课堂上学习理论知识，然后集中时间实习。在实习计划的指导下，学生被安置于一个社会工作机构中，实习的时间较长，可以是一个学期，也可以是一个暑期。学生每周在机构里工作五天，完成所分派的实习任务。而在并行式实习中，学生的时间被分为两部分——课堂学习时间和机构实习时间。一般来说，在一个星期内，学生在机构里实习两天到三天，然后在学校里学习两天到三天。具体的时间分配根据具体情况而定。[①] 事实上，库少雄划分的间隔式实习、并行式实习与史柏年划分的集中式实习和同步式实习含义大致相同，不同的是，史柏年还区分了另外几种社会工作实习形式，以下详细介绍。[②]

（一）集中式实习和同步式实习

集中式实习和同步式实习的划分依据是实习的时间安排。实习时间的安排方式是实习形式的重要构成要素。将实习时间安排方式作为划分依据是社会工作实习形式最常见的分类方式。

1. 集中式实习

集中式实习，又称间隔式实习，是把实习活动和课堂学习活动分隔开来而单独设立一个时间段进行的全日制实习。在学期中间集中几周或假期中集中两个月进行实习。集中式实习有利也有弊。集中式实习的优势表现在以下四方面。

第一，有助于学生全身心投入实习过程。因为集中式实习将实习活动与课程学习分隔开来，学生实习期间无须学习其他课程，可以全身心地投入到实习活动中，提高实习质量。

第二，有助于学生掌握实务部门运作规程与服务流程。社会工作服务机构与政府管理部门有各自内在的程序和运行的规律，工作内容存在一定的连续性。学生进行集中式实习，时间相对集中，便于了解机构运行状况、掌握完整的工作程序，不会错过实践机会，更不会打乱为受助对象提供服务的程序。

第三，有助于教师有充足的时间与精力开展督导活动。实习质量好坏离不开教师的督导。社会工作专业学生实习分散，需要配备多位教师对一批学生进行督导，目前配备专业实习导师的院校极少，采用集中实习有助于教师开展实习督导。

第四，有助于校企双方协调实习安排。实习机构的选择和联系关系到实习活动安排能否顺利进行。为保证实习质量与效果，选择实习机构要以实习目标与内容为首要原则，也要尊重社会工作机构的要求。实习机构一般比较欢迎学生进行连续性集中实习，这样既方便管理，也可以统筹安排工作。

集中式实习无可避免也存在一些弊端，主要表现在以下三个方面。

第一，不利于学生知与行的整合。集中式实习的组织形式将以掌握理论知识

---

① 库少雄. 社会工作实习 [M]. 武汉：华中科技大学出版社，2003.
② 史柏年，侯欣. 社会工作实习 [M]. 北京：社会科学文献出版社，2003：93-113.

为主要目标的课堂课程学习和以进行情境实践为主要目标的实习活动在时间上截然分开，在课堂学习阶段学生没有太多机会进行实践体验，而在实习阶段又无法把遇到的问题带回课堂寻求理论支持，难以像同步式实习那样，及时整合理论与实践的统一。

第二，不利于体现实习的学习取向。社会工作实习其本质仍然以学习为主要特征，它不同于机构新进成员的学徒式行为。和就业相关的集中式实习中，存在两种弊端：一是多数机构往往会安排学生从事与专业关联不大的工作，对学校实习要求考虑较少；二是学生基于就业压力，而选择从事大量的行政性事务工作。这种弊端都难以突出实习的学习特质。

第三，不利于获得结案周期较长的个案服务经验。社会工作实习中也会遇到周期长、难度大的个案，集中式实习时间短，对于实习生难以获得完整的个案服务经验。同时对服务对象和实习机构都会产生不利影响，服务对象面临不断更换的社会工作者，而存在适应问题，实习机构面临个案转介问题，这对三方都会造成相应的损失。

2. 同步式实习

同步式实习，又称为并行式实习，它是将实习和课程学习交叉安排、实习活动和课程学习结合在一起的实习活动。如在学习过程中，每周有两天实习、三天安排课程学习。同步式实习同样有利也有弊。同步式实习的优势有以下方面。

第一，有利于促进知行统一。这种实习方式可以把课堂学到的理论知识应用于实习过程中，课堂学习与实习穿插安排、同步进行，学生也可以把实习过程中遇到的实际问题或感受反馈到课堂学习中，在教师指导下学会运用理论服务于实践，或经过消化吸收上升到理论层面。这样的安排方式不会造成知与行之间的长时间脱节。

第二，有利于体现实习的学习取向特征。在这种实习模式中，学生与学校联系密切，在实习机构的时间不像集中式实习，机构无法将其作为正式员工使用，只能配合学校实习要求安排学生从事实习工作。这种模式比较适用于大学低年级的学生，他们无就业压力，到机构实习的新鲜感会让他们有更多动力主动追求新知。

第三，有利于获得个案服务经验。这种实习模式周期长、跨度大，可以获得完整的个案处理经验。个案工作服务的特点是无须与服务对象每天联系，而是间隔一周或两周会谈一次，能够与实习保持同步。这样，可以有效避免上述集中式实习时间的不足，充分保障学生、服务对象与实习机构的利益。

同步式实习的弊端也较为明显，具体有四个方面。

第一，不利于学生将更多精力投入到实习活动中。机构实习与课堂学习是不同性质的学习活动，存在较大差异，二者同步进行，会让学生感到难以兼顾的压力。当面临刚性的考试课程，学生会把重心转向复习备考，而减少柔性的实习课程投入，影响实习效果。

第二，不利于学生获得关键活动经验。这种断断续续的同步式实习模式决定着学生不能全面把握机构日常运转全过程，会错失关键活动的学习机会。如在一些筹款活动、调研活动、大型会议筹备、活动策划中，会需要大量的人力、集中较长的时间，学生间断式实习则会错过参与机会。

第三，不利于教师集中精力指导学生实习。教师往往会因为课堂教学与实习督导同步进行而分散精力。无论哪种类型的院校，对教师课堂教学的考核都较为严格，教师也会更重视课堂教学任务，而实习督导则因为学生实习较为分散，学校对教师实习督导的考核较为弹性，使得教师忽视对学生实习的督导。

第四，不利于学校与机构实习安排的统一。这种实习模式容易因实习安排造成学校与机构之间的冲突。同步式实习是学校教学工作的有机组成部分，学生无论是在校内学习还是校外实习，并不会影响学校正常的教学活动。而这种实习对于机构则会造成工作负担，既要对学生进行管理，又要配合学校的工作，这种持续的安排会让他们失去积极性。

综上，上述两种实习模式各具特色，并不能以一种模式的优势而否定另一种实习模式，而应该结合不同学历层次、不同培养目标、不同年级差异、不同地域状况选择适合学校类型、教学目标、课程结构、学生特点的实习形式。

（二）当地实习和异地实习

依据实习地点的安排，可以把实习划分为当地实习和异地实习。实习地点的安排方式即实习的空间分布形式，是实习形式的又一重要构成要素。

1. 当地实习

当地实习是指学生在学校所在城市进行实习的方式。这类实习形式的优势表现在以下方面。

第一，有利于教师对学生开展实习督导。实习地点与学校在同一个城市，教师既能到现场随访学生实习情况，又能将学生不定期召回学校，及时处理学生遇到的实际问题，满足学生的具体要求，开展有步骤的督导。

第二，有利于搭配不同的时间安排方式。选择学校所在城市实习，可采用灵活多样的实习活动与实习方式，可以安排集中式的实习，也可以采用同步式的时间安排，方便学生往返。

第三，有利于安排实习生的食宿。采用集中式实习时，无论机构是否有条件提供住宿，学生的食宿问题并不会影响学校的实习安排；采用同步式实习时，当地实习同样不会受到学生食宿影响。

当然，当地实习的不足也难以避免。

第一，实习机构的选择范围受限。当前我国社会工作机构发展不均衡，东部沿海和中部地区发展较为成熟，学校有较大的选择余地，可以为学生找到符合实习要求的专业机构；而西部地区社会工作发展相对滞后，可供学生实习的专业机构相对不足，当地实习较难开展。

第二，学生专业就业取向难以保证。学生实习的本质要突出学习特质，但对于毕业实习而言，就业导向也不容忽视，这种实习模式的弊端则凸显出来。尤其是对于三、四线城市的院校学生，当地就业不能满足其需求时，会与异地就业目标发生冲突。

2. 异地实习

异地实习是指学生实习的地点和学校所在地分属不同的城市，学生到其他地区或城市进行实习的一种模式，既可以是学生回生源地实习，也可以是跨省区实习两种方式。这种实习模式的优点表现在以下方面。

第一，扩大实习机构的选择范围。面向多个地域开展实习，学校可以选择更适合的实习机构为学生提供实习机会，能更好地满足教学目标，让学生得到更好的专业训练。

第二，协调专业学生的就业取向。异地实习可以为学生提供较大选择权，来自不同地区的学生会从收入水平、就业机会、个人与家庭意愿等角度决定自身就业去向，这种实习模式可以兼顾实习与就业的统一。

第三，开阔实习生的专业视野。不同地区的专业发展表现出一定的差异性，在比较中有利于加深学生对专业的理解、增强学生对自我的认知，克服同一地域所产生的片面思维局限。

异地实习的局限性表现在以下三个方面。

第一，不利于教师对学生的督导。由于社会工作专业服务的特殊性，学生需要分散到不同的项目点开展实习，这样会增加教师的督导难度。教师为保证对实习生的管理，多数情况会通过电话、网络保持联系，这种方式不能全面了解学生实习情况，难以及时回应学生需求，无法有效处理特殊状况。

第二，不利于与同步式实习的配合。学生分散在外地实习，无法让他们同时兼顾实习活动与其他课堂教学活动，难以做到像同步式实习那样可以随时召集学生回到学校参加其他校园活动。

第三，不利于学生食宿的安排。组织学生到外地实习，对实习经费、食宿安排提出较高要求，满足学生吃、住、行需求是开展实习的先决条件。无论对于实习机构，还是对于学校及学生个人，这方面的经费支出都是需要统筹考虑的问题。

（三）社会福利部门实习、政府部门实习、居民社区实习、社会工作服务机构实习

依据实习场所安排可以把实习划分为社会福利部门实习、政府部门实习、居民社区实习和社会工作服务机构实习。实习场所的安排方式是实习形式的又一重要构成要素。

1. 社会福利部门实习

在社会工作实习中，社会福利部门实习是最为普遍的实习形式。社会福利部门包括：社会福利服务机构，如养老院、儿童福利院、康复中心等；各类专业基金会，如慈善总会、残疾人福利基金会等；为公众提供服务的公益单位，如特殊教育学校、医院等。在这些机构开展实习活动均属于社会福利部门实习，其优势表现在以下方面。

第一，有利于学生从事专业实践活动。专业性社会福利机构的业务工作是为维护弱势群体权益、帮助其适应社会、促进其身心发展，为他们提供养护、康复、托管等综合性服务。这些工作为学生实习提供了专业实践活动机会，即便他们不直接参与服务活动，其从事的日常事务性工作也和福利机构运行相关，同样有助于学生了解与掌握实际业务、内化专业理论知识。

第二，有利于践行社会工作理论方法。专业性社会福利机构主要是运用个案和小组社会工作方法为服务对象提供直接的社工服务，学生有更多的机会接触服务对象，能够把教师传授的理论知识融入实际的工作场景，在服务过程中实践工作方法、习得服务技巧。

第三，有利于确立社会工作专业价值观。专业性社会福利机构接触到的群体是困难、弱势群体，为这些群体提供专业服务的过程，不仅能展现其专业技巧与理论知识，也能让学生为他人服务的同时培养社会责任感、获得满足感，坚定服务专业、献身社会的信心。学生在实习过程中能够反思自己的感受，通过服务他人改变和提升自己。

社会福利部门实习的优势较为突出，但其局限性也不容忽视，具体有两方面。

第一，社会福利部门实习获得经验价值有限。社会福利部门存在着服务对象单纯化、服务流程程序化、服务方法单一化特征，长时段实习可以让学生掌握和熟

悉服务程序与技巧，但也限制了学生多层面获得专业经验，影响其日后工作价值。

第二，社会福利部门实习会让学生产生负面心理感受。社会福利部门的服务对象多为老弱病残，其体貌特征、语言行为不同于健康人群，要有坚定的专业价值观、精深的专业方法为他们提供服务，而实习生不具备这样的专业素质，若没有督导提供帮助，会让学生产生挫败、焦虑等负面情绪，影响其专业认同感。

2. 政府部门实习

在社会工作服务机构尚不发达的阶段，政府部门，如与居民群体相关的民政、人力资源与社会保障等部门和其下属事业单位及工、青、妇联等社会群团组织是社会工作专业学生实习经常选择的部门。在政府部门实习所具有的优势有下面三方面。

第一，有利于学生接触政策制订与实施的实践活动。与公众服务密切相关的政府部门与准公共团体，多以制订政策、执行政策为工作内容，学生实习过程中有机会接触程序流程、了解政策运行、参与具体执行，其获得的经验有助于形成全面把握事物的思维方式和工作习惯。

第二，有利于学生内化社会工作理论精髓。政府部门运用的工作方法是宏观社会工作方法的运用与延伸，如制订专业政策、评估专业标准、分配社会资源等。学生在政府部门实习，有更多机会运用社会工作行政的理论与方法，可以将课堂教学获得的理论知识运用于工作情境，更深刻地理解社会工作方法的应用。

第三，有利于推进社会工作专业化进程。社会工作在我国发展初期，学生到政府部门实习，一方面完善了自己的专业知识结构，另一方面用专业价值观和专业理论方法影响政府工作人员，影响政策制订和执行。多年实践证明，这一措施也在推动社会工作专业化的发展。政府部门招考公务员将社会工作专业纳入报考目录，充分说明社会工作教育的培养目标吻合了政府需求与学生期望。

在政府部门实习的优势明显，但它的局限性同样存在。

第一，不利于学生参加专业活动。民政系统是我国从事社会福利服务的行政管理事务部门，其所承担的职责除社会救济、社区服务、社会福利等工作与社会工作相关外，其他如地名管理、基层政权建设等职责与社会工作关联度并不高，社会工作专业学生分派到的工作，与其专业成长会有一定的差距。

第二，不利于形成社会工作的专业价值观与行为习惯。政府部门的运行规则是上下级分层明显、指令执行严格、行政色彩浓厚，这里通行的价值观是权威、服从与一致性，而社会工作倡导的是平等、自决、个别化原则，二者差异较大。社会工作专业学生在政府部门参加实习活动，其所接受的价值观念与其所学的社会工作专业价值理念不统一，学生若日后从事社会工作相关工作，会存在一定的挑战。

3. 居民社区实习

居民社区是社会工作专业学生实习的重要场所，也为不少高校采用。这里的社区包括街道、乡镇、居委会、村委会、社会工作站、老年活动中心等。居民社区实习优势有下面三个方面。

第一，有助于学生了解社会现实、践行社会工作价值。社区在某种意义上代表社会的缩影，社区的组织结构、资源状况、居民需求、动力机制、人际关系，真切地反映了社会的面貌及社会工作专业的存在价值。社会工作专业实习生下沉于社区，有助于他们真实地了解居民需求、倾听居民诉求、发现社会问题，创造性地帮助居民解决实际困难，体现自身的专业价值。

第二，有利于学生整合专业理论与方法。社区居民的分层性、社区问题的多样性、社区需求的多元性、社区资源的潜在性，决定着要做好社区的福利服务、满足居民多方面需求，就要综合运用社工理论知识与方法技巧。[①] 社会工作传统的个案、小组、社区工作方法均可以在社区层面发挥作用；宏观的社会工作行政方法在乡镇和街道均有用武之地。因此，在社区层面开展实习活动，既促进了社会工作理论和方法的整合，又培养了社会工作专业人才。

第三，有利于拓展社会工作专业学生就业渠道。基层社区作为满足居民需求和福利服务传递的交汇点，兼具行政性与福利性。要满足居民的多样化需求，政府想管，事无巨细管不过来；居委会想管，人手不够力不从心。具有专业知识优势的社会工作专业学生在社区层面则可以发挥专业特长，解决政府管不了、居委会做不到的社会管理和福利服务难题。组织学生在社区开展实习活动，既能加强学生对社区的了解，还能增长学生的专业知识技能，提高学生未来求职竞争能力。

社区层面开展的实习活动，存在的局限性在于缺乏专业教育背景的专业人才为学生提供实习督导。社区工作人员的工作惯性依然会让他们运用行政手段和过往经验解决问题，他们不能给实习生相应的专业指导，学生的专业成长会受到一定的局限，其专业意识的确立会被社区工作人员的观念同化。这就需要学校督导教师担负起更多的专业辅导责任。

---

① 史柏年，侯欣. 社会工作实习 ［M］. 北京：社会科学文献出版社，2003：110.

4. 民办社会工作服务机构实习

民办社会工作服务机构（以下简称"民办社工机构"）是以社会工作专业人才为主体，坚持"助人自助"宗旨，遵循社会工作专业伦理规范，综合运用社会工作专业知识、方法和技能，开展困难救助、矛盾调处、权益维护、人文关怀、心理疏导、行为矫治、关系调适、资源链接等服务的民办非企业单位。[①] 自2007年深圳成立国内第一家民办社工机构以来，经过十几年的发展，民办社工机构已成为吸纳社会工作人才的重要载体，是有效整合社会工作服务资源的重要渠道，是开展社会工作专业服务的重要阵地，同时也成为社会工作专业学生实习的重要平台。这种实习模式的优点由以下三方面体现。

第一，有利于学生践行专业理论与技巧落实落地。民办社工机构服务人群主要面向困难群体，包括体弱多病老人、问题青少年、困境儿童、残疾人、社区矫正人员等等，这些人群都是其服务对象。与此对应，民办社工机构服务领域有老年社会工作服务、妇女儿童社会工作服务、社会救助服务、社区矫正服务等多个方面。这些人群与领域为社会工作专业学生提供了践行理论的空间和落实技巧的平台，在民办社工机构进行实习，契合了专业理论与工作技巧，更有助于学生专业化的提升。

第二，有利于学生得到规范化督导。民办社工机构的创办者多是有社会工作情怀的人士，其聘用的工作人员是社会工作专业人才，其坚持的宗旨是"助人自助"。随着专业人士设立社会工作机构的增多，社会工作专业学生在民办社工机构实习，可以得到机构工作人员更为专业的督导。这些专业督导了解服务对象的需求，他们在设计服务方案、开展具体服务、评估服务效果等方面专业化程度远高于上述三种实习模式，实习生能从他们的身体力行中体验到社会工作的专业价值观，在实习过程中学习到服务受助者的技巧与方法。

第三，有利于学生坚定专业就业的决心。民办社工机构工作人员的专业水准表现在他们提供服务的过程中，他们会把注重服务程序、规范服务过程作为基本的遵循。如学生在课堂上学习到的个案工作流程分为接案、预估、计划、介入、评估和结案六个阶段，在民办社工机构实习中也是按照学生掌握的服务流程运作的，这给学生的感觉就是学有所用、学有所成。这段实习的经历会影响学生未来的就业取向，坚定他们对口就业的信心。

从专业性角度分析民办社工机构实习模式的优势较为明显，但这种实习模式

---

① 民政部关于促进民办社会工作机构发展的通知 [EB/OL]. 中华人民共和国民政部网站，https://www.mca.gov.cn/.

也存在一些不足。

第一，民办社工机构生存困难不利于学生实习的连续性。我国大部分民办社工机构依靠政府购买服务维持运作，自身造血能力不强，一旦政府减少购买量，尤其是近三年的新冠疫情原因政府压缩了用于社会建设的资金，一部分社工机构会出现暂时的经济困难，甚至面临解散、注销风险。这种窘境使得社工机构不愿意接纳实习生，或者实习到中途被迫遣散学生。

第二，民办社工机构工作人员流失严重不利于学生接受规范化指导。当民办社工机构因资金缺乏影响到社会工作服务项目正常开展时，迫使部分专业工作人员被迫离职。机构为了项目持续运行，招聘非专业人士或刚毕业的社工学生来维持，因其专业性不强、经验不足无法开展有深度的服务。这既会降低公众对机构的认同，也不能为实习生提供专业化指导，还会降低学生对工作的预期。同时，民办社工机构在执行政府购买服务项目时，因受到绩效考核压力，忽略了"助人自助"原则，忘记了尊重服务对象自决原则，这些因素都会削减社会工作的专业性，进而给实习生带来负面的影响。

社会工作实习形式除上述分类外，还有不同的分类标准。如按照实习安排分，有认识实习、专业实习、毕业实习；以实习内容为标准，分课程实习、顶岗实习等类型。对社会工作实习形式进行分类，仅是方便探讨不同类型的实习形式优缺点与适用范围，并没有绝对的对错。实习活动的组织者与实习生，可以根据实习目标、实习要求与实习意愿，结合自身实际，选择最合适的实习方式开展实习活动。

第二节　社会工作实习的内容

社会工作实习内容是社会工作实习教学的核心构成要素，只有事先规定实习内容并认真逐步的实施，才能完成实习任务，达到实习教学的目标，为社会培养合格的社会工作专业人才。

一、社会工作实习内容的影响因素

在实习活动中，实习内容是连接"教""学"的中间媒介，受到多种因素影响。纵向角度看，社会福利制度的完善影响着社会工作专业教育的发展，实习内容会发生较大变化；横向角度看，各地经济发展水平差距明显，各学校教育层次、专业方向不一，社会工作实习内容存在极大差异。因此，影响社会工作实习内容的因素也会不一而足，总结起来，大致有以下几个因素。

第一，社会工作专业的性质特征。社会工作专业应用性强，与其他人文学科、专业相比，具有更强的实务性和操作性取向。社会工作的专业特质要求专业人员应具有下面五种能力："以实践为目标的社会工作专业理论的研究能力；对社会福利政策的理解、执行和其制定过程的影响力；对社会服务需求和社会福利资源的调查挖掘和整合能力；社会福利服务计划项目的策划、推行和评估能力；运用社会工作的基本方法提供直接服务的能力。"[①]

社会工作者所应具备的这些能力，课堂学习是一种途径，另一种更重要的习得方式是专业实习。对应上述五种能力要求，学生实习的内容包括："一是参与与社会福利相关的行政管理部门有关的工作；二是参与社工机构的日常工作；三是参与社会福利服务的专门项目或大型活动；四是参与社会问题的专题调研活动；五是参与居民社区的建设发展活动；六是参与社会福利服务计划项目的立项和推展、评估工作；等等。"[②]

第二，社会工作专业教育的不同学历层次。社会工作作为一门学科、专业，和社会需求多样性紧密相连，这就意味着其教育目标、培养层次必然呈现出多元化特征。社会工作起步早、教育发达的国家和地区，教育层次一般分为专科、本科、硕士及博士研究生层次。我国社会工作发展起步较晚，随着时间推移，已基本健全四个层次的学历教育。按照社会工作专业人员的职级系列对专业学历的要求，这四个不同学历层次就业的岗位分工大致是：专科毕业生可作为合格的社会工作者进入政府机关、民间机构或独立开业，主要从事第一线的福利服务工作；本科毕业生可从事第一线的社会工作服务，或从事政府机关、民间机构中较低层次的管理工作；研究生（硕士或博士）主要留在大学或研究所从事社会工作教育和社会工作研究，或到政府机关、民间机构从事较高层次的管理工作。[③]

第三，社会工作专业化的发展水平。所谓专业化是指从基于个人经验指导的个人行为转向一套系统理论、价值观指导的从业人员的群体性共同行为发展的过程。专业发展阶段处于不同过程，就会出现不同的专业化水平。一般来说，衡量专业化水平高低的指标有五个："一是理论的系统化成熟程度；二是专业权威性

---

① 史柏年，侯欣. 社会工作实习 [M]. 北京：社会科学文献出版社，2003：116 - 117.

② 史柏年，侯欣. 社会工作实习 [M]. 北京：社会科学文献出版社，2003：117.

③ 史柏年，侯欣. 社会工作实习 [M]. 北京：社会科学文献出版社，2003：118.

的确立程度；三是被社区民众的认可程度；四是专业伦理原则的完善及被遵从程度；五是专业文化的构建及影响程度。"① 发达国家社会工作专业化水平高，社会工作得到普遍的社会认同，社会需求巨大，人们对专业服务的质量与水平要求高，更强调学生到服务机构一线进行工作实习。发展中国家由于专业化水平尚处于起步阶段，工作岗位的职业化还未形成，专业化水平比较低，虽然有一些专业性活动，但许多专业性质的工作总是与其他管理性工作混在一起，学生到政府、福利部门实习也是正常的。

二、社会工作实习内容的确定原则

通过影响实习内容的因素分析，不难发现，社会工作实习内容的确定不是随意的，它要受社会工作专业的性质特征、专业教育的学历层次及培养目标、社会工作专业化发展水平等因素的影响和制约。社会工作实习内容的确定，遵循以下原则。

第一，专业性原则。社会工作实习要坚持的首要原则是突出专业性。作为专业的社会工作，区别于其他专业的优势是它运用"助人自助"精神为他人提供福利性社会服务，这一原则要求实习工作内容要符合专业性质。对于经济发达国家和地区，专业化程度高，有足够多的社会工作服务机构为学生提供实习岗位，学生到专业社会工作机构实习，是实习教学中的必备环节。而欠发达地区，专业的社会工作服务机构有限，社会工作专业化程度较低，学生实习的非专业性也较为普遍。

第二，实务性原则。社会工作是以人为本的专业，这决定着它有较强的实务性、应用性特征。对于社会工作专业学生来讲，虽然专业化水平不高的地区没有足够多的专业岗位容纳社会工作专业学生就业，但"无论是从事社会工作专业的教育或研究，还是从事社会工作的行政管理、从事直接的社会福利服务，是做好一切社会工作的基本前提和起码条件。"② 社会工作专业学生只有在实习过程中贴近实务，在与服务对象的互动环境中，把社会工作理论体系内化于心，熟练运用社会工作方法技巧，才能确立社会工作价值观。

第三，个别化原则。个别化原则把服务对象看成独特的个人，重视每个人的感受和看法，强调每个人都有发展的机会和权利，社会工作者应当尊重他们的个

---

① 史柏年，侯欣. 社会工作实习 [M]. 北京：社会科学文献出版社，2003：119.
② 史柏年，侯欣. 社会工作实习 [M]. 北京：社会科学文献出版社，2003：122.

体差异和个性化需求。在社会工作实习活动中，也应将个别化原则贯彻始终，结合每个学生的成长环境、认知结构、专业旨趣、职业趋向、学习能力，有针对性地为每个学生安排不同的实习内容。这样，才能充分挖掘学生的潜能，帮助学生专业成长。

第四，渐进性原则。建构人的认知结构需要有步骤、分层次，同样，社会工作专业理论知识的掌握、专业方法技巧的习得、价值观的内化也应遵循这一规律。社会工作实习内容的安排，也应分步骤循序渐进地进行。如大学一年级新生，可以安排认识实习，通过走近社区、了解社区，让他们对社区工作有一个感性的认识；大学二年级学生，已经开始学习社区工作方法，即可适当安排一至两周的专业性实习。通过多次分层次的实习，学生才能够积累到足够的实习经验。

三、社会工作实习的主要内容

教学内容除了包括由不同的学科按一定的逻辑关系组成的课程结构外，还包括教学计划的一些安排，如学生的实习内容、科研活动内容等。由此可见，实习内容是专业教育教学内容重要的组成部分。社会工作实习内容是指社会工作实习活动的指向对象，即要求学生通过实习活动所接受的社会工作专业理论知识体系、专业方法技巧、专业伦理价值，以及专业行为方式的总称。社会工作实习内容的表现形式不是教科书，社会工作实习内容的承载媒体是学生在实习活动中所从事的具体工作。结合目前民政部已颁布的 9 个社会工作服务标准和 2 个国家标准，可以把社会工作实习的内容按人群、工作机构、工作方法进行分类。按照人群分，实习内容有老年社会工作和儿童社会工作，此外，未成年人司法社会工作也归入此类服务；按照工作机构分，有儿童福利机构、养老机构服务两类；按照工作方法分类的服务内容有：社区社会工作、小组社会工作和个案社会工作三类，三大传统方法的实习内容见本书第七、八、九章，这一部分主要介绍其他类型的实习内容。

（一）按照人群进行的社会工作实习内容

1. 儿童社会工作服务实习内容

儿童社会工作服务主要是社会工作者根据儿童的生理、心理特点与成长发展需要，遵循优先原则、利益最大原则、伤害最小原则、平等参与原则、生态系统原则为儿童提供的支持性、保护性、补充性、替代性服务。通过接案、预估、计划、介入、评估、结案的工作流程，以儿童为中心，与儿童及其监护人或主要照料人共同制订服务目标与计划，运用直接服务方法和间接服务方法给儿童及其家庭提供服务。直接服务方法有：一是以面对面的方式给儿童及其家庭提供个案服务和咨询；二是以小组工作的方式给儿童及其家庭提供支持性小组、治疗性小组、自助小组和任务小组等服务；三是运用个案管理的方法评估儿童的需求、关注儿童与环境间的互动、安排协调儿童所需要的资源和服务。间接服务方法有：一是通过整合现有的家庭、社区、学校和其他部门的资源，为儿童及其家庭提供服务；二是社会工作者通过动员、拓展的方式，为儿童争取新的正式及非正式资源；三是收集和系统分析与儿童和其环境相关的信息，了解立法和制度的决策过程，反映儿童的诉求，进行政策倡导。① 社会工作专业学生在实习过程中可以参照这些方法在机构督导与学校老师指导下开展实习活动。

2. 老年社会工作服务实习内容

老年社会工作服务主要是以老年人及其家庭为对象，维持和改善老年人的社会功能、提高老年人生活和生命质量的社会工作服务。服务老年人的内容主要包括救助服务、照顾安排、适老化环境改造、家庭辅导、精神慰藉、危机干预、社会支持网络建设、社区参与、老年教育、咨询服务、权益保障、政策倡导、老年临终关怀等。② 针对老年人的需求除采用个案、小组、社区等直接服务方法及社会工作行政、社会工作研究等间接服务方法外，对于特定需要还可以采用缅怀治疗③、人生回顾④、现实辨识⑤、动机激发⑥、园艺治疗⑦、照顾管理⑧等介入方法为老年人提供服务。由于老年群体的特殊性，上述介入手法需要在机构实习督导指导之下，实习生才能开展服务。

---

① MZ/T 058 – 2014，儿童社会工作服务指南［S］.

② MZ/T 064 – 2016，老年社会工作服务指南［S］.

③ 缅怀治疗是社会工作者针对抑郁、轻度失智老年人协助他们缅怀过去，找回以往的正面事件和感受，从正面的角度理解和面对过去的失败与困扰，肯定自己、适应现在生活状况的方法。

④ 人生回顾是针对老年人长期情绪问题，引导他们通过生命重温，帮助老年人处理在早期生活中还没有妥善处理的问题，帮助他们解决长期心结的方法。

⑤ 现实辨识为预防和缓解老年人认知混乱、记忆力衰退，通过向老年人提供持续的刺激和适当的环境提示，帮助他们与现实环境接轨的方法。

⑥ 动机激发是为了预防、缓解老年人社交能力受损、负面情绪，协助老年人接触他人、参加群体活动，激发他们对现在和未来生活兴趣的方法。

⑦ 园艺治疗是为预防和缓解老年人身体和精神的衰老，组织和协助老年人参与园艺活动，接触自然、舒缓压力、复健心灵的方法。

⑧ 照顾管理是对于需要长期照护及有多重问题和复杂需求的老年人综合评估其需求，通过计划、统筹、监督、再评估和改进服务，实现对老年人持续、全面照顾的方法。

3. 未成年人司法社会工作服务实习内容

未成年人司法社会工作服务是以具有不良或严重不良行为的未成年人、涉案未成年人及其家庭为对象，以未成年人犯罪预防和权益保护为目标，运用社会工作专业价值理念、理论，整合个案、小组、社区等工作方法，围绕服务对象个体、家庭、学校、社会等方面，以提升其社会适应能力，建构社会支持网络，恢复健康生活状态为主要内容开展的社会服务活动。[①] 针对未成年人的服务，应采用最有利于未成年人原则、契合性原则、系统性原则、多方参与原则、分级分类原则和未成年人参与等多项原则，服务过程中应秉持平等、保密、不歧视、非评判和个别化服务伦理，针对未成年人的不同行为，提供不良行为干预服务、严重不良行为矫治教育服务、合适成年人[②]服务、社会调查服务、帮教服务、被害人保护救助服务、家事案件观护等七类服务，服务过程中除采用一般服务方法外，针对特定需求还可以采用危机干预、历奇辅导[③]、外展服务[④]、公益体验、家庭教育指导活动、家庭干预、朋辈辅导、资源链接、非正式服务等方法。[⑤] 社会工作专业实习生面向此类人群开展服务，不同于一般青少年，要运用特殊的服务方法，这就需要在机构资深督导与学校教师的严格指导下进行。

（二）按照工作机构进行的社会工作实习内容

1. 儿童福利机构实习内容

儿童福利机构服务是社会工作者秉持儿童权利理念，针对儿童福利机构收留抚养儿童的多样化和个性化需求，运用儿童社会工作理论知识和方法技巧，帮助儿童发挥最大潜能、实现最大利益而开展的工作。这类服务要坚持利益最大、伤害最小、永久安置优先、全程服务等原则，根据儿童安置服务需要，综合运用个案、小组、社区工作等直接方法，社会工作行政、社会工作政策等间接方法及个

[①] GB/T 42380 - 2023，未成年人司法社会工作服务规范 [S].

[②] 合适成年人指依法由未成年人保护委员会派出的热心公益并致力于维护涉案未成年人合法权益的代表，其在参与刑事诉讼期间，不承担履职以外的法律责任。

[③] 历奇辅导是一种以户外体验为主的青少年辅导模式，主要包括野外生存、攀爬、漂流、露营等户外活动。通过这些活动，青少年能学习到自我保护、团队合作、自我管理等技能，同时也能增强个人勇气、毅力和自信。

[④] 外展服务是指社会工作者通过走出办公室，亲自进入服务的家庭，更直观地看到和感受到家庭面临的困境，以及需要帮扶的方向。

[⑤] GB/T 42380 - 2023，未成年人司法社会工作服务规范 [S].

案管理、心理创伤治疗①、社会资源管理、友好环境营造等儿童服务特殊方法以儿童评估、家庭招募、家庭评估、儿童辅导、家庭培训、融合服务、跟进服务、儿童保护等为内容开展社会福利服务。② 面向儿童福利机构开展的服务既需要专业的理论方法技巧，还要懂得政策条例，对社会工作者的素质要求较高。如果学生在儿童福利机构开展实习，需要机构督导对学生进行全程指导，以儿童为中心，从儿童身心发展特点和利益出发提供专业服务。

2. 养老机构社会工作的实习内容

养老机构有福利院、老人院、敬老院、老年公寓、养老服务中心等，是专业性的社会福利机构，由政府创办、集体企事业单位主办、私人创办的机构，是专门为孤寡老人、残疾老人或家中子女没时间照顾的老人提供住院式服务的专业机构。③ 社会工作者为老年群体提供的服务有环境适应、休闲娱乐、老年教育、精神慰藉、危机干预、临终关怀、社区参与、社会资源链接等方面，遵循着接案、预估、制订服务计划、介入、评估、结案和转介服务流程，根据机构中老年人的实际情况，综合运用个案工作、小组工作、社区工作等社会工作直接服务方法及社会工作行政、社会工作研究等间接服务方法。④ 养老机构的社会工作服务方法与学生在课堂上习得的知识技巧高度契合，学生可以在这些机构将理论知识应用于服务实践。

上述社会工作的实习内容主要是结合民政部近几年出台的行业服务规范梳理出来的领域，其实，社会工作专业服务范围广泛、内容丰富，以上介绍只是在有限范围内把行业规范、国家标准做简单整理，各院校可以根据自身培养目标、学生实际能力、教师指导水平、机构提供资源等情况进行灵活调整。实习主要目的在于让学生把学校学习的理论知识、方法技巧，运用于实务情境，更好地促进"专业知能、专业自主、专业自我、专业意识和专业成长。"⑤

小 结

社会工作实习的形式和内容是社会工作实习重要的一个知识点，在开始社会

---

① 心理创伤治疗是指社会工作者针对因日常生活中目睹或经历了忽视、情感虐待、躯体虐待、性侵、家庭暴力、学生欺凌或严重车祸、自然灾害、丧亲而产生急性或慢性创伤后应激障碍、躯体化障碍、适应障碍等后果的儿童，以儿童或者家庭为单位，提供系统、全面干预，以改善儿童的心理社会适应水平，发挥儿童最大潜能的方法。
② MZ/T 167-2021，儿童福利机构社会工作服务规范 [S].
③ 史柏年，侯欣. 社会工作实习 [M]. 北京：社会科学文献出版社，2003：125.
④ MZ/T 169-2021，养老机构社会工作服务规范 [S].
⑤ 史柏年，侯欣. 社会工作实习 [M]. 北京：社会科学文献出版社，2003：136.

工作实习前期，无论是老师还是学生，都十分有必要学习和掌握社会工作实习的形式和内容，否则社会工作实习将不能顺利完成，甚至不能开始。本章主要介绍了社会工作实习形式的含义及其功能，即解决什么是社会工作实习的形式、社会工作实习有哪些功能等问题。学校和学生可以根据不同的具体情况，选择不同的实习形式，而不同实习形式具有不同的实习内容，这些都需要老师和学生依据自身的条件和现实环境进行选择。如学期中可以选择当地实习，假期则可以选择异地实习；有条件的可以选择到政府部门实习，也可以选择到居民社区实习。此外，可以根据不同的年级和课程设置，选择不同的实习地点，如老年社会工作课程期间，可以选择到养老院实习；社会福利课程期间可以选择到福利院实习。总之，社会工作实习的形式及其内容都不是一成不变的，不同的地区、不同的高校可以依据自身的具体情况，选择合适的实习形式和实习内容。

 思考题

1. 社会工作实习的功能有哪些？
2. 不同形式的社会工作实习各有哪些优点和缺点？
3. 社会工作实习的内容有哪些？

第 三 章

社会工作实习模式

【实训目标】

1. 了解国外社会工作实习模式的基本内容。

2. 熟悉国内社会工作实习模式的主要内容。

【实训技能点】

1. 将理论知识运用到实践中去,做到理论与实践相结合。

2. 掌握社会工作实习模式的方法和技巧。

【思维导图】

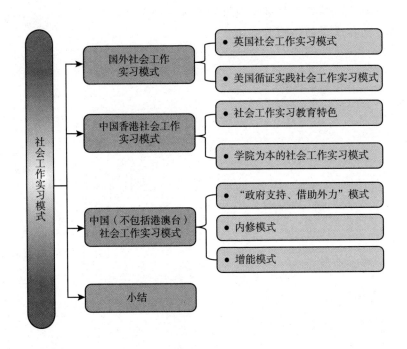

第一节　国外社会工作实习模式

社会工作实习模式是指有关影响社会工作实习教学的各种因素间的结构、组织和安排方式。由于各国、各地区社会工作的发展历史及专业化道路不同，政治、经济和文化环境对社会工作的影响不同，社会工作实习模式也必然有很大差异。对社会工作实习模式产生较大影响的因素可归纳为以下几种：社会福利服务发展历程；社会工作教育资源分配模式；开设的社会工作课程；社会工作的目标和内容；实习指导教师情况；实习时间安排；等等。根据这些因素，按照不同的分类标准，可以对社会工作实习模式进行分类。英国和美国社会工作发展最早，也最为成熟。这里分别介绍英国的学徒制模式、能力为本模式、结构实习模式；美国的循证实践模式等。

一、英国社会工作实习模式

英国是社会工作教育界的先驱者，它对实践环节的教育从该专业成立之初就非常重视。经过多年的发展与积淀，英国积累了多种社会工作实习模式，如学徒制模式（apprenticeship）、能力为本模式（the competence-based model）、成长与发展模式（the growth and development model）、管理模式（managerial model）、环状模式（the loop model of practice learning）、角色系统模式（the role systems model）、结构学习模式（structural learning model）等。目前前四种实践实习模式在英国社会工作界是比较流行的。这里仅介绍三种主要的模式，即学徒制模式、能力为本模式和结构实习模式。[①]

（一）学徒制模式

这种实习模式主张"边干边学"，学习社会工作的目的在于"做社会工作"。"学"和"做"的关键是积极实践、直接体验。社工专业学生直面服务对象，通过学校导师的指导开展实习实践活动，实习过程中可以更好地反思理论学习中的

[①] 何雪松，赵环，程慧菁. 英国的社会工作实践学习：模式、运作与启示 [J]. 华东理工大学学报（社会科学版），2009（4）：1-5.

不足。该模式的核心制度是指导老师或督导在实践过程中对学生加以指导，和学生进行个案讨论，介绍资深社工如何处理类似的情景，这样可以把老师的实践智慧向学生进行传递，告诉他们如何在实践中运用理论知识。同时，在实践中社会工作专业学生可以通过观察资深社会工作者的实践活动，在实践中获得认知。在社会工作实习教学中学徒制模式是最先创制的，它的影响力至今依然不容小觑。

这种模式的缺点是由于过分注重行为与策略，会导致反思性的思考不足。学生容易"照猫画虎"，对自己所学知识和专业价值观的反思不够，过于强调学习循环中注重观察和实践经验，较少关注概念化层面。同时，考虑到社会服务机构工作繁忙，机构的督导难以真正地指导学生，只可能是按照科层制要求去工作。

（二）能力为本模式

在社会工作教育领域一直对能力为本实习模式十分青睐，它既可以运用于实习领域，同时还对社会工作教育领域产生重要影响。这一模式强调更多的是实习结果而非实习过程。用"学以致用"来概括能力为本模式是更为贴切的用语。通常情况下，教学注重把行为视为考察结果，通过"做"来表示"学"的结果。运用某种标准衡量学习成效，可以表明学生达到何种程度的能力。这种实习模式的理念是末端管理，也就是说社工为实现自身价值，应打造何种能力，如何运用这些能力，如何测量这些能力。学生参加实习的目标就是要提升他们在未来工作中所必须具备的能力。基于这种实习模式，要求实习过程中老师要做学生的指导者与推动者，就要明确学生应具备何种能力，围绕这些能力应制订哪些学习策略，提供哪些学习机会。同样，该实习模式也因为过于偏重行为取向，而忽视了学生的反思和体验，缺乏抽象概念化的充分认识。从近些年的发展来看，反思性实践和理论抽象化元素也逐渐向这种实习模式渗透。

（三）结构实习模式

这种实习模式的目的在于从更为结构化的视角将以往的实习模式进行整合，规范和设计实习要素、过程等全部内容。该模式聚焦于从结构化视角为实习指导老师和学生提供全面指引，要回答一系列问题，即如何决定学生要学习什么内容？实习过程中应运用什么样的学习方法？怎样评估学生的学习能力？多种教育理论、学习模式要素被整合进结构学习模式，学生要根据个人对社工理论与价值原则的偏好，建立适合自身特点的学习方法，在实习导师指导下确立自己的学习策略。结构实习模式坚持的理念是实习课程要有计划性，清楚在机构中要学习什么内容，不同实习阶段要做出怎样的安排。这种实习模式的优点在于因为有了评估的加持而更加易于比较，但因为将实习过程进行结构化、规制化操作，存在"麦当劳化"① 趋势。同时，这种实习模式还存在一些不足，结构化安排会排斥其他学习机会；结构化课程不能回应现实生活中的实习体验与情境；结构化学习会对学生理论化造成阻碍。

上述三种实习模式所依据的理论是认知理论、社会学习理论、过程学习理论、建构学习理论，这些理论共同的特征是学习的重要来源之一是生活与工作中获得的经验知识，学习过程不是固定的，理解过程也不是静止的，而是通过不断的反思实践经验而再生产出来的。这实际上体现了"实验—经验—观察—概念化—实验"的循环过程。在这样一个循环过程中，学生可以求得老师的支持，从不同视角反思经验，再归纳为抽象知识，运用知识指导未来机构实习，这是建构实践技能、理论知识的过程。

二、美国循证实践社会工作实习模式

美国社会工作教育中比较有代表性的实习模式是美国的循证实践实习模式。循证实践（evidence-based practice，EBP）是西方教育界广泛应用于社会工作、心理学及医学等各领域的实践框架体系，且在不同的领域有不同的表现形式。② 如果要给循证实践下一个定义，那就是在具体实践情境中，根据服务对象特点，实践者检索、选择与该情境有关的最佳研究证据，结合自身个体经验，进行专业实践，其目的在于提高实践有效性。③ 这里以美国费里斯州立大学（Ferris State University）社工专业实习体系为例，介绍循证实践的实习模式。

费里斯社工专业学生在大学阶段有两次实习，即大一时要完成 120 小时的 SCWK191 入门实习，大四时 SCWK491 和 492 课程 480 小时的实习时数。课程规定，对于 SCWK191 课程，不能以生活、工作经历来替代，GPA 绩点至少达到 2 学分以上；对于 SCWK491 和 492 课程，可以分两个学期完成，每学期至少 240 小时，也可以大四暑假一次修满 480 小时，GPA 绩点至少达到 2.5 学分以上。这一实习实践制度的新颖之处在于：一是社工学生成绩只有达到一定要求，才可以

---

① 麦当劳化指把社会工作实习的各个方面加以标准化、模式化、效率化和简单化。

② 戴昕. 美国费里斯州立大学循证实践实习模式对社会工作学院实习的启示 [J]. 长沙民政职业技术学院学报，2012（4）：88 - 91.

③ 魏寿洪，王雁. 美国循证实践在自闭症谱系障碍儿童干预中的应用及其对我国的启示 [J]. 比较教育研究，2011，33（6）：15 - 19.

在大三年级录取为社工学士学位名单，才能进入大四阶段的顶岗实习与毕业实习；二是在大一与大四学期开始实习之前设立专门的实习预备指导课程；三是机构的督导老师负责对学生的实习报告进行指导，对学生的实习表现进行评估；四是经过审批之后学生方可在海外参加实习活动；五是学生在大四的顶岗实习与毕业实习期间，还要进行实习研讨课程的学习；六是实习教师团队包括机构督导、就业干事、实习督导以及实习研讨课导师；七是实习活动与评估活动的依据是"规划改革"实践模型。这一模型是在领导力模型和计划改进过程基础上形成的，它注重六组实践能力培养，即吸收参与、数据收集评估、规划签订协议、干预与监督、评价与终止、政治主张与社区组织。[①]

费里斯州立大学社工实习制度和 EBP 实践模式契合较高，其呈现的特点如下：一是设立了单独的实习预备课程 SCWK170 及 SCWK370；二是对参与大四顶岗实习的学生资质进行限制；三是对就业干事、实习督导以及机构督导的监管评估职责进行明确规定；四是实习框架和实习评估与社会工作专业"规划改革"实践模型紧密结合起来；五是实习研讨课和顶岗实习、毕业实习同步进行，可以为学生答疑解惑，帮助学生解决在实习岗位中面临的专业疑难和人际问题。这种实习模式遵照 EBP 框架，依据通过科学研究和实践验证的理论设计实习模式、指导实习过程，重点强调运用严谨科学的实践理论模型指导社会工作专业学生的实习。[②]

第二节　中国香港社会工作实习模式

20 世纪 50 年代，由于贫穷、教育、犯罪、住房等社会问题的出现，中国香港开始引入社会工作。许多国际性的社会福利机构纷纷来到中国香港开展各项社会福利服务，但工作人员多属于义务服务性质，没有受过专业训练。鉴于当时社会工作专业人士的缺乏，香港大学于 1950 年首次开办了两年制的社会工作课程班，为中国香港培养本土社会工作人才。本土化社会工作高等专业教育的设立，是实现社会福利服务专业化的重要条件和标志。中国香港各大学将社会工作实习教育作为社会工作教育的重要内容，要求必须达到国际标准的 800 小时，并坚持

①② 戴昕. 美国费里斯州立大学循证实践实习模式对社会工作学院实习的启示 [J]. 长沙民政职业技术学院学报，2012 (4)：88 -91.

实习教育一贯制思想，从认知、价值、感性和行为等方面培养学生成为成熟、自信、有独立思考和判断能力、掌握助人技巧的合格社会工作者。在这样的总体思想指导下，中国香港社会工作实习教育虽然在不同大学有不同的设计，但总体上呈现一些共性特色。

一、社会工作实习教育特色

一是在教育理念与设计方面。专业实习教育是有目的、有计划的一种经验性的教与学形式。实习就是让学生通过体验与感受，获得对事务的观感，并加以实践的过程，它涵盖了具体经验、反思观察、抽象思维和主动验证四个环节。学生专业能力的核心是在工作中遇到混乱、困难，甚至是有趣的现象时，能对这些现象进行反思和探讨，能像专家一样思考、行动，学生与老师之间的互动是有效教学的关键，强调老师及学生在实践学习过程中进行互动，共同参与对实践的反思。中国香港实习教育的时间安排是同步式，每个学院都有负责实习督导的导师。实习督导老师属于学院教学人员，他们都拥有至少 2~3 年一线社会工作经验，并受过督导训练。在实习的安排方面一般采取连续式实习和短期集中实习两种方式。

二是在机构安排与合作方面。中国香港社会工作学院与机构之间基于社会工作专业理想和使命建立了伙伴关系，二者共同对社会工作实习教育承担责任。机构方面，保证实习教育的基本条件，可为学生提供实习条件、岗位和机会、具体指导与合作项目，为社会工作教学科研提供实际素材；学校方面，对机构的服务做研究，发展、提高其服务品质，具体包括为机构提供各种训练与培训，开展义务工作与专业指导，进行社会工作研究与项目管理，并发展各种综合性与创新性的服务。在实习活动中，学院指导教师要经常走访机构，了解机构对社会工作人才素质与能力的要求，回应社会需要，带领学生开展创新性、实验性服务项目，提升社会工作解决社会问题能力。

三是在学生督导与管理方面。督导是帮助学生将理论知识转化为个人智慧与经验的过程，也是帮助学生整合专业价值观的过程。在机构，社会工作督导属于行政人员，授权对被督导者进行指导、协调、推动和评估。在中国香港，担任实习督导角色包括机构的督导人员和实习导师。实习机构的督导需要为学生提供一个适合专业学习与训练的实习环境和氛围，与学校商量并提供给学生适当的学习机会和实习设施，为学生提供适当的开展社会工作服务的费用，为学生提供心理与人际关系以及机构协调的支持，以使学生能够顺利融入机构的运作，同时与学院保持密切联系，提供科学的评估与反馈建议。学校的督导与管理工作主要包括规划、确定学生实习动机、要求、机构以及主题；为实习生预备实习机构以及学校的实习指导老师；开展实习工作坊①以明确实习的目的，召开实习督导会议，为机构督导、实习生以及导师提供政策和工作咨询，最终评估与控制实习的进程与质量。

四是在实习内容与角色方面。中国香港社会工作实习教育的机构安排与内容设计充分体现了多元化与丰富性。机构除面向传统的社区、家庭、青少年、康复等服务外，还与不同界别合作进行各类服务创新，如雇员再培训、长期病患者支援服务、艾滋病教育、社区重建等等。从服务的范围看，涉及内容有劳工、就业、教育、医疗、交通、扶贫、国际救援等。中国香港社会工作实习教育重视应用型人才的培养，教师高度重视理论与实践的结合，注重对学生分析问题与解决多方面问题能力的训练。在实习过程中，学生既要掌握社会工作服务的直接、间接技巧以及专业价值的实践融入；又要参与实习计划的商定，完成好机构的工作任务，做好实习记录，与督导保持密切联系；还要在行动中进行反思，提升个人实务经验。

五是在道德伦理与实习评估方面。中国香港社会工作实习教育的评估可以分为制定实习目标、实习前的评估、实习活动和最终评估四个相互关联的部分，按其性质可分为合作性评估、诊断性评估、形成性评估以及总结性评估。实习评估的方式可采用机构督导评估、实习导师评估以及和实习生合作进行评估等，评估标准包括专业价值和态度评估，知识范围、实务能力、理论和实践的融合等内容，其中社会工作道德和价值观评估居于核心与基础地位。通常意义上社会工作是一种道德实践，实习活动中呈现出来的道德与价值考量是实践的核心内容。

二、学院为本的社会工作实习模式

中国香港的实习模式突出特征是以学院为本。这种实习模式重点关注学生认知发展，主张优先学习理论、再运用于实践，其本质是在实习过程中验证学生掌握理论知识的扎实性。中国香港社会工作在 20 世纪 70 年代开始形成专业的社会工作，并纳入高等教育体系之中，实习所用经费来自于政府财政资金。社会工作教育的目标是通才取向。大多数学院实习教学的时间安排是同步式。每个学院配

---

① 工作坊是一种以实践性学习为主的教学形式，通常由专业人士或领域内的专家组织和指导。在工作坊中，参与者通常会通过互动、讨论和实际操作来学习和掌握特定的技能、知识或经验。

备有专门的安排实习的老师与隶属于学院的实习督导老师，他们不仅拥有 2~3 年的一线社会工作经验，还接受过专门的督导训练。中国香港的社会工作教育注重"干中学"，他们把实习看作不可或缺的组成部分。尽管学生作为一个学习者已经能在实习老师的指导下直接处理人生问题，但仍然要在社会工作机构工作，在提供社会工作服务中得到训练。这种模式的实习为学生提供了理论、实践相结合的学习机会，尤其在以下方面更为注重：在行动和态度上展示社会工作伦理原则与专业价值观；在实践上验证实务中运用的理论和工作模式；在实习过程中总结与发展实务技巧；为学生提供一个增强自我了解和在专业工作职责范围内发展个人工作风格的机会。

以中国香港社会工作全日制硕士为例，实习在这种学制的课程设置中起着极其重要的作用。在三年学习期间，学生共有两次实习，均为连续性的脱产实习，每次实习时间均为十周。第一次实习安排在第一年课程结束以后，第二次实习安排在第三年课程开始之时。学生在实习期间每天像机构工作人员一样上下班。一个机构可能安排一个学生实习，也可能安排几个学生实习，实习老师会负责实习指导工作。实习老师可以是大学的老师，也可以是机构指定的工作人员。实习方案的设计是让学生尽可能体验各种类型的社会工作机构和场合，处理不同的情况和问题，即有机会学习至少两种社会工作方法。

以学院为本的实习模式优势在于实习督导源自学院，可以有效贯彻学校的教学目标和教育理念。其优势具体表现在以下方面：一是有助于保持学校教学安排与实习活动的一致性和连续性，实时控制实习教学水平；二是有助于学校导师了解学生的学习基础，能够根据实习生的学习需要选取合适的工作给学生，在循序渐进中让学生有效地将理论知识与实务活动整合起来；三是有助于学校导师经常到机构，密切学院与机构的关系。这样，既可让教学工作不与实务脱节，使学校教师及时了解实务工作对教学方面的需要，又能让学生通过实习开展实验性、创新性的服务项目。

以学院为主的实习模式缺点在于，虽然学校导师会到机构进行沟通，但远不如做一线社会工作者感受真切，容易造成理论与实际脱节。由于学生长期在学校学习理论知识，虽然理论丰富，但也极易产生理论、实务"两张皮"现象，学生解决实际问题的能力可能不高。

第三节　中国（不包括港澳台）社会工作实习模式

社会工作专业在中国（不包括港澳台地区，下同）的起步较晚，社会工作实习模式远不如发达国家成熟完备。但经过几十年的探索，中国各高校也发展了一些独具地方特色的社会工作实习模式。

一、"政府支持、借助外力"模式

这种模式是学者向荣提出的。他认为在专业人士和资金缺乏的情况下，应采取灵活、变通的方式，多方挖掘资源，结成一个政府、学校和国内外非政府组织及教学团体的三方面"伙伴关系"。[①] 之所以这样做，是因为长期以来，中国社会工作教育领域中专业实习一直是薄弱环节。尽管学生在以不同的方式和程度进行分散式实习、集中式实习或混合式实习，也得到了一定程度的训练，但远远没有达到实习的真正目的，还存在诸多问题，如经费紧张问题、校方实习指导问题、机构督导问题等等。不少高校实习经费非常有限，难以提供充足的实习补贴；缺乏足够数量的受过社会工作实习督导训练的教师限制了实习教学工作的进行；当前实习机构的发展历史较短，资深社工督导经验不足，难以为学生提供足够多的指导。这些问题决定着学生难以进行全面的实习，难以获得丰富的实习经验和技巧。在这一背景下，高校社工专业有必要与政府结成伙伴关系，这是中国社会工作发展的前提条件，也就是说，以社工机构和社工教育工作者为主体、以机构为平台、专家为参谋，通过三方努力，把机构打造成为合格的社会服务机构，在机构督导与学校专业教师的密切合作下，确立完整的督导体制。学者向荣以云南大学社会工作系的实习为例说明了三方伙伴关系的运作方法。

（一）"三方伙伴关系"模式具体做法

第一，通过合作项目以获得师生培训。云南大学社会工作系其中一个项目是与英国儿童救助会（SCF）合作，出美国福特基金会资助的对昆明流浪儿童状况

---

① 向荣．中国社会工作实习教育模式再探索：建立与完善实习基地及其督导制度 [J]．云南高教研究，2000，18（2）：50－52．

的调查。此调查历时一年，访谈儿童人数百余人。其中建立个案跟踪，参加此项目调查的学生前后有 50 余名，跨四个年级。调查前他们先做了大量的准备工作。SCF 给学生提供联合国儿童权益公约（CRC）的培训，并请专家提供调查方法的培训。调查中期，他们通过驻澳门的巴迪基金会请资深社会工作者给学生培训关于磋商和心理辅导的技巧，并把所学技巧通过三人一组的形式用于调查中，这些培训都是用参与式方法进行的，打破了以往传统的授课方式所带来的教师与学生之间的界限，增强了师生对社会工作价值理念的认识，师生都获得了很大收获。

与此同时，他们与当地收容遣送机构建立合作关系，与英国儿童救助会在流浪儿童问题上一起结成三方的合作关系，三方努力对人员就其专业道德和工作方法进行专业参与式培训，目的是使工作人员了解不同方式用以总结以往工作方式的优和劣。期间社会工作教师参加培训并定期参加机构的工作以锻炼自己的实际工作能力，为指导学生打下基础。在机构工作人员内物色并培训社会工作专业学生实习督导员，并在专家的指导下，建立督导制，包括督导与学生的搭配；督导的方式（一对一的；小组的；机构督导和教师督导共同指导等等多种模式）；督导的时间分配；督导对实习生的评估方式等。

第二，挖掘当地资源。学者向荣发现在当地外国人社区内，有不少是具有社会工作文凭和资深的社会工作者。他们可能是在学习中文，可能是某个基金会和非政府组织的雇员，社会工作的教育和自身的素质使他们很愿意为所在社区出一分力而不计较报酬。他们在一门海外社会工作介绍课程上，组织不同国家的社会工作者到课堂上介绍其国家的社会工作状况及他们的工作经验。目前来介绍的有来自美国、英国、德国、挪威等国家的社会工作者，学生反映很好。他们邀请其中的学者参与到社区服务中心合作的项目中来，其中有心理咨询服务的，有帮助戒毒工作的，有青少年儿童问题工作的。

第三，选择好"三方伙伴关系"模式的要素。首先是机构的选择。离学校的远近是一个因素但不是最重要的，最重要的是实际工作机构内有或潜在有总结其以往工作方法，使其工作得以提高和完善，并有逐步专业化的要求和愿望。最好机构或机构的主要领导有同海外打过交道的经历。其次是社会工作专业教师要有充当多种角色的准备，不断提高对自身的要求。不仅是学校教师，更是倡导者、促进者、组织者、协调员和"开拓者""资源媒体""创新者"，必须有"公关本领和人文技巧"等。

（二）"三方伙伴关系"的作用

第一，三方伙伴关系能充分开发潜在的人力资源，补充合格督导人员的不足。目前资源有限，且比较集中在经济相对发达的城市和地区。在一段时间内大量培养提高专业师资队伍是有困难的。只有就地取材，挖掘机构里资深的工作人员并在专业方面给予一定的专业培训。

第二，三方伙伴关系能培训专业教师实务技能，弥补实际工作经验的不足。中国的国情是大部分致力于社工教育的学者都转行自其他专业，基本上没有经过系统的专业训练，专业知识的基础并不扎实，加之长期以来学者大多是在"书斋"里做学问，对实际工作的具体实施欠缺了解和参与，在这种情况下去指导学生实习必然心有余而力不足。

第三，三方伙伴关系能提高社会层面对社会工作的认知度和认可度。促进社会工作在中国的发展，从基层工作起使社会工作专业方法得到认可。由于国外机构、政府部门的介入，可以使现有的社会工作服务更加规范和科学。

"政府支持、借助外力"模式，在当前国内社会工作机构不够发达的背景下，可以利用政府资源把社会福利机构打造为社会工作实习基地，运用国际非政府组织的工作理论、方法技巧培训国内专业督导人员，建立完善的社会工作实习督导机制，促进社会工作的专业化、本土化、标准化。但这种模式并非十分完美，借力政府支持与国际非政府组织力量发展中国社会工作事业对沿海发达地区是可行的路径，而对于中西部偏远地区则未必能够实现。

二、内修模式

"内修"模式是肖萍提出的。她的观点是社会工作实习模式需要从小做起、从身边做起，坚持专业社会化的理念、注重师生的专业成长、强调学生的能力培养。在她的研究中，以南京大学社会工作实习教育过程为例，从校内资源开发、校外资源介入，再到校际资源交流，尝试将各种资源整合达到增强社会工作实习教育的最终目标。肖萍提出从以下几个方面入手实行内修模式。①

（一）从身边细微处做起

在社会工作教育过程中学界达成共识的问题是实习教育不规范、实习课程执行力度不高。学者肖萍在提出这一观点时的 2006 年，由于当时社工实务领域的发展较为缓慢，远远滞后于社工教育发展，在那一时期没有社工机构，社会工作

① 肖萍. 社会工作实习教育模式的本土性探讨：资源概念的引入 [J]. 南京社会科学，2006（3）：107-113.

专业学生实习缺乏依托机构。肖萍建议从发现身边资源做起，积少成多才能丰富社会工作实习教育体系，她主张学生在学习过程中可以开展小学生教育辅导、独居老人关怀、组建中学生成长小组等力所能及的社会工作服务。这一观点放在今天仍然具有一定的指导意义。

（二）从专业社会化理念入手

当前，社会工作教育面临着师资力量不强、社会层面认知度不高、学生专业对口就业率低等问题。这些问题的解决只能规范专业教育、加强科学研究来解决。专业社会工作者的培养必须通过正规教育才能实现；专业化的养成并不是自我赋予的，而要靠平常训练才能提升；社会工作专业要得到社会认可，需要通过相应的专业化过程才能得到承认。社会工作实习教育就是专业社会化的重要手段，学生只有在实习过程中才能认同社会工作理念与价值，才能感知到社会工作实务的影响。

（三）从培养学生专业能力出发

在社会工作实习教育中，要遵循学以致用原则，使学生把专业理论知识与社工实务紧密结合起来。实证经验表明，参与学习、体验学习和情境学习是可行的方式。在参与学习中，学生只有通过实践过程才能有更深入的思考；在体验学习中，学生作为学习主体与实践客体相互作用，开展自我认识与反思，形成专业实践能力；在情境学习中，让学生步入社会，走向一线，直面服务对象，体验社会工作价值，提升专业能力。

这种模式的优点值得推广，但由于"过分强调学校自身内里的修炼，而不重视和机构的合作，很难完善学生的实际能力的培养"。[①]

三、增能模式

所谓增能模式，是把增能理论应用于社会工作实践的过程，对于实习机构而言，需要把社会工作专业价值、专业理念与专业技巧方法引入社会工作机构，通过提升机构的专业能力，进而培养提高学生的专业能力，使得社会工作的实习和机构共同促进、共同成长，达成社会工作实习的目标。这种模式的展开可通过以

[①] 肖萍. 社会工作实习教育模式的本土性探讨：资源概念的引入 [J]. 南京社会科学，2006（3）：107－113.

下几个途径。①

（一）通过实习之前的测评与自评，寻找机构与学生的对接点

测评是对机构而言，要了解机构的服务领域与内容，清楚机构在社会工作实习中的优势与不足，对社会工作实习的接纳态度和意愿；自评是对学生来说，社会工作专业学生要明晰自身具有什么优势，能在机构实习中做出哪些成绩，能让机构得到哪些提高。机构和社会工作专业学生可以相互促进、共同成长，在取长补短中寻求合作的对接点。实习生在机构实习过程中，可以找到帮助机构成长的方式方法，相当于找到实习的切入点，也有助于实现专业实习目标。

（二）通过实习之中的运作，弥补机构社会工作理念方法的不足

学生在机构实习过程中，可以通过参与活动，把学校学到的社会工作专业知识、价值理念、理论方法与技能传授给机构工作人员。尤其社会工作机构专业性还不够成熟的当下，社会工作专业学生为机构带来的价值、理论和方法尤为重要。当前社会工作机构发展迅速，截至2022年6月，社会工作服务机构超过1.5万家，但从业人员素质参差不齐，不少机构的专业性难以保证，社会工作专业学生的专业性可以有效促进机构专业化水平的提高。自2008年国家推行社会工作师考试以来，社区工作人员、机构从业人员的考证通过率远远低于科班出身的社会工作专业学生，这也侧面反映出机构的专业水准。实习生的到来，可以为机构专业性提高带来指导，同时也为学生参加实务服务提供了机会。

（三）通过实习之后的评估，评价机构与学生的增能效果

评价增能效果包括机构和学生两方面。机构增能效果的评估可通过两方面呈现：一是对机构工作人员专业知识与理论的测评；二是对机构工作人员的专业方法与技能的评估。对学生的实习表现评估，包括机构督导给予的评估和学校指导老师的评估两方面。机构督导评价学生的专业知识、理论、方法在实习中的运用情况，学生实习对机构专业化水平的提升成效。学校老师的评价则通过学生实习总结的撰写、实习情况的反馈与反思来呈现。增能的评估还需要通过总结交流、分享经验、反馈成效等方式来体现，以便在后续实习中吸取经验与教训。

上述实习模式是各个高校结合自身优势与特点进行的有益探索。除了以上列

---

① 孙唐水. 增能式社会工作实习模式探索：以南京N学院社会工作系实习为例 [J]. 社会工作，2014（1）：60-68.

举的这些模式外，还有学者提出"实习教学中心"模式①、"成长导向型项目化实习模式"②、"实习就业一体化"模式③等。随着中国社会工作的快速发展，尤其是乡镇（街道）社会工作站在全国的全面铺开，社会工作教育实习实践经过人们的探索与研究会出现多种多样的本土化模式。

小 结

社会工作实习模式是指有关影响社会工作实习教学的各种因素间的结构、组织和安排方式。由于各国、各地区社会工作的发展历史及专业化道路不同，政治、经济和文化环境对社会工作的影响不同，社会工作实习模式也呈现不同的形态。英国的学徒制模式、能力为本的模式、结构实习模式、美国的循证实践模式、中国香港的学院为本实习模式各具特色。除港澳台地区外，社会工作专业在中国虽然起步较晚，也发展了一些独具地方特色的社会工作实习模式，有"政府支持、借助外力"模式、内修模式与增能模式等三种主要的实习模式。

 思考题

1. 简述英国社会工作实习模式的特点。
2. 简述美国社会工作实习模式的内容。
3. 中国香港社会工作实习模式的特色是什么？
4. 简述"三方伙伴关系"的具体做法。
5. 内修模式的做法是什么？
6. 开展增能模式的途径是什么？

---

① 孙唐水. 增能式社会工作实习模式探索：以南京 N 学院社会工作系实习为例 ［J］. 社会工作，2014（1）：60－68.

② 郑妙珠. 社会工作专业"成长导向型项目化实习模式"探究：以 H 学院的经验为例 ［J］. 社会与公益，2019（2）：60－65.

③ 程书松，胡善平. TIE 循环与反馈：社会工作专业"实习就业一体化"模式建构研究 ［J］. 北京城市学院学报，2021（3）：100－104.

第四章

社会工作实习的主体

【实训目标】

1. 了解社会工作实习中四个主体定位。

2. 深入理解社会工作实习不同主体的责任。

【实训技能点】

1. 理解社会工作实习中四个主体的定位。

2. 理解并掌握社会工作实习不同主体的责任及分工。

【思维导图】

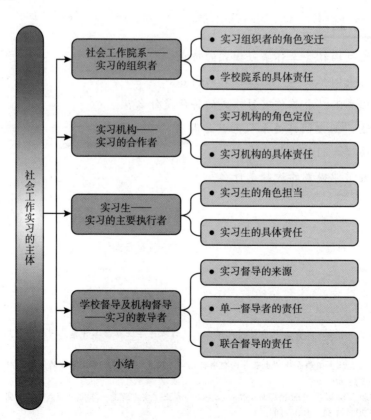

第一节　社会工作院系——实习的组织者

社会工作实习是社会工作专业教育中的重要环节，是一项由多个主体共同参与、共同完成的复杂行动。这些主体包括社会工作院系、实习机构、实习生、督导者、专业教师，每个主体各自扮演不同的角色，各司其职、各尽所能、相辅相成、协调发展，最终促进社会工作实习的顺利完成。因此，明确不同主体在社会工作实习中的角色和责任是保证社会工作实习顺利开展的首要任务。院系是指社会工作的专业教育机构，泛指开设社会工作专业或课程的大学、学院或学校，具体是指开设社会工作专业或课程的院或系。

一、实习组织者的角色变迁

在社会工作专业教育初创阶段的学徒式训练中，实习组织者的角色不是由院系担任而是由机构担任。在这一阶段，社会工作专业教育以短期的非学历教育为基本形式，以训练在职实务工作者为主要目的，学生的实习并不被要求按统一规范的教学计划实施，而是根据机构指导者的个人理解和经验，进行手把手的知识和技能传授。到了 20 世纪上半叶，随着社会问题的大量涌现，提高了对专业社会工作者的需求，社会工作专业教育逐渐从以培训在职人员为主要职能的短期非学历教育阶段迈入新阶段，这一新阶段以先掌握系统知识再就业从事实务工作为特征，注重规范的学历教育。

在这一阶段，院系在社会工作专业人才培养中越来越处于起主导作用的中心地位，虽然有的国家和地区还采取机构为本的实习模式，但大多数国家和地区在社会工作实习教学中，院系担当的是推动和协调实习活动组织者的角色。

二、学校院系的具体责任

作为社会工作实习的主体之一，学校负有对整个实习过程进行统筹安排并承担实习教学工作跟进与评估的责任。这涵盖了从实习机构的选择到实习生的安排、从实习督导的配备到实习教学质量的监督等全过程。学校全面部署、全程跟踪实习工作，确保实习过程的顺利进行和实习教学的质量保障。

为确保社会工作专业的发展符合国际或国内通行的规范和要求，并考虑本地区社会工作发展的实际状况和现实条件，以实现本专业的教学计划和人才培养的目标，院系在实习方面承担了制订和完善实习教学计划、遴选和确定实习机构以及组织实习等工作。院系在社会工作实习中的具体责任有以下几个方面。

1. 制订和完善实习教学计划

实习教学计划是组织和开展社会工作实习的依据，制订和完善实习教学计划是院系的一项重要职责。实习教学计划一般包括实习的目标、形式、内容、要求、评估办法等一系列规定，目标是培养符合社会需要的社会工作专业人才。社会工作实习教学计划不是一次制订就一劳永逸的，一个好的实习教学计划需要根据专业发展、社会需求、实习机构的变更等因素进行动态修订、不断完善。

制订实习教学计划的原则如下。

（1）需要参照本专业的国际通行规范和要求并结合我国本土社会工作发展及实习基地的实际情况制订，内容包括实习教学的时数要求、伦理守则、评估标准等；

（2）需要根据学生的知识基础和专业培养的要求，制订不同时期不同阶段的实习教学计划；

（3）需要根据不同的实习性质确定实习时间、实习场所、实习形式和实习内容，制订与之相适应的实习教学计划。

2. 遴选和确定实习机构

社会工作专业实习的形式是安排学生到社会工作专业机构从事社会工作实务工作的训练，院系要选择能够提供学生实习所需要的项目、督导、环境等资源的实习机构。同时学校要向机构介绍社会工作专业实习的教学目标和内容安排，彼此了解认可。

社会工作实习教学的目的是培养能够综合运用社会工作专业理论和技能的专业人才，学生在能够提供社会工作服务岗位的机构和相关部门，才能够得到充分的专业实践。因此，遴选机构时的首要标准是专业性，实习机构必须已经开展社会工作专业服务、拥有社会工作相关项目，能够提供社会工作服务或工作岗位。实习督导是保证学生专业实习效果的重要因素，因此，社会工作实习机构要能够提供符合条件并有督导意愿的专业人员作为学生的实习督导。有关机构督导人员的遴选条件将在第五章中进行论述。

实习机构确定后，院系应与机构订立书面实习契约。实习契约是院系与机构建立合作关系，明确双方在实习教学中权利与义务的文书。契约应就实习的目标、内容、有关的标准以及相关的工作安排做出明确规定，以保证实习教学的顺利进行。

有关遴选和确定实习机构将在第六章的第一节"社会工作实习的准备"详细论述。

3. 协助学生做好专业实习

学生是社会工作专业实习中具有主观能动性的主体，学生对自身的了解、对实习机构和岗位的认知和选择等因素都会影响到实习的最终效果，院系的协助可以更加充分地调动学生的实习积极性。因此，院系要从实习准备阶段到实习结束全程对学生做好协助和服务。院系的主要职责包括以下几个方面：

（1）协助学生了解自己的兴趣，选择适合自己的实习机构及方向。

（2）协助学生选择适当的机构，并安排有利于学生实习的机构环境。

（3）协助学生认识机构的工作性质及环境，并提供学生相关的资料。

（4）根据学生的兴趣、能力规划实习方案。

（5）协助学生认识其在机构中所扮演的角色，并认识实习老师及机构督导的角色。

（6）鼓励学生积极参与机构中各种有利于学生的活动。

4. 推动和督促实习教学计划的实施

社会工作专业实习是依据实习教学计划制定并实施的，实习教学计划在社会工作实习中的实施需要依靠院系的推动和督促。院系的主要职责包括以下几个方面。

（1）督促实习机构、督导教师和学生做好实习前的准备工作。院系要使机构了解院系的实习安排，并督促实习机构做好接待实习生的准备工作，如选择督导人员、安排办公场所、选择实习项目、提供食宿条件、营造实习氛围等。院系要对督导教师进行培训，使其在实习中更专业地指导和服务学生。院系要督促实习生做好实习前的知识准备和心理准备，院系可以通过动员会议让学生们提前了解实习机构的基本情况、实习的主要任务、面对的主要困难及解决办法等。

（2）为实习机构、督导教师和学生提供咨询，对具体问题提出建议和解决方案。实习机构、督导教师和学生在实习准备工作过程中及实习过程中出现的问题都可与院系进行沟通解决。

（3）接受来自实习机构、督导教师和学生对实习的反馈意见。院系与实习机构、督导教师和学生之间应定期或不定期举行讨论会，听取各方面对实习的反馈，对实习教学计划中的不适当内容及时修订完善。

（4）对实习机构、督导教师进行评估。院系要了解机构实习运作的流程，并决定该机构是否适合学生继续实习。院系要对督导教师进行及时培训和调整，保证督导的效果。

（5）负责制定和执行实习教学的经费预算。

（6）负责实习教学中相关文件和表格的印制和发放。

5. 确定和配备胜任的实习督导教师

督导教师在社会工作专业实习中起着至关重要的作用，决定社会工作专业实习的效果。院系有责任挑选能够胜任实习督导工作任务的实习督导教师，确保实习生能获得有效的指导、反思和支持。有关督导教师的遴选条件以及工作职责将在第五章中专门讨论，在此不展开论述。

第二节　实习机构——实习的合作者

目前，我国主要采用机构和院系相结合的实习模式，即机构和院系建立一种密切的伙伴关系。在这种模式中，机构与院系之间是实习合作者的关系。一方面，机构为院系提供实习教学所需的条件、岗位和机会，允许学生使用其设备和资源去完成实习任务；另一方面，院系为机构社会工作者提供培训机会，进行社会工作研究，帮助提高机构的服务水平。

一、实习机构的角色定位

以机构为本的实习模式中，社会工作机构不是被动接受实习生的角色，而是社会工作实习教育的积极参与者，有选择性地为学生提供实习岗位和督导。社会工作机构还应该参与社会工作实习课程及教学计划的审核制订。随着社会工作专业教育的发展，社会工作机构常会因其性质和活动范围的局限而出现力所不及的困境。以院系为本的实习模式中，社会工作机构担当被动接收学生实习的工作场所的提供者角色，社会工作机构的优势和积极性得不到发挥。在院系与机构合作的实习模式中，社会工作机构与院系互助合作，担当实习合作者的角色。社会工作机构为院系提供实习教学所必需的条件、实习岗位与机会。

以上三种社会工作实习模式中，社会工作机构与社会工作院系之间都存在伙伴关系，这种伙伴关系是社会工作实习教学的基础。社会工作教育是为社会工作实践服务的，社会工作机构为院系提供训练未来社会工作者的条件是在为社会工作专业本身的发展做出贡献。伙伴关系是社会工作专业理想的具体体现。①

二、实习机构的具体责任

实习机构在社会工作实习中的主要责任包括：参与制订实习教学计划、挑选实习督导、进行实习准备、举行迎新活动、进行实习监察、参与实习评估、提供工作条件和行政支持等。

1. 参与制订实习教学计划

实习机构是实施社会工作服务的场所，了解社会工作服务的实际需求和社会工作服务需要社会工作者具备的素质和能力。实习机构参与制订实习教学计划可以避免实习教学脱离社会工作服务实际、避免社会工作实习的盲目性，使社会工作实习教学计划更具有实用性和针对性。

实习机构参与实习教学计划制订可以提供具体的实习信息，使制订的实习教学计划切实可行。制订实习教学计划的时候会面临许多实际问题，如机构的性质、机构的组织架构、机构的工作内容、机构对实习生的能力要求、实习督导人员情况、食宿条件、办公条件等。这些具体情况不清楚，制订出来的实习教学计划会不切合实习机构的实际情况。实习期遇到实际问题后再对实习教学计划进行改动，就会影响学生的实习效果。

实习机构的需要和实际工作领域在不断变动，要根据变动不断调整实习教学计划。因此，实习机构参与制订社会工作实习教学计划可以保证社会工作实习的教学效果。

2. 挑选实习督导

在机构和院系合作的实习模式中，采用机构和学校联合督导制度，因此机构的职责之一就是选择合适的人员担任学生实习的督导教师。有关实习督导的遴选条件以及工作职责将在第五章中专门讨论，在此不展开论述。

3. 进行实习准备

院系实习负责人会在实习前访问机构，和实习机构商讨具体的实习事宜，并一起进行实习的准备工作。实习机构需要进行的实习准备及协助工作有以下几个方面。

---

① 王思斌. 社会工作概论 [M]. 2 版. 北京：高等教育出版社，2006：393.

（1）提供机构目前的发展及运行状况；

（2）挑选既有利于学生学习又符合机构需要的实习任务；

（3）进行实习迎新计划（后面详述）的准备工作；

（4）提供其他与机构的具体服务和部门情况有关的资料。

4. 举行迎新活动

社会工作实习开始的时候，实习机构应该和实习老师一起为学生举行实习迎新活动。实习迎新活动主要目的是帮助学生了解机构、熟悉环境、了解实习安排、缓解紧张情绪，更好地进行实习活动。通过座谈、讨论、参观、小组活动等方式帮助学生缓解压力和紧张情绪。迎新活动的具体内容有以下几个方面。

（1）向实习生介绍机构的发展及现状、组织结构、主要服务内容等，向学生发放有关机构情况的各种资料；

（2）向实习生介绍实习部门的运作和与学生共事的主要工作人员；

（3）向机构的工作人员和相关人员和机构介绍实习生；

（4）向实习生介绍具体的实习任务和工作安排；

（5）为实习生创造机会，以利于他们融入实习机构，适应角色上的调整；

（6）向实习生介绍与实习相关的行政程序；

（7）安排实习生走访本社区和邻近的社区以及其他实习相关地点。

5. 进行实习监察

社会工作实习期间，尤其是集中式实习期间，学生全职在机构工作，实习督导主要负责给学生专业上的指导，实习机构应该对实习进行密切监察，对实习生在行政上进行协助，对存在的问题及时向院系进行反馈。实习机构进行的实习监察及协助主要有以下几个方面。

（1）向学生解释其工作与部门的其他工作的关系，帮助学生了解工作任务、理清工作重点及工作方法；

（2）实时对学生按行政程序办事方面的表现给予反馈，帮助学生适应及遵循机构的工作程序；

（3）与院系督导老师交流学生在机构实习的情况，如实习进度、实习内容、取得的进步和成绩、存在的问题和困惑，以及学生是否按时出勤、工作态度和内外关系是否良好；

（4）和院系实习负责人一起评估交给学生的任务是否合适，必要的情况下做出调整；

（5）通过实习监察，从实务的角度对院系课程设置、实习教学安排等问题向院系提供反馈和建议。

6. 参与实习评估

为了确保学校能够对学生实习有准确客观的评价，实习机构有责任协助学校进行实习评估。实习机构应当与学校保持密切合作，定期向学校反馈实习生的工作状况、学习态度和工作能力等方面的意见和建议。这种合作不仅可以促进学生的全面发展，也有助于改进实习计划和教学方法，提高实习教学的质量。

7. 提供工作条件和行政支持

实习机构应配合实习教学计划，按先易后难的原则给学生安排实习任务，尽可能向学生提供社会工作专业服务的实践机会，让学生以专业人员的身份接受训练，从中不断提高自己的实务技能，并形成专业价值观。

实习机构应为学生提供学习和工作所必需的办公条件，如办公桌椅、会谈的房间、小组活动场所、督导室、记录支持等。

实习机构应不断为学生创造与其他机构成员一起工作的机会，如可以邀请学生参加机构工作人员会议等。以促进学生加强对工作的认识、尽快进入工作状态，学习工作技巧、融入机构并适应角色上的调整。

第三节　实习生——实习的主要执行者

一、实习生的角色担当

在社会工作专业初创阶段的学徒式训练中，学生并不处于教学活动的中心地位，教学以教师为主导，强调学生被动式地承袭知识和技巧，易忽视学生主动性、积极性的发挥。在现代学习理论的指导下，社会工作专业教育遵循以人为本、尊重学生尊严和价值的观念，提倡引导和发挥学生的学习潜能，明确了以学生为中心、以教师为指导的角色分工。在上述理论发展和社会工作教育变化的大背景下，社会工作实习教学作为社会工作教育整体的有机组成部分，也出现了新的发展方向，更加强调学生的主动性、知识的结构性以及知、觉、行的整合性。

实习生在专业实习中不是被动地接受教导而是一个积极主动的学习者，[①] 是实习的主动执行者。实习生在实习过程中应该积极勇敢地承担责任，包括对自身、机构、服务对象和督导的多重责任。实习是社会工作专业学生发展专业技能和促进成长的重要途径，实习生应敢于针对不同的服务对象和实际情境尝试采用恰当的介入方法和技巧。实习生还应该培养对专业价值和伦理的敏感性，持有批判精神反思当今社会以及专业问题。

在实习过程中，实习生需要遵守实习机构的规定和恪守专业伦理，他们需要将专业责任与机构要求的标准有机统一，选出最佳方案为案主提供服务。

二、实习生的具体责任

学生在社会工作实习中，要对自身的能力提高、机构的工作、服务对象等负责，具体的责任有以下几个方面。

1. 对自己的责任

在社会工作实习中，学生首先要对自己负责。

（1）参与实习教学大纲的制订。实习生是社会工作实习的直接执行者，而学生的需求和能力不尽相同，其参与实习教学大纲的制订，有利于促使实习教学内容和方式与学习状态和需求的匹配；有助于学生明确实习教学的目标和结果；有助于学生了解实习教学的进度；有助于学生掌握实习教学的重点和原则；有助于提高学生解决实际问题的能力。

（2）完成实习任务，做好实习记录。学生在实习期间应按时、按质、按量完成实习任务并及时做好实习记录，通过实习日志、实习周志和实习报告等形式记录实习过程，不断总结反思。实习记录也便于让实习督导更好地了解实习情况，有针对性地给予适切的指导和做出客观的评价。实习的记录主要包括以下内容。

第一，实习周志或日志。主要记述每天或一周的实习内容，如参与的专业服务、参加的会议、参与督导培训的名称和内容等方面的概述，以及实习生在活动中所扮演的角色与职责、对参加活动的看法等。

第二，特定事件或案例的描述与分析。在一周内选定一项个人认为最特别或最有收获的事项加以描述与分析，以培养对人与人、人与环境的互动的观察与评估能力。

---

① 王思斌. 社会工作概论［M］. 2 版. 北京：高等教育出版社，2006：397.

第三，服务及工作记录。认真填写机构所要求的个案或小组工作记录，一方面学习一线社会工作的规范，另一方面也为机构的服务保留完整的资料。

第四，实习总结报告。实习总结报告是评估实习成绩的主要依据之一，内容应包括实习活动对个人在社会工作专业上的认同有何帮助，在实习中自己的自我认识有何发展，课堂上所学的知识、技术在实习工作中有何运用，是否获得在课堂学习中未曾获得的经验，对于实习活动的组织安排有什么建议等。

（3）遵守实习纪律。"行有行规，学有学纪"，学生在实习期间要严格遵守实习教学规则和纪律。一方面，实习生的行为代表着学校的形象，一举一动都会影响到学校声誉和专业声望，实习生要恪守职业道德，以专业伦理价值严格要求自己。另一方面，作为机构的一名准工作人员，实习生还应遵守实习机构的各项规章制度，言行举止要维护机构的职业形象，这是对实习机构的尊重，也体现了实习生的社会工作专业形象。

实习期间，实习生必须参加机构、单位、督导或学校安排或指派的所有活动，包括社区探访、研讨会、工作会议、员工会议、研习会议、培训班及与实习服务有关的服务等。学生因患病或其他事由缺席活动或不上班，事先必须获得行政主管和实习督导老师批准。实习生如事前未获批准而随意不上班或缺席，除事后要作出书面解释外，实习生可能会因此被口头或书面警告，严重者可判定为实习不及格。

（4）按时参加团体讨论会或个别督导。学生在校外实习，与学校的联系仅仅依靠学校督导老师的定时督导，这种情况不利于师生交流。实习生必须充分利用现代科学通信手段建立有效的沟通渠道，及时向督导老师反馈信息，与督导老师保持密切联系。及时向督导老师汇报及提交有关的面谈、工作记录及报告或督导老师指定的其他工作报告，接受督导老师的督导，按时保质保量完成实习任务。实习期间如果出现工作上及情绪上的问题，单凭实习生的个人力量难以走出困境，应主动向机构和督导老师寻求帮助。

（5）实习生应积极参与实习评估，并提交评估报告。社会工作实习评估是对学生实习工作的评价，及时深刻的自我评估能够帮助学生认清自身的优势和劣势，有助于学生反思自身的问题，提升专业水平。

2. 对机构的责任

实习生在实习机构工作，工作的好坏与个人的影响代表了实习机构的形象，因此实习生要对机构负责。

（1）实习生自身的言行举止要大方得体、穿着打扮干净整洁。

（2）实习生在实习期间必须遵循实习机构的规章制度、工作程序与工作方法。

（3）实习生要与机构的工作人员和睦相处，在工作上与机构的工作人员竭诚合作。

（4）实习生在实习期间按机构的正常工作时间上下班，如果有特殊情况，必须获得实习督导老师的同意，并且通知机构的实习负责人。实习期间，除机构及公众假期或因学生患病外，学生不可无故缺席活动或不上班。

（5）实习期间学生若因病需要休息较长时间的，要有医生出具的假条。在特殊情况下，经实习老师同意，学生可以请事假。事假若超过两个工作日，建议在实习结束前补足。

3. 对服务对象的责任

实习生专业实习的进行与服务对象密不可分，学生从事的社会工作服务虽然是实习活动，但服务对象接受的社会工作服务应是专业的，因此实习生从专业上对服务对象负有完全的责任。

（1）实习生要向服务对象介绍自己是实习社会工作者，让服务对象知情。但机构不赞成这样做时，听从机构的意见。

（2）实习生在实施社会工作服务的过程中要遵循社会工作的基本原则，如个性化、尊重助人自助、保密等。

（3）实习生要在督导的指导下认真实施社会工作服务，遇到问题及时查阅资料并向督导汇报（督导有责任确保给学生的任务是其力所能及的）。

（4）如果实习生感觉自己的能力不足以继续提供服务，要及时将服务对象进行转介。

第四节　学校督导及机构督导——实习的教导者

一、实习督导的来源

社会工作专业督导有三种模式：在机构为本的实习模式中，实习督导来自实习机构，同时具有社会工作文凭证书和社会工作督导资格证书；在院系为本的实习模式中，实习督导是院系的教学人员，拥有一线社会工作服务经验，并接受过专业的督导训练；在实习机构与院系合作的社会工作实习模式中，院系和机构双方共同进行督导，组成联合督导的形式，学校督导老师和机构督导在学生实习的过程中分别扮演着不同的角色，共同指导学生实习。

二、单一督导者的责任

由于学生在实习各阶段的任务不同，在不同的实习阶段，督导者有不同的角色和责任。

1. 计划和组织学生实习

（1）实习准备与安排。

——了解学生的兴趣、知识、长处、经验、期望、学习的需要和目的；

——澄清指导老师和学生各自的角色；

——清楚说明指导老师对学生工作量、工作表现和评估标准的要求；

——向学生提供机构的情况，如机构的服务范围、服务对象、组织结构、行政管理程序等方面的情况；

——向学生说明他可以期望从实习中学到什么，实习工作的性质、局限、学习的范围、要求、困难等；

——同学生一起订立学习契约；

——吸收学生参加讨论实习安排事宜。

（2）促进实习生同实习机构间的"契合"。

——同学生和机构一起澄清学生的角色、任务、责任和工作；

——沟通机构和学生对彼此的期望；

——教学生如何与机构员工相处；

——保持与机构的沟通，了解机构的最新发展，帮助学生达到机构的要求；

——在学生和机构间调停，消除误解，澄清彼此的期望；

（3）计划和督导学生的实习工作。

——同学生讨论，就实习任务、工作方案和时间安排达成一致意见；

——通过看学生的实习日志、实习报告、直接观察等方式掌握实习工作进展；

——了解机构工作人员对学生工作表现的评价；

——同机构一起评估学生在工作上的进展，如果有需要及时调整工作计划。

2. 协助学生在实习中学习

（1）教导学生如何把理论运用到实践中去。

——提供参考资料；

——同学生讨论与其工作情况有关的实践模式和理论；

——同学生一起分析个案、小组或社区工作的情况，找出实际情况与理论概念之间的联系；

——举例说明如何将理论知识运用到实际工作中；

——引导学生从多个角度反省自己的经验；

——根据情况的发展，和学生一起反思其对工作的评估和计划。

（2）教授学生实际工作技巧。

——识别学生技巧上的缺陷，评估其学习需要；

——激发学生思考解决问题的不同方法；

——直接或者通过视听设备示范如何运用技巧；

——对学生的技巧和任务表现给予及时的反馈；

——借助学生的报告，分析他对技巧的运用；

——和学生一起回顾学到的东西及其对以后工作的意义；

——和学生分享自己在处理疑难情况方面的心得；

——指导学生如何完成书面作业；

——批阅学生的书面作业。

3. 加强学生自我了解和发展

（1）支持学生工作。

——让学生自由尝试自己的想法；

——给予鼓励；

——欣赏学生的工作；

——为学生提供宣泄感受的机会；

——表现出对学生所遇到困难的理解；

——和学生一起回顾其在处理困难个案和情况时的负面感受和反应。

（2）鼓励学生自我反省。

——发现并告诉学生其长处和不足；

——和学生讨论他在价值观上的矛盾、冲突和含糊不清；

——鼓励学生自我表达；

——鼓励学生自我评估；

——警告学生省察学习中的障碍；

——鼓励学生反思自己的感受。

三、联合督导的责任

联合督导由学校和机构双方的督导共同组成，在实习过程的不同阶段其工作内容也有所不同。

（一）实习准备期

学校督导在实习准备工作中扮演着重要的角色。他们可以被看作是实习生与专业机构之间的"经纪人"，负责组织和协调实习前的各项工作。

1. 学校督导的主要职责

——与实习机构签订实习协议，明确各方的权责和义务，并确定实习经费的来源和数额；

——与实习机构沟通，并确认实习时间和地点；

——向机构提交学生资料，共同商议实习岗位分配。

2. 学校督导面向学生的主要工作

——发布实习通知，招募并挑选符合机构要求的实习生，并根据学生的特点、意愿和机构需求将他们安排到合适的实习岗位；

——召开实习动员会议，布置实习任务，并根据工作指标、学生能力和实习意愿制定实习计划；

——组织实习经验传授会，邀请有实习经验的学生分享经验和注意事项，帮助实习新生了解机构实习工作，提前做好相关准备，增强实习信心并减少紧张情绪。

（二）实习初期

学生进入机构正式开展实习活动后，由机构督导主要负责学生的督导工作。学生需要尽快熟悉和适应实习环境，得到机构工作人员的接纳与支持，并与服务对象建立良好关系。这一阶段，机构督导主要履行"行政者"和"支持者"的工作角色（具体内容将在第五章进行详细论述）。

（三）实习中后期

在实习中后期，实习督导由机构督导与学校督导老师联合提供，机构督导提供主要的指导。此时,督导的核心角色是"教育者",为学生提供知识和经验并开展专业反思。

1. 协助运用专业知识和技能

首先,督导应当提供相关文件或档案资料,协助学生了解服务对象的特点、需求、成长经历、人际关系、内外环境等情况,合理评估案主的身心发展情况与专业服务需求。其次,指导学生设计具体服务方案,厘清方案的目标、内容、困难和局限等,提高服务方案的可行性和有效性。完成服务方案之后,机构督导需协助实习生实施服务方案,及时进行工作评估与反思,及时调整服务方案。

2. 协助内化专业伦理

价值观需要在实践中不断检验,需要经历从理论到实践的过程。督导要引导学生在实践中克服专业伦理与自我伦理的冲突,将专业伦理与个人伦理价值相整合,建立起个人专业价值观体系,并能够运用专业价值,与服务对象建立专业关系,控制不适当的情绪、态度和偏见,展现符合专业身份的行为举止。帮助学生将专业伦理与个人伦理价值相整合,从而建立起真正的个人专业价值观体系。

3. 促进自我认识,提高身份认同

督导可以通过观察和会谈,觉察到学生的内心冲突,通过支持性技巧澄清不良感受,探索感受和行为背后的价值取向或内在需求,帮助学生觉察个人价值观,增强自我认识;通过引导个人、机构、专业和社会价值的对比,使实习生认同专业价值伦理。学生可能会肯定自己原有的价值观,也可能会在观察和分析的过程中意识到需要改变一些观念和偏见。通过这样的认知和思考,实习生能够作出更符合专业伦理的价值判断。这种对比和思考过程有助于增强实习生的自我功能。他们将能够更清楚地认识自己的价值观、信念和态度,加深对专业和所服务目标的认同感。同时,学生将建立起对专业和服务的信心,逐渐强化专业服务意识和使命感。这样的过程有助于培养实习生的专业理想和责任感。

(四) 实习末期

在实习即将结束阶段,大多数学生已经适应了实习岗位的工作,能够独立完成大多数的工作任务。督导的角色更多表现为情感支持者和评估者,一方面协助学生处理实习结束的离别情绪,另一方面综合学校和机构的考核标准,对学生的实习表现进行评价。具体任务如下。

1. 处理离别情绪

随着实习的即将结束,学生可能会产生一定的失落情绪,因为他们已经在机

构内获得了一定的成就感，与机构工作人员和服务对象建立起了深厚的关系。督导应该关注并适当介入，可以通过面谈协助学生梳理和澄清感受，通过倾听、接纳、同理、经验分享等方式给予情感支持。督导还可以与实习生商量以适当方式进行告别，如召开实习欢送会，让实习生与其他工作人员一起分享和总结实习体验，坚定服务信念、树立工作信心。

2. 进行实习评估

机构督导会根据学生的实习工作材料、面谈表现和专业服务情况评估他们的实习表现。这些评估报告将与机构的评估材料一起反馈给学校的督导老师，为后续的实习评估工作提供依据和参考。评估的内容包括学生的专业知识与技能、工作表现、职业态度、合作与沟通能力等多个方面。具体的评估标准和程序应遵循学校和机构的相关规定，考虑到职业道德和伦理准则，以确保评估结果全面、客观和准确。

（五）实习总结阶段

专业实习结束后，学校督导应与实习生及时进行面谈，了解他们的实习收获和感受，巩固实习经验，加强自我反省与反思。在这个阶段，学校督导将承接机构督导的工作，担任"评估者"的角色，对学生的实习表现和工作能力进行综合评估。

学校督导在面谈中与实习生交流，了解他们在实习中所取得的成果和遇到的挑战，帮助学生总结实习经验，发现自身优势和不足之处，为进一步的专业发展提供指导。学校督导还可以引导学生思考实习经验的意义和对个人职业规划的影响，将实习经验、课程知识和理论综合反思。

学校督导的综合评估包括对学生在实习期间展现的专业知识、技能、态度和职业素养等方面进行评价。这种评估将为学生提供一个全面的反馈，帮助他们了解自己在实习中的表现和成长，为未来的学习和职业发展做好准备。

小　结

社会工作实习是社会工作专业人才培养中的重要环节，是一项由多个主体共同参与、共同完成的复杂行动。这些主体包括社会工作实习院系、实习生、督导者、专业教师，每个主体各自扮演不同的角色，各司其职、各尽所能、相辅相成、协调发展，最终促进社会工作实习的顺利完成。因此，明确不同主体在社会工作实习中的角色和责任是保证社会工作实习顺利开展的首要任务。本章分别对社会工作院系、实习机构、实习生、学校督导及机构督导所担负的角色与责任进行了论述。

 思 考 题

    1. 社会工作实习中的主体有哪些?

    2. 社会工作实习中组织者的责任有哪些?

    3. 社会工作实习中实习机构的责任有哪些?

    4. 社会工作实习中主要执行者的责任有哪些?

    5. 社会工作实习的教导者分为几种? 单一督导者的责任是什么? 联合督导的责任是什么?

第 五 章

社会工作实习督导

【实训目标】

1. 了解社会工作实习督导的定义及其功能，深入理解社会工作实习督导者所应具备的素质，要求学生以人为本，践行社会主义核心价值观，尊重职业伦理，规范专业服务行为。

2. 认识社会工作实习督导的类型，综合分析督导需求选择恰当的督导方法，思考和探讨督导实践中的伦理问题。

3. 掌握社会工作实习督导的过程和技巧，加强学生的思想教育和职业素养的培养，提高其在社会工作实践中的综合素质和创新能力。

【实训技能点】

1. 组织督导会议。

2. 运用会谈技巧开展督导会谈。

3. 分析不同阶段实习生的督导需求。

4. 运用督导技巧完成不同阶段的实习督导工作。

【思维导图】

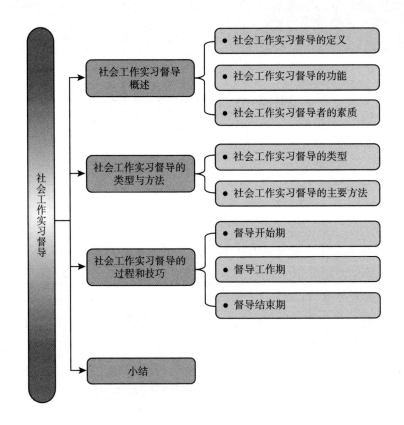

第一节　社会工作实习督导概述

　　社会工作专业学生必须要通过系统、有效的专业实践才能真正掌握和应用社会工作的理论和技能。因此，社会工作实习是社会工作专业教育中的重要环节。社会工作实习的效果需要督导进行保障，社会工作实习督导不仅能帮助学生加深对社会工作专业的理解和认识，还能提高学生的职业素养和专业技能。

一、社会工作实习督导的定义

（一）社会工作督导的界定

　　社会工作督导是一种社会工作专业训练的方法，是社会工作专业实习的保障机制。"督导"一词是从英文"supervision"翻译而来，来源于拉丁文 super（即 over 之意）和 videre（即 to watch、to see 之意）。因此，"督导"就是指在对特定人员进行观察、监督并提供指导的活动，而实施督导活动的人，就是督导者（supervisor）。

罗宾森（Robinson）早在 1949 年就对督导进行了定义，强调了督导的教育性特征，认为可通过教育帮助被督导者达到技能、知识、态度和行为多种能力的提升。卡杜山（Kadushin）采用行政、教育和支持三个功能来界定督导，认为督导是督导者与被督导者通过积极的沟通、互动的过程，督导者在这一过程中发挥了管理教育和支持的作用。

因此，社会工作督导（social work supervision）是在社会工作实践中，由知识经验丰富的督导者，通过定期和持续的监督指导，对新入职工作人员、一线初级工作人员、实习生及志愿者进行管理和规范，传授专业知识和技术，同时为其提供情感上的支持，加强自我反思和探索能力，以增进其专业实务能力，促进个人成长并确保服务质量的活动。

（二）社会工作实习督导的含义

社会工作实习督导是以实习生为对象的社会工作督导，是社会工作实习教学中的一个重要环节，是社会工作专业教育的一个重要组成部分，是使学生有效实习并保证社会工作服务质量的重要手段。社会工作实习是在实习督导的监督指导下，社会工作专业学生有目的、有步骤地将专业理论知识转化为实务能力的过程。社会工作实习督导的目的在于督导者能够使学生适应社会工作专业者的行为、角色，将社会工作的理论知识、价值与技巧内化，并学习按照专业社会工作者的职责有效率地完成工作，提供有质量的社会工作服务。[①] 社会工作专业实习督导可以保证社会工作实习的有效性和规范性，使社会工作专业学生的实习效果得到切实提升，达到提升社会工作教育质量的目的，最终达到提升社会工作人才队伍素质的目标。

综上所述，社会工作实习督导是以实习生为对象的社会工作督导，通过定期和持续的监督指导，对学生进行管理和规范，传授专业知识和技术，同时为其提供情感上的支持，协助学生将专业理论与实践服务相结合，内化社会工作的价值、理论知识和技巧，促进学生的专业成长和社会责任感的专业训练方法。

---

① 王思斌. 社会工作概论 [M]. 2 版. 北京：高等教育出版社，2006：397.

二、社会工作实习督导的功能

在社会工作督导功能的研究中，学界普遍认为，社会工作督导的功能主要有三种：教育功能、支持功能和行政功能。作为以实习生为对象的社会工作督导，社会工作实习督导同样具备这三种功能，社会工作实习督导功能的充分发挥是保证实习生能够有效学习并获得专业知识、能力与专业自我成长的核心条件。

（一）教育功能

学校课堂教学主要教授学生知识与技能、激发学生的专业兴趣、为学生理论联系实际打基础，而实习则是让学生在实际工作中运用所学知识并巩固发展专业知识和技能。社会工作实习的一个重要目标就是通过实习使学生学会理论知识在实践当中的运用，学习掌握专业实务技能，因此教育功能是社会工作实习督导三大功能的核心。督导要根据学生的特点和学习需求，制订详细的督导教学方案，有计划、按步骤地引导学生在实习中学习。社会工作实习督导的教育功能主要体现在以下几个方面。

1. 提供学习资源

学习资源包括：①职业知识。向学生介绍相关的职业知识和技能，帮助他们理解社会工作的基本概念、理论和方法。②专业文献。为学生提供社会工作领域内的专业文献，例如期刊论文、研究报告、实践指南、案例分析等，让学生了解行业的最新动态和工作实践经验。③实践经验。与学生分享自己的实践经验，包括成功案例、失败案例以及取得的经验教训等，帮助学生更好地理解社会工作实践中的复杂性和挑战性，并且提供解决问题的思路和方法。④学习平台。为学生提供学习平台，例如社交网络、在线课程、讨论论坛等，让学生与其他社会工作者交流和分享经验。

2. 促进实践与理论的融合

督导帮助实习生将所学的理论知识应用于实践中，同时也可以让实习生从实践中发现问题、整合经验并且反思，进一步促进实践与理论的融合。具体内容有：①理论指导。根据实践情况，向实习生提供相关的理论知识和指导，帮助他们更好地理解实践背景，解决实践问题。②反思实践。鼓励实习生反思实践过程，深入思考自己的实践行为和所使用的理论知识，针对具体问题评估实践效果，整理实践经验并形成实践总结，从而促进实践与理论的融合。③案例研究。通过案例的学习和研究，深化理解相关理论，巩固理论知识并将其应用到具体的社会工作实践中。④实习报告。审查学生的实习报告，对学生记录的实践活动及理论思考及时提供反馈。

3. 内化价值伦理

学生在专业实习中会遇到各种伦理困境和价值冲突，督导可以协助学生通过专业实习经历强化学生的专业价值观并引导学生解决相应的伦理困境和价值冲突，帮助学生最终达到专业价值观与个人价值观的协调与内化。

4. 加强专业认同

具体内容包括：①帮助学生在实习中深入认识和理解社会工作的核心理念，保护弱势群体的权益，促进社会发展，培养学生的社会责任感；②根据学生的兴趣和专业方向，引导他们深入了解不同领域的社会工作特点和要求，并鼓励他们拓宽视野，开拓实践空间，探索社会工作的多样性；③通过实际案例引导学生了解职业道德的内涵和意义，培养学生的职业道德。

（二）支持功能

社会工作实习督导的支持功能是指督导通过与学生建立良好的督导关系，为他们提供情感、认知和行为等方面的支持和帮助去面对挑战和困难，增强学生的自信心和动力，促进其个人成长和发展。

学生在专业实习中会面临来自多方的压力。具体包括：①自我的压力。学生面对复杂的实习环境个人经验与信心不足。②实习机构的压力。学生对实习机构的工作程序和规则不熟悉，不适应实习机构的工作方式及工作氛围。③服务对象的压力。服务对象求助时对社工服务抱有较高期待，面对服务对象的期望，学生担心自己没有能力给服务对象提供高质量的服务。④督导的压力。实习督导所采用的督导方式、督导的严格要求、学生与督导的观点差异等都会给学生带来压力。由于缺少实务经验且自我调整能力有限，学生可能会产生无力感、烦躁、焦虑、头痛、失眠等心理、生理不适，甚至产生退缩情绪，进而影响实习的效果和为案主提供服务的质量。

通过支持功能的发挥，督导人员可以提高实习生的工作动力和参与度，促进其专业技能的提升和社会责任感的增强，从而实现社会工作实习的有效开展和实施。

社会工作实习督导要加强与学生的沟通，协助学生克服专业实习中产生的压力和挑战。支持督导的工作内容主要有以下几个方面。

（1）提供情感支持。督导要充分理解实习生面对的挑战和压力，在情感上提供必要的支持，包括温暖、理解、尊重、接纳和关爱，鼓励实习生积极参与社会工作实践，让实习生感受到他们被理解、认可和重视。

（2）鼓励和支持。督导要经常鼓励和支持实习生，让他们感到自信和勇气。当实习生遇到困惑和问题时，督导要倾听并理解他们的感受，协助学生适应和处理专业实习中所遇到的挫折、不满、失望、焦虑等消极情绪，增强学生的自我调适功能，为其提供解决方案和建议。

（3）帮助建立自信心和自尊心。社会工作实习督导应该通过情感支持的方式帮助实习生建立自信心和自尊心。

（4）进行关怀和肯定。使实习生在实习过程中有安全感，愿意完成实习项目并敢于尝试新工作；乐于评估自己的实践，思考新方法，积极主动地学习而不是被动接受。

（5）提升专业满足感和价值感，促进其对专业的认同，愿意持续投身社会工作职业。

（三）行政功能

社会工作实习督导的行政功能是指对实习过程进行组织、协调和管理的过程。督导行政功能的实现在于使实习生的具体工作符合院系和机构的期望和规定，同时又要保证实习工作的效果。实习生除了在社会工作服务的过程中需要督导，整个的实习过程也需要督导，整个实习过程的督导体现了社会工作实习督导的行政功能。社会工作实习督导的行政功能主要包括以下几个方面。

（1）进行实习说明安排。向学生说明机构政策、行政程序和相关的规章制度，使学生的工作符合机构的期望和规定，帮助其建立工作责任感。

（2）确定实习计划和实习任务。与实习生一起确定实习目标和计划，明确他们需要达成的任务和学习目标，根据学生的特点和兴趣分配适当的工作内容。

（3）组织和协调有关行政部门。解决学生工作程序上所遇到的难题，帮助实习生了解机构行政方面的程序和规则，使学生在行政架构配合下顺利完成实习。

（4）管理实习文件。管理实习相关文件，记录实习过程，以便于评估实习生的表现和反馈实习经验。

（5）评估实习成果。督导需要对实习成果进行评估，并给予反馈和建议，以指导实习生的未来发展。

三、社会工作实习督导者的素质

在社会工作实习的过程中，实习督导对实习生有很大的影响，实习生的实习效果与督导的素质有直接关系。受过专业教育的资深社会工作者、具有丰富实践经验的社会工作专业教师和机构中接受过专业教育和培训的资深社会工作者是社会工作实习督导者的较好人选。社会工作实习督导首先应该是一名优秀的社会工作者，要有良好的个人品格和素质，同时具备扎实的专业知识、丰富的实践经验、良好的沟通技巧、有指导实习生的时间和意愿、熟悉机构的政策和工作程序、熟悉教育学和心理学。这些能力能够帮助实习生将课堂所学知识转化为实际工作的能力和经验（社会工作实习督导者的素质参见表 5 - 1）。

（一）良好的个人品格和素质

为了更好地履行职责，社会工作实习督导要具备良好的个人品格和素质。①尊重学生，督导者需要尊重学生的个性、文化背景和思想观念，同时，督导者也需要关注实习生的情感需求，给予必要的关怀和支持。②公正客观，督导者需要保持公正客观的态度，不受个人情感和偏见的影响，对实习生进行客观评价和指导。同时，督导者也需要遵守职业道德规范，不得利用职权谋取私利或滥用权力。③责任心，督导者需要具备责任心，认真履行职责，及时关注实习生的情况，帮助他们解决问题，促进他们的成长和发展。④学习创新，督导者需要不断学习和更新知识，积极探索新的教学方法和实践经验，以提高自身的教学质量和水平。同时，督导者也需要注重与同行的交流和合作，共同推动社会工作的进步和发展。⑤保密，督导者需要保守实习生的隐私和机密信息。⑥工作素质方面，督导者要具备沟通及说服技巧，懂得如何提升激励团队，主动学习改善，会应急处理，有策划及管理能力，善于配合协调、勇于承担责任，具有社会资源综合利用能力。

（二）扎实的专业知识

督导者要在整个社会工作服务过程中对实习生进行专业指导，因此督导者自身必须先是一名优秀的社会工作者，必须受过正规的社会工作专业训练，并熟练地运用社会工作理论知识，能够在社会工作服务过程中向学生解释服务过程中涉及的理论知识和专业技巧，并指导学生对技巧加以运用。

（三）丰富的实践经验

社会工作实践具有复杂性和多样性，需要督导者具备丰富的实践经验。①社会工作领域广泛，社会工作实习涉及服务人群多样，不同领域的实践有其独特的特点和难点，需要督导者具备相应的实践经验才能更好地指导实习生。②实习生的需求各异，不同的实习生有不同的需求和目标，有些需要更多的理论指导，有些则更需要实践经验的积累。督导者需要根据实习生的需求和特点进行个性化的指导和支持，这就需要督导者具备丰富的实践经验和敏锐的洞察力。③社会工作服务的复杂性，社会工作涉及复杂的人际关系和社会问题，需要督导者具备较高的分析能力和解决问题的能力。④职业发展的要求，社会工作是一个发展迅速的行业，需要督导者不断学习和更新知识，了解行业的最新动态和发展趋势，适应新的理论和实践。

（四）良好的沟通技巧

督导者需要与实习生进行有效的沟通，理解实习生的需求、意见和反馈，以及清晰地传达指导和建议，包括倾听、表达、反馈和解决冲突等方面的能力。①倾听能力，督导者能够认真倾听学生的发言，理解他们的需求和困难，并给予及时的反馈和建议。②表达能力，督导者能够清晰、准确地表达自己的意见和观点，使实习生能够理解和接受。③反馈能力，督导者能够及时、具体地给实习生提供反馈，指出他们的不足之处，并提供改进的建议。④解决冲突能力，督导者能够处理实习生之间或实习生与社会工作机构之间的冲突，化解矛盾，维护良好的实习关系。⑤鼓励和支持能力，督导者能够积极鼓励和支持实习生，鼓励他们克服困难，发挥潜力，取得进步。

（五）有指导实习生的时间和意愿

实习督导工作需要花费大量的时间，除了在规定的时间进行见面督导，实习过程中还需要注意观察被督导学生，及时处理其在服务和情绪上的问题，协调学生与机构的关系，填写实习材料等。因此，时间和个人意愿决定了督导工作是不是可以顺利有效地开展，一个好的实习督导者必须保证有指导学生的时间和意愿。

表 5 – 1　　　　　　　　　　社会工作实习督导素质参考表

专业素质维度	指标（参考项）
1. 专业素质	1.1 工作态度
	1.2 职业操守
	1.3 角色适应
2. 业务能力	2.1 督导实务能力
	2.2 社会工作实务能力
	2.3 工作规划及执行能力
	2.4 情绪处理能力
	2.5 团队管理能力
3. 行政职能	3.1 制订督导计划
	3.2 制订实习计划
	3.3 实习总结和评估
	3.4 规划和分配实习任务
	3.5 沟通协调能力
4. 教育职能	4.1 提高专业知识与技巧
	4.2 促进专业价值观
	4.3 促进专业认同
	4.4 促进自我认识
	4.5 协助了解机构及其运作
5. 支持职能	5.1 督导关系
	5.2 协助处理情绪问题
	5.3 关心与温暖的态度

 拓展阅读 ▶▶▶▶▶▶▶▶▶▶▶▶▶▶▶▶▶▶▶▶▶▶▶▶▶▶▶▶

　　《社会工作督导指南》规定，督导者应满足以下要求：①具备社会工作从业资格；②具有不少于 5 年所督导服务领域的实务经验；③掌握所督导领域的专业知识技能和有关政策法规；④掌握开展督导的方法与技巧；⑤每年接受不少于 90 学时的继续教育。①

　　《社会工作督导基本规范》规定，社会工作督导者基本条件包括执业操守和专业知识能力。执业操守要求督导遵守国家法律、法规，无违法犯罪行为和记

――――――――――――――

　① MZ/T 166 – 2021，社会工作督导指南［S］.

录；具备牢固的社会工作专业价值理念，具有社会责任感和奉献精神；遵守《社会工作职业道德》；具有扶弱帮困的助人精神，致力于从事社会工作服务。专业知识能力要求督导熟悉社会政策、行业规范等；具备基本的社会工作、社会学、人类学、民族学等多学科专业基础知识；熟悉一个或多个具体的社会工作服务领域，有丰富的实践经验；熟悉督导的专业过程和服务内容，能够独立开展工作；掌握督导的专业技巧和方法，能根据服务对象特点制订个性化的服务计划；具有较强的专业敏锐性，能及时给予服务对象指导和建议；近5年在社工行业范围内无有效投诉。①

《深圳市社会工作督导选拔管理办法》中规定，督导者的胜任能力包括：①个人特质，积极乐观、正面看待事物，敢于承担工作中的困难，能接纳及平等对待不同的文化及取向；②工作素养，具备沟通及引导技巧，懂如何提升激励团队，主动学习改善，会应急处理，有策划及管理能力，善于配合协调、承担责任，具有社会资源综合利用能力；③专业素养，认同社会工作价值理念及深圳社工发展模式，具备扎实及丰富的社会工作专业理论知识，能为社工提供优质的督导服务，不断学习提升，在推动专业发展过程当中起到一定的引领作用。②

第二节　社会工作实习督导的类型与方法

一、社会工作实习督导的类型

根据不同的标准，我们可以把社会工作督导分为不同类型。不同类型的社会工作督导，帮助我们从不同的角度理解社会工作督导的形式、内容、督导关系、适用条件等，表5-2描述了不同类型实习督导的特点与优势。在社会工作实习中，我们需要根据实习需求和现实制约选择恰当的督导形式。

---

① DB51/T 2442-2018，社会工作督导基本规范［S］.
② 深圳市社会工作者协会，深圳市社会工作督导选拔管理办法，2022. http：//www. sznshm. com/files/upload/20220904/637979213069453941. pdf.

表 5 – 2　　　　　　　　　　**不同类型实习督导的特点和优势**

分类标准	类型	督导特点	在实习中的优势
督导关系	师徒式督导	督导者的角色是教导者或师傅，实习生的角色是学生或徒弟； 较多体现督导的教育功能，通过教育和培训将实践经验传授给实习生； 强调学习过程，督导者要提供反馈和支持； 实习生承担更多责任，需要投入时间和精力去实践、反思和改进； 督导焦点集中于一般议题	师徒式督导类似学校的教育过程，易于被实习生所接受，能够帮助学生接受系统化的教育和训练
	训练式督导	督导者的角色是教导者或师傅，实习生的角色是训练生或实习生； 较多体现督导的教育功能，督导者通过实践性练习将实践经验传授给实习生； 强调学习过程，督导者通过观察和反馈了解实习生情况，提供指导和支持； 督导者承担更多责任，负责部分具体实务工作； 督导焦点集中于一般议题	训练式督导能够帮助实习生更好地理解和掌握相关技能和知识，提高工作效率和质量
	管理式督导	督导者的角色是上级或主管，与实习生是上下隶属关系； 较多体现督导的行政功能，督导者对工作进行全方位管理，并对实习生的工作结果承担一定责任； 强调实习工作的完成及其服务质量； 督导者承担更多责任，负责部分具体实务工作； 督导焦点集中于特殊议题	管理式督导能够保证实习各环节的顺利推进以及实习的质量
	咨询式督导	督导者的角色是咨询专家，与实习生没有其他关系； 较多体现督导的教育功能，督导者与实习生就议题进行探讨，提供专业知识和经验； 强调实习工作的完成及其服务质量； 实习生承担更多责任，需要根据实习工作的需求主动寻求督导者的帮助和支持，对工作和案主负有直接的全部责任； 督导焦点集中于特殊议题	咨询式督导能够在更大的范围内寻求督导者的帮助，能够更好地聚焦到督导议题
组织形式	个别督导	督导者与实习生一对一地开展督导，定期举行督导会谈； 实习生以书面或口头的形式向督导者提供工作记录或提出问题，督导者事先阅读、了解，引导学生探索解决问题的方法； 本质上是个别面谈，督导者可以向学生提供充分和有效的示范； 督导者要制订督导方案、收集督导需求、学生要与督导者积极互动，是一种双向的反应式督导	个别督导沟通时间充分，外界干扰较少，能够进行深入了解、分析和解决问题；能够解决学生的个性化问题

分类标准	类型	督导特点	在实习中的优势
组织形式	团体督导	一位督导者对多名实习生组成的小组开展督导，定期、持续地举行小组会议； 小组中的一人或多人以书面或口头的形式提供工作记录或提出问题，督导者以及小组其他成员事先阅读、了解，继而由督导者主持小组会议，小组成员共同寻找解决问题的方法； 督导者发挥主要作用，要制订督导方案、收集督导需求、引导小组有效讨论	团体督导给实习生提供了交流机会，能够促进学生间的相互学习和合作；便于回应实习生的共性问题，督导效率较高
	同辈督导	没有指定的督导者，多名实习生组成小组，轮流担任组织者，定期、持续地举行小组会议； 小组中的一人或多人以口头的形式提出问题，组织者主持小组会议，小组成员互相指导、互相学习，共同寻找解决问题的方法； 适用于有一定实习经验和专业基础的高年级学生或研究生	同辈督导过程轻松无压力，实习生沟通较为充分；能够促进学生间的相互学习和合作；时间安排较为灵活
具体方式	面对面督导	督导者与实习生通过面对面的形式定期进行督导； 督导双方在同一个空间中，通过语言和非语言信息进行交流； 实习生以书面或口头的形式向督导者提供工作记录或提出问题，督导者事先阅读、了解，引导学生探索解决问题的方法； 最传统的督导方式，尤其适用于较为复杂的问题	面对面督导能够使督导者与实习生进行充分的情感交流，建立良好的督导关系；督导效率较高
	语音督导	通过手机、电话语音通话或网络软件的语音通话，定期或不定期举行督导会谈； 实习生可以提前提供工作记录或提出问题，也可以无须提前提供信息，督导者引导学生探索解决问题的方法； 适用于较为简单或紧急的问题、督导双方不便于见面的情形； 注意沟通过程的"信息缺失"，需要充分关注学生情绪	语音督导受时间、地点的约束较小，安排较为灵活；便于对紧急事务进行及时沟通
	文字督导	通过网络软件进行文字沟通，不定期进行督导； 实习生根据实习中遇到的困惑提出问题，督导者提供相关资料，并引导学生探索解决问题的方法； 适用于较为简单或不紧急的问题； 注意沟通过程的"信息失真"和"信息缺失"，督导要注意字词使用的准确性	文字督导受时间、地点的约束较小；督导过程中双方有充足的思考时间；督导记录便于记录和查阅
	视频督导	类似于面对面督导，通过网络软件进行视频沟通，定期或不定期进行督导； 实习生可以提前提供工作记录或提出问题，也可以无须提前提供信息，督导者引导学生探索解决问题的方法； 适用于较为简单或紧急的问题、督导双方不便于见面的情形	视频督导受时间、地点的约束较小；督导双方不便于见面时，效果仅次于面对面督导

二、社会工作实习督导的主要方法

个别督导、团体督导和同辈督导是社会工作督导的主要方法，社会工作实习督导也主要以这三种督导方式开展。

（一）个别督导（individual supervision）

个别督导是最传统的也是最常见的督导方式，督导者与实习生规定一个周期以面对面、一对一的方式开展个别面谈，围绕实习生在实习时遇到的专业困惑、人际关系障碍、情绪问题等方面进行沟通交流。实习生以书面或口头的形式向督导者提供工作记录或提出问题，督导者事先阅读、了解，引导实习生探索解决问题的方法，帮助实习生实现个人与专业的成长。

个别督导通常定期、定时开展，周期一般为一个月或半个月一次，每次督导时间约为一个小时至两个小时，具体时间可由督导者和实习生根据实际情况进行调整。

1. 个别督导的优点

第一，个别督导时间充裕，督导者可以较为仔细地查阅实习生的工作记录和实习材料，并就督导议题与学生进行充分的讨论。

第二，个别督导所受干扰较少，督导过程具有较高的隐秘性，实习生愿意更多表达个人观点与想法，便于督导者深入了解学生和督导问题，能够得到更充分的辅导。

第三，个别督导中督导者与实习生沟通深入、充分，有利于督导双方之间建立良好的督导关系。

2. 个别督导的缺点

第一，督导者有个人知识和经验的局限性，个别督导中实习生仅接受一位督导的指导，无法比较学习多种问题处理策略和技巧。

第二，良好的督导关系使得督导双方关系密切，容易使实习生产生依赖情绪。

第三，在社会工作专业实习中从头至尾完全开展个别督导需要大量高水平的督导者，无论院系的专业教师还是实习机构的督导都难以实现。

3. 个别督导的技巧

第一，督导者要积极认真倾听实习生的诉说，挖掘学生所提出问题的真实原因和未被察觉的隐含问题。

第二，督导者要引导和鼓励实习生与督导者积极互动，形成双向的反应式督导，帮助学生开阔思路。

第三，督导者提出评价和建议时，语气要委婉，避免实习生出现抗拒心理。

第四，督导者要为实习生提供示范性的方法和技术，帮助学生直观学习更直接处理客观情境下的案主需求和问题。

（二）团体督导（group supervision）

团体督导有别于个别督导，一位督导者对多名实习生组成的小组开展督导，定期、持续地举行小组会议开展督导。小组中的一人或多人以书面或口头的形式提供工作记录或提出问题，督导者以及小组其他成员事先阅读、了解，继而由督导者主持小组会议，由督导者主持讨论，通过相互讨论、相互交流、相互促进，小组成员共同寻找解决问题的方法，达到共同提升的目的。

团体督导通常定期、定时开展，周期一般为一个月或半个月一次，每次督导时间约为一个小时至两个小时，具体时间可由督导者和实习生根据实际情况进行调整，可与个别督导交替或同时开展。如果被督导者是初次实习的学生或者处于复杂情景下的实习生，可以同时开展个别督导和团体督导。比如，在同一天既通过开展个别督导解决个别化的问题，又开展团体督导解决共性的问题。或者，可以一个月开展个别督导，下个月开展团体督导，交替进行。

1. 团体督导的优点

第一，实习生在小组中可以学习处理问题的不同方法和技巧，防止产生督导的偏见和盲点。

第二，实习生在小组中有更多的机会学习到处理各种问题的工作经验，促进专业能力的提高。

第三，实习生可以通过角色扮演模拟服务技巧和困境情境，有效提高问题应对的能力。

第四，实习生提供了交流机会，能够促进学生间的相互学习和合作。

第五，团体督导便于高效回应实习生的共性问题，需要较少的专业督导人员，节省时间经费。

2. 团体督导的缺点

第一，小组成员人数较多，每位实习生接受督导的时间不足，无法针对每个学生的需求进行深入探索。

第二，大多数实习生会在小组中隐藏或忽视自己的问题，导致督导达不到预期效果。

第三，部分实习生在小组中的投入程度较低。

3. 团体督导的技巧

第一，督导者要熟悉每位实习生的姓名、特点，并与其建立良好关系。

第二，督导者要引导小组形成凝聚力和团体动力。

第三，督导者要帮助小组形成安全的氛围，促使实习生主动而无顾虑地发言。

第四，督导者应敏锐地察觉每位实习生的潜在感受，并加以适当的处理和引导。

第五，督导者应在讨论的每个阶段进行摘要，并在讨论结束时形成清晰和具体的归纳及结论，以便实习生能够领悟和方便实施。

（三）同辈督导（peer-group supervision）

同辈督导是指具有相同需求的实习生，通过个别互惠方式或团体讨论方式，没有指定的督导者，多名实习生组成小组，轮流担任组织者，定期、持续地举行小组会议开展督导活动。小组中的一人或多人以口头的形式提出问题，组织者主持小组会议，小组成员互相指导、互相学习，共同寻找解决问题的方法。

社会工作实习中的同辈督导包括两类，一种是实习生与其共同工作的专业社工之间开展的督导活动，另外一种是实习生之间开展的督导活动。同辈督导经小组成员约定可以定期、定时开展，也会根据小组成员的需求和时间灵活调整督导次数和时间。

1. 同辈督导的优点

第一，小组成员彼此较为熟悉，小组会议讨论较为放松、压力较小，便于大家就共同关注的某件事深入讨论。

第二，小组成员需求和观点一致性较高，选择督导议题易于集中在大家都比较关注的问题上，讨论中也较易引起共鸣。

第三，同辈督导营造分享互助的氛围，促进小组成员间的相互学习和合作。

第四，同辈督导的时间安排较为灵活，只需根据小组成员的时间调整。

第五，同辈督导能够解决社会工作实习中督导不足的问题。

2. 同辈督导的缺点

第一，同辈督导是自发形成的，没有形成有制约力的权利和义务，督导过程有时不能得到很好的执行。

第二，同辈督导要求小组成员必须具有丰富的工作经验，如果实习生经验较少，互动较为随意，就不能充分发挥同辈督导的作用，因此同辈督导（特别是实习生之间开展的督导活动）较适用于有一定实习经验和专业基础的高年级学生或研究生。

3. 同辈督导小组成员选择

第一，小组成员价值观要有共同性，但观点可以不同。

第二，小组成员数量4~6人为最佳，确保有充分的时间进行讨论。

第三，优先选择有一定专业经验的小组成员，他们能够分享自己的经验和教训，并给予实用的建议。

第四，优先选择具有良好沟通能力和团队合作精神的小组成员，能够促进督导中的有效交流，更容易共同协作探索解决问题。

第五，优先选择与自己在同一年级的同学，可以更好地理解彼此的工作和学习情况。

第六，优先选择具有相同或相似实习经验的同学，可以更好地互相学习和交流。

4. 同辈督导会议组织要点

第一，小组成员要制定明确的契约，设定会议基本规则，包括均衡分配时间给每位成员表达意见和反馈等，以保证督导过程顺利进行。

第二，提前确定督导会议议题和议程，确保会议顺利有效开展。

第三，确定每次督导会议的组织者，确保小组成员能够按时到达并准备好讨论的材料。

第四，督导会议中让小组成员表达对小组的希望和需求，保持小组凝聚力。

第三节　社会工作实习督导的过程与技巧

社会工作实习督导从督导者与被督导学生的首次接触开始到督导结束，贯穿了整个实习过程，这个过程可分为三个阶段：督导开始期、督导工作期和督导结束期。不同的实习督导阶段，督导关系、督导目标、督导任务、督导技巧都不同。

一、督导开始期

督导开始阶段是督导活动开展的初期，督导者与被督导学生处于适应期，在督导活动中不断互相适应。由于专业实习刚刚开展，实习生还处于适应期，实习中有许多问题需要督导者的帮助，因此会表现出对督导者的依赖。督导者要帮助实习生解决问题，学习服务技巧，并鼓励学生建立信心。这一时期是督导者与被督导学生建立关系的基础期，最重要的任务是督导者与被督导学生建立相互信任的督导关系、达成督导协议和制订督导方案，为以后督导活动的顺利开展打下基础。

（一）督导关系

督导开始阶段最重要的任务之一是督导者与被督导学生建立相互信任的督导关系，信任的督导关系是后期各项督导工作开展的基础。建立督导关系有以下六个方面要注意。

（1）建立良好的沟通和倾听技巧。督导者应该展示出积极的倾听态度，并给予被督导学生充分的关注和尊重，通过有效的沟通，了解被督导学生的需求、目标和期望。

（2）创建支持性的环境。督导者应该创造一个安全、开放和支持性的环境，让被督导学生感到舒适和放心，鼓励被督导学生分享他们的想法、困惑和挑战，并提供情绪和行动支持。

（3）明确角色和期望。督导者应该清楚地表达自己的职责和目标，被督导学生也应该明确表达自己的期待，清晰彼此在实习督导中的现实角色和理性期望。

（4）尊重和保密性。督导者应该尊重被督导学生的隐私和个人权益，并遵守相关的保密规定，建立起一个互相信任和尊重的关系，让被督导学生感到安全和放心。

（5）提供及时的反馈和建议。督导者应该及时给予被督导学生反馈和建议，帮助他们改进和成长，加强双方之间的合作和互动。增进被督导学生对督导者的信任。

（6）关注被督导学生的需求和目标。督导者应该关注被督导学生的个人需求和目标，并根据他们的实际情况提供有针对性的支持和指导。帮助被督导学生在实习中实现他们的发展目标。

（二）督导契约与督导方案

1. 督导契约与督导方案的异同

社会工作实习督导契约是社会工作督导者与被督导学生之间达成的一种合作关系的约定，明确督导双方的职责和义务、规范工作流程和标准，确保实习的有效实施。

社会工作实习督导方案是制订和规划督导活动的具体计划和指导。它包括督导的目标、方法、活动和时间安排等内容。督导方案比督导契约更加注重实际的可操作性，以帮助被督导学生达到实习目标，并提供有效的反馈和支持。督导契约与督导方案的区别见表5-3。

表5-3 督导契约与督导方案的区别

督导契约	督导方案
注重建立和维护督导关系，强调双方的互相理解、信任和合作； 强调双方的职责和期望，明确双方的角色和责任； 它是一个基础性的约定，为督导关系的建立和发展打下基础	注重具体督导活动的规划和指导； 更加具体，包括督导的目标、方法、活动和时间安排等内容； 在督导关系确立后，制订具体的督导计划和活动

督导契约和督导方案之间存在一定的联系。督导方案在督导契约的基础上进行制订，以确保实际的督导活动与双方的期望和需求相一致。同时，督导方案为督导契约的落实提供具体的指导和支持。

2. 督导契约与督导方案的制订原则

为了更好地达成督导契约和制订督导方案，需遵循以下原则。

第一，相互协商。督导契约应该是双方相互协商的结果，而不是单方面强加的。双方应该平等地参与讨论和决策，共同制订契约内容。

第二，明确期望。督导契约应该明确规定双方的责任和义务。督导者和被督导学生应该充分沟通，通过面对面会议、电子邮件、电话等方式充分讨论彼此的期望和需求。

第三，灵活性。督导契约应该具有一定的灵活性，以适应实习过程中的变化和需要。督导双方可以根据实际情况进行调整和修改。

第四，结合实习目标。督导契约应该与被督导学生的实习目标、内容相一致，促进实习目标的实现。

第五，保密性。明确保密性要求和限制，确保被督导学生的隐私和个人信息得到保护。

3. 督导方案的内容

第一，督导目标。在制订督导方案之前，与被督导学生进行充分的沟通和交流，了解他们的实习需求、目标和期望，结合实习任务及要求，明确督导的总体目标，如提高被督导学生某方面专业能力等。

第二，督导计划。确定实习督导期间的具体安排和时间表，包括实习地点、工作时间、任务分配、学习成长规划等。

第三，督导内容和方法。根据督导目标和重点，确定适合的督导内容和方法，包括但不限于督导会议、案例讨论、实践观察、角色扮演、阅读文献、写作反思等。

第四，督导频率和形式。约定督导会议的频率、持续时间和形式，例如每月或每两周一次的面对面会议、视频会议等。被督导学生在实习初期或接受新的实习任务时，督导频率可以频繁一些，实习进入稳定期后可以降低督导频率，具体安排根据实际督导需求而定。每次督导会议的时间约持续一个半到两个小时，可根据实际情况灵活确定，时间太短不利于督导议题的深入讨论，时间太长会因督导双方的疲惫影响督导效果。

第五，督导反馈和评估。确定反馈和评估的方式和时间，包括定期的进度报告、实习报告的评估等，可以通过书面反馈、口头反馈、实习成果评估等方式进行。

第六，支持和资源。确定督导者为被督导学生提供的支持和资源，例如提供专业指导、文书批阅、模拟教学或提供相关文献和资源等。

二、督导工作期

这是督导历程的最重要阶段，实习生逐渐适应了实习工作，掌握了基本的服务技巧，熟悉了服务的流程及规则。实习生逐渐建立自信，在工作中逐渐表现出独立见解，开始形成自己的经验和工作方式。一些实习生能够独立开展工作，对督导者的依赖逐渐消失。这一时期，督导者要与被督导学生分享实习经验与感受、总结经验与不足、改进服务方法，促进学生积累实习经验、形成积极的自我评价、提高其对专业的认同。

（一）督导会议

督导会议是指督导者与被督导学生之间定期或按需进行的会谈，一起回顾实习期间的经验和成果，分享观察和反思，讨论实习中遇到的困难和挑战，以及寻找解决问题的方法和策略，帮助被督导学生提升实践能力和专业素养。

1. 会议安排和通知

督导者提前与被督导学生确认会议时间、地点和形式，发送督导会议通知，确保督导双方都明确会议的具体安排。

2. 创建良好的环境

督导会议开始前，要选择合适的会议环境，最好在特定的场所召开，如办公室和会议室，确保会议室或虚拟会议平台的环境整洁、舒适、私密。如果是面对面会议，需要提供充足的座位和必要的设备，如白板、投影仪等。如果是在线会议，要确保稳定的网络连接和适当的音视频设备。

3. 确定会议议题和议程

督导会议开始前，学生可根据实习遇到的问题提出督导需求，督导者根据被督导学生的临时性需求和整体督导方案安排确定会议的目标和内容。议程可以包括但不限于：回顾上次会议的进展、讨论实习过程中的挑战和问题、分享实习经验和心得、提供反馈和指导等。

4. 倾听和互动

在会议中，督导者应倾听被督导学生的发言，并积极与其互动。鼓励被督导学生分享他们的观察、困惑、成就和问题。通过提问和引导，促进其思考和反思。

5. 提供反馈和指导

基于被督导学生的实习表现，督导者要提供具体、及时和建设性的反馈。强调被督导学生的优点和成就，并指出需要改进的方面。同时提供具体的建议和指导，帮助他们克服困难和提升能力。

6. 记录会议要点

在会议过程中，被督导学生要记录重要的讨论内容和决策要点，并在会议后填写督导记录表，督导者要在记录表中给予反馈和建议，这有助于双方回顾会议内容，并追踪实习进展。督导记录要及时、准确和保密。

7. 制订行动计划

督导者根据会议讨论的内容，与被督导学生一起制订行动计划，明确下一步的任务和目标，并约定完成任务的时间表。

8. 结束会议

在督导会议接近结束时，督导者总结会议要点和达成共识的事项，鼓励被督导学生提出问题和意见，并确认下一次会议的时间和安排。

9. 后续跟进

在会议之后，督导者应及时跟进行动计划的执行情况，并提供必要的支持和指导。确保被督导学生能够按照计划实施并取得进展。

（二）督导会谈

督导会谈是指督导者与被督导学生之间进行的一对一或小组形式的交流和讨论，督导会谈是督导会议的重要环节，包括倾听、提问、提供资料、反馈等多种综合性技巧。

1. 倾听

督导者应该认真倾听被督导学生的发言，通过语言和非语言信息表达出对学生的关注和尊重，并通过复述确保自己准确地理解他们的观点和经验。

例如：督导者可以说："听了你刚才的陈述，你遇到的问题是……我理解得对吗？"这样可以让被督导学生感受到被重视和理解。

2. 提问

督导者可以通过提问帮助被督导学生深入思考问题、探索解决方案，并促进其专业发展和学习。

第一，开放性提问。使用开放性的提问来激发被督导学生的思考和自我反思，帮助学生更深入地探索和表达自己的观点和经验。

例如："你在这个案例中遇到了哪些挑战？""你觉得自己在这个服务中扮演了怎样的角色？"

第二，探究性提问。使用探究性的提问来帮助被督导学生思考问题的多个角度和解决方案。

例如："你认为这个家庭目前最需要什么样的支持？""你有没有考虑过与其他相关机构或专业人士合作解决这个问题？"

第三，反思提问。使用反思性的提问来引导被督导学生回顾和分析实习经验，促使学生成长。

例如："你觉得你在这个个案中取得了什么成效？""你对自己的介入方式有什么反思或改进的想法？"

第四，指导性提问。使用指导性的提问来帮助被督导学生探索解决问题的方法和策略，引导被督导学生思考解决问题的具体步骤和资源需求。

例如："你是否考虑过制订一个具体的行动计划来解决这个问题？""你认为什么样的资源和支持可以帮助你更好地处理这个情况？"

在提问过程中，督导者要保持开放、尊重和支持的态度，以鼓励被督导学生积极参与和思考。

3. 提供资料

提供资料是督导者帮助被督导学生获取相关信息和资源，解决面临的困境，拓宽他们的知识视野，并促进他们的学习和发展。

第一，目标导向。督导者要确保提供的资料与被督导学生的实习目标和需求密切相关。根据实习任务和学生的专业发展需要，选择合适的资料来支持他们的学习和成长。

第二，多样化的资料。督导者可以提供来自不同种类的资料，包括学术文献、研究报告、专业案例、行业指南、实践手册、在线课程等，提供多样的视角和信息，帮助被督导学生全面了解相关领域。

第三，个性化。督导者要根据被督导学生的个体差异，考虑到每个学生的兴趣和能力的不同，选择适合的资料类型和数量。

第四，启发思考。提供资料时，督导者应引导被督导学生进行深入思考和分析。通过提出问题、分享观点和启发思考，帮助他们从资料中获得更多的见解和理解。

第五，真实可靠。督导者要确保提供资料的真实性和可靠性，避免出现信息过时或者信息错误。

4. 反馈

第一，肯定和鼓励。督导者应当始终肯定被督导学生的努力和成就，给予学生鼓励和赞赏，激发被督导学生的积极性和自信心。

第二，具体和建设性的反馈。督导者要对被督导学生的优点和不足之处提供具体、明确、有建设性的反馈，能够帮助他们改进和发展。

例如："你在与团队成员合作时沟通技巧非常好，但在与上级沟通时可能需要更明确和直接。你可以寻找机会多练习这方面的技巧，以便更好地与不同层级的人进行有效沟通。"

第三，问题导向的反馈。通过提出问题和引导，促使被督导学生进行自我评估和思考。这可以帮助他们发现自己的盲点和改进的机会。

例如："你提到你遇到了一些困难，你认为有什么方法可以克服这些困难？你是否需要进一步的支持或资源来解决这些问题？

第四，温和而明确的反馈。在给予反馈时，督导者应该使用温和但明确的语言，保持积极和负面反馈的平衡。督导者要肯定被督导学生的成就和良好表现，同时指出需要改进的地方，并提供具体的建议。

例如："你可以……""我建议你尝试一下……""你在与服务对象沟通时表

现出了很好的倾听技巧，但在会谈记录方面还有改进的空间。我建议你尝试使用一些记录工具来帮助你更好地整理会谈信息。"

第五，双向交流。反馈不仅仅是督导者对被督导学生的反馈，也包括学生对于督导的反馈，这个过程是双向的。督导者要鼓励被督导学生提出问题、分享困惑和提供自己的意见。

（三）探索解决方案

结合以上督导会谈技巧，我们可以总结出一些探索解决方案的技巧，帮助被督导学生主动思考和提出解决问题的方法。

1. 提出开放性问题

通过提出开放性问题，激发被督导学生的思考和自主解决问题的能力，这样的问题可以促使他们探索不同的观点和可能性。督导者可以与被督导学生一起讨论实践中遇到的问题，并共同寻找解决方案。

例如："你认为在这个困难家庭的个案中，有哪些潜在的资源可以利用来支持他们的发展？""你在处理这个案例时遇到的困难是什么？有哪些策略或资源可以帮助你克服这些困难？你认为在这种情况下最合适的做法是什么？"

2. 引导思考框架

督导者可以为被督导学生提供一个思考框架，引导其系统地思考问题和寻找解决方案。这可以是一个模型、流程图或问题解决步骤的指南。

例如："我们可以使用'问题—目标—策略—评估'框架来分析这个挑战性案例。首先，明确问题是什么，然后设定明确的目标，探索可行的策略，并最终评估执行效果。"

3. 分享经验和案例

督导者向被督导学生分享自己或其他社工的经验和成功案例，以启发其思考类似问题的解决方案，帮助他们从实践中获得启示和借鉴。

例如："我曾经遇到过一个类似的案例，我们采取了个案管理的方法，与相关机构和专业人士合作，为那个家庭提供全方位的支持。你可以考虑类似的合作方式来解决你遇到的问题。"

4. 提供资源和参考资料

督导者向被督导学生提供相关的资源、工具和参考资料，以帮助被督导学生深入研究和探索解决方案。

例如："这是一篇关于家庭干预策略的研究报告，其中提出了一些有效的方法和技巧。你可以阅读并从中获取一些启发，来解决你面临的问题。"

三、督导结束期

社会工作实习督导结束期是指社会工作实习的最后阶段，督导者会在这个阶段与被督导学生一起回顾实习的整体经验，并进行总结、评估和反思，帮助被督导学生全面总结实习经验，同时处理好分离情绪，使学生顺利进入下一个学习阶段。这个阶段的督导工作有助于巩固学生在实践中的学习成果，促进其专业能力的提升。

（一）总结评估

1. 回顾目标达成

督导者要与被督导学生一起回顾在实习开始时设定的目标，评估学生是否成功地达成了这些目标，并总结实习期间所取得的成就和进步。

2. 评估实践能力

督导者要评估被督导学生在实习中展示出的专业能力，如倾听与沟通、评估与干预、团队合作等，通过观察、会谈、查看文书材料和实习报告等途径评估学生的实践能力。

3. 提供具体评估建议

督导者要提供具体、明确的评价，指出被督导学生在实习期间的优点、改进的领域和发展潜力。

例如："你在实习期间能够与服务对象建立良好的专业关系，展现了出色的沟通能力。接下来，你可能还需要进一步提升解决问题的能力。"

4. 探讨挑战和困难

督导者要与被督导学生一起讨论实践中遇到的挑战和克服的困难，鼓励他们分享自己的经验和策略，以及从中学到的教训和成长。例如：

督导者：在你的实习中，你是否遇到过什么特别具有挑战性的案例或情况？

被督导学生：是的，我遇到了一个家庭暴力个案，其中的受害者是一个母亲和她的孩子。

督导者：这确实是一个非常复杂和敏感的问题，你在处理这个个案时遇到了哪些困难？

被督导学生：我发现自己很难与受害者建立信任关系，并且我不确定如何平衡保护受害者与尊重其自主权之间的关系。

督导者：你采取了哪些策略来克服这些困难？

被督导学生：我寻求了督导和其他社工的建议，并通过学习专门提升我的沟通和干预技巧。此外，我还与相关机构合作，让受害者得到全面的支持和保护。

督导者：这些都是很好的应对策略。你在这个案例中取得了哪些进展？

被督导学生：最终，我与受害者建立了信任关系，并帮助她获得了必要的支持和资源，保护了她和孩子的安全。

督导者：这是一个很棒的经验，你通过面对挑战并采取积极措施，成功地克服了困难。这些经验将对你未来的专业实践非常有价值。

5. 制订发展计划

督导者要与被督导学生一起制订未来的发展计划和目标，根据评估结果和讨论，帮助他们明确下一步的学习和发展方向。

例如："根据我们的讨论，你对家庭暴力问题兴趣浓厚，你可以考虑参加相关的培训课程或工作坊，进一步提升这个领域的专业知识和技能。"

（二）分离情绪

在社会工作实习督导结束期，被督导学生之间可能存在失落、担忧、怀疑等分离情绪，督导者可以通过沟通、反思和支持来处理这些情绪，促进被督导学生实习的顺利结束和未来的职业发展。

1. 分离情绪的表现

第一，失落和不舍。督导者与被督导学生一起工作了一段时间，督导者给予了学生很多支持和帮助，他们之间建立了亲密的工作关系，督导马上就要结束，被督导学生可能会感到失去了一个重要的支持系统和指导者，产生失落和不舍之情。

第二，担忧和不安。督导结束后，被督导学生无法再得到督导者的支持和指导，被督导学生可能会担心离开督导后他们是否可以独自处理专业中的问题。

第三，怀疑和不确定。督导的结束一般意味着实习的结束，部分被督导学生马上就要面临职业的选择，他们可能对自己的专业能力不太自信，对职业选择产生怀疑，不知自己是否适合并准备好进入职业领域。

2. 处理分离情绪的方法

第一，理解并提供支持。督导者可以倾听被督导学生表达的情绪，表达对他们的理解和支持。他们可以让被督导学生知道他们的情绪是正常的，鼓励他们分享自己的感受。

第二，促进反思和总结。督导者可以帮助被督导学生回顾整个实习过程，包括取得的成就、遇到的困难和经历的情感反应。这有助于被督导学生对自己的成长和发展进行反思，为未来的学习或职业道路做准备。

第三，提供职业指导和建议。督导者可以与被督导学生一起讨论他们的职业目标和发展计划，提供相关的职业指导和建议。帮助被督导学生制订下一步的学习和发展计划，以帮助他们在职业社工领域取得成功。

第四，鼓励自我照顾。督导者可以强调被督导学生的自我照顾和情绪管理的重要性。他们可以提供一些建议和策略，帮助被督导学生处理分离情绪，如寻找支持系统、参与自我关怀活动或寻求专业辅导等。

第五，维持联系和支持。督导者可以在督导结束后继续与被督导学生保持联系，并提供必要的支持和指导。可以定期与被督导学生进行沟通，了解他们的学业或职业发展进展，为他们提供必要的资源和支持。

小　结

社会工作实习督导是以实习生为对象的社会工作督导，是社会工作实习教学中的一个重要环节，是社会工作专业教育的一个重要部分，是使学生有效学习并保证社会工作服务质量的重要手段。督导的目的在于使被督导者能够适应社会工作者的行为、角色，将社会工作的理论知识、价值与技巧内化，并学习按照专业社会工作者的职责有效率地完成工作，提供有质量的社会工作服务。社会工作督导的功能主要有三种：行政性功能、教育性功能和支持性功能。社会工作实习督导本身应该是一名优秀的社会工作者，要有良好的个人品格、扎实的专业知识、丰富的实践经验、良好的沟通技巧、有指导学生的时间和意愿。在督导实践中存在多种督导类型，在社会工作实习中，我们需要根据实习需求和现实制约选择恰当的督导形式。社会工作实习督导的主要方法有个别督导、团体督导和同事督导，督导过程分为三个阶段：督导开始期、督导工作期和督导结束期。不同的实习督导阶段，督导关系、督导目标、督导任务、督导技巧都有差异。

思考题

1. 论述社会工作实习督导的三大功能。

2. 社会工作实习督导应具备哪些素质?

3. 社会工作实习督导的类型有哪些?

4. 请尝试比较个别督导、团体督导和同辈督导三种督导方法。

5. 论述督导者与被督导学生之间如何建立良好的督导关系。

6. 简述制订督导契约和督导方案的原则。

7. 论述督导方案包括哪些内容?

8. 论述如何组织督导会议?

9. 督导者如何使用督导会谈的技巧协助被督导学生探索解决问题的方案?

10. 督导结束期的主要工作内容有哪些? 如何处理被督导学生的分离情绪?

第六章

社会工作实习过程

【实训目标】

1. 了解社会工作实习前的准备工作，掌握与社会工作实习的相关课程安排、订立教学契约，明确实习机构中各方的责任。

2. 了解专业服务活动的组织和安排，掌握社会工作实习介入服务的具体介入过程。

3. 了解社会工作实习评估的类型及原则，学会对实习效果进行评估。

4. 做好实习前的思想准备，在社会工作实习过程中，能以机构专业工作者的身份遵守社会工作行业领域的法律法规、机构规范，认同社会工作价值观，恪守社会工作伦理，具有服务意识和社会责任感，理解并能正确评价自己所从事工作的价值和意义。

【实训技能点】

1. 了解社会工作实习机构组织情况，包括机构宗旨、使命、目标、组织架构、人事安排等。

2. 能够在机构督导和学校老师的指导下开展专业服务活动。

3. 了解社会工作实习评估报告撰写的内容和要求，能够写一份完整的社会工作实习评估报告。

【思维导图】

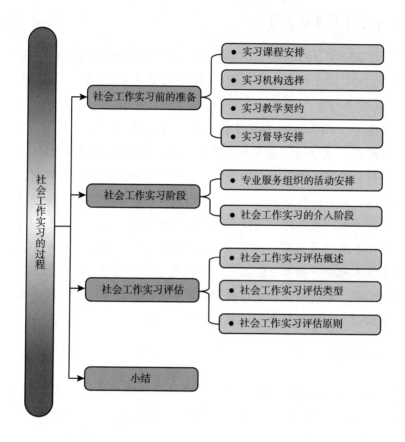

第一节　社会工作实习前的准备

一、实习课程安排

社会工作实习是社会工作专业知识与技巧的实践环节，实习生需要在实习中使用并发展社会工作实务技能。因此，在学生实习之前设立先导性课程是非常必要的。这些课程一方面能让学生对社会工作的专业知识和技巧进行知识储备；另一方面帮助学生做好实习前的心理准备。

根据学生的年级和实习性质，可以将社会工作实习分为社会工作基础实习、微观社会工作实习和宏观社会工作实习三类。为了实现不同类型的实习目标，社会工作实习前的专业课程应该进行如下安排。

（一）社会工作基础实习

社会工作基础实习的主要目的是使学生对社会福利机构及其功能有初步认识，激发学生对社会工作专业的兴趣，增进学生的专业认同感。这类实习主要是开设于大学一年级第二学期的认识实习，多安排为同步实习，需要学习的先导课程有社会学概论（或导论）、社会工作概论（或导论）[①] 等。

社会学概论（或导论）主要研究人们在社会交往中的各类社会活动、社会结构、经济社会发展规律等方方面面的社会现状与社会关系理论问题，能够让学生比较清楚地认识自己所处的社会环境，以及与这些环境和社会各种现象之间形成的相互作用关系，从而建立对社会关系的总体认识。

社会工作概论（或导论）是社会工作专业的基础课程，使学生了解和掌握社会工作的基本理论、基本方法以及一般的社会工作流程，对社会工作实务领域有较全面的了解。通过对社会工作价值体系的传授，培养学生的社会人文关怀素质和专业价值观，为献身社会工作奠定基础。

（二）微观社会工作实习

微观社会工作实习的主要目的是为了锻炼学生的微观社会工作方法和技能，通过安排学生到社工机构实习，在机构督导的指导下，尝试各种助人的社工服务。这一类实习的对象主要是大学二年级的在校生，安排为同步实习或集中式实习。在教学设置上，学校已安排了第一类社工实习的基本教程，大学二年级需要安排学习人类行为与社会环境、社会心理学及个案工作方法等课程。

人类行为与社会环境可以帮助学生从社会情境的视角理解人类的行为演变与发展历程及其行为与社会情境的相互作用。

社会心理学帮助学生认识个人与群体之间的基本心理现象，包括人际认知、人际关系影响、社交促进、小组凝聚力、社交心理气氛、群体决策等。

个案工作方法使学生掌握个案服务知识与技能，为遇到问题的个人及家庭提供物质与心理层面的帮助与支持。

（三）宏观社会工作实习

宏观社会工作实习的主要目的是训练学生规划、执行、评估社会福利服务方

[①] 社会学概论、社会工作概论由本科院校开设；社会学导论、社会工作导论由专科院校开设。

案，培养学生的领导、组织、协调、运用资源解决问题的能力。这类实习的对象主要是大学三年级、大学四年级的学生，可以安排为同步实习或集中式实习。在课程安排上，学生已经学习了第一、二类实习的课程，需要安排学习社区工作方法、社会政策、社会工作行政、社会调查研究方法等课程。

社区工作方法可以使学生学习以社区发展、社区策划、社会行动、社区照顾为内容的社会工作方法。社会政策可以使学生学习政策产生过程的理论和方法，以及政策在国民福利、就业、住房、健康、文化、教育、人口、婚姻与家庭生活、社区及社会公共环境等领域中的应用。社会工作行政可以使学生了解社会工作机构如何对社会工作服务进行计划、决策、管理。社会调查研究方法使学生学会如何科学地运用专业的手段和方法，对有关社会事实进行资料收集、整理和分析研究。

学校在安排学生进行以上三类实习课程学习的同时，应安排学生选修自己感兴趣或与未来实习相关领域的课程，如妇女社会工作、老年社会工作、青少年社会工作、家庭社会工作、医务社会工作、司法社会工作等。

以上三类社会工作专业实习中，第一类实习主要课程目标是认识社会福利机构，激发学生对社会工作的兴趣，增进学生的专业认同和自我认知。第二、三类实习的课程目标是在实习中将理论与实践结合，学习社会工作助人技巧；了解机构运作的情况和社会工作者的角色功能；培养服务态度、专业精神、伦理规范和价值；培养工作能力和实现自我成长。

二、实习机构选择

社会工作实习是在社会工作机构中实施的，社会工作实习机构的性质、专业化程度及其能提供的实习资源直接影响社会工作实习教育质量。

（一）社会服务机构类型

1. 社会服务机构的一般类型

社会服务机构通常是以助人自助为宗旨，由受过专门训练的社会工作者为特定的、有需要的服务对象提供专业服务的社会组织。

从国际视野看，社会服务机构的类型包括以下几种。

（1）独立的社会福利行政主管机关，如澳大利亚的家庭与社区服务部。

（2）社会福利与卫生合并的行政主管机关，如美国的健康与人群服务部。

（3）社会福利、卫生、劳工合并的行政主管机关，如日本的厚生劳动省。

（4）社会福利与其他公共行政职能混合的行政主管机构，如我国的民政部、人力资源和社会保障部。

2. 中国社会服务机构的类型

（1）政府。

在中国，社会保障（福利）业务分由几个行政机关主管，其中主要行政机关是民政部、人力资源和社会保障部等。

（2）群团组织。

群团组织主要是指共青团、妇女联合会、工会、老龄工作委员会、残疾人联合会和红十字会。

（3）社会公益类事业单位。

在中国，事业单位分为行政支持类、社会公益类、经营开发服务类三种。其中社会公益类事业单位，又分成三种：

①公益一类事业单位：主要承担政府规定的社会公益性服务任务，面向社会无偿提供公益服务，如养老院、儿童福利院、社会救助管理站。这类单位业务活动的宗旨、目标和内容，分配的方式和标准等由国家确定，不得开展经营活动，其经费由国家财政予以支持。履行职责依法取得的收入全额纳入财政管理，不得自主支配，属于传统意义上的全额拨款单位。

②公益二类事业单位：主要面向社会提供公益服务，如普通高等教育院校、非营利性医疗机构、街道层面的社区服务中心等。这类单位根据国家确定的公益目标，自主开展相关业务活动，并依法取得服务收入。服务和经营收入全额纳入财政管理，主要用于公益事业发展，所需经费由财政根据不同情况予以相应补助，属于传统意义上的差额拨款单位。

③公益三类事业单位：主要是指从事的业务活动具有一定公益属性，但社会化程度较高，与市场接轨能力较强，可基本实现由市场配置资源的事业单位。

（4）社会服务类民间组织。

①由政府支持的民间组织，是由政府推动成立并享有政府的行政动员力量的持续支持，而其民间性表现为没有国家公共财政的固定拨款支持，如中华慈善总会、中国青少年发展基金会、中国扶贫基金会、中国社会工作学会。[1]

②纯民间组织，是完全依靠社会捐助和收费服务支持的社会服务机构。如，服务弱智成年人[2]的"北京慧灵"；服务自闭症儿童的"北京星星雨教育中心"。

---

① Oyntha L. Garthwat. 社会工作实习 [M]. 吕静淑，译. 上海：华东理工大学出版社，2015：81.
② 弱智成年人指18岁后，智力明显低于平均水平，智商低于正常平均值的成年人。

③契约型社会工作服务组织，是在政府购买服务改革趋势下成立的组织。如深圳的鹏星社会工作服务社等，由政府提供服务场地、社会工作者工资，部分机构政府还提供服务经费。其服务的内容包括政府资助要求的"公共服务"，以及根据服务对象需求提供自主性的"专业服务"。这类社会工作机构由民间发起，主要通过政府购买服务的方式获得发展资源，与前两种社会工作机构相比有较大的自主性。

（5）群众性自治组织

群众性自治组织主要是居民委员会、村民委员会。

（二）实习机构的选择

中国台湾学者曾华源认为社会工作实习机构应具备以下条件：机构里具有合格的工作人员为实习生提供有效的督导；信奉社会工作的价值观；具备形式多样、内容广泛、与社会工作教育目标相吻合的工作内容；具备一定的硬件设备；机构目前的状况良好；机构主管和所属各部门支持学生进入机构实习等。[①] 实习机构的选择要对实习机构进行评估，遵循一定原则选择合适的实习机构。具体内容如下。

1. 实习机构评估

在确定实习机构之前，学校应当首先完成对所选实习机构的评估。对机构的评估应考虑以下几方面的内容。

（1）机构目标与学校教育目标的相符性。

（2）机构服务项目能够提供充足的实习参与机会和岗位。

（3）具备一定的社会工作专业知识并接受过一定程度的督导训练的实习督导。

（4）机构是否具备完整的组织结构和良性运行机制。

（5）机构是否具备有利于学生实习的环境条件。完善的教学器材和设备（如办公桌、工作室活动室、录音、录影等设备），会直接影响学生专业能力的提升。

2. 选择实习机构的原则

（1）根据实习性质选择实习机构。如集中实习主要是运用个案工作、小组工作和社区工作的方法，提高微观社会工作技巧和宏观分析能力，需提供能锻炼学生服务技巧的机构进行实习。

（2）根据学生的学习规律选择实习机构。根据学生所处的年级和学习水平，安排适合的实习机构学习计划，一般大学一年级学生的实习是了解社会工作机构

---

① 曾华源. 社会工作实习教育：学生自我学习手册［M］. 中国台北：洪叶文化，2014：62.

基本的工作环境和要求，需要选择社会工作管理运作规范的机构进行实习。大学二、三年级主要是进行个案和小组工作的体验式实习，提高微观和中观的介入能力，需要选择社会工作实务水平较强的机构进行实习。

三、实习教学契约

实习教学契约是由实习双方共同参与，涉及双方所期望的学习结果、教学资源与方法，以及对实习评估过程的约定。对社会工作实习教学而言，教学契约具有下列几项功能。

（1）教学契约的订立，就是通过教学双方共同确定认可的教学目标和活动，促使双方参与教学过程。

（2）在教学契约中明确规定了机构、实习督导、学校、学校实习指导教师和实习生各方在实习中所负有的责任。

（3）有效的教学契约需制定工作执行的标准和过程，以便进行实习评估。

（4）教学契约的制定过程对学生本身就是一个教育的过程，学生可将此经验转换于协助案主的过程中，对学生未来专业发展有所帮助。

教学契约从表现方式上不仅有口头上的约定，也有文字上的记载。但是从教学契约的有效性而言，需要教学契约具备以下一些特性。

（1）正式性。是指教学契约是用正式的书面格式书写，明确实习的目标、实习教学方式、实习的具体要求，实习评估的指标和操作程序等内容。

（2）动态性。实习是一个动态的过程，在实习过程中应可随时依据情况，不断检查实习契约的合理性，并可对需要修改的地方做出调整。

（3）相互性。为有效调动实习各方对实习工作参与的主动性，应吸纳各方面实习的参与者参加最初实习教学契约的订立。一个有效的教学契约需要经过实习主体之间不断地解释、磋商和说服。

四、实习督导安排

社会工作实习督导主要涉及学校督导、机构督导。学校督导是负责学生实习的咨询员，选择并确认哪些实习内容是与专业培养目标相一致的，适合提升学生的专业能力；与学生定期进行沟通，掌握学生实习进展情况，解答来自学生的询问，帮助他们顺利完成实习任务；在实习的等级评分中承担责任等。实习机构方面会根据学校对实习的要求，安排相应的工作人员担任机构督导。

中国台湾东海大学社会工作系高迪理副教授在《如何督导实习生》一文中介绍了陶瓦鲁（1963）所提出的督导学生实习的原则：第一，在实习过程中，机构督导协助学生认定他所要解决的问题，帮助学生解决实习过程遇到的学习困扰，针对因缺乏经验所导致的困难，督导可以运用对质的技巧引导学生面对问题；第二，督导者指导学生在解决问题的过程中，让学生了解有哪些行为表现是合适的，针对不合适的行为要指出并做出解释；第三，当学生得到负面的回馈，心理情绪出现问题时，丧失自信，督导者可通过对事不对人的原则，来建立行为表现、态度上的规范。[①]

第二节　社会工作实习阶段

一、专业服务组织的活动安排

对于专业实习活动的督导者来说，怎样组织和安排社会工作专业服务的活动是一项重要的挑战。

（一）挑选服务对象

对于参加社会工作专业实习活动的学生来说，要直接面对服务对象及其家庭成员，在实际的日常生活场景中从心理疏导、能力建立和社会支持三个维度开展社会工作专业服务，并把个案、小组和社区等不同工作方法整合起来，是一件非常具有挑战性的工作。机构督导可以根据学生的个人特质、知识、能力、经验等，选择服务对象以及家庭成员改变愿望比较强的案例。

（二）组织和安排实习生

机构督导者首先需要根据服务机构的状况，在征得机构领导和工作人员同意的基础上，设计社会工作专业服务计划，让实习生明确即将开展的社会工作专业服务活动的基本安排以及需要完成的任务。

---

① 王瑞鸿. 社会工作督导：选拔、培养、使用、激励——本土化探索的地方性实践［M］. 上海：华东理工大学出版社，2021：136.

　　社会工作专业服务计划安排表的内容涉及很多方面，包括专业服务活动的名称、时间、地点、主题、机构负责人、社区负责人、机构督导、参加本次专业服务活动的社会工作者以及联系方式等。社会工作专业服务计划安排表可以让实习生了解整个专业服务活动的安排和进程。表6-1是郑州某社区开展社会工作专业服务活动计划表。

表6-1　　　　　　　　　　　**202×年下半年社会工作专业服务计划表**

实践时间：202×年9月2日~202×年10月28日

实践地点：郑州某社区

实践主题：调动学生改变的意愿；改善学生的内部心理和外部社会支持状况；整合学生个人、家庭、学校和社区的资源；促进学生健康成长。

机构负责人：刘某

社区负责人：宋某

机构督导：李某

实习生：陆某　王某　张某

日期	内容	备注	作业
第1~2周	了解本次专业实习的基本安排；与机构督导联系，了解服务对象的基本状况	实习生任务：了解本次实习的基本安排；了解服务对象需要观察评估表，学习如何从能力建设、心理调适和社会支持三个不同方面全面评估服务对象的需要；仔细阅读社会工作专业实习操作手册	阅读社会工作专业实习手册/服务对象需要观察评估表
第3周	进入服务对象家庭，了解服务对象的日常生活和家庭互动状况	实习生任务：撰写服务对象需要观察评估报告，制订服务介入计划（介入切入、介入的基本策略、介入的基本步骤和时间安排、介入的目标）	撰写服务对象需要观察的评估报告/设计服务介入计划
第4~5周	以家庭为中心，开展直接服务介入，推动服务对象以及整个家庭的改变，尤其是家庭中重要他人的改变；初步建立能力建设、社会支持和心理调适三个方面的互动改变循环圈	实习生任务：寻找服务切入点，从服务对象以及家庭现状开始着手，注意各服务切入点之间的关联，由小的改变转变成大的改变	撰写每次介入过程报告
第6~7周	由家庭拓展开始，连接同伴、同学、老师和社区，整合服务对象个人、家庭、学校和社区的资源；巩固和整合三个方面的互动改变循环圈	实习生任务：扩展和巩固服务介入，把能力建设、心理调适和社会支持整合起来，融合个人、家庭、同伴、学校和社区的服务介入方法	撰写每次介入过程报告

续表

日期	内容	备注	作业
第8周	结案和撰写实习总结报告（本次专业实习基本情况、成功经验、专业技巧和方法、价值理念，对自己成长的影响）	实习生任务；总结本次专业实习活动的经验	撰写自我评估报告
第9周	小组交流和总结	机构督导、实习生交流和分享，总结经验	本次实习结束

二、社会工作实习的介入阶段

为帮助实习生熟悉具体服务介入过程，分别从启动、实施、巩固三阶段开始介绍。

（一）实习服务的启动阶段

在实习服务的启动阶段，实习生应主要围绕服务介入切入点开展工作。

1. 确定服务介入的切入点

（1）发现服务对象积极改变的愿望。

社会工作的最终目的是推动服务对象发生积极改变，恢复社会功能。社会工作的根本成效，源于服务对象自己怀有希望，有改变的动力。

 案例6-1：

陈晨是金燕小学的一名学生，他个子矮小，身体瘦弱，性格内向，社会工作者通过他的班主任了解到，他不太爱干净，穿的衣服时常有股怪味儿，班里其他孩子都不喜欢和他玩儿，有时候还欺负他。

社会工作者在服务介入时，如果没有将自己置身于服务对象所处的生态环境中，仅仅以观察的立场分析服务对象的生活状况，不去挖掘服务对象问题背后的原因，就会忽视和淡化服务对象自身积极改变的愿望。[1]

---

[1]　田国秀. 社会工作专业实习［M］. 北京：中国人民大学出版社，2016：105.

（2）挖掘服务对象的优势。

"优势视角"理念是当代社会工作转变的重要方向，指社会工作者用积极的视角看待并解读服务对象的行为、状态及其社会处境，从看似一无所有、一无所能的现象中找到服务对象的积极资源。"优势"是指案主（即服务对象）本身具有的个人优势或潜能，"优势视角"是着眼于案主个人的优势，以利用和开发人的潜能为出发点，以激发案主自身的主体性和抗逆力为主要方式的思维模式和工作方法。

 案例 6 – 2：

王明是某中学初一的学生，家长和老师认为他学习差且不听话，是一个非常差劲的孩子。父母认为他"不够聪明"，老师认为他"反应迟钝"。无论在家庭还是在学校，王明都很难得到家长和老师的积极肯定。王明的母亲经常提及王明在学校的糟糕表现，埋怨孩子不用心、不努力，使得王明的情绪低落，自尊心遭受打击。他也认为自己的学习成绩很糟糕，还把自己界定为"不适合学习"的孩子。

此时，要求专业社会工作者在介入过程中不断挖掘服务对象身上的闪光点，同时帮助服务对象解构自己的问题。

2. 延伸服务介入的切入点

（1）帮助服务对象让改变得以持续。

社会工作者在帮助服务对象挖掘自身的优点之后，就可通过多个切入点着手开展专业服务，包括对服务对象主动改善意愿的充分肯定、积极行动的激励、消极心态的缓解等，而如果通过上述方式帮助服务对象做出了行动，就要协助服务对象及时发现自身的改变。

 案例 6 – 3：

社工："陈晨，你今天的校服很干净，是不是刚洗过？

服务对象："是的，校服是周末我在家自己洗的。"

社工："很好，坚持下去，每天使自己成为人见人爱，干干净净的好孩子。"

社工："你上星期说你很想参加学校联欢晚会，怎么样啊？"

服务对象："参加了，我和班上几个同学跳了街舞。"

社工："那太好了。你自己感觉怎么样？"

服务对象："老师和其他同学都喜欢我们这个节目，得到大家认可，我很开心。"

（2）促进服务对象的改变以影响环境。

在让服务对象意识到自己正在发生的细微改变之后，社会工作者还需要有意识地将服务对象所处的整个社会生态环境当作自己的潜在服务对象，争取将服务对象的改变延伸到个人之外，与周围他人紧密联系起来。

以案例6-2中服务对象王明为例，在肯定了服务对象良好的记忆能力之后，社会工作者建议他先从英语的背诵开始着手，经过一段时间后，王明的学习情况有了一些改变。社会工作者应积极联系服务对象身边其他人，并帮助他们对王明的改变进行正面反馈。

 案例6-4：

社会工作者："是啊，他刚刚开始努力学习时很不容易，会遇到各种问题和困难。作为母亲，您应该鼓励支持，帮助他做好情绪的疏导，而不是一味地打击。他得到正面的肯定就会增强他的自信心；反之，可能就会厌恶学习，自尊受挫。"

（3）推进环境与服务对象双改变。

专业服务的目的是促使服务对象及其所处的社会环境发生双向改变。双向改变过程可能是漫长且复杂的，但社会工作的功能与价值恰恰体现于此。

（二）实习服务的实施阶段

1. 个案工作的开展

（1）关系建立。

关系建立是指社会工作者初次或初期与案主进行接触，了解案主的需要与困难，对案主面临的问题初步做出判断。关系建立主要以会谈方式进行，服务双方经过几次接触与会谈，能够达成彼此接纳、相互信任、真诚相待、共同成长的关系。关系建立是个案社会工作程序的第一步，也称为申请与接案阶段。社会工作者与案主关系建立的程度与质量，将直接影响后续阶段工作的进行。

（2）资料收集与诊断。

资料收集与诊断是个案社会工作基本程序的第二阶段。一旦社会工作者做出接案的决定，就意味着个案工作的第二个阶段已经开始。社会工作者要从各个方面、多个侧面对案主的情况做详细了解并进行资料收集工作。资料收集得越详细，越有利于找出问题的症结所在。

（3）目标与计划制订。

1）目标制订的原则：共同协商原则、目标一致原则、目标可行原则。

2）目标制定的步骤：社会工作者复述案主的问题→协助案主厘清需求与问题之间内在关系→促进案主拟定解决问题的先后次序→协助案主明确最终结果即工作目标。

3）制订计划。

（4）服务提供与干预。

这是个案服务最核心、最务实的部分。服务提供与干预阶段应关注以下几个问题：

1）协助案主建立对自己的清晰认识，认清自己所面临的问题，以自我负责的态度配合干预。

2）促使案主通过个人努力，积极面对问题，勇于做出改变，提升个人功能。

3）促使案主主动改善个人的生活环境，努力启动周围资源，通过个人努力，赢得社会援助。必要时社会工作者可以给予一定经济或物质的援助。

4）协助案主调整个人的社会关系，提高案主运用各种社会关系与资源解决问题的能力。

（5）结案与评估。

结案：社会工作者为终止和案主的专业关系所做的一切准备工作。

评估：社会工作者和其他助人服务的专家一起评估个案工作的效果与效率。

2. 小组工作的落实

（1）小组准备阶段。

小组前期的工作准备阶段称为小组的筹备，具体有以下工作。

1）需求评估。

社会工作者通过访谈、问卷、量表、文献回顾、机构资料查阅等方法，收集各种有关小组和组员的资料。借助 SPSS 软件等进行分析，发现变量之间的关系等，为制订介入计划提供科学依据。最后，基于资料分析制订出切实可行的介入策略。

为保证需求评估的专业性和科学性，以下几点需要重视：

①深入扎实的工作态度；

②科学专业的工作手法；

③融洽温暖的专业关系；

④灵活多样的工作技巧。

2）目标确定。

目标的确定是动态的过程。在小组活动过程中不断对小组目标做出调整，有效回应不同阶段任务和需求，才能最大限度地帮助案主。而且，目标往往不是一个而是多个，需要小组工作者恰当处理各目标之间的关系，形成目标达成的价值序列，在目标与目标之间架设融会贯通、承上启下的阶梯与桥梁。

3）小组的组合。

在组成小组时，社会工作者须确定：

①小组的组合条件。一般而言，小组组员具有同质性问题，需求的层次相当，避免异质性太大；

②对小组结构的控制。在小组的组合中，社会工作者对小组的互动结构要掌握适度。一般来说，社会工作者要能主动掌握对小组活动节目的设计和沟通模式的形成，且对小组的时间、空间、规模等外部因素做到充分把握；

③对组员的开放程度。社会工作者可根据小组的性质和目的，选择小组是开放还是封闭，开放性小组要注意因小组自由离开而导致的解组风险；

④组员加入小组的意愿。分为自愿、非自愿；

⑤小组的物质条件。社会工作者要综合考虑小组人数、时间冲突、交通问题、场地限制等。

（2）小组初期。

1）小组第一次聚会时的特点。

第一次聚会也是小组的开始，此时小组只能算作一群人的集合，工作者仍然是初级基本角色，处于中心位置，而小组成员只注意自己，与他人很少发生互动，小组有很大的不确定性，也很少有规范可循。

2）小组规范形成时的特点。

小组初期被称为小组规范形成时期，在这一时期成员之间互动日益频繁，小组动力开始形成，如果没有必要的小组规则，组员就会按照自己的模式或习惯相互交往，彼此互动。

（3）小组中期。

小组中期为小组重整与归纳阶段。成员开始关注自己在小组中的权利和地位，关心自己被小组和他人接纳的状况，成员个人"本我"暴露有所增加，可能会导致意见分歧甚至是权力地位的争夺。

中期是小组的"驼峰期"，既是前期、初期准备与积累的结果，也是后期走向与效果发挥的前提。小组目标的实现基本上依靠中期进程的推进与各种活动的开展。小组领导者要高度重视对中期内容与技术的策划与设计，不要错失"驼峰期"的机遇，更要防止"驼峰期"出现逆转。

（4）小组后期。

小组后期作为即将收尾的阶段，有其特殊性和重要的功能，同样是小组工作不可忽视的环节。社会工作者应帮助组员进行工作总结，客观评估，肯定进步，正视问题，使其了解自己的收获、发现新的目标和需求、寻找新的小组、克服不良心态和消极行为。帮助组员看到自己的收获，明确未来努力的方向，并找到可以进一步发展与成长的动力，这是小组后期的核心所在。

3. 社区工作的推进

社区工作是以社区为对象的社会工作介入方法。它通过组织社区成员参与集体行动去界定社区需要，合力解决社区问题，改善生活环境及提高生活质量。在参与的过程中，让社区成员建立对社区的归属感，培养自助、互助与自决的精神，加强他们在社区参与及影响决策方面的能力和意识，发挥其潜能，以建设和谐社区。

（1）准备阶段。

1）社区分析。

社区分析就是通过社区调查等手段获取资料并对资料进行专业性分析和评估的过程。社区分析是制订社区工作计划的基础。它既是社区工作的重要步骤，也是必经的阶段。

2）社区基本情况分析。

社区基本情况包括社区地理环境、政治经济水平、历史传统、人口状况、资源分布、社区文化特色等。

3）社区需求分析。

认识和发现社区需求是全面分析社区的重要环节。了解社区需求常用的方式有访问法和社区普查。访问法，通过与各类社区居民面对面的谈话，能深入了解社区的需求，而且在访问过程中也较容易与社区居民建立关系；社区普查，通过问卷或访问对社区中的每一个家庭进行调查，了解他们对社区的需求。

4）制订计划。

社区计划就是社区发展的设计和规划，是目标及实现目标的方法策略的行动方案。

（2）启动阶段。

1）宣传教育。

具体形式有黑板报、宣传栏、社区通讯、文字彩页、微信平台、邮箱信息、网络平台、电视专栏等。

2）设立机构。

社区工作可以依托社区有关职能机构如社区福利机构来进行，也可以设立新的机构，如成立推动社区工作的专门机构。

3）互助合作。

社会工作者在实施工作计划时，要有意识地通过社区服务和活动，发现居民中有影响力、权威性和号召力的居民骨干，借助他们的影响力，推动成立居民小组，促进居民小组互助合作，挖掘社区资源，协调社区关系，打造社区力量，共同解决社区问题。

（3）巩固阶段。

1）加强组织成员之间的关系。

首先，社会工作者要得到组织内部的认同，共守一套办事、决策或解决问题的程序和原则；其次，尽可能协助和促进成员发展友好关系，使一般性的工作关系具有一定的情感基础；最后，明确成员参与组织的个人需要和动机，好的给予肯定和帮助，不好的给予指导和纠正。

2）加强社区组织的分工合作。

随着社区组织的发展壮大，其内部结构和职能会不断扩张，需要更多的人员承担职务，原来的职位和新设的职位，其功能也可能随着时间变化而需要重新界定及调整。在重新界定和调整的过程中，组织内的分工合作制度得以发展和巩固。分工协作，既包括组织内部人员之间的相处与互动，也包括组织之间的协同与合作。

3）建立稳定的资源系统。

搭建和形成稳定的资源链接，使一些关键性的组织机构脱颖而出，成为社区工作的先锋或模范，在人力、物力、经费等各方面支持并引领社区工作。

（4）评估阶段。

社区工作评估主要围绕以下几个方面的内容进行：

1）工作目标是否达成；

2）社区居民和社会各方对社区工作的成效是否满意；

3）社区工作者使用的方法技巧是否妥帖；

4）社区工作者的角色是否得当。

4. 政策倡导的探索

（1）计划。社会政策执行中，预先要对社会服务提供进行科学设计和计划。具体的社会服务计划需要考虑的问题有两方面：对环境因素的评估、对服务实施过程的设计。

（2）组织。社会工作行政组织可以泛指一切从事社会工作服务的组织，其中包括政府的社会工作服务组织、其他非政府社会工作服务组织（如社团、协会、民办非营利性组织）。

（3）协调。协调是使服务系统各部分之间、成员之间分工合作、协调一致以达到目标的活动，内部协调是保证服务工作顺利开展的必要前提。以协调的对象划分，组织中的协调可以分为关系协调和工作协调两种。

（4）评估。社会工作行政的评估是对整个机构的运行及所提供服务的评价，是将现状或结果同目标相比较，从而判定机构状况和效果的活动。评估内容包括社会服务的投入情况、服务的工作进度、服务的效果、服务活动对工作计划的偏离情况等。

（三）实习服务的巩固阶段

社会工作的核心指向是社会成员的社会功能得以发展，公平享受社会发展带来的社会福利与社会利益，使不同层面的社会成员彼此融合、相互善待，从而减少社会矛盾与社会冲突，保证每个社会成员的福祉。尽可能巩固实习阶段已经打下的基础，保证事物向着积极、正向、前景广阔的方向发展，需要每一个实习生具有高度的责任感和敏锐的发展意识。

1. 服务对象及其周围他人改变效果的维持

（1）防止问题的反复。

作为专业社会工作者，在服务介入过程中要同时兼顾推动服务对象的改变和防止问题的反复，以此来保证服务对象的改变平稳而持久。

（2）切忌急于求成。

社会工作服务介入活动经过启动阶段和实施阶段之后，服务介入的焦点逐渐从挖掘和发挥服务对象的优势转变成调适和稳固服务对象与周围环境互动的关系。在此过程中服务对象和周围他人的变化是细微且缓慢的，这就要求专业社会工作者更为细致地处理这种关系。

在服务介入的巩固阶段，社会工作者的一项重要任务就是帮助服务对象学会适应改变的节奏。

2. 服务对象及其周围他人改变效果的扩展

（1）与已有的改变相衔接。

发现了新的服务介入切入点之后，社会工作者首先需要考虑怎样与原有改变衔接起来，在维持原有改变的基础上连接新的服务介入切入点。

因此，在什么场景、什么时机中加入新的服务介入切入点，是社会工作者需要仔细考察的两个方面，以保证新的服务介入切入点与已有的改变整合起来，避免相互之间的对立和冲突。

（2）整合服务介入的切入点。

整合服务介入的切入点方法有横向整合和纵向整合两种。横向整合指在同一时间点将各个服务介入切入点整合起来引入到服务介入活动中，与服务对象已有的改变相结合。在服务介入巩固阶段，作为专业社会工作者应该致力于对多个服务介入切入点进行整合，以使其更容易被服务对象及其周围他人接受和把握。

纵向整合指在服务介入过程中的同一时间点难以将多个服务介入切入点进行横向整合的情况下采取的另一种整合方式。要求专业工作者依据时间顺序，将各个服务介入切入点相互叠加起来，并融合到服务对象的改变循环圈中。

我国社会工作的发展起步较晚，实际服务介入情况和书本理论知识有较大差距，学生普遍对专业知识技巧的运用感到困难，这就要求高校适时开展针对专业社会工作过程的教学，以让学生逐步熟悉各领域中服务工作介入的流程与方法。

第三节　社会工作实习评估

一、社会工作实习评估概述

（一）社会工作实习评估的概念

社会工作实习评估是指在特定时间以客观的方式评价学生在实习中的整体表

现。实习评估既向学生、学校和实习机构有所交代，又可提升实习的专业性和科学性。

（二）社会工作实习评估的作用

社会工作实习评估在社会工作实习中发挥着重要作用，其作用可以归纳为以下几点：

（1）通过评估，使学生清楚达到机构目标和要求的标准，减少因模糊不清所造成的焦虑；

（2）通过评估，使学生了解并相信自己的成长并获得成就感，同时了解自身的能力缺失，以此作为专业提升改进的依据；

（3）通过评估，学生可更进一步了解自己是否适合从事社会工作，为自己的职业规划做准备；

（4）通过评估，可以使学校、实习机构更清楚学生学习到了什么，还要加强哪些方面的训练和学习。

二、社会工作实习评估类型

（一）评估的形式

按照评估方式的正式与否，实习评估可分为正式评估和非正式评估，其中正式评估又可分为诊断性评估、形成性评估和总结性评估。[①]

诊断性评估通常在实习教学之前或学习发生困扰与问题时使用，在于了解学生学习的起点、学习特质和学习困难的原因。

形成性评估又叫过程评估，是在实习过程中实施，即通过机构督导的观察和记录，或采用评估表等方式，收集学生的实习表现资料，以了解学生实习进展，并针对其不足之处，提出改进方向。在实习进行到中期阶段时会进行中期评估，学校督导、机构督导就学生的实习情况进行评估，了解实习任务完成情况、针对学生遇到的实习困境提供咨询服务，以保证实习目标的达成。

总结性评估也叫终期评估，是在实习结束后实施，即通过学校督导评估实习教学方案、实习督导过程、实习成果以及学生的实习成绩，以了解学生达成学习目标的程度，并作出书面报告。

---

① 史柏年，侯欣. 社会工作实习 [M]. 北京：社会科学文献出版社，2003：172.

非正式评估可能在实习的任何时刻发生，督导的每一举动和反应都可视为对学生实习工作的非正式评估。

实习评估中着重被考量的是正式评估。通过正式评估，学生可以明确地了解自身的学习状况和需要。通过学生的参与反映，能更加客观和正确地做出判断。参照正式评估三种方式的作用，在社会工作实习的不同时期视情况采用其中的一种或几种（见图6－1）。

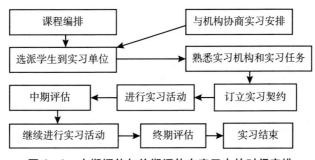

图6－1　中期评估与终期评估在实习中的时间安排

（二）评估的主体

按照评估主体的不同，社会工作实习评估可分为学生自我评估、机构对学生的评估、机构督导评估和学校实习指导教师评估。参与实习评估的主体有机构和学校督导、机构同事、实习生、案主、机构直属领导、带队老师、其他实习生等（如图6－2）。一般而言，评估主体越全面则评估结果越准确。在实际社会工作实习评估中，进行360°评估需要耗费大量人力、物力、财力，因此社会工作实习评估主要从学生自我评估、机构对学生的评估、机构督导评估和学校实习指导教师评估四个方面来开展。

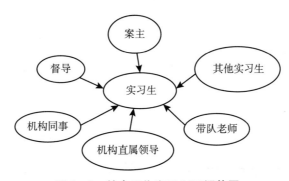

图6－2　社会工作实习360°评估图

1. 学生自我评估

学生自我评估是实习生对自身实习过程和效果的总结和反思，需要对实习中完成的任务进行总结（学生评估报告表见表6－2）。

评估的内容主要有：

（1）实习机构/社区的服务政策与服务类型；

（2）社会工作知识与技巧运用与学习；

（3）督导情况；

（4）机构、学生的有利和不利实习的问题；

（5）工作量完成情况；

（6）机构的环境及提供的资源情况；

（7）个人的优势与劣势；

（8）实习中的进步与不足之处。

表6－2　　　　　　　　社会工作专业实习生评估报告表

一、基本资料

学生姓名：_____　实习模式：_____　分散式/集中式

实习机构名称：_____　实习性质：_____

学校指导教师：_____　机构督导老师：_____

实习时间：_____

二、实习过程中的学习机会

1. 实习期间负责工作简述

2. 实习机构/学生本身的有利/不利学习处境或问题

3. 其他的经验：包括参观、研讨会、机构/单位职员工作会议等

4. 除以上的工作外，是否还有以下的学习机会：

（1）机构探访

（2）社区调查

（3）研讨会/机构会议

三、实习表现

1. 专业态度、价值观与行为

2. 知识范围

3. 实务能力

4. 理论与实践结合能力

5. 运用督导与指引

四、整体评估

1. 在实习期间所取得的进步或需要继续改进之处

2. 对自己在专业发展中的建议

2. 机构对学生的评估

机构对学生的评估主要是机构实习管理人员对学生的实习表现进行的评估。通过设置评估项目，根据学生的实习表现按项目比重计分。

评估项目包括专业态度、价值观、行为；知识掌握；实务能力；理论与实践结合能力；督导运用；适应机构的能力等情况。

评估主要依据的学生实习表现有：主动了解并熟悉机构总体情况；遵守实习机构的行政程序；对工作有责任感；能够独立地完成指定的工作；及时主动向机构汇报工作进度，主动接触服务对象等（实习机构评估报告见表6－3）。

表6－3　　　　　　　　　社会工作实习机构评估报告表

一、基本资料

学生姓名：＿＿＿＿＿＿＿＿　实习模式：＿＿＿＿＿＿　分散式/集中式

实习机构名称：＿＿＿＿＿＿　实习性质：＿＿＿＿＿

学校指导教师：＿＿＿＿＿＿　机构督导老师：＿＿＿＿＿

实习时间：＿＿＿＿＿＿＿＿

二、实习表现

1. 主动了解并熟悉机构总体情况；

2. 遵守实习机构的行政程序；

3. 对工作有责任感；

4. 能够独立地完成指定的工作；

5. 有良好工作习惯（如准时上班、有礼貌等）；

6. 融入实习机构，成为其中一员，与其他工作人员建立良好的人际关系并合作愉快；

7. 及时主动向机构汇报工作进度主动接触服务对象。

---

3. 机构督导评估

机构督导评估是机构督导对学生的实习表现进行的评估。机构督导评估需要对学生在实习中完成的任务进行总结，总结学生在实习中的表现，对学生的实习情况进行整体评估，并设置评估项目，根据学生的实习表现按比重计分。

评估项目包括专业态度、价值观；专业知识；实务能力；理论与实践结合能力；督导运用、团队合作能力、实习任务完成情况、获得进步等方面的情况（机构督导评估报告见表6－4）。

表 6 - 4   **社会工作实习机构督导评估报告表**

一、基本资料

学生姓名：_____实习模式：_____分散式/集中式

实习机构名称：_____实习时间：_____

学校指导教师：_____机构督导老师：_____

督导情况：个别督导____次/周；团体督导____次/周；其他____次/周

二、实习表现

1. 基本方面

主动性、责任感、工作态度、团队协作、处理困难、分析能力、对其他相关问题的兴趣、获得进步

2. 实习相关方面

理解和表达符合设置的具体情景要求的社工角色和形象、理论应用、执行的技巧、处理案主的抵制、写作技巧

3. 与学习有关的方面

学习态度、能够转换学习的能力、督导的运用（准备，提出建议等）

三、整体评估

1. 学生的优点与不足

2. 学生在实习期间的进步和需要改进之处

3. 专业实习发展建议

四、实习评分

评估项目	评分	比重（%）
专业态度、价值观		20
专业知识		10
实务能力		15
理论与实践结合能力		10
督导运用		15
团队合作能力		10
实习任务完成情况		10
获得进步		10
总分		100

4. 学校实习指导教师评估

学校实习指导教师评估是学校指导教师对学生在实习期间完成的各项工作任务、实习作业以及取得实习成效的评估。通过学校指导教师评估，使学校可以评估实习的质量和效果，了解实习单位对学生的培养情况，为后续实习工作提供参考和改进方向。学校指导教师根据设置评估项目，对学生的实习表现按比重计分。

评估项目包括服从安排、遵守纪律情况、实践能力、专业素养、沟通能力、团队合作、实习作业完成情况、实习分享等（见表6-5）。

表6-5　　　　　　　　　　学校实习指导教师评估报告表

一、基本资料

学生姓名：_____实习模式：_____分散式/集中式

实习机构名称：_____实习时间：_____

学校指导教师：_____机构督导老师：_____

学校指导教师指导情况：____次/周

二、实习表现

1. 服从实习安排；

2. 遵守实习纪律；

3. 态度端正，富有独立性、自信心和责任感；

4. 按实习要求完成实习工作任务；

5. 能够熟练运用专业知识和技能；

6. 能够与实习单位和同学进行有效的沟通

7. 认真填写实习周志、实习报告

8. 实习总结经验分享

三、实习评分

评估项目	评估内容	评分	比重
实习安排	1. 服从学校安排，按时到指定实习机构报到上岗。 2. 自己积极联系实习单位，按时到岗实习		10%
遵守纪律	1. 遵守实习机构工作制度、保密制度。 2. 遵守学校实习管理制度、主动与学校实习指导教师每周进行沟通，并根据指导教师要求、进行工作改进		10%
实习任务	爱岗敬业，认真完成各项工作任务		10%
专业素养	能够熟练运用专业知识和技能，解决服务对象问题		10%
沟通合作能力	积极与实习单位和同学进行沟通交流，乐于接受的意见，团队合作意识强，表现好		10%
实习作业完成情况	1. 实习周志的填写完成要求的周数，语句通顺、能对实习的内容进行全面、系统的总结。 2. 实习总结有事例，有体会，有感想，全文字数不少于2000字		40%
实习分享	参加实习经验交流分享会，客观评价自己在实习中收获、不足以及改进方向		10%
总分			100%

三、社会工作实习评估原则

实习评估应当遵循以下原则。

1. 持续性原则

实习评估应该是个持续的过程。实习是一个动态的过程，对学生实习的了解和评估也必须持续不断。

2. 学生参与原则

实习评估过程非常强调学生在其中的参与，督导教师应事先与学生讨论评估的程序，包括时间、标准、评估工具等，以便学生了解评估的各个环节，更好地参与到评估过程中。同时，学生积极地参与评估过程能提高学生的学习与改变动机，达到以评促教目的。

3. 重点评估实习教学原则

实习评估应以实习过程和实习本身为重点。实习评估作为实习教学的必要手段，目的是结合实习目标，通过对学生实习过程表现的了解，与学生一起分析专业知识和技巧在实际运用中的情况，应以评估学生的学习表现为重点。

4. 评估关系正向原则

实习评估应在正向的关系情境中进行。学生对评估常有一种对待考试的态度，紧张、焦虑、对抗等情绪都可能在评估过程中出现。在实习教学中，实习导师应努力在一种正向的关系情境中进行评估，协助学生坦诚、开放地面对自己在实习中的优缺点，将评估作为促使自己专业成长的重要手段。

5. 成长性原则

评估不是最后的评断，是分析过程，重点在学生工作表现可修正的地方。要在实习评估的过程中与学生共同分析在实习表现中的优缺点，评估后要给学生具体的改进建议。我们进行实习评估的目的不仅仅是对学生的实习进行等级评定，而是希望通过实习评估，改善和增进学生的学习成效。

小　结

社会工作实习的过程包括实习前的准备、实习阶段和实习评估。实习前的准备要设立先导性课程、了解实习机构类型、选择实习机构、订立实习契约、安排实习督导。实习阶段要安排专业服务活动、开展实习服务，使学生能运用社会工作方法和理论解决服务对象问题，满足服务对象需要，提高实践能力。实习评估阶段是使学生掌握评估类型和评估原则，学会撰写评估报告，通过评估促进专业成长。

 思考题

1. 社会工作实习前课程应该怎样安排？
2. 我国目前社会服务机构类型有哪些？
3. 试论述社会工作专业实习的介入阶段。
4. 简述社会工作实习评估的类型和原则。
5. 结合自己的实习，撰写一份完整的社会工作实习评估报告。

第 七 章

个案社会工作实习

【实训目标】

1. 掌握个案社会工作实习的基本程序，熟练操作个案社会工作的实务技能。

2. 能够准确识别服务对象的问题和需求，选用正确的工作方法，设计合理的策划方案，对服务对象进行有效干预。

3. 内化个案社会工作者需要具备的价值观与职业伦理，强化学生服务社会的精神，关爱弱势群体。

【实训技能点】

1. 熟知个案社会工作实习的基本程序、与服务对象建立关系的步骤与要点、资料收集与预估的技巧、制定目标与计划的方法、服务的提供与治疗的要点以及结案与评估的技巧与方法。

2. 掌握个案会谈的准备注意事项、会谈技巧、会谈记录的工作要点。

【思维导图】

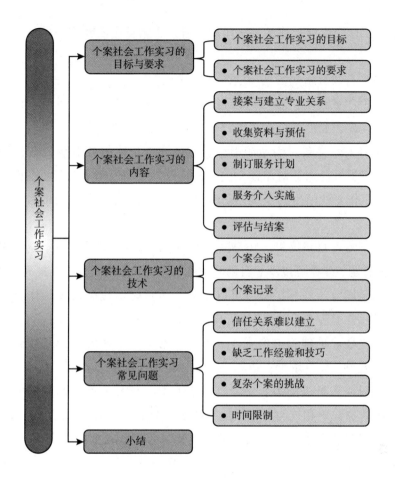

第一节　个案社会工作实习的目标与要求

一、个案社会工作实习的目标

个案社会工作实习是社会工作专业学生实习教育过程中的重要组成部分，是学生在实习过程中使用个案工作方法开展的实习服务活动。个案社会工作实习旨在让学生通过实习活动中的一对一服务，对校内学习的个案工作理论和技能进行应用练习，培养学生在个案服务中所需的专业素养和实践能力，为将来成为一名具有扎实知识和丰富经验的社会工作者奠定基础，并为日后的社会工作职业生涯做好准备。

从个案工作知识与技能的训练角度来看，个案社会工作实习的目标有以下几个方面。

（1）掌握自我分析的方法，实现个人成长。

（2）掌握实务技巧。实习可以帮助学生培养和提升一系列与个案社会工作相关的实践技能，如进行个案需求评估、制订服务计划等。

（3）培养人际关系和沟通能力。实习强调与个体服务对象的亲密接触和交流，学生可以提升与服务对象建立关系、有效沟通和处理复杂情境的能力。

从社会工作专业学生的系统性培养角度，个案社会工作实习的目标有以下几个方面。

（1）开展专业自我反思。实习提供了一个反思和学习的机会，通过接触实践中的挑战和难题，学生可以反思自己的偏见、态度和做法，并不断提高自我修养。

（2）增强职业认同感。实习可以帮助学生更好地理解社会工作的使命和职责，增强对社会工作专业的认同感和职业意识。

（3）建立职业伦理和价值观。实习旨在帮助学生理解和内化社会工作的伦理准则和价值观，如尊重个人权利、推动社会正义等。

（4）提升问题解决能力。实习是学生面对各种复杂问题和挑战的机会，要求学生运用专业知识和技能，寻找适当的解决方案和策略。

（5）培养自我调适能力。实习可能涉及情绪管理、工作压力等方面的挑战，学生需要培养自我调适和应对压力的能力，保持身心健康。

（6）加强文化敏感性。个案服务对象通常具有不同的文化背景和价值观，学生需要提高对多元文化的理解和尊重，增进文化敏感性。

（7）建立团队合作能力。实习中学生通常需要与其他社会工作者、专业人员以及相关机构合作，学生需要学会有效与他人合作、协调和沟通。

二、个案社会工作实习的要求

（一）专业知识与技能

个案社会工作实习需要学生具备个案社会工作基础理论和实践知识，这些知识将为学生在实践中提供指导和支持，帮助他们更好地理解和解决个体的需求和问题。

第一，个案社会工作理论和模式。理论和模式为帮助学生理解个体和环境之间的相互作用，为开展个案服务提供框架和理念。

第二，面谈技巧和沟通技巧。学生需要了解面谈技巧和沟通技巧，包括倾听技巧、积极回应和表达技巧、非语言沟通技巧等。

第三，评估技巧。学生需要了解如何进行需求评估和成效评估，了解个体的需求、能力、资源和风险因素以及服务开展的效果。

第四，干预策略和技术。学生需要了解不同类型个案的干预策略和技术，如危机干预、心理辅导、认知治疗、资源链接等。他们还需要了解并运用相关的专业技术，如解决问题的技巧、策略制定和目标设定等。

第五，伦理和职业道德。学生需要了解个案工作原则、价值观和职业行为准则，确保在实践中遵守道德原则，尊重个体的权益和隐私。

第六，文书撰写能力。学生需要了解如何准确、客观地记录个案工作过程和结果。

（二）职业规范和道德准则

个案社会工作实习需要学生具备个案社会工作职业规范和道德准则，这些规范和准则是社会工作者开展个案社会工作时应遵循和践行的行为准则，确保对个案服务对象的尊重、保密以及提供专业和符合伦理的服务。

第一，尊重。学生应尊重服务对象的信仰、价值观和权益，避免歧视和偏见。

第二，保密。学生应遵循有关保密和隐私的法律和规定，保护服务对象的隐私信息，确保这些信息不被泄露给未授权的人员，并建立适当的信息分享和沟通渠道。

第三，客观中立。学生应保持客观中立性，根据个案服务对象的需求和利益提供最佳的服务，不受潜在冲突和个人偏见的影响。

第四，服务对象自决。学生应尊重和支持服务对象的自决权，通过赋能的方式，促进个案服务对象的自我决策和能力发展。

第五，职业能力。学生应持续提升自己的专业知识和技能，不断反思和改进个案工作实践，确保提供高质量的服务。

 案例 7－1：

服务对象小玲（化名），26 岁，她和丈夫以及两个孩子住在一起，受到丈夫长时间身体和精神的虐待。在个案服务中,学生需要遵循相关的职业规范和道德准则。

首先,学生必须确保小玲的隐私和保密,妥善保存和保护与小玲相关的文件和记录,不将她的个人信息和经历泄露给其他人员。

其次,学生要尊重和支持小玲的自决权。学生应当提供信息和资源,帮助小玲理解和评估不同选择的后果,并让她自主决定作出选择。学生应充分了解并尊重小玲的文化、价值观和信仰,避免对她的决定进行干预或强加。

最后,学生在提供危机介入、心理支持和资源链接等干预策略的过程中,要保持客观和独立,不以个人利益为导向,而是以小玲的需求为中心。

(三) 人际沟通能力

在个案社会工作实习中,学生需要与个案服务对象建立信任关系,了解其需求和问题,并提供适当的支持和帮助。人际沟通能力在其中发挥了重要的作用。

第一,表达关怀和理解,并提供情感支持。例如,当一位学生与一位抑郁症患者进行会谈时,适当的非语言表达,如眼神接触、肢体语言和面部表情,以及敏锐的倾听技巧,可以让服务对象感受到他们被认可、被尊重和被支持。

第二,信息传递。包括向服务对象提供关于资源、方案等信息,良好的人际沟通能力,如清晰的表达、用简单易懂的语言解释复杂概念、运用恰当的非语言沟通等,可以帮助学生有效地传递信息,确保服务对象理解并愿意参与主动解决问题的过程。

第三,建立工作关系。实习需要建立积极的工作关系,促进服务对象与自己的合作和信任,学生通过运用如倾听、理解和尊重等技巧,与服务对象建立连接,并共同制订个案目标和实施计划。

第四,解决冲突。实习中可能会出现一些冲突和挑战,学生需要具备解决冲突的能力,良好的人际沟通技巧有助于学生从容应对冲突,并与各利益方进行有效交流,以寻求解决方案。

 案例 7 - 2:

学生小陈负责与一位遭受家庭暴力妇女桂菊(化名)开展个案社会工作。当小陈初次接触桂菊时,由于经历了长期身体和情感上的虐待,她对陌生人保持着严重的戒备心理,回避交流,并表现出明显的不信任。

在与桂菊的交流过程中，小陈首先采取了尊重和温和的态度，使用倾听和共情技巧，尊重她的感受和选择，理解她的独特需求，不强迫她表达自己不愿意分享的信息，给予她足够的时间和空间来逐渐增加彼此之间的互动。小陈表达了自己对桂菊的关心，并表示自己的愿望是帮助她摆脱困境，让她感到安全和支持。

小陈还鼓励桂菊通过绘画、写作或其他适合个人兴趣和需求的方式来表达自己的情感和想法，并积极回应她的创作。通过这些非语言的沟通方式，桂菊逐渐建立对小陈的信任和依赖感。

随着时间的推移，桂菊逐渐打开了心扉，开始与小陈分享更多关于自己的经历、困惑和期望。小陈与她一起制订行动计划，为她提供了恰当的支持和帮助。

此案例中，小陈通过良好的人际沟通能力与服务对象建立密切且信任的关系，为后续的服务提供了重要条件。

（四）文化敏感性

文化敏感性是指对不同文化背景、信仰、价值观和社会条件的尊重和理解。在个案社会工作实习中，学生应该意识到每个个体都是独特的，并且他们的经历和需求可能受到其文化和背景的影响。

第一，尊重和理解。尊重和接受服务对象的文化背景、信仰和价值观，能够倾听、理解并包容不同文化。

第二，自我反思。认识到自己的文化和价值观，并持续进行自我反思，以确保个案服务不受到文化歧视或偏见的影响。

 案例 7 - 3：

学生小刘遇到了一个家庭个案，夫妻结婚三年多，孩子刚出生半年，夫妻二人最近经常因为孩子的养育问题争吵。小刘与该夫妻进行了面对面交流，通过开放式提问和倾听技巧，小刘帮助该夫妻表达彼此的感受和需求。会谈中，小刘了解到由于成长背景不同，他们的教育观、沟通方式和传统角色期望都存在一定差异。

小刘在此个案服务中特别关注来自不同家庭的夫妻背景的文化差异，她通过促进夫妻的互相理解和沟通，帮助服务对象夫妻在婚姻危机中找到了适当的解决策略。

（五）自我反思

社会工作者在社会工作服务中要通过自我反思不断提升服务能力，学生在个案社会工作实习中同样要具备自我反思能力，在反思中学生能够发现自身的优势和弱点，不断提高自己的个案社会工作技能和专业素养，同时也助力个人的成长和发展。

 案例 7 – 4：

服务对象莉莉（化名），女，29 岁，由于车祸导致下半身瘫痪，她目前刚从医院回到家中，在社区康复中心进行长期康复治疗，对未来感到沮丧和困惑。

负责该个案的实习生在与莉莉沟通的过程中，一直难以建立专业关系。学生和督导一起反思了自己在沟通过程中的语言和表达方式，意识到自己过于重视会谈语言的技术化，导致措辞略显冷漠，这可能会影响莉莉的情绪和积极性，于是实习生准备尝试更加温和关怀的沟通方式。

学生通过反思还发现自己对服务对象的期望过高，希望能够迅速帮助莉莉恢复到正常生活。通过自我反思，学生逐渐明白了康复是一个长期而复杂的过程，需要耐心、持久的支持和配合。因此，学生主动调整了自己的期望，并与莉莉一起制订了可行的目标和计划。

第二节　个案社会工作实习的内容

个案社会工作实习中，通常会按照特定的顺序和步骤开展服务，本节按照个案工作的阶段对实习内容进行介绍。关于个案社会工作实习过程的阶段划分，国内外学者有不同的观点，综合多种观点，个案社会工作实习的基本程序包括接案与建立专业关系、收集资料与预估、制订服务计划、服务介入实施、评估与结案五个阶段。在一些特殊情境之下，社会工作者可以灵活调整个案工作的程序，如危机情境下开展的危机介入就是从服务提供与治疗这个阶段开始开展服务的。本节只讨论个案社会工作实习的基本程序。

一、接案与建立专业关系

接案与建立专业关系是指实习生与服务对象初步建立联系，了解他们的困境和需求，并对服务对象面临的问题作出初步评估和判断。这个阶段实习生主要采用会谈方式进行，是个案服务开展的第一步，实习生与服务对象建立关系的顺利与否直接影响下一阶段工作的进行。

（一）了解服务对象

1. 了解服务对象的心理反应

当服务对象初次求助时，服务对象常常会出现担忧、紧张和害怕等心理反应，又被称为现实性反应。这些现实性反应是个体正常的情绪反应，社会工作者应该理解并尊重这些情绪反应，并在服务对象感到舒适和安全的条件下提供支持和鼓励。服务对象可能出现的现实性反应有以下几种。

（1）焦虑。求助时的服务对象可能感到焦虑和担心，因为他们可能不知道能否得到帮助或解决问题。

（2）绝望。某些服务对象可能感到无望和失望，因为他们可能连续遇到困难或挫折，无法找到解决问题的方法。

（3）自责。部分服务对象可能会自责、感到内疚或觉得羞耻，因为他们可能认为自己的问题是自己造成的。

（4）沮丧。一些服务对象可能会感到心情低落、意志消沉，这可能是由于长期的困境或精神健康问题引起的。

（5）恐惧。有些服务对象可能对未来感到不安或对所需的改变感到害怕。

（6）焦躁。一些服务对象可能在求助过程中表现出焦躁和冲动，因为他们可能急于找到解决方案或寻求帮助。

以上只是一些常见的现实性反应，并不代表所有服务对象在初次求助时都会有相同的反应。每个人的情况和心理状况都可能不同，因此社会工作者在接受服务对象求助时应采取敏感且尊重的态度，提供舒适、安全的环境，促进服务对象真实地表达需求和问题。

现实性心理反应产生的原因有以下几个方面。

（1）服务对象可能不需要立刻接受服务，仅仅是询问和试探。

（2）面对陌生人要讲出自己的问题，尤其是隐私问题感到难为情。

（3）服务对象意识到要承认自己也是产生问题的一部分原因，感觉痛苦和无法面对。

（4）服务对象曾经成功或不成功的求助经验会带来正向或负向的影响。

（5）服务对象的求助能力不一样，有些人容易向他人寻求帮助，有些人却很难。

（6）服务对象不是主动而是被迫来寻求帮助。

（7）服务对象以前没有接触过专业服务，对社会工作服务比较陌生。

（8）服务对象对社会工作者或机构抱有不切实际的较高希望和要求。

（9）服务对象不确定如何开始表达自己的问题或需要，同时也可能担心被评判或不被理解。

布鲁默（Brammer，1979）认为，社会工作者必须要了解服务对象初次求助时的心境。

（1）向他人主动寻求帮助不是一件容易的事。

（2）认识到自己需要改变是一件困难的事情。

（3）服务对象出于对自尊的保护，接受他人影响是一件困难的事情。

（4）对陌生人坦诚并且信任是一件困难的事情。

（5）开始阶段就清楚自己的问题并不是一件容易的事情。

（6）有时候问题可能看似严重或特殊不容易解决。

2. 了解服务对象的问题和需要

为了能够提供有针对性的支持和帮助，社会工作者需要了解服务对象的问题和需求。详细梳理服务对象的问题和需要，具体可以通过以下几个问题进行全面的了解（见表7-1）。

表7-1　　　　　　　　　　个案服务对象情况表

序号	服务对象的问题	服务对象的期待	服务对象曾经做过的努力
1			
2			
3			
...			

（1）服务对象目前所面临的困境有哪些？

（2）服务对象寻求帮助是主动还是被动？

（3）服务对象曾经为解决问题做过哪些努力？效果如何？

（4）服务对象的期待是什么？

（二）开展接案会谈

1. 进行接案会谈准备

在个案工作会谈开始之前，社会工作者需要进行一些准备工作，以确保会谈的顺利进行和有效实施。以下是一些常见的准备事项。

（1）查阅服务对象的已有材料，包括以前的记录、评估报告等，对服务对象的个人情况、背景和问题有初步了解，以便更好地与他们进行交流和提供支持。如果服务对象是通过其他机构转介而来，以不影响他们个人的隐私为前提，可以向转介机构的工作人员了解服务对象的情况。

（2）检查个人仪容仪表，从衣着、仪态等方面传递专业可信的形象。首先，衣着要整洁干净，不过于花哨或过于随意；其次，要注意坐姿和站姿，保持挺拔而自然的身体语言，避免过度的手势或不恰当的体态；最后，要注意个人卫生，保持清洁的头发、洗手、口气清新等。

（3）布置会谈环境，创建一个舒适、私密且专业的会谈环境。首先，确保会谈环境能够提供足够的隐私和保密性，以便服务对象能够自由地表达自己的感受和需求；其次，确保会谈环境相对安静，避免外部噪音和干扰，以保持会谈过程的专注；再次，确保有舒适的座椅、适当的室温以及充足的自然光线，让服务对象感到放松和舒适；最后，注意椅子的摆放方式能够促进面对面的互动，同时为服务对象提供一些支持物品，如纸张、笔、面巾纸等。

2. 拟定接案会谈提纲

提前拟定会谈大纲能够引导会谈的进行，并促进个案服务的推进，有助于确保会谈的有效性和目标达成。社会工作者可以从以下内容拟定接案会谈大纲。

（1）自我介绍。介绍个人的情况，如姓名、服务经验、专长等。

（2）服务对象所处的环境。这里的环境包括个人环境、家庭环境、社区环境与社会环境。

（3）问题的意义。问题对服务对象或他的家庭的影响如何？问题对他个人生活的重要性如何？

（4）问题的产生。问题发生的时间？当时的情况如何？

（5）为解决问题需付出的努力。对待问题服务对象尝试了什么方法？是靠他个人的力量还是借助他人的帮助？他们可以利用哪些资源？

（6）服务对象希望克服的困难或达到的结果。

（7）服务对象与机构的关系。服务对象到机构求助的动机是什么？服务对象对机构有哪些期望与要求？他们如何看待与机构的关系？

（8）机构的实际状况。机构能为服务对象提供哪些服务？机构可以利用的资源有哪些？机构对服务对象的要求有哪些？机构在解决服务对象的问题时可以发挥什么作用？

接案会谈大纲是一个指导工具，而不是限制和束缚，以上问题只是提供了一个接案会谈大纲的参考框架，具体的接案会谈大纲应根据服务对象的具体情况和服务目标进行调整和补充。

3. 开展接案会谈并建立专业关系

开展接案会谈也是建立专业关系的重要时刻，这对于社会工作者和服务对象之间的有效合作和支持至关重要，社会工作者可以运用以下技巧。

（1）社会工作者要表达对服务对象的尊重，并努力理解他们的背景、文化、信仰和个人价值观。通过倾听、提问和积极沟通，了解他们的真实想法和需求，并及时做出回应，避免出现歧视性或偏见性的言辞或行为。

（2）社会工作者要表达接纳、关心和理解，为服务对象提供情感支持。建立亲善和开放的环境，鼓励服务对象分享他们的感受和困扰，倾听并回应他们的情绪和情感需求。

（3）社会工作者必须简要、明晰地向服务对象介绍会谈的目的，使服务对象减少最初的焦虑。如果服务对象需要，可以提供更多的资料进行说明。

（4）社会工作者要能敏锐地观察服务对象的情况，引导他们表现自己的感受、陈述发生的事实，但不能要求他们做不当的自我暴露。只允许收集和服务对象相关的困难、需求等有关的资料。

（5）社会工作者激发服务对象的期望，增强他们的行为动机，把他们的问题界定在能够解决的范围之内，并和服务对象一起确立现实性的期望。

（6）社会工作者要澄清自己所能提供的服务内容，避免做过多、过早的承诺，避免使他们产生过多或不切实际的期望。

（7）社会工作者要确保沟通方式清晰和明确，使用易于理解的语言和方式，尽量避免使用专业术语。主动提供必要的信息和解释，以确保服务对象对会谈内容有清楚的理解。

4. 总结和判断

通过接案会谈，社会工作者初步了解了服务对象的需求与期望，对服务对象

是否有困难、服务对象对困难的解释是否与社会工作者一致、服务对象对服务的
期望是否合理、机构能否满足服务对象的需要、是否提供服务等方面进行初步总
结判断，并填写个案工作接案记录表（见表7－2）。

表7－2　　　　　　　　　　　　个案工作接案记录表

服务对象姓名		社会工作者姓名	
日期、时段	年　月　日 时　分~时　分	地　　点	
服务对象来源及接受服务意愿			
来源：□主动求助　　　□转介　　□外展 说明：＿＿＿＿＿＿＿＿＿＿＿＿＿＿＿＿＿＿ 接受服务意愿：□不愿意接受服务　　　□不适用　　　□愿意接受服务 说明：(不愿意接受服务或不适用请说明)＿＿＿＿＿＿			
服务对象情况			
服务对象基本信息（包括但不限于姓名、性别、年龄、联系方式等基本要素） 服务对象困境及需要			
社会工作者建议			
危机程度	□低　　　□中　　　□高 说明：＿＿＿＿＿＿＿＿＿＿＿＿＿＿＿＿＿＿		
紧急服务	□需要　　说明：＿＿＿＿＿＿＿＿＿＿＿＿＿＿＿ □不需要		
社会工作者（签名）		日期	
督导者（签名）		日期	

注：MZ/T 094—2017，社会工作方法个案工作［S］.

（三）转 介

转介是指将本机构或接案社会工作者不能提供服务的个案，转交其他服务机构或社会工作者，使服务对象能够获得适宜的社会工作专业服务的一种工作方法。在建立关系阶段，如果机构不能为服务对象提供相应的服务，通常会做出转介的决定。也可能是在经过一段时间的服务后，社会工作者发现服务对象的真正问题或需求自身无法提供服务时进行转介。

1. 进行转介的情形

（1）机构不提供服务对象需要的服务，如专门从事青少年辅导的机构不处理婚姻问题。

（2）服务对象生活在本机构的服务区域之外，转介可以为服务对象提供更方便、更快捷的帮助。

（3）服务对象的需求超出社会工作者的专业知识和技能范围，如某个案涉及到深层心理问题，需要转介给心理咨询师进行进一步评估和干预。

（4）社会工作者因工作变动，离开机构或服务对象所在地区。

（5）服务对象和社会工作者之间产生问题，主动提出更换工作者。

2. 个案服务转介时服务对象常见的负面想法

（1）对社会工作者。服务对象会觉得社会工作者不负责任、不关心自己，转而对机构或社会工作服务产生不信任感。

（2）对自己。服务对象会觉得自己是不被人重视的人，自尊心、自信心会受到伤害。

（3）对接替服务者。服务对象会产生抵触、怀疑情绪，怀疑接替者的工作能力。

3. 转介的步骤

社会工作者要处理好和服务对象的关系，防止和消除其负面想法，避免转介可能对服务对象产生的伤害。具体可以按照以下工作步骤和内容进行转介服务。

（1）通知服务对象，解释转介原因及过程，让服务对象有心理准备和适应的过程。

（2）接替者和服务对象见面，原工作者介绍后接替者先行离开，原工作者引导服务对象发表对接替者的看法及内心感受。

（3）接替者以观察者身份参与原工作者对服务对象的服务。

（4）原工作者和接替者一起开展工作，并向接替者介绍服务对象的有关情况。

（5）接替者开始负责，结束时，原工作者和服务对象道别。

以上五个步骤以服务对象为中心，渐次进行。在实际工作中，不同的服务对象对转介的反应也不同，社会工作者可以因人而异进行调整。

二、收集资料与预估

接案时，社会工作者通过接案面谈收集了服务对象的简单资料，这些资料不足以对服务对象的问题和需求作出准确判断。接案后，社会工作者需要从多方面对服务对象的情况作详细地了解并确定服务对象的需求，找到解决问题的焦点与方向，这就是收集资料与预估阶段的主要工作内容。收集资料与评估是贯穿于个案服务的持续过程。

（一）收集资料

1. 资料收集内容

在收集资料时，涉及服务对象个人的资料包括：服务对象及他们所在的整个社会系统，包括服务对象系统、家庭系统、群体系统、组织系统及社区系统。

（1）服务对象系统。

①生理和智力状况。包括服务对象的患病或残障状况，智力水平、推理判断能力等。

②社会经济状况。包括经济水平，收入状况；维持生活的基本要求及对生活方式的影响；失业及对失业的态度；民族、文化及其归属感等。

③心理状况。包括情绪稳定性、情绪调节能力；是否曾经接受过心理咨询、治疗或诊断，是否有家族心理疾病史；使用心理评估工具和量表搜集的客观的抑郁、焦虑、自尊感等方面心理状况数据；心理压力源，如学业压力、职业压力、家庭关系问题等对其心理状况造成影响的因素。

④个人价值观。包括宗教和信仰；对家庭关系和问题的看法；个人理想和生活目标的追求等。

⑤对现有状况的适应功能。包括服务对象在他人面前的服饰、仪表、情绪及其变动情况；沟通方式，如通过语言或非语言表达适当情感的能力；行为状况，如日常生活行为、社交互动、学习或工作表现等行为模式和习惯；自我认知，对自我社会角色的认定等。

（2）家庭系统。

①作为社会系统的家庭。具体细分为：第一，家庭成员的角色：正式角色和角色扮演，如父亲、子女等；非正式角色和角色扮演，如替罪羊、控制者、附和者等；各种角色之间的关系；第二，家庭惯例与常规：包括维护家庭稳定的惯例、常规，促使家庭不稳定的惯例、常规；这些惯例、常规是如何调整的；第三，沟通网络，包括：家庭成员互通信息的方式；信息的准确性；沟通的渠道等。

②家庭的发展阶段。包括：家庭年表；变迁过程中的困难及改变情况；已有困难解决的方式和方法。

③家庭内次系统的运作。家庭内联盟对家庭稳定性的影响。

④生理和情感需求。家庭最基本的生理需求的水平；对社会及情感需求水平；家庭内满足生理及情感需求的资源；个人需求和家庭需求的一致程度。

⑤目标、价值及希望。所有成员都认同的价值；家庭价值是否是一种妥协；家庭对成员个人目标及价值观的容忍程度。

（3）群体系统。

①功能性特征。群体组成的形式，是自然形成的还是在外部干预下形成的；群体的目标；群体和邻近群体的关系如何。

②结构性因素。成员的选择及组合方式；成员的个性特征如性别、年龄；次群体及其存在的原因、目标；权威的形式及决定作出的方式。

③互动性因素。规范、价值观、信仰；成员关系的好坏，包括正式或非正式的，合作的或竞争性的，自愿性的或强迫性的。

（4）组织系统。

①组织目标。包括在社会结构中的目标及成员对目标的认识；个人在组织任务中承担的角色，包括组织的管理者、组织角色期望与个人的一致性；

②组织文化。组织运作的方式，包括成员的信仰、期望及态度；组织内部及外部的互动（包括正式的和非正式的）；仪式；沟通渠道等。

③组织能力、资金的充裕程度。在社区中的威望，内部决策的效率，成员的认同程度等。

（5）社区系统。

①作为社会系统的社区。社区中的组织、机构、群体及联结的方式；社区中存在的问题；和问题相关的单位及个人。

②作为一个有机实体的社区。社会流动机会的多寡；社区权力的控制及运作方式；社区中权力获取的途径；对引发社会问题的原因的看法；社区如何看待社会问题的受害者；问题解决的能力及可以运用的资源。

③社区间的结构及程序。主要指政府部门和非政府部门间的关系。

2. 收集资料的方法

常见的资料收集方法有以下几种。

（1）会谈。

①非直接会谈，即服务对象的自我陈述。服务对象讲述自己的故事，工作者通过仔细聆听和观察身体语言理解服务对象困难处境。

②直接会谈。社会工作者事先准备好一系列的问题，通过提问了解服务对象的信息。

（2）调查问卷。

调查问卷可以用在服务对象不能直接当面表述个人观点的情况下，如家庭个案工作，服务对象当着其他家庭成员的面，很难自如地表达个人想法、观点时（因为这有可能造成对其他家庭成员的伤害），就可以采用填写调查问卷的方法来收集资料。在对服务对象身边的一些组织、社区进行资料收集时，也可以采用填写调查问卷的方法。

（3）观察。

观察是对资料的直接感知与记录，又分为非参与观察和参与观察。非参与观察是指社会工作者完全以局外人的身份观察服务对象的活动。在非参与观察过程中，工作者能够全身心地投入到观察中，不受其他外界因素的干扰，但服务对象及活动的其他参加者由于有外人旁观，会部分改变他们的言谈举止、互动方式、感情表现，影响观察结果的可靠性。例如社会工作者观察某青少年（服务对象）在班级活动中的表现而不参加该活动。参与观察是指社会工作者和服务对象一起参加某项活动，社会工作者既是活动的参加者，又是观察者。在参与观察过程中，工作者会和服务对象一起参加活动，服务对象及其他成员会很容易表现出日常生活中真实的自我，观察结果的可靠性较高，但由于工作者要投入一部分精力参加到活动中，观察的效率会有所降低。

（4）文献搜集。

工作者可以通过查找已有文献来获取服务对象的有关资料，如期刊文献、书籍、服务对象填写过的表格、病历、以前的服务记录等。已有的文献能提高工作者的工作效率，有助于全面了解服务对象的情况。使用时文献要特别注意其真实客观性。

（5）环境调查。

环境调查主要在服务对象家庭以外的环境中展开，包括服务对象家庭周围的环境及有关人员，如社区、学校、教师、医院、医生、同事、领导、居委会及其他有关机构。调查中应防止损害服务对象的个人信誉及利益①，并事先通知服务对象，征得服务对象的同意。

（二）预估

预估，也叫问题评估或社会诊断，是指工作者对服务对象的问题或需求进行系统化的评估和分析的过程。通过问题评估，工作者可以更深入地了解服务对象的情况，明确问题的性质和程度，确定合适的干预方法和目标。通过评估，社会工作者应该得出以下结论：问题是什么原因造成的；它对服务对象的影响有哪些；机构、社会工作者及服务对象本人可以通过哪些方法来解决问题。② 评估后工作者应填写个案工作预估表（见表 7 – 3)③。

表 7 – 3 个案工作预估表

服务对象姓名		个案编号		社会工作者姓名	
一、背景资料					
（一）服务对象个人的生理、心理及社会等方面的资料					
（二）服务对象社会环境的微观、中观、宏观系统等资料					
（三）服务对象对自己及处境的感受、观念和看法					
二、服务对象问题及需要分析					
（一）以需求为导向，与服务对象讨论其需要、困境或问题					
（二）以资源为导向，识别服务对象及其所处环境中的资源、优势与障碍					

---

① 丁碧云. 社会个案工作 [M]. 台北：台北编译馆，1972：120.

② Helen Harris Perlman. Social casework：a Problem – solving Proless [M]. The University of Chicago Press, 1970：164.

③ MZ/T 094 – 2017，社会工作方法 个案工作 [S].

续表

三、服务目标			
四、服务内容			
社会工作者（签名）		日期	
督导者（签名）		日期	

注：此表格请在个案工作首次接触后 5 个工作日内完成。

1. 预估原则

（1）个别化。预估应针对每个服务对象的个体特点和需求进行个别化的评估。工作者要理解和尊重每个服务对象的独特性，不将其简单归类或一概而论。

（2）服务对象参与。服务对象是预估的重要主体，他们是最能够了解自身问题和需求的人。在预估过程中，应当尊重和鼓励服务对象充分参与。

（3）价值中立。预估应基于客观的证据和资料，在准确了解服务对象的情况下进行，避免主观臆断和偏见，依据可信赖的数据和观察结果进行判断。

（4）综合性。预估需要综合考虑服务对象的个体特征、家庭环境、社会关系等因素，不仅要关注表面现象，还要深入分析问题的根源和背后的相关因素，充分理解问题的复杂性和动态性。

2. 预估的内容

（1）问题界定。服务对象有其自己认定的困难或问题，工作者还应运用自己的专业判断，对问题进行界定，包括：有哪些问题？问题的性质如何？服务对象希望改善的内容是什么？服务对象改善的动机怎样？服务对象改善的能力如何？运用什么方式才能使服务对象产生有效的改变？

（2）家庭环境与家庭心理动力。包括：第一，家庭经济情况。包括家庭收入的来源和数量以及这些数量是否足以维持家庭生活的需要；家庭负债程度以及其他特殊的家庭问题；第二，家庭成员的健康情况。家庭成员的一般健康状况如何，是否有人患有急性或慢性疾病，治疗情况如何，是否得到妥善的治疗和照顾，以及对家人健康、疾病的预测；第三，家庭文化生活状况。如家庭的价值观念与文化生活；婚姻与夫妻关系状况；家庭成员的职业种类；家庭成员接受教育的程度和情况；家人的宗教信仰和宗教生活的特质以及家庭的特殊问题；第四，家庭生活的功能。包括家庭成员之间的满足和安全感；家庭成员的亲情和交互关系；家庭成员的个人认同程度；子女的学习创造能力；第五，家庭成员间心理动态的关系与表现。包括夫妻感情与关系的表现；夫妻关系对子女的影响；父母对子女的教导态度；子女之间的关系和价值观念等。

（3）服务对象个人生活经历与行为特征。这是一项较具体和深入的评估内容，是评估的核心。具体包括：

第一，个人的成长情况。包括胎儿、出生、幼儿、儿童和青少年期的发展情况；个人对父母的态度及与兄弟姐妹的关系；个人对成长过程的感受等。

第二，学习经历和学校适应情况。自小学起的学习经历和学校适应情况是一个人成长的重要部分，因此要了解服务对象在学校的学习成绩，与老师、同学的关系，奖惩情况，老师的评价等内容。

第三，个人对职业的适应情况。选择个人职业的主要理由；职业的适应性和满足程度；与同事及领导的相处情况；收入与生活需要的满足程度以及对职业发展的抱负等。

第四，个人的社会生活表现。对社区文化活动的态度和参与情况；与同年龄邻居及友人的关系；宗教信仰活动的参与情况及其他个人特殊文化生活爱好。

第五，人格特征和情绪因素。对个人情绪感受的处理方式；日常生活中对满足和挫折情绪的表达方式；人格构造和自我功能表现；常用的心理防卫机制及其对个人情绪适应和人际关系的影响。

第六，自我功能。本我、自我与超我的统一程度，心理自卫能力的表现等。

第七，人际交往特征。如对他人是友善、接纳、亲近的，还是具有敌意、拒绝、疏远的；对他人的态度是有弹性的、有伸缩性的、可妥协的，还是固执的、不可协调的；对人的态度是始终一致的，还是变化不定的；是积极进取的，还是消极被动的。

（4）服务对象接受协助的意愿与能力。服务对象对接受协助的意愿各有不同，自身的能力也有很大差异。具体评估内容包括：

第一，服务对象对困难和问题的原有认识程度。

第二，服务对象与工作者接触后，对其困难和问题的认识和改变程度。

第三，服务对象对机构的认识、期待以及对其本身应有的期待和认识。

第四，服务对象对机构所提供协助的使用能力，包括他过去接受有关机构协助的经验、与工作者专业关系的建立程度与情况。

第五，服务对象面对和处理问题以及接受工作者协助的准备程度。

三、制订服务计划

对服务对象的资料进行收集和评估后，社会工作者对服务对象的问题及需求有了较为详细的了解，继而应该和服务对象共同确定目标、制订服务计划，以服务对象的问题和需求为核心，根据工作者的能力和能够提供的资源，为服务对象提供精准恰当的服务。

（一）制订服务计划的原则

（1）服务对象参与原则。工作者应当尊重服务对象的意愿和需求，鼓励服务对象积极参与制订个案服务计划的过程，包括表达自己的观点、参与目标设定、选择合适的介入策略等，提升服务对象的责任感和自我决策能力。

（2）个别化原则。每个服务对象都具有独特的问题、需求、处境等情境，工作者需要充分了解服务对象的个别需求、优势和挑战，制订具有针对性和可操作性的服务计划。

（3）综合性原则。个案服务计划应综合考虑服务对象的身体健康、心理状况、家庭环境、社区资源、文化价值等多方面因素，协调、整合多方资源和介入手段，为服务对象提供全面支持和帮助。

（4）协同合作原则。个案服务过程往往涉及多部门、多领域同时参与，工作者需要与家庭成员、社区、政府部门、教育机构、医院、社会组织等相关部门和人员保持良好的沟通合作，协同提供个案服务。

（5）持续性原则。个案服务计划的过程和评估应具有持续性。社会工作者需要根据目标设定服务时间表，定期对个案服务的进展和效果进行评估，并及时调整和改进个案服务计划。

（二）服务计划的结构

服务计划需要将工作目标和内容详细分解，将服务过程细分为不同的步骤和活动，合理规划和配置所需的资源，明确各方的角色和责任，有助于确保个案服务能够达到预期的目标和效果。服务计划撰写的结构和主要内容包括：

（1）服务对象的基本情况，包括姓名、年龄、性别、职业、学历、家庭状况等信息。

（2）服务对象的问题及需求分析，先由服务对象自述，工作者评估后与服务对象共同确定。

（3）服务预期达成的总目标及具体目标。

（4）服务模式及理论基础，选择一个或多个适宜的理论开展服务，如心理社会治疗模式、理性情绪治疗模式、任务中心模式、人本治疗模式、危机介入治疗模式等。

（5）介入策略和服务行动，描述从哪些系统开展介入服务以及如何具体实施，包括工作内容、工作时间、地点、参加人员、人员分工、所需资源等。

（6）评估结案，如时间安排、方法、工具等。

（三）制定服务目标

1. 服务目标

服务目标是整个个案服务想要达到的预期效果，是要解决问题和回应需求。一般可分为总目标和具体目标，总目标是长远的、总体的目标，具体目标是眼前的、在一定时间内可完成的目标。

（1）总目标。

总目标是长远的、总体性的目标，通常是与服务对象整体发展和改善相关的。它们描述了服务期间希望实现的最终结果，可以是服务对象在各方面的整体成长、自我实现、生活品质的提高等。总目标的设定应该符合服务对象的期望和预期，并且应该能够明确指导整个服务计划的方向。

（2）具体目标。

具体目标是针对眼前的、在一定时间内可以达到的目标。它们是更具体、可操作的目标，明确了个案服务计划的具体行动步骤。具体目标通常与特定领域或问题相关，如提高学习成绩、增强社交技能、改善家庭关系等。这些目标需要具备 SMART 特征，并且要与服务对象的需求和资源相匹配。

总目标和具体目标形成了一个层次结构，具体目标是实现总目标的方式和途径。通过设定具体目标可以让个案服务计划更具体、可操作，并且可以通过监测和评估来衡量目标的达成程度。在服务过程中，可以根据具体目标的完成情况和反馈结果进行适当调整和修正，以确保整个个案服务能够达到预期的效果。

2. 制定服务目标的原则

社会工作者与服务对象共同协商制定目标时，需要注意采取以下原则：

（1）SMART 原则。个案服务目标应具备 SMART（具体的、可衡量的、可实现的、相关的和时间相关的）特征。确保目标具有明确的行动方向、可以被评估和监测、可实现和与个案相关，并明确完成目标的时间框架。

（2）协调一致原则。目标应与个案服务计划的其他部分相协调和一致，确保目标与服务计划的其他部分（如策略、评估方法）等一致。

 案例 7 - 5：

SMART 原则在青少年改善自我管理技能提升个案服务目标中的运用

具体（Specific）：目标是具体明确的，针对该青少年的自我管理技能做出明确的描述。例如："提高青少年每日的任务规划和时间管理能力。"

可衡量（Measurable）：目标是可衡量的，可以使用具体的指标或标准来评估进展和结果。例如："通过记录和评估青少年每日任务完成情况来衡量改善的程度。"

可实现（Achievable）：目标是基于青少年的资源和能力设定的，具备可实现性。例如："通过提供特定策略和技巧的训练，使青少年能够逐步改善其自我管理技能。"

相关（Relevant）：目标与青少年的需求和问题相关，以满足其自我管理方面的发展需求。例如："青少年在学业、家务、社交活动和个人兴趣等方面都需要更好地管理自己的时间和任务。"

时限（Time-bound）：目标设定了特定的时间框架，以保证目标的实现能够在给定的时间范围内完成。例如："在接下来的 3 个月内，使青少年能够有效地规划和管理自己的日常任务，并取得明显的改善。"

 学习活动

使用目标树制定目标和介入策略

目标树是按照树形结构对目标进行设定的方法，它通过分支层次来表示目标之间的逻辑关联。树干代表个案服务总目标，树枝代表具体目标，叶子代表即时目标，即具体的介入行动策略。目标树通过这种结构化的方式，帮助我们建立清晰的目标，并为实现这些目标制订有针对性的介入策略。

（1）总目标：根据所选个案服务情境中服务对象的问题和需要确定想要实现的最终目标。例如，在某青少年个案服务中，我们设定的目标是"提升青少年的综合发展与社会适应能力"。

（2）具体目标：将总目标分解为几个具体目标，每个具体目标应该与总目标相关，并且是实现总目标的关键要素。例如，在上述青少年个案服务的例子中，具体目标可以设定为"提供教育支持和学习机会""培养自信和积极心态"和"促进健康生活方式"。

（3）介入策略：为每个具体目标制订详细可行的介入策略，列出具体的行动内容、所需资源等。我们继续以上述青少年个案为例，介入策略可以有"提供学习辅导班和学科竞赛活动，鼓励参与校外学习机会""组织领导力培训和志愿者活动，促进自信心和积极心态的发展""提供心理咨询服务和情感支持，组织社交活动和社交技巧培训""开展健康教育课程，提供体育活动和饮食指导"等。

请你认真阅读以上内容，完成下面两个练习：

（1）请你找出一件目前想要完成的事，如学习英语、运动锻炼等，绘制目标树。

（2）请你选择一个实习中遇到的个案服务情境，根据服务对象的问题和需要绘制目标树。

（四）选择介入策略

个案服务的介入包括直接介入和间接介入。直接介入以个人和家庭为介入对象，通过改变个人和家庭的情绪情感、认知行为、知识能力、互动方式等达成服务目标；间接介入以群体、社区和组织等更大的社会系统为介入对象，通过改变其文化价值、行为方式、运行模式等达成服务目标。工作者要根据服务对象的需要从个人、家庭、群体、社区以及宏观社会系统等介入系统进行直接和间接介入，由此确定不同的介入策略。实务中有以下常用的介入策略：

（1）危机介入。在服务对象经历紧急或危机情况时，工作者需提供及时的支持和干预，如情感支持、风险评估和危机干预等措施，帮助服务对象脱离危机状态，缓解服务对象的困境。

（2）情绪疏导。针对服务对象的情绪困扰和压力问题，工作者运用情感支持、情绪调节等专业技巧和方法，帮助服务对象宣泄、表达、理解和管理自己的情绪。

（3）经济援助。工作者协助长期或临时陷入经济困境的服务对象申请社会救助、提供生活必需品、提供职业培训和就业机会等援助，帮助服务对象改善经济困境并增强自立能力。

（4）安置服务。安置服务适用于服务对象需要寻找住房、庇护所或长期护理等居住环境的情况，工作者可以协助申请住房援助、提供居住安排的建议和指导等。

（5）专业咨询。工作者根据自身专业特长，为服务对象提供专业的政策、心理、法律、婚姻家庭、药物治疗等领域的咨询服务，必要时可转介或链接专业人员。

（6）行为矫正。适用于服务对象有行为问题或犯罪史的情况。行为矫正介入旨在帮助服务对象改变不良或犯罪行为，包括监管、行为训练、技能培训等措施，以促进服务对象的积极行为和社会融入。

（7）资源链接。工作者通过提供相关社区资源和服务的信息和引导，协助服务对象获取医疗服务、教育资源、就业机会、社会支持网络等。

（8）改变环境。工作者通过调整服务对象所处的家庭、学校、社区、职场等环境，促进服务对象的发展和改善，具体方法如政策倡导、信息提供、社区教育等。

（9）关系调解。工作者作为中介者，建立沟通渠道促进矛盾双方进行对话、谈判，帮助服务对象解决人际关系中的冲突和问题。

（10）家庭治疗。适用于个案涉及家庭系统和家庭关系问题的情况。社会工作者通过面对家庭成员进行咨询、调解和治疗，以促进家庭成员之间的沟通、理解，解决家庭内部的问题和冲突。

以上介入策略是在个案服务中常见的方法，社会工作者需根据服务对象具体问题，综合运用这些策略来满足服务对象的需要。

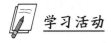 学习活动

制订个案服务计划书

王女士，32岁，已婚，有一个5岁的女儿，怀孕后就辞职在家。据社区居民反映，王女士遭受丈夫的体罚和言语辱骂，并且还发现她和女儿之间存在着紧张和恐惧的关系。王女士曾多次试图寻求帮助，但由于害怕报复和缺乏支持系统，她一直未能采取行动。社会工作者接到报告后，决定对王女士进行家庭暴力干预与支持服务。请根据所学知识撰写个案服务计划书或填写以下个案工作计划表（见表7-4）。

表 7 - 4 　　　　　　　　　　　　**个案工作计划表**

服务对象姓名		个案编号		社会工作者姓名	
概述问题呈现及原因分析					
目的（与服务对象商议后制定）					
服务模式					
目标、介入策略、工作进度					
评估方法					
社会工作者（签名）				日期	
督导者（签名）				日期	

注：MZ/T 094 - 2017，社会工作方法 个案工作 [S].

四、服务介入实施

服务介入实施是社会工作助人过程中的一个重要阶段，是社会工作者和服务对象采取的行动。按照服务计划，社会工作者运用专业的知识、方法与技巧，帮助服务对象改变，解决预估中确认的问题，达到服务目标，是实现助人计划的重要环节。

（一）服务介入实施的目标

服务介入实施的主要目标是：

（1）协助服务对象对自身有一个清晰的了解，认清自己所面临的问题，发展服务对象个人潜在的能力。

（2）促使服务对象通过个人的努力去解决自己面对的问题。

（3）促使服务对象能够自己努力去改善个人的生活环境，必要时工作者可以给予一定的经济或其他援助。

（4）协助服务对象调整个人的社会关系，提高服务对象运用各种社会关系与资源解决问题的能力。

（二）工作中的注意事项

服务介入实施的注意事项有：

（1）以计划和工作协议为基础，根据服务对象的实际情况及其变化情况灵活调整介入过程。

（2）善于运用服务对象和工作者的社会资源。

（3）进行阶段性检查和评估，检验工作成效，发现新的问题。

（4）妥善处理和服务对象的专业关系，维持双方的相互信任、接纳与合作。

（5）对服务对象可能出现的新困难与新问题，社会工作者要作出预期并采取适当的措施。

（6）善于运用个案工作的方法与技术，促进服务对象能力的不断提高。

个案工作实施过程中的会谈、记录等技术将在下一节详细阐述。

五、评估与结案

（一）评估

个案工作评估是指运用科学的研究方法和技术系统地评价个案工作的介入结果、总结介入过程、考查个案工作的介入是否有效、是否达到了预期目的与目标的过程。通过评估可以总结工作经验，改善工作的方法和技巧，开展个案研究，不断提升服务水平，促进专业发展。

个案工作评估可以分为效果评估和过程评估两种类型。效果评估是针对个案服务介入活动的效果进行评估，包括服务对象是否发生改变，改变的程度，以及实现服务目标的程度等。过程评估则是针对服务介入的具体过程进行评估，包括服务运用的策略方法和技巧，以及影响每次服务介入活动的因素等。具体来说，个案工作评估有以下评估内容（见表7-5）。

表 7 – 5 个案工作评估表

服务对象姓名		个案编码		社会工作者姓名	
接案日期			结案日期		

以下内容由服务对象填写

一、您接受了社会工作者的哪些服务？

二、接受了社会工作者的服务后，您应对困难、解决问题的能力是否获得提升？

□是 说明：_____
□否

三、您对社会工作者的表现满意吗？（请在答案处打"√"）

□非常满意 □满意 □一般 □不满意 □非常不满意

四、自接受本机构服务后，您的情况是否改善？（请在答案处打"√"）

完全没有改善   完全解决
        1 2 3 4 5 6 7 8 9 10

五、本服务结束之时，您与社会工作者商定的目标达成情况如何？（请在答案处打"√"）

完全达成（   ）原因说明：_____

部分达成（   ）原因说明：_____

未能达成（   ）原因说明：_____

六、其他评价及建议

服务对象（签名）		日期	

以下内容由社会工作者填写		
一、目标达成情况（重点描述服务对象转变，如情绪改善、行为改变以及能力提升等）		
二、总结与反思		
社会工作者（签名）		日期
以下内容由督导者填写		
对服务评价		
社会工作者表现评价		
督导者建议		
督导者（签名）		日期

注：MZ/T 094 – 2017，社会工作方法 个案工作 ［S］.

1. 评估的内容

进行个案服务评估时，要考虑很多方面的内容，常见内容包括：

（1）投入评估。为完成某项个案服务，投入的人力、物力和财力，包括所花费的资金、社会工作者人数、使用的其他资源。

（2）行动评估。为达到服务对象某种程度的改变，机构进行的一切行动。这些行动包括：会谈、咨询、为完成行动目标开展的工作等。

（3）短期成果评估。短期成果是指服务提供结束后，服务对象所发生的明显变化和取得的显著成效，如失业者找到了工作，自信心得到提高。

（4）长期成果评估。长期成果是指不容易察觉的、有助于个人成长的一些变化，如服务对象价值观的转变。

2. 评估的方法

（1）基线测量法。基线测量法是在介入开始时对服务对象的状况进行测量，建立一个基线作为对介入行动效果进行衡量的标准基线，评估介入前后的变化，以此评估介入目标实现的程度。

基线测量法的操作分为三个步骤：

①建立基线。在介入行动开始之前，工作者根据介入目标确定测量指标，通过观察法、问卷法、量表法等方法和工具了解服务对象的目标指标状况（如行为、情绪、观点），测量结果则为基线，基线数据可以包括量化数据（如测试分数、指标评级）和定性数据（如观察记录、访谈结果）。

②后续测量。对服务对象进行介入干预之后，工作者重新测量服务对象的目标指标，并记录测量结果。

③分析比较。将基线数据与后续测量数据进行对比和分析。通过比较两个时间点的数据，可以判断介入行动的效果和目标实现的程度。

下面以一个具体的例子来说明基线测量法的应用。

 案例 7 – 6：

社会工作者正在对一位青少年进行个案辅导，旨在帮助其应对学业压力，该工作者使用基线测量法来评估介入前后的效果。

建立基线：工作者开始时与该青少年进行面谈，询问其学习状况、情绪状态和应对策略，使用心理量表来评估其焦虑水平、自尊感和应对技能等。这些数据将被视为建立基线的依据，以了解该青少年在介入之前的状况。

后续测量：工作者在介入过程中定期与该青少年进行沟通，并记录相关数据，包括关于学习进度的观察记录、心理量表的再次评估以及访谈或问卷调查。这些数据将提供介入后的信息，以衡量该青少年在学业压力方面的变化。

分析比较：工作者将基线数据与后续测量数据进行比较和分析，评估心理辅导的效果和学业压力的变化程度。通过定量和定性分析数据，工作者可以确定是否达到了预期的目标，如减少焦虑水平、增强自尊感和改善应对技能等。

基线测量发现该青少年在介入前的焦虑水平很高，学习进步缓慢，缺乏适当的应对策略。通过介入后的测量，工作者发现该青少年的焦虑水平下降了，学习进展有所改善，并且他开始使用更积极和更有效的应对策略来面对学业压力。

（2）目标实现程度的测量评估。目标实现程度旨在评估个案工作中设定的目标是否达到预期。它还为工作人员提供了监测和调整个案工作计划的机会，以确保目标能够达到预期，并为工作结果的评估提供依据。以下是一个简单的目标实现程度量表问卷示例。

目标实现程度量表

请您根据个案服务的情况，评估下列目标的实现程度。

个案编号：＿＿＿＿＿＿＿＿＿＿＿＿

个案工作人员：＿＿＿＿＿＿＿＿＿＿＿＿

目标1：＿＿＿＿＿＿＿＿＿＿＿＿＿＿＿＿＿＿＿＿＿＿＿

（请在括号内选择适用的选项，并在下方提供补充说明）

（　　）完全实现：目标已经完全达到预期，并取得了显著的进展。

（　　）较为实现：目标大体上达到了预期，并取得了一定程度的进展。

（　　）部分实现：目标部分实现，但还需要进一步的努力，还有工作需要完成。

（　　）未实现：目标未能实现，需要进一步的工作和改进。

补充说明：＿＿＿＿＿＿＿＿＿＿＿＿＿＿＿＿＿＿

目标2：＿＿＿＿＿＿＿＿＿＿＿＿＿＿＿＿＿＿＿＿＿

（请在括号内选择适用的选项，并在下方提供补充说明）

（　　）完全实现：目标已经完全达到预期，并取得了显著的进展。

（　　）较为实现：目标大体上达到了预期，并取得了一定程度的进展。

（　　）部分实现：目标部分实现，但还有进一步的努力和工作需要完成。

（　　）未实现：目标未能实现，需要进一步的工作和改进。

补充说明：＿＿＿＿＿＿＿＿＿＿＿＿＿＿＿＿＿＿

目标3：＿＿＿＿＿＿＿＿＿＿＿＿＿＿＿＿＿＿＿＿＿

（请在括号内选择适用的选项，并在下方提供补充说明）

（　　）完全实现：目标已经完全达到预期，并取得了显著的进展。

（　　）较为实现：目标大体上达到了预期，并取得了一定程度的进展。

（　　）部分实现：目标部分实现，但还有进一步的努力和工作需要完成。

（　　）未实现：目标未能实现，需要进一步的工作和改进。

补充说明：＿＿＿＿＿＿＿＿＿＿＿＿＿＿＿＿＿＿

感谢您参与目标实现程度评估！您的反馈将有助于我们了解个案服务的进展和成果，以优化服务质量和效果。

（3）满意度调查。满意度调查可以帮助社会工作者了解服务对象对个案服务的看法和反馈，从而改善和增强服务的质量和效果。以下是一份个案服务满意度调查问卷的示例。

个案服务满意度调查问卷

部门/机构名称：_____

个案工作人员：_____

个案编号：_____

请您根据您参与的个案服务回答以下问题。您的反馈对我们改进服务至关重要。请在每个问题下选择适用的选项或提供相关信息。谢谢！

1. 个案服务内容和目标

a）您认为个案服务的目标是否明确和具体？

　　– 很明确和具体

　　– 较明确

　　– 不够明确

　　– 不清楚

b）个案服务中提供的服务是否符合您的需求和期望？

　　– 完全符合

　　– 大部分符合

　　– 部分符合

　　– 不符合

2. 工作人员专业性和态度

a）您认为个案服务人员的专业知识和技能是否满足您的需求？

　　– 完全满足

　　– 较满足

　　– 不完全满足

　　– 不满足

b）您对个案服务人员的态度和沟通是否满意？

　　– 非常满意

　　– 满意

　　– 一般

　　– 不满意

---

3. 参与程度和决策权

a）您是否感到自己在个案服务中被充分听取和尊重？

　　- 是

　　- 有时

　　- 不是

b）在个案服务中，您是否感到有足够的决策权和参与权？

　　- 是

　　- 有时

　　- 不是

4. 个案服务效果和变化

a）您认为个案服务对您的问题和需求有帮助吗？

　　- 很有帮助

　　- 有帮助

　　- 一般

　　- 不太有帮助

b）您是否感觉在个案服务中有所成长和变化？

　　- 是

　　- 有时

　　- 不是

5. 个案服务支持和继续服务

a）您认为个案服务中提供的支持和资源是否足够？

　　- 足够

　　- 一般

　　- 不够

b）您是否希望继续接受个案服务？

　　- 是

　　- 不确定

　　- 否

请提供其他意见和建议：＿＿＿＿＿＿＿＿＿＿＿＿＿＿＿＿。

感谢您参与这份个案服务满意度调查问卷！您的反馈将帮助我们改进服务质量和效果。如有需要，请留下您的联系方式以便后续跟进。

（二）结案

1. 进入结案

结案是指社会工作者为终止和服务对象的专业关系所做的一切准备工作。首先准备并填写个案工作结案表（见表7-6）。

表7-6 　　　　　　　　　　　　个案工作结案表

服务对象姓名		个案编码		社会工作者姓名	
接案日期			结案日期		
介入过程及现状总结					
1. 服务时间跨度、服务次数、服务方式。 2. 服务对象的情况变化，问题解决程度。 3. 目前服务对象的意愿、情绪、期望等。 4. 社会工作者观察、总结					
目标达成情况					
结案原因					
□ 目标达到　　　　　□ 超出服务范围 □ 社会工作者认为不适合继续跟进　说明：_____ □ 服务对象不愿意继续接受服务　说明：_____ □ 其他情况说明：_____					
服务对象知道个案已结束并知道在有需要时如何得到服务　　□ 是　　□ 否					
结案后回访跟进计划					
社会工作者（签名）			日期		
服务对象（签名）			日期		
督导者（签名）			日期		

注：MZ/T 094-2017，社会工作方法 个案工作［S］.

以下几种情况出现表示个案服务可以进入结案。

（1）服务对象和社会工作者签订的工作协议内容已经实现。

（2）服务对象的部分目标已经实现，因时间原因，不得不终止工作。因为每项个案工作都不是无限期的，在达到机构规定的一定期限后必须结案。

（3）服务对象主动要求结案。这可能有多种原因，如服务对象不愿意接受工作者的服务，服务对象因生病等原因不能接受服务。

2. 结案的任务

结案的任务一般包括：

（1）缓解服务对象因关系中断及丧失他人支持而产生的恐惧、焦虑等情绪。

（2）审视服务中的经验及进步。

（3）巩固已经取得的成果。

（4）思考如何将这些经验运用到今后可能遇到的困难中。

3. 结案的负面情绪

个案工作关系的终结，意味着社会工作者和服务对象长期发展的专业关系将不得不停止，服务对象常常会产生四种典型的反应。

（1）否定。服务对象拒绝接受结案并且在行为方面表现得好像什么都没有发生一样。

（2）退化。恢复早期的行为模式或再次提出很早前遇到的困难。

（3）暴躁不安。特别是当工作者认为服务对象能独自解决问题时，服务对象会当面指出工作者是错误的。

（4）离开。服务对象可能突然断绝与工作者的关系，在工作者离开前主动离开工作者。

 学习活动

离别情绪的处理

1. 假如工作者即将对一名青少年个案进行结案

工作者将学生分成小组，一位同学扮演工作者，另一位同学扮演服务对象（青少年），根据服务对象可能产生的负面情绪，如失落、孤独、无助等模拟结案会谈的过程。角色扮演结束后，全班进行讨论，分享在角色扮演中的体验，说说觉得哪些回应和支持方式是有效的。

2. 情感反思和自我疗愈练习

（1）请你回顾自己参与过的一个个案服务，特别是与服务对象的离别过程。

（2）记录你与该服务对象建立的联系、发展的感情和对其离开的感受。

（3）请你反思并回答以下问题：离别对我产生的情感有哪些？这种情感是正常的吗？我如何处理这些情感？

（4）请你思考一些自我疗愈的方法和策略，在小组中与其他同学共同讨论。

4. 结案的注意事项

社会工作者在结案时，应尽可能做到以下几点。

（1）结案前，双方应有充足的时间深入地表达彼此的感受。不管是谁要求结案，都应该做到这一点。

（2）工作者要清楚地表明，服务结束后，无论服务对象遇到什么问题都会尽力帮助他。

（3）再次对服务对象取得的成绩及解决问题的能力加以肯定。

（4）最后一次会谈时，赋予一定的象征意义。如安排一场家庭、群体或组织的聚会，或者正式的关于目标达成的证书等。

（5）如果服务对象的目标没有全部达成，工作者要帮助服务对象练习在没有人帮助的情况下，如何重新修改并完成自己的目标。

（6）确定今后与服务对象的联系方式及时间安排，做好对服务对象跟踪、回访工作的准备。

第三节　个案社会工作实习的技术

个案社会工作实习的技术是开展个案社会工作过程中所必须掌握的专业方法与基本工具，本部分我们将学习个案会谈、个案记录两个主要技术。

一、个案会谈

（一）会谈准备

个案会谈是指在个案服务中社会工作者与服务对象进行面对面、有目的的专业谈话。会谈双方为了某一特定目的，有特定的角色分工，关注某一特定内容，会谈双方的角色关系是高度明确的。个案会谈是个案服务介入的重要内容，也是建立和维持专业关系、实现专业沟通、促进服务对象改变的重要方法。会谈的整个过程要经过精心的准备和安排，包括场所的准备和时间的安排。

1. 场所准备

个案工作会谈的场所尽量选择在专门的会谈室中进行，或将适应的房间作为会谈室。会谈室的选择和布置应做到：

（1）清静私密。避免受到噪音和外人的干扰。

（2）舒适放松。光线充足，空气新鲜，温度适宜，使会谈双方身体舒适。

（3）桌椅适宜。选择大小合适的桌子和椅子，避免空间过分空旷或狭小，会谈双方座椅摆放角度约呈 90 度，这样可以使社会工作者看到服务对象，且不具压迫感。

（4）装饰温馨。使用柔和的色彩、摆放鲜花、悬挂温馨的图片等，发送积极的非言语信号，增强服务对象的舒适感和信任。

（5）无障碍。对于具有身体障碍的服务对象，选择无障碍场所，如无障碍通道和卫生间。

2. 时间安排

工作者应灵活掌握安排会谈时间，安排会谈时间应注意：

（1）一次会谈的时间长度以 60～90 分钟为宜，可根据服务对象的年龄和身体状况进行灵活调整。

（2）会谈需选择对服务对象最为方便和舒适的时间段进行，尊重他们的工作、学习和家庭生活安排，避免对日常生活造成不必要的干扰。

（3）会谈的间隔正常为每周一次，不同个案的会谈时间应相隔 15 分钟以上。如有变动和突发情况，可以灵活地调整会谈时间。

（4）把握好会谈的节奏和流程，根据会谈提纲合理分配时间。

（二）个案会谈技巧

个案会谈中常用的技巧有很多，根据这些技巧的特点和作用，我们可以将其分为支持性技巧、引领性技巧和影响性技巧。

1. 支持性技巧

支持性技巧是指工作者通过语言与非语言信息的表达，使得服务对象感到被尊重、被理解、被接纳的技巧。通过提供情感支持，增强服务对象的信任与安全感、增进专业关系、激发自我表达和反思、提升自尊心和自主能力。

（1）专注。

工作者可以通过"SOLER 原则"表达出自己的专注态度，在交流中更有效地倾听和回应，提高对服务对象的理解和共情。

① "S"（squarely）。工作者要将身体呈90°左右面对服务对象，便于眼神交流，而又不会有压迫感。

② "O"（open）。工作者保持开放的身体姿态，传达友好和开放的态度，让服务对象感到接纳和尊重。

③ "L"（lean）。工作者稍微前倾身体，表达兴趣和投入的态度，有助于提高倾听效果。保持舒适和自然的姿势，不应过度弯腰或靠得太近。

④ "E"（eye）。工作者与服务对象保持眼神接触，注意眼神稳定真诚，但不要一直盯着服务对象，避免服务对象感到压力或不适。

⑤ "R"（relaxed）。工作者在对话中保持放松的状态，营造放松的氛围，减少身体的紧张感也可以使自己更能够全神贯注地倾听和表达。

（2）倾听。

倾听与专注是密切联系的重要技巧，工作者通过专注让服务对象感受到自己被专心地倾听，通过倾听获取有效信息，并使用恰当的技巧，如同理心、鼓励、澄清等进行回应。从倾听中获取的信息包括了语言信息和非语言信息。

①语言信息。包括：服务对象的经验——发生了什么？服务对象的行为——怎么做？服务对象的感受——怎么样？服务对象说到经验、行为、感受时的观点——怎么看？

②非语言信息。工作者要注意观察服务对象的姿势、面部表情、语调等，分析其表达出的情绪和想法。

 学习活动

专注和倾听练习

（1）将全体同学分为 3 人一组，每组选择一位同学担任发言者，以任何主题准备五分钟的内容，其他同学为倾听者。

（2）发言者根据准备内容讲述五分钟，其他同学专注倾听，并尽可能理解、记住谈话信息。

（3）发言者发言结束后，其他同学依次回顾说出发言人刚刚讲述的内容。

（4）发言人根据每位同学表现出的专注情况和回顾内容给予反馈。

（5）换另一位学生担任发言人，重复以上步骤。在多次轮流中尝试不同的话题和角色。

（6）活动结束后进行小组讨论：倾听者的表现专注吗？具体表现在哪里？你认为如何更好地表达关注？倾听者获取的信息完整吗？如何做能获取更完整的信息？

（3）同理心。

同理心也叫同理、共情、神入，是工作者了解服务对象内心世界，并将这种了解传达给服务对象的一种技巧与能力。工作者使用同理心技巧可以使服务对象感到自己被接纳、被理解和被尊重，也可以促进服务对象的自我表达，自我探索。

常用的同理心表达方法：

① "我听到你说……"

② "如果我理解正确的话，你的意思是……"

③ "你有……的感觉，对吗？"

④ "我能感受到你现在的情绪是……"

⑤ "我可以明白这对你来说是一件很困难的事情。"

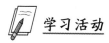 学习活动

同理心练习

练习1

1. 将同学们分为若干组，准备人物场景图片若干，每个小组抽取一张图片。

2. 小组成员依次观察图片，并设法想象自己是图片中的人物或场景当中的一员。

3. 每个小组成员分别描述自己所扮演的角色的内心世界、感受和情感。

4. 其他小组成员应努力聆听并提出问题，以更好地理解和共情他人的心境。

5. 小组讨论对于不同人物的理解和感受，以及如何更好地表达同理心。

练习2

请你根据以下情景，使用同理心技巧作出反应。

1. 我明天要参加英语四级考试，这是我第三次考试了。

2. 我不是个好母亲，我没有教育好我的儿子。

3. 我的毕业论文没有通过，需要二次答辩。

4. 我的女朋友离开我了，她喜欢上了别人，我是最后一个知道的。

5. 我脸上长了这么多痘痘，真是太难看了。

6. 我的室友睡得太晚了，我睡觉的时候他还要开大灯。

个案会谈中要注意将同理心与倾听、提问、建议等技巧结合使用。

（4）鼓励。

鼓励是工作者通过恰当的语言信息和非语言信息，使得服务对象继续表达感受和看法的技巧。非语言鼓励包括专注的神情、点头、身体前倾、目光接触等，语言鼓励包括"哦，你真厉害""你真是不容易""是啊"等。当服务对象有逃避和退缩行为，如沉默、避免目光接触、吞吞吐吐时，或者在会谈中的一些特殊时刻，如会谈开启阶段、需要做决定时、服务对象做出改变时都是使用鼓励的最佳时机。

 案例 7 - 7：

社会工作者："李先生，我了解到您最近在找工作方面遇到了一些挑战。我可以感受到这种困境对您的信心造成了一定的打击。"

李先生："是的，我试过很多工作应聘，但都没有成功，我对自己的能力开始产生怀疑。"

社会工作者："您已经采取了许多积极的行动来寻找就业机会，这令我很钦佩。虽然现在面临困难，但您之前取得的成就和经验也证明了您是有能力的。"

李先生："但是，我一直在碰壁，找不到适合我的工作。"

社会工作者："我理解您的挫折感，它可能使人感到沮丧和气馁。持续努力追求目标是成功的关键，请您保持乐观，我也会帮助您寻找合适的机会。"

 **学习活动**

鼓励练习

请你根据以下情景，使用鼓励技巧作出反应。

1. 你的朋友在一场演讲中克服了紧张表现出色。

2. 你的同事完成了一个重要的项目。

3. 你的5岁的弟弟学会了骑自行车。

4. 你的父母做了一顿美味的晚餐。

5. 你的朋友参加了一场比赛但没有获胜。

2. 引领性技巧

引领性技巧是工作者引导服务对象去深入具体地解说、探讨自己的经验、处境、问题、对人对事的感受。引领性技巧主要包括聚焦、澄清、摘要、提问。

（1）聚焦。

聚焦是将游离的话题、过于分散的谈论范围或几个同时提出来讨论的问题集中，将讨论的范围集中到特定的方面或重点上，促进更深入、有针对性的交流。

使用聚焦技巧的方法：

①提出具体问题。通过提出具体化的问题，引导服务对象在讨论中聚焦在特定关注点上。例如："您觉得目前最紧迫的问题是什么？"

②确定优先事项。与服务对象一起讨论和确定优先事项，帮助将注意力集中在重要的问题上。例如："让我们梳理一下讨论的重点和目标。""让我们着重关注/聚焦在……上。"

③分配讨论时间。对每个议题分配的时间和资源进行时间规划，以确保充分讨论，保持集中和高效。

 案例7-8：

李先生是一位困扰于家庭关系问题的受援者，他在会谈中不断提及与父母和兄弟姐妹之间的矛盾关系。这导致会谈话题分散，无法深入探讨。

社会工作者："李先生，我注意到您对于与父母和兄弟姐妹之间的矛盾关系有很多话要说。这些关系对您来说非常重要，但为了更好地帮助您，我建议我们先一起聚焦在其中一个关系上，比如您与父母之间的问题。你觉得这样可以吗？"

李先生："好的，可以。"

社会工作者："好的，现在我们来集中讨论您与父母之间的关系问题。您可以告诉我具体是哪些方面引发了你们之间的矛盾和困扰吗？"

（2）澄清。

澄清是工作者引领服务对象对模糊不清、模棱两可的或意义隐藏的语句进行解说，使之成为清楚、具体、深入的信息。澄清也包括工作者因应服务对象的需要而加以解说自己欲表达的讯息。澄清可以使工作者对服务对象的想法、感受、行动或经历的情境有较清楚的认识，也可以促使服务对象明白工作者所表达的信息。

常用的澄清表达方法：

①重述和确认。在服务对象表达完观点后，用自己的话重述服务对象所说的内容，并请服务对象确认是否正确。例如："所以，您的意思是……是吗？"

②澄清关键词汇。如果服务对象使用了某个有多重含义或歧义词汇，可以请求服务对象对其进行解释或提供更多细节。例如："您能解释一下……的意思吗？"

③总结归纳。在对话中进行阶段性的总结和归纳。例如："您的主要关注是……对吗？"

④提出开放性问题。使用开放式问题进一步了解服务对象的想法。例如："我想了解一下，您曾经做过什么尝试？"

 案例 7－9：

张小姐："我最近有一些情绪困惑，很痛苦。"

社会工作者："张小姐，感谢您来找我寻求帮助。您刚才提到您经历了一些情绪上的困扰，请问您具体指的是什么样的情绪困惑？"

张小姐："我一直觉得自己无法真实地表达情感，我常常感到沮丧和孤独，但也不知道为什么会这样。"

社会工作者："我很理解您的感受。为了更好地帮助您，我想澄清一下，您说的无法真实地表达情感指的是您无法找到适当的方式来表达内心的感受和困惑，是这样吗？"

张小姐："对，我就是觉得从心底里没法跟别人分享我的真实感受，总是觉得自己被隔绝起来。"

社会工作者："看来您在沟通和情感表达方面遇到了一些挑战。接下来，我们可以一起探索一些有效的方法，帮助您更好地理解自己的情感并找到适当的方式来表达它们。"

（3）摘要。

摘要也称简述语意，是把服务对象一段相当长的说话内容片段或在不同部分所表达的内容、感受加以整理，概括归纳后进行重点摘述。澄清服务对象复杂、冗长、散乱的语言及非语言的表达，使社会工作者能够准确把握服务对象传达的信息。使服务对象对自己所提出的几个问题有较清晰的了解，有助于服务对象确定处理问题的先后次序并作较深入的探索。在面谈的开始、中间和结束部分，摘要协助服务对象回顾在会谈中曾经表述过的内容，发挥承前启后、推动进程的作用。例如："根据您的描述，我们可以总结为以下几个主要问题：……""根据刚刚的谈话内容，我进行一下总结，您的核心观点是……"。

使用摘要技巧时需要注意：

①倾听。仔细倾听服务对象的话语，确保准确理解其所表达的内容和情感。

②识别。识别服务对象所说内容中的关键信息，包括主题、目标、问题等。辨别哪些信息是最重要和紧迫的。

③归纳。在整体理解的基础上，使用简洁、明确的语言将服务对象的表达内容进行归纳概括，将复杂或冗长的信息精简为简洁的表达。

④检查。确认所摘要的内容准确地反映了服务对象的主要意思，可以向其确认和核实内容。

⑤调整。根据服务对象的反馈和意见，对摘要进行调整和修改。

（4）提问。

提问可以收集信息，使谈话更深入，也可以左右谈话的方向与内容。提问的过程也是促使服务对象自我反思和改进的过程。工作者要围绕服务对象的关注点提问，给服务对象必要的思考时间，一次只提出一个问题，还要避免指责性、批判性的问题。

使用提问技巧需要注意几个方面：

①使用开放式的问题。开放式问题以"什么"进行询问，不能简单用"是"或"不是"来作为答案，例如"你想要我为你做什么？""你现在工作情况怎么样？"如果服务对象不知道如何回答，工作者可以进缩小提问问题。如"你现在的工作情况怎么样？"这一问题，工作者可以缩小为"你和同事相处的情况怎么样？""你平常主要做哪些工作？"

②避免诱导性问题。诱导性问题本身包含了答案或判断，容易诱使服务对象做出不正确的选择，如"你不喜欢和你父母在一起，是吗？"。工作者应避免提问的方式和语气、非语言姿势显示出某种判断和诱导性，诱使服务对象作出错误的回答。

③避免直接问"为什么"。"为什么"意味着服务对象要对某个行为和事件作出解释，暗含着压制与指责，容易使服务对象产生防御心理。可以使用"如何"？"怎么样？"来代替，如将"你为什么会逃课？"改为"你如何看待逃课这件事？"将"你为什么会这样做？"改为"你当时做这件事是怎样想的？"

3. 影响性技巧

影响性技巧是对服务对象的思想、行为、感受可能会产生有力影响的技巧，它可能会给服务对象施加影响，促使其从新的层面去理解问题，或者采取其他方法去解决问题。使用此类技巧的前提是工作者与服务对象已建立良好关系，对服务对象的问题较为了解。

（1）建议。

建议是社会工作者在对服务对象的情况和问题有所了解的前提下，经过评估，根据自己的经验对服务对象提出的客观、中肯、具有建设性、有助于解决问题的意见。建议可以协助服务对象认识到处理问题的可选择的方法，增加服务对象做决定时可选择的范围，鼓励或劝阻服务对象的某些行为、想法或感受，促使服务对象采取有建设性的行动。

运用建议的方法需要注意：

①清楚说出所提议的内容，使服务对象能够理解你的建议。

②说明做出该建议背后的原因或根据，增加服务对象对建议的理解和信任。

③确认服务对象明白你所表达的意思，并解答可能产生的疑问。

④与服务对象讨论建议的适合性、可行性，提高服务对象采纳建议、实行建议的可能性。

（2）自我披露。

自我披露也称自我坦白，是社会工作者有选择地将亲身体会、处事方法和态度、对人对事的感受向服务对象坦白，使服务对象学会借鉴别人的经验，作为处理自身问题的参考。自我披露能够引导服务对象从其他角度去思考问题或者参考别人的方法来解决自己的问题，促进工作关系，树立坦诚沟通的榜样。

自我披露有两种形式：一是告诉对方自己过去的一些有关的情绪体验及经历、经验；二是向来访者表明自己在治疗会谈当时对来访者言行问题的体验。

运用自我披露技巧时需要注意：

①要留意社会工作者与服务对象的差异，如年龄、性别、教育、社会阶层、文化、宗教等。

②自我披露所占的时间不宜过长，避免工作者变成主要发言者。

③自我披露频率不宜过多，避免谈论的焦点转移，从关注服务对象的问题转移到关注工作者的经历上。

④不要与服务对象就自我披露的内容进行辩论，避免谈论重心变成工作者处理问题的方法，而不是讨论服务对象本身的问题。

（3）面质。

面质又称质疑、对质，是社会工作者直接指出服务对象言谈、行为和感受上的不一致和矛盾之处，或者向服务对象提出挑战，要他去面对与现实不符的想法，改变自相矛盾的行为。通过使用面质技巧，工作者帮助服务对象更深入地反思和认识自己，发掘潜在问题，促进服务对象对自己的感受、信念、行为及处境深入了解。

服务对象在言谈、行为和感受上的矛盾主要有以下几种：

①言行不一。服务对象可能在言语和行动之间存在矛盾。例如，一个人表示他想要戒烟，但还在继续抽烟。

②自我评价与实际表现不符。服务对象因缺乏自信，对自己的能力、外貌或者价值有负面的评价。例如，一个学生可能说自己没有数学天赋，但在实际上数学成绩还不错。

③行为与感受不一致。服务对象可能表达出一种情感或态度，但其行为则与之相反。例如，一个人声称非常关心身体健康，但却过度沉迷于不健康的饮食和缺乏运动。

④意识与否认。服务对象可能意识到自己的问题或挑战，但同时也可能试图否认它们的存在。例如，一个人可能意识到自己过度使用手机对健康产生负面影响，但却否认这种依赖性的存在。

⑤对事物的情感反应不一致。服务对象可能在同一时间或不同情境下，对同一事物的情感反应发生变化或矛盾。例如，一个人可能对某个人感到愤怒和厌恶，但当该人需要帮助时，又表现出同情和关心。

运用面质技巧时需注意：

①建立起良好的信任关系后才可以使用。

②要持真诚与关怀的态度。以尊重为前提，以共情为基础。面质不是贬低、否定、控制、训斥服务对象。

③在使用面质后，要细心观察服务对象的感受。如有必要，要反映出理解他的感受或赞赏他的长处，让服务对象感到被接纳和被关怀。

情景 1：

社工：你告诉我你希望戒烟，但我注意到你仍在继续抽烟。你能说说这是为什么吗?

服务对象:我知道抽烟对健康不利,但我很难改变这个习惯。当我压力大或情绪低落时更想借助抽烟来缓解。

社工:我理解改变习惯并不容易,尤其是面临压力的时候。我们可以一起寻找其他有效应对压力的策略,并制订一个逐渐戒烟的计划。

情景2:

社工:你认为你表达能力很差,但我在我们的交流中注意到了你能很好地表达自己。你能为我解释一下你为什么自我评价这么低吗?

服务对象:我总觉得自己不够好,经常怀疑自己的能力。即使偶尔表现不错,我也会觉得那只是偶然。

社工:你的自我评价似乎经常限制你的成长和发展。我们可以一起探索你的优点,并寻找增强自信的方法,帮助你更好地认识和发挥自己的能力。

二、个案记录

个案记录是社会工作者在工作过程中,采用不同的方法或手段,选择适当内容,详细记录与服务对象有关的资料及工作的过程。

(一) 记录的方法和要点

个案记录方法有文字记录、录音记录和录像记录三种方法。文字记录是记录的主要方法和手段。录音、录像记录具有完整性、便于督导评估和示范教学等优点,但不能完全反映工作者的内心状态及想法,容易引起服务对象心理紧张,且不方便后期查阅。在实际工作中,录音和录像大多作为文字记录的辅助手段。下面所讲的记录技巧,均指文字记录。

个案记录时需要注意的要点有:

(1)记录服务对象完整的基本资料。通常包括:

①个人基本资料。如姓名、性别、年龄、籍贯、住址、职业、文化程度等;

②家庭基本资料。如家庭成员状况、与服务对象的关系、年龄、收入、基本健康状况等;

③其他关系人或机构的基本资料。其他关系人如朋友、老师及有关机构的基本资料。

(2)记录以会谈后记录为主。工作者在会谈中要尽可能只记录关键信息,专注于会谈过程,减少因记录产生的分心,全身心参与会谈。这样也能避免因为一直记录而引起服务对象的紧张情绪。

（3）有选择地记录。工作者应选择那些客观的、关键性的、有助于做出评估的内容进行记录，这需要工作者具备一定的专业知识及专业判断能力。

（4）简明扼要。记录尽量凝练和具体，清晰地反映会谈的主要内容和重点。

（5）撰写会谈反思和服务计划。在每项记录的最后，都应由工作者撰写对这次会谈的反思、工作中的主要感受、未来采取的措施与努力方向以及下次工作的计划。

（6）进行摘要记录。每个阶段结束以后要对该阶段的工作进行摘要记录，方便查阅与资料分析。摘要记录的形式有评估摘要、计划摘要、服务过程摘要等。

（7）注意资料保密。工作者在记录过程中及记录结束后均应注意对服务对象个人资料的保密。

（二）记录的主要形式

在记录时，社会工作者有不同的记录形式可供选择，在这里我们主要介绍过程记录和摘要记录。

1. 过程记录

过程记录又称叙述记录，详细而准确地记录服务对象和社会工作者之间的互动过程、语言信息和非言语信息以及社会工作者的感受、干预措施和反思（见表7-7）。根据记录时的不同视角，分为叙述式过程记录和脚本式过程记录。

表7-7 　　　　　　　　　　　个案工作过程记录表

服务对象姓名		社会工作者姓名	
日期		地点	
次数	第＿＿次	时段	
服务形式			
介入目标			
介入过程（概述）			

续表

介入小结			
下次介入计划与建议			
督导者意见			
社会工作者（签名）		日期	
督导者（签名）		日期	

注：MZ/T 094 – 2017，社会工作方法 个案工作〔S〕.

（1）叙述式过程记录

叙述式过程记录是工作者以第一人称或第三人称将个案会谈的过程进行记录（见案例 7 – 10）。

 案例 7 – 10：

社工首先自我介绍，并征得了服务对象的同意，然后提出关于学习困难的话题。服务对象紧皱眉头思考片刻，表示自己学习数学很吃力，每次都考得不好。社工感觉到服务对象可能感到挫败和缺乏自信心，于是告诉案主，自己明白他的担心，但是可以一起寻找适合的学习方法，然后社工询问服务对象以前尝试过哪些学习方法。服务对象提到自己曾尝试过做练习题，但感觉效果不佳，说话时带有沮丧和无助的情绪。社工提议结合实际生活中的例子或使用互动式的学习方式，使学习更有趣和实用。服务对象微微点头，她的眼神稍稍明亮起来。最后，社工与服务对象共同制订了学习计划，并为她提供了有关的学习资源。同时，社工设定了目标，并确定了接下来要采取的行动。

（2）脚本式过程记录。

脚本式过程记录又称对话式记录，是逐字逐句将会谈过程记录下来（见表 7 – 8）。

表 7 - 8　　　　　　　　　　脚本式过程记录

对话过程	当事人的非语言	工作者的想法和感受	工作者的行为和目标
社工：你好，我是×××社工，我们之前听说你学习方面有一些困难。现在我们来聊聊这个问题，可以吗？	服务对象眉头紧锁，微微抿唇	社工感到服务对象可能感到压力或不安	社工提供安全支持环境，建立信任关系，鼓励开放交流
服务对象：好的，我觉得我数学学得特别吃力，每次考试都考得不好。	服务对象低声诉说，看向地面	社工理解服务对象的挫败感和自信心的受损	社工以鼓励的语气肯定服务对象的勇气和能力，并提供情感支持
社工：我明白你的担心，数学是一个挑战，但是我们可以一起寻找适合你学习的方法。以前你尝试过哪些学习方法呢？	服务对象皱眉头，思考片刻	社工觉得服务对象在寻找自己的经验和思考	社工鼓励服务对象回顾过去的尝试，并与其合作制定合适的学习策略
服务对象：我曾经尝试过做练习题，但觉得很枯燥，没有进步。	服务对象的声音带有沮丧和无助	社工感到服务对象需要更多的激励和支持	社工与服务对象共同探讨创新的学习方法，鼓励尝试新的学习资源
社工：可以考虑结合实际生活中的例子，或者使用互动的学习方式，让学习更有趣和实用。我们可以一起寻找适合你的学习资源，你觉得怎么样？	服务对象微微点头	社工觉得服务对象开始对新的学习方法感兴趣	社工与服务对象合作制订学习计划，提供相关学习资源，设定目标并确定下一步行动
……	……	……	……

2. 摘要记录

摘要记录一般是按明确的大纲与标题将几种资料组织起来，表达工作者对某一工作内容的基本观点或看法。摘要记录有以下几种形式。

（1）接案摘要。接案摘要主要是阐明服务对象到机构的要求。一般是在第一次接触或会谈之后采用接案摘要，此时工作者不可能也没有必要对服务对象的情况作全面而详细的了解。

（2）转案和结案摘要。当服务对象需要转案或者结案时，工作者应对以前的工作情况进行总结式摘要，同时还应包括服务对象的反应以及对服务对象未来行为的建议。

（3）联合摘要。联合摘要主要是针对服务对象在长时间的接触后没有发生什么太大的改变，此时工作者应将这段时间的工作内容联合起来，进行一个简短的摘要，并加以原因分析及提出未来促进服务对象改变的计划。

（4）阶段摘要。是指按个案工作程序开展的每一个阶段，在阶段工作完成后进行的摘要。阶段摘要包括对该阶段工作情况的总结和下一步发展计划。

第四节　个案社会工作实习常见问题

一、信任关系难以建立

在个案服务过程中，建立与服务对象的良好信任关系是至关重要的。但对于服务对象来说，实习生较为陌生，并且会对实习生的专业能力产生质疑，因此可能会不信任实习生甚至拒绝接受服务。

实习生可以让专职社工将自己正式介绍给服务对象，使其产生信任感，也可以在个案服务开始阶段由专职社工带领一起开展服务，在服务中逐渐展示自己的专业知识和工作能力，逐步与服务对象建立信任和合作关系。

二、缺乏工作经验和技巧

大多数实习生的工作经验和专业技巧较为缺乏，无法独立开展个案服务或无法对服务对象提供有效的帮助和支持。

实习生要利用实习期间的培训和学习机会，不断强化专业知识和技能，提高对专业理论知识的理解和实务技能的掌握。学会寻求督导、指导教师和同事的支持，从他们的经验中获取帮助和指导，学习实践技巧和解决问题的方法。同时，要进行反思和自我评估，通过不断反思和评估个案工作的过程和效果，识别自身的不足之处，制定改进方案提升自我。

三、复杂个案的挑战

对于实习生来说，一些个案是较为复杂和具有挑战性的，如家庭暴力、药物滥用、心理健康等个案。

学生要通过阅读相关文献、参加培训和督导，增加与复杂个案问题相关领域的专业知识，深入了解和研究个案。可以建立跨部门和跨领域的合作关系，与其他专业人员和机构合作，共享资源和专业知识，以便提供更综合和有效的个案服务。

四、时间限制

学生实习时间通常是有限的，个案服务通常需要一段时间来建立关系，收集资料、制订计划和干预的过程也不能一蹴而就，实习期可能无法提供足够的时间完整地开展一个个案服务。

实习生可以使用短期治疗模式，如任务中心模式、解决问题短期治疗模式，与服务对象一起明确并确定优先服务目标。确保目标具体、可行，并能在实习期内实现，集中资源最大限度地在短期内完成个案。还可以设立跟进支持计划，或者及时将服务对象转介给其他机构或专业人员继续接受服务。

小　结

本章介绍了个案工作的基本程序，让学生懂得如何建立初步关系、收集资料与问题诊断注意哪些环节、制定目标与计划应遵循的原则与步骤、把握服务提供与治疗过程中社会工作者应承担的角色、熟知服务提供与治疗的目标、开展服务与治疗应注意的事项、掌握评估与结案过程中应注意的要点。系统介绍了开展个案社会工作实习所需的基本服务技巧，个案会谈和个案记录应注意的事项与技巧要点。对个案社会工作实习常见的问题，如信任关系难以建立、缺乏工作经验和技巧、复杂个案的挑战、时间限制等问题进行了讨论。

 思考题

1. 在个案工作实习中，你认为怎样的流程和步骤可以确保个案服务的连续性和高效性？

2. 在个案实习过程中，你如何与多方协作以确保个案工作的顺利进行？

3. 你认为个案会谈中最重要的技巧是什么，它们如何影响个案服务的品质和有效性？

4. 有哪些具体技巧可以帮助你与服务对象建立积极的沟通和合作关系？

5. 结案时，面对服务对象的不良情绪困扰，你将采取哪些技巧来处理？

6. 在个案过程记录时，你有没有遇到过困难或挑战？你如何克服这些困难并提高记录的质量？

第 八 章

小组社会工作实习

【实训目标】

1. 运用所学小组社会工作相关的理论知识，成功招募小组成员，顺利筹备小组。

2. 通过设计和组织开展小组社会工作，了解小组社会工作各个阶段特征、工作技巧和方法，并能有效应对小组活动过程中出现的各类问题。

3. 通过小组社会工作实习，引导学生了解小组社会工作者需要具备的专业素质和个人素质，培养学生在服务过程中的尊重、接纳意识，责任意识和合作创新精神。

【实训技能点】

1. 带领小组的方法和技巧。

2. 促进组员沟通的技巧。

3. 解决小组冲突的技巧。

4. 小组活动的设计技巧。

5. 小组活动组织和开展的技巧。

6. 小组评估技巧。

【思维导图】

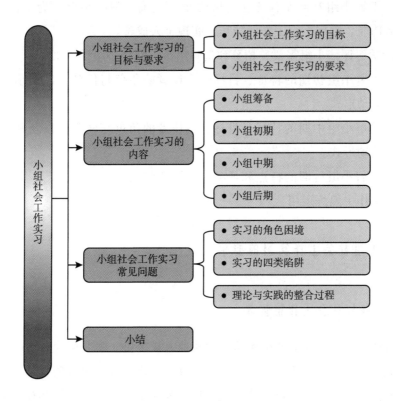

第一节　小组社会工作实习的目标与要求

一、小组社会工作实习的目标

小组社会工作作为社会工作的一种专业方法，它以个体在群体中的互动为基础，利用群体的力量来增加个人信心、激发个人潜能，从而达到改善现状的目的。小组成员间的互动关系为个人提供了一定的支持和帮助，小组活动不仅可以帮助成员在情绪、行为、态度等方面发生改变或恢复到原来的状态，也可以帮助成员提升自信心、增强能力，还可以帮助成员认识并矫正自身的不恰当行为，小组社会工作实习教育重点旨在培养学生的实践能力和操作能力。

小组社会工作实习的目标：

（1）了解小组社会工作方法，感受小组氛围，理解小组社会工作的含义、识别小组功能、掌握小组工作的技巧，实现个人成长。

（2）学习评估小组需要，招募和选择组员，制订小组计划书。

（3）了解小组初期的特征、目标，工作者的角色与任务，以及掌握小组初期常用的活动形式。

（4）理解小组中期的特征、目标，工作者的角色与任务，以及掌握小组中期常用的活动形式。

（5）了解小组后期的特点和任务，掌握小组后期的工作技巧，并将这些技巧在小组工作中熟练运用。

二、小组社会工作实习的要求

（一）践行社会工作价值观

价值观是社会工作专业的灵魂，给从业人员提供一套专业使命指南，决定其服务的成效。小组社会工作的价值观包括互惠互助、尊重组员的权利和能力、民主参与和决策、赋权、高度的个别化，体现社会工作的人本关怀和社会责任。

在社会工作实践过程中，实习生在遵守小组工作价值观的同时，也会在实践中根据具体社会文化情境做出灵活的调整和应用。

 案例 8-1：

我本科阶段学的专业是社工，通过本科四年的社会工作学习，我认识到社会工作的价值理念还是很好的，不认同的话也就不会继续学社会工作了。无论是在日常与他人打交道的过程中还是在服务过程中社会工作的价值理念潜移默化地影响着我，我也有意识地去运用这些理念。

 案例 8-2：

在实际工作中，我觉得对于一些小组工作价值观，在本土环境中还需要考虑些本土化的东西，而且普适性的小组工作价值观不能完全照搬到服务过程中，那样的话太理想化了，完全的平等、完全的尊重在实际操作过程中太难了。在对流浪乞讨人员进行小组的劝导服务时，会偶尔出现无理取闹的服务对象，面对他们言语上对我的侮辱和不理解，这一刻我就无法尊重他了，这样的服务对象需要很长的时间去接纳他，用优势视角去挖掘他的潜能会很困难。

上述案例内容反映了实习生在实践过程中对社会工作价值与伦理的主动建构性，对于社会工作专业价值与伦理在现实情境下的运用，能够形成自己的理解和认识，能够自觉地认识到价值观变通的必要性和合理性。

（二）融合理论与实践

知识主要包括理论知识和实践知识。理论知识是指概括性强、抽象度高的知识体系，它包括一般知识和专业知识，对于小组工作者，需要掌握的理论知识有小组工作的内涵、小组工作的价值观和职业伦理、小组工作相关理论、小组工作的主要模式、小组工作的过程和方法。实践知识是指社会工作者在服务过程中获得的具有个人体验性的知识和生活经历，通过实践性知识，理论知识可以更有效的指导社会工作服务实践，理论知识和服务技巧可以被转换并变得与实践更加相关和更加可用。

 案例 8 - 3：

刚开始实习的时候，写小组计划书需要用到理论作为支撑，以此来呈现小组活动的专业性，那个时候只是根据服务人群与活动找到相应的理论，然后简单罗列在计划书里面，活动中不会非常刻意地去用这些理论。实习中后期有了实务经验后，再回到书籍中审视相应的理论，这时对每一条理论背后的内涵会有更深刻的认识，能够清楚看到在操作过程中理论是如何具体执行的。关于理论的重要性，我认为在于它能够指导活动开展的每一个环节，并能够解释每个环节背后的意义。比如说埃里克森的生命周期理论认为学龄期的青少年面临勤奋与自卑之间的冲突，在这一理论的启示下，我为流动儿童开展抗逆力小组以此来提高他们适应环境的信心，减少他们的自卑心理，这个理论为我开展活动提供了依据。

机构督导会问：活动需要开展多少次、活动的内容是如何提升他们的抗逆力的？活动内容背后的原理是什么？这些疑问和活动设计的出发点都体现了理论在开展活动中的重要性。开展小组活动的时候，理论作为一种工具，会帮助我去分析问题、解决问题，去协助我们反思整个服务过程。

实习生在实习过程中需要有意识地将社会工作专业知识运用到服务过程中，并在服务过程中不断地对理论和实践进行融合。

（三）提升文化敏感性

社会工作产生并发展于社会生活的需要中，无论是社会工作者还是服务对象都处于自己生活的世界当中，这种生活世界从人类学的视角来说就是一群人在具有相同背景的环境中所共同享用的文化。服务对象所处的现实生活世界存在复杂的文化差异，学生在实践过程中进行专业助人服务时，经常会遇见来自不同文化背景下的服务对象，这时需要社会工作专业学生能够敏锐察觉到服务对象所处的文化背景，能够快速并准确地理解服务对象所表现出的个人问题背后的文化因素影响，在开展服务活动时要尊重服务对象所处的文化背景，并借助服务对象所处的文化因素相关工具有效地开展服务，帮助服务对象更好地解决问题。

我们以一个偏远山区女孩的婚恋观为例，她认为"婚姻应由父母做主，自由恋爱是可耻的，"但现在她有点疑惑。这就是涉及一个文化敏感性的问题，作为社会工作者要觉察到自身的价值观、认知体系等如何受到自身文化的影响以及推己及人地考虑服务对象的价值观、认知体系等如何受到她所在文化的影响，如何在服务对象的文化框架中更完整、真实地了解与协助发掘自身潜能，完善并发展自身。这部分很难通过知识的学习获得，它往往是社会工作者与服务对象在文化碰撞反思中学习和发展而来的。

总之，社会工作专业学生可以通过学习社会工作专业课程了解国情、社情、民情以及服务人群的文化背景、价值观和习俗，接受实务培训、体验实务工作、开展观摩活动、接受专业督导等各种方式提升文化敏感性。

第二节　小组社会工作实习的内容

小组社会工作是一个由不同阶段组成的动态过程，一般认为，小组社会工作的发展阶段包括小组筹备期、小组初期、小组中期和小组后期四个阶段。① 通过小组社会工作的实习，社会工作者可以掌握小组发展阶段所面临的主要任务及小组顺利过渡所使用的技能技巧。

一、小组筹备

小组筹备期就是小组开始前的工作准备阶段，是小组工作过程中非常关键的一个环节，这一阶段需要社会工作者做好全方位评估、确定目标、查找相关理论或小组工作案例、撰写详细的小组计划书、招募和选择组员、筹集各方资源等工作。小组筹备阶段的时间安排、场地选择、工作者在招募组员时所表现出的个人魅力等，都将直接关乎小组形式能否完整以及小组动力能否形成。社会工作者作为小组的创始者，在这个过程中起着主导作用，同时也扮演着引导者、协调者、支持者、意见提供者等角色。

（一）小组需求评估

小组筹备阶段是小组活动开展前的准备期，这一阶段涉及的任务包括需求评估、目标确定、方案设计、组员招募、资源链接等方面的准备工作，其中需求评估便是这些工作顺利进行的前提。

需求评估（needs assessment），是一个信息收集和分析的过程，换句话说就是介入前的问题确定。采用小组工作的方法来帮助案主，其中一个基本条件就是组员有一个共同需要解决的问题，只有问题确定了才能在此基础上考虑成立小组。

 案例 8-4：

小李是一名大学三年级社会工作专业的学生，他所在班级内部进行过一项"关于大学生睡眠质量"的调查，通过网络访谈和面对面访谈的方式，得到访谈个案 15 个。结果显示这 15 人中，有 3 人抱怨自己睡眠质量极差，常常会被杂乱声音吵醒且伴有失眠多梦现象，有 7 人表示自己睡觉感觉不踏实，处于"晚上睡不着，白天醒不了的状态"，有 5 人对自己目前的睡眠状态比较满意，但仍希望能有所改善，所以小李计划成立"早睡早起"小组来为大学生改善睡眠质量

① 刘梦主编. 小组工作［M］.2 版. 北京：高等教育出版社，2013：185.

提供一些帮助。

小组的需求评估由资料收集——资料分析——介入干预计划三个步骤组成。收集资料主要是通过访谈、问卷、量表、文献回顾、机构资料查阅等方法，收集各种有关小组和组员的资料。特别要关注组员面谈和机构记录中的重要资料，这些是发现组员真实需求的第一手资料。资料分析非常关键，一般量表可以借助计算机软件进行分析，计算出变量之间的关系和概率等，成为制订介入计划的科学依据。许多访谈资料要通过定性的方法进行归纳分析，以此发现组员的特殊需求。基于资料分析而制订出切实可行的介入策略。

（二）小组目标确定

在确定了服务对象的问题和需求后，接下来的任务便是确定目标。依勤（Egan，1970）在其论著中提出 5 个小组目标[①]：

一是协议目标。协议目标是小组的总目标，是组员希望参与小组能够达到个人目标的基本要求，是比较广义和原则的，不是具体的目标。

二是沟通目标。沟通目标是一个分目标，强调互相沟通，透过组员的自我解剖和彼此分享，给予组员支持，为总目标服务。

三是过程目标。过程目标是小组各个阶段的分目标。因为小组在每一次聚会中都会带出一些新的问题，这些问题（需求）就成为过程目标。

四是实质目标。实质目标是小组目标范围，也就是小组目标的内容。实质目标限制着小组的功能，小组必须在这些目标范围内工作，不能超越范围。

五是需求目标。需求目标是指个别组员的特殊需求，他们希望在小组中达到的个人目的。

总之，确定目标是小组筹备中重要的一环，只有清楚目标，才能有的放矢地工作。但我们一定要清楚目标的确定是一个动态的过程，绝不能将目标僵化；相反，在小组过程中不断地对小组目标作出修订，这样才能最大限度地帮助案主。目标不是一个，而是许多个，我们应该处理好各种目标之间的关系。实际上，很多时候社会工作者制定的目标与组员需求之间有很大的差距。

（三）小组组员选择

小组目标确定后，下一步就是招募和选择小组成员。

---

① 转引刘梦主编. 小组工作［M］. 2 版. 北京：高等教育出版社，2013：163 - 164.

1. 招募小组组员

招募小组组员的方式有多种，小组领导者可以从机构已有的名单中选择有共同问题的人，建议他们采用小组的形式继续接受帮助；可以借助其他渠道，如学校老师、团委、社区委员会和青少年中心等有关组织机构或部门的推荐或转介；也可以通过口头、文字、海报、广告等方法吸引人们自愿报名参加。无论通过何种方式招募成员，一般来说，招募书的撰写是十分必要的。

小组成员招募书内容[①]：

（1）小组的名称；

（2）小组的宗旨和组成的目的；

（3）小组聚会的时间、地点、次数、频率及每次的持续时间；

（4）参加小组的费用及相关的开支；

（5）负责机构的名称、公章及电话号码；

（6）有关小组领导者资格和背景的说明；

（7）有关确定何种成员适合于该小组的准则以及小组领导者和小组成员的权利和义务；

（8）其他相关的注意事项。

2. 选择小组成员

小组成员的选择大致包括小组组合、组前会谈、聚会前的准备工作三个环节。

（1）小组组合。首先，小组的组合并不是随意的几个人组合在一起，而是需要满足一定的条件。小组组员需要有类似的个人目标和某些个人特征。一般小组组员的组合最好是问题具有同质性，需求的层次相当，避免异质性太大。在一个小组中（尤其是治疗性小组）组员所面临的问题和需求最好能基本相似，这样才有利于组员分享和互动。相反，如果组员之间的问题和需求差异太大，相互沟通就比较困难，社会工作者也难以提供有效的援助。在组员组合时工作者要考虑组员的经历和专长，以利于小组互动和分享为原则；社会工作者还应该考虑组员的年龄、性别、民族、居住地域等因素。其次，对小组结构的控制。在小组的组合中，社会工作者对小组的互动结构和物质结构的控制力应该掌握一个合适的度。一方面工作者对小组活动节目的设计和沟通模式的形成应该主动掌握，对小组的空间、时间、规模、聚会的频率等外部结构要素能够有充分的把握；另一方面，工作者也要善于引导组员参与对小组结构的控制，对于上述问题的处理应该

---

① 赵芳，团体社会工作：理论·实务［M］．北京：知识出版社，2005：221．

商讨解决。小组结构会随着小组的性质和目的的改变而改变。

（2）组前会谈。工作者通常通过招募海报、微信公众号等形式来宣传小组开组的消息。传播的对象应该是潜在的案主和预期的成员，而且不应限制人数，以免淘汰率太高，组员不足。开组前的面谈，一般在小组第一次聚会之前，工作者要进行组前面谈。面谈可以是一对一的，也可以是座谈会或报告会的形式。在进行会谈前，工作者应准备一个会谈提纲，通过会谈应达到以下目的：全面了解潜在组员的个人情况，了解其参加小组的动机和目的，为制订小组工作计划奠定基础；向潜在组员宣传小组，使他们了解小组目标，畅谈对小组的期待；达到角色引导（就是向潜在组员澄清角色期待）、澄清目标、认同协议的目的；声明小组第一次聚会的时间、地点和内容等；建立良好的信任关系，进一步评估组员的需要和意愿等，决定组员参加小组的资格，同时筛选出一些不适合参加这个小组的成员；对那些不适合参加的成员，工作者应及早发现，以确定是否转案或采取其他帮助的方法。

（3）聚会前的准备工作。经过会谈，组员基本确定后，社会工作者还应做好下列准备工作：工作者应仔细考虑聚会的时间、地点，尽可能有一个固定的聚会场所和时间。会场的布置以能够使组员身心感到舒适为标准。如可以放置一些植物和艺术品以增强服务对象的投入度和参与度。房间的大小能充分提供活动之用。如果房间太大，工作者事先进行隔离，如果房间太小，会使聚会组员感到焦虑和窒息，工作者应选择一个相对大一点的空间。座位的安排，习惯上是围成一个圆圈。有时为了使互动的频率提高，可以面对面地安排座位。有时也可以将座位安排成会议室状，这样有利于工作者更好地传达意图。座位的距离应有弹性，成员可以根据自己的爱好和心理自由调整。房间内的设备应提前准备好，如粉笔、白板、便签纸、游戏器材、运动器材等在活动开展前准备妥当。在治疗性的小组中应准备好椅子和地毯，在治疗情境中可以自由发挥。小组活动时间应是固定的，一方面次数不应过多，一般每周一次为宜；另一方面，每次持续的时间不宜过长，视不同小组而定，一般每次45分钟至两小时为宜。此外，社会工作者应做好人事分工。比如，由谁来负责接待，接待者要懂得基本的礼仪、礼节；由谁来负责发放基本资料（关于小组具体情况的宣传资料等）；由谁来负责解答询问等，应安排专人负责。同时还要做好通知工作。一般在聚会之前应通过书面或电话方式通知下列事项：第一次聚会在何时何地；第一次聚会的主题是什么。工作者在小组聚会前应有一整套实施方案，并有备选方案。

（四）小组的方案设计

在正式开组前撰写小组计划书是非常必要的。小组计划书需要得到机构的支持和批准，并且还要得到资金的资助。撰写小组计划书还能够使小组工作者对小组理念、理论框架、目的等有清晰的认识，能够帮助工作者对每一节的小组活动做好准备。何洁云等认为小组计划书应包括以下内容。[①]

（1）理念的阐述，包括机构的背景、开办小组的原因、小组的理论和概念架构。

（2）总目标及分目标。

（3）小组组员。包括小组组员的特征、年龄、性别、教育背景、需要处理的范围，如他们的问题和需要等。

（4）小组的特征。包括小组的性质、短期长期、持续时间、规模、组合、聚会频率、聚会的时间等。

（5）初拟的程序计划和日程。包括每次聚会的计划草案（可以按环境变化、小组及小组组员的需要修改）、日期、每次聚会的地点、活动的具体目的、活动内容、所需器材、细节及注意事项。

（6）招募计划。按照机构的规则制订小组建立的程序、小组组员的来源、宣传、招募方法、允许的报名时间、报名方式。

（7）需要的资源（除资金外）。器材、设备、人力资源、地点，如是否需要志愿者等。

（8）预料中的问题和应变计划。小组组员的问题、小组社会工作者或机构的问题、其他来源的问题。

（9）预算。器材、交通等费用的总和；是否对小组组员收费，费用多少。

（10）评估方法。常用的方法有面谈方式、精确的测量工具（如情绪测量表）、问卷等。

小组工作方案设计示例

新的起点·用心学习——大学新生学习分享成长小组

一、理念阐述

大学阶段是一个人成长过程中最重要和最关键的人生时期，影响着青年学子

[①] 何洁云，谢万恒. 社会工作实践——小组工作 ［D］. 香港：香港理工大学应用社会科学系，2002：152.

的世界观、人生观和价值观的塑造和形成。进入大学后，由于生活环境、学习方式、人际关系等方面与中学时期有明显的变化，许多大学新生容易产生各种适应性的问题，如果没能得到很好地处理和解决，将影响他们在大学的健康成长。在一系列的适应性问题中，学习适应问题成为大学新生最迫切和最需要解决的问题。大学虽然与高中不同，更强调学生的综合素质能力，但是学习依然是大学生的第一要务，同时大学的学习更强调自主学习。大学新生进入大学后，学习态度、学习目标、学习内容、学习方法都跟以往高中时期发生了很大变化，如果不能很好地适应这种转换、克服学习适应上的问题，容易导致他们对大学未来发展丧失信心，失去规划未来人生目标的勇气，也会进一步影响他们处理人际关系、发展兴趣爱好这些问题的热情等等。随着参与高考的人数逐年增长，高等教育大众化程度越来越高，大学新生的数量不断增多，如何解决大学新生的学习适应问题，帮助他们在大学更好地成长，是值得教育工作者思考的一项重要课题。

一直以来，对于大学新生的学习适应问题，我国高校的普遍做法都是利用新生入学阶段进行的专业教育及班级组建后的班风学风建设等方面的举措来促进新生转换学习观念，适应大学教学模式，但这种单方面传授灌输、过于正式的集体化活动，并不能全面关注到学习适应困难的大学新生的实际需求，对真正存在的问题也没有起到促进解决作用。我国教育部门一直都非常关注大学新生的入学适应问题，在相关的文件和会议都强调了对大学生的培养要求，确定了高校培养人才的战略目标。

社会工作助人模式自进入学校以来，已受到多方的肯定评价，高校作为青年大学生集聚地，各种适应问题困扰着他们的成长，以往单一的说教帮扶模式已经不能很好地解决大学生的困扰。因此，积极发挥社会工作"助人自助"的价值理念，研究将其引入对大学新生适应问题的干预是否有效就显得很有必要。小组社会工作通过发挥有目的的团体经验，设立互助性、成长性的小组，协助小组里面的个体成员能够通过交流分享等方式增进他们的社会功能。所以高校引进社工的小组工作方法，帮助小组成员在小组活动中通过彼此分享、学习榜样、互相支持和鼓励，带来组员态度和行为的改变，作出正确的身心调整以适应学习的需要，为高校思想政治教育工作提供延伸补位和全新的工作视野。

二、理论架构

（1）马斯洛的需求层次理论。该理论着重揭示了人类随着发展需要，在不同时期内心产生不同的满足性需求的规律。这些需求也对人类生活产生了重要的影响。根据人类发展的进程，马斯洛将人类进化的需要归纳为：生理需要、安全需要、归属与爱的需要、尊重需要以及自我实现的需要等五种，另外还有求知需要和审美需要。求知需要与审美需要是介于尊重需要和自我实现需要之间的两种需要，属于高层次的成长需要。

新生进入大学后，普遍都想在大学里成为一名品学兼优的大学生，但他们面临的是一种全新的课程设置、教学模式、学习方法等更要求自主学习能力的学习环境，如果不能很好地适应这种教学环境，大学新生的求知需要便得不到满足，这种状态会影响大学新生的学习积极性，产生厌学情绪。鉴于这种普遍情况，通过开展学习分享成长小组活动，合理运用知识、经验和资源启发大学新生明白在大学里如何更有效地学习，提高对学习本身的认识，形成科学的学习策略，同时也可以引导新生对自己的职业生涯提前做好规划，让新生在大学期间的自我实现需要能有充分的认识和计划。

（2）班杜拉社会学习理论。该理论认为，个体和环境的相互作用成就了人的行为。同时，该理论也强调，个体为了提升自己相应的能力，会在社会环境中通过观察学习、榜样示范和自我效能来达到相应的目标。也就是说，当个体在环境中感觉到自己相应方面能力不足的时候，就会通过观察别人的行为，以及寻找这方面做得较好的人来进行对照学习，同时也会在每次的练习中不断对自己进行总结改进，通过这些途径不断地提升自己，促进成长。

大学新生对大学这种全新的教学模式和学习环境会有适应困难的现象，通过学习分享成长小组活动的开展，小组成员之间可以对各自在学习过程中的某些成功的学习适应经验进行分享，大家可以互相学习，取长补短，互相鼓励，提升小组团体适应大学学习环境的能力。同时，通过开展小组活动，社会工作人员可以合理运用身边资源，邀请相同专业学习优秀的学长、学姐向小组成员做榜样示范，向他们介绍成功的学习经验，更好的鼓励小组成员的观察学习行为。而且，在每次的小组活动后，小组成员都能不断的反思自身的改善情况，总结更好的学习方法，通过学习、分享、总结，逐步提升自主学习能力，适应大学教学模式。

（3）库利的镜中我理论。该理论认为，一个人的自我观念是在与其他人的交往中形成的，一个人对自己的认识是其他人关于自己看法的反映，通过感知他人眼中对自己行为和态度的反映，建立更正确的自我认识、自我形象和自我评价。

大学新生入学后，普遍由于学习适应的某方面困难容易对未来的前途感到迷惘，通过开展学习分享小组活动，在向他人观察学习正确的学习方法，提升自主学习能力，顺利适应大学教学模式的同时，也更进一步通过组员之间的分享、评价，更全面地了解个人的学习能力和学习态度等方面的优势和不足，根据他人评价对自身的能力有全面的了解和认识，也为自己提供了未来职业生涯规划的发展方向，这也是库利的镜中我理论对学习分享成长小组的重要启示。学习分享成长小组的各组员相当于一面真实的镜子，通过组员的评价知道了真实的自己，也帮助整个小组所有成员更加清晰自己未来的发展方向。

三、目标及目的

目标：帮助大学新生解决学习适应方面的困难，使其更好地成长成才。

目的：

（1）端正学习态度，掌握有效的学习方法，提高学习效率，发展学习能力，学会自主学习；

（2）积极适应教学模式，增进对所学专业的了解和提高专业兴趣，学会科学的时间管理；

（3）对个人的专业学习和未来成长做出合理的规划，激发个人内在学习动机。

四、服务对象

（1）资格：大学一年级新生。

（2）特点：希望尽快适应大学学习环境、学习模式，提高自主学习能力。

五、小组特征

（1）性质：教育性小组。

（2）节数：6节。

（3）日期：20××年10月11日到11月15日。

（4）时间：每周二下午三时到四时半。

（5）地点：社会工作实训室（地点可能因活动性质而改变）。

（6）人数：9人。

六、招募方法

（1）于餐厅楼梯口张贴海报。

（2）于餐厅门口放置活动展板。

（3）通过公众号等媒介宣传。

七、每节活动计划

第一节　活动内容（见表8-1）

日期及整节活动时间：20××年10月11日16：00至17：20

活动主题：相识是缘

表 8 - 1   活动安排明细表

活动名称	预计时长	活动目标	活动内容	所需物资	细节及注意事项
开场白	10 分钟	让组员认识工作人员，了解本次活动主题，活动目标	主持人及在场工作人员做自我介绍。 介绍活动主题、活动目标以及活动的相关注意事项	话筒桌子椅子	注意分工，维持好现场秩序
结对子式的自我介绍	20 分钟	促进组员的初步认识	让相邻的两个组员彼此询问诸如姓名、专业、家乡、兴趣、爱好等问题。 组员之间进行结对子的相互介绍，由 A 介绍 B，由 B 介绍 A		工作人员要注意打破组员之间的陌生感，鼓励组员进行互动交流
订立小组契约书	30 分钟	与组员一起订立小组契约，使他们对小组有归属感及了解自己作为组员应该遵守的规范和承担的责任	工作人员事先准备小组契约书。 工作人员引导组员就小组契约书的内容谈自己的想法和建议。 制订大家认可的契约书，并进行签名	马克笔、A 纸	工作人员注意引导组员订立一些正面的契约，且在订立的过程中让组员有一种归属感
传表情	10 分钟	增进组员之间进一步沟通交流，增进彼此情感	进行分组。将组员分成两组，其中一组朝一个方向排成直线，不能回头。另外一组观摩。工作员把写好的表情字条（如：喜气洋洋、怒火中烧、风情万种等）让队伍末端的一成员抽出一张。思考片刻，让其以肢体语言的方式向前面的组员传达字条的意思。表情一直传到队伍最前面的组员，工作人员让他选择答案，看其是否能猜中身后组员所表达的意思。另一组同样进行这样的游戏。结束后大家分享活动中的收获	表情卡片	工作人员说清楚游戏规则，注意维持小组秩序
小组分享环节	10 分钟	让组员表达对这次聚会的感觉，令工作人员明白他们对小组的看法和意见，使工作人员能从中改善，也让各位组员了解到别人的感受	邀请组员简单地说出对这次聚会的感受及意见		主持人要协助组员进行分享，注意引导组员说出自己的感受。 主持人要总结本次活动，并适当引出下一次活动，让组员有心理准备

第二节　活动内容（见表 8 - 2）

日期及整节活动时间：20××年 10 月 18 日 16：00 至 17：00

活动主题：回顾经验，珍惜时间

表 8 - 2　　　　　　　　　　　　活动安排明细

活动名称	预计时长	活动目标	活动内容	所需物资	细节及注意事项
开场白	5 分钟	让组员了解小组本次活动的主要目的，调节情绪	主持人引导组员回顾上节活动内容，并向组员介绍本节活动的主题、目标及注意事项	话筒	注意分工，维持现场秩序；组员将手机调为静音，活动期间如有重要事情离场，须向主持人说明
智囊袋游戏	30 分钟	帮助小组组员掌握实用的记忆方法和学习策略	工作人员准备 20 件小物品并从一个袋子放到另一个袋子，要求组员凭着自己看到的在脑子里记下来，等物品放完后再让组员写下自己记住的东西，最后让组员统计自己正确记住的物品个数；邀请记得比较多的 3 名组员分享自己的经验；讲解艾宾浩斯遗忘曲线，引导组员相互分享实用的记忆方法和学习策略	20 件小物品、话筒、黑板、粉笔	主持人要讲清楚游戏规则，把握好现场的气氛
一分钟游戏	5 分钟	珍惜时间和做好学习规划	引导组员联系生活实际，说出一分钟能做的事。送时间名言，教育组员珍惜时间	纸、笔	
小组分享环节	20 分钟	回顾本节活动，并且引出下一节活动内容	邀请组员说出对这次聚会的感受和意见		主持人让每个组员分享自己感受，如出现冲突做好正确引导

第三节　活动内容（见表 8 - 3）

日期及整节活动时间：20×× 年 10 月 25 日 16：00 至 17：20

活动主题：熟悉教学模式，适应新的学习环境

表 8 - 3　　　　　　　　　　　　　活动安排明细

活动名称	预计时长	活动目标	活动内容	所需物资	细节及注意事项
热身游戏"动作接龙"	10 分钟	活跃气氛，提高组员的参与性	由第一个人先表演一个动作，第二个人先做对方的动作，然后再做出一个新动作，依次重复下去		1. 主持人说明游戏规则及犯规成员的处理。2. 工作人员维持秩序，进行监督，保证游戏的公平
填问卷	50 分钟	由专业老师、学长、学姐为组员答疑解惑，增强组员对大学教学模式的理解，掌握适合自己的有效学习方法，养成良好的学习和生活习惯，提升自主学习能力	邀请专业老师、学长、学姐做《学习的适应》讲座。谈谈在学习上的阻碍和困惑。组员与专业老师、学长、学姐进行深入交流，答疑解惑，掌握有效的学习方法	多媒体、黑板、粉笔	工作人员采用鼓励和支持技巧讲出内心的困惑，注意活动时间的把握
小组分享环节	20 分钟	回顾本节活动，并且引出下一节活动内容	邀请组员说出对这次聚会的感受和意见		主持人让每个组员分享自己的感受，如出现冲突做好正确引导

第四节　活动内容（见表 8 - 4、图 8 - 1、表 8 - 5）

日期及整节活动时间：20×× 年 11 月 1 日 16：00 至 17：20

活动主题："我眼中的我"

表 8 – 4 活动安排明细

活动名称	预计时长	活动目标	活动内容	所需物资	细节及注意事项
热身游戏"松鼠与大树"	20 分钟	营造良好小组氛围，训练学员的反应能力与参与意愿	1. 3 人一组，两人扮成大树，伸出双手蹲在地上围成一个圆圈；一人扮成松鼠，并站在圆圈中间，也可以大树站着，松鼠下蹲，安排至少 1 位或 2 位为自由人。 2. 由工作人员下令，口令有三种：第一种口令，喊"松鼠"，大树不动，扮演松鼠的人就必须离开原来的大树，重新选择其他的大树；第二种口令，喊"大树"，松鼠不动，扮演大树的人就必须离开先前同伴重新组合成大树，并圈住松鼠；第三种口令，喊"地震"，扮演大树和松鼠的人全部打散并重新组合，扮演大树的人可以做松鼠，松鼠也可以做大树。 3. 听到工作人员的口令后，大家快速行动，不要使自己落单		1. 主持人说明游戏规则及犯规成员的处理。 2. 工作人员维持秩序，进行监督，保证游戏的公平
人格盾牌	20 分钟	探索自己的特质、能力、兴趣是什么	1. 每个人发一张人格盾牌表，让小组成员 5 分钟填完。（见图 8 – 1） 2. 组内分享	人格盾牌表	工作人员尽量让每位组员都发言
自我能力探索	20 分钟	协助小组成员了解自己应对未来生涯的各项能力的情况准备。	1. 每人发一张自我能力评估表，让小组成员 5 分钟填完。 2. 组内分享	自我能力评估表（见表 8 – 5）	工作人员引导组员进行评估结果的反思
小组总结分享环节	20 分钟	分享本节活动的感受	以小组围坐方式进行分享		主持人尽量让每位组员都发言

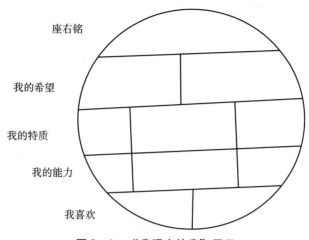

座右铭

我的希望

我的特质

我的能力

我喜欢

图 8 – 1　"我眼中的我"展示

表 8 – 5　　　　　　　　　　　　自我生涯状态和自我能力评估

项目	自我评价		
1. 我清楚自己的兴趣（我的兴趣是）	优	可	劣
2. 我把自己的兴趣安排在生活中	优	可	劣
3. 我把自己的目标安排在生活中	优	可	劣
4. 我的人际能力	优	可	劣
（1）说的能力	优	可	劣
（2）听的能力	优	可	劣
（3）说服的能力	优	可	劣
（4）社交的能力	优	可	劣
（5）领导的能力	优	可	劣
5. 我的策划能力	优	可	劣
（1）文字能力	优	可	劣
（2）创造能力	优	可	劣
（3）协调能力	优	可	劣
（4）组织能力	优	可	劣
（5）寻找信息资料的能力	优	可	劣
6. 我的其他能力	优	可	劣
（1）外语能力	优	可	劣
（2）计算机能力	优	可	劣
（3）学习新知识	优	可	劣

项目	自我评价		
7. 我的学习习惯	优	可	劣
（1）秩序性	优	可	劣
（2）持续性	优	可	劣
（3）合作性	优	可	劣
（4）变化性	优	可	劣
（5）责任感	优	可	劣

第五节　活动内容（见表 8-6）

日期及整节活动时间：20××年11月8日15：00至16：15

活动主题：他人眼中的"我"

表 8-6　　　　　　　　　　　　　　　活动安排明细

活动名称	预计时长	活动目标	活动内容	所需/物资	细节及注意事项
热身游戏"歌曲接龙"	10 分钟	拉近距离，增强趣味性	将组员分为两组，可以通过抽签的方式来选择哪组先上，第一个上的人可以唱任意的歌曲，必须唱完两句及以上，每句以标点符号为准，第一个人唱完之后，第二组选出一个来接龙，必须唱出第一个的最后一个字才算合格，而且不能唱与前面的人相同的歌曲	电脑歌词	1. 主持人说明游戏规则及犯规成员的处理。2. 现场工作人员维持秩序，进行监督，保证游戏的公平
优点大轰炸	15 分钟	互相鼓励、积极肯定、正面强化	大张海报上写着"×××我很高兴与你成为好朋友、好搭档，因为……"等，每位组员在即时贴上写下其他组员的优点，并贴在相应的位置；每位组员大声读出纸条上的话语，并真诚地感谢大家	大张海报、胶带、即时贴、笔	主持人要注意营造轻松愉快的氛围，这样可以使组员平时觉得"肉麻"而难以启齿的赞扬变得自然和真诚，注意时间限制
模拟招聘会	30 分钟	提供一些就业方面的信息及培训，缓解他们对就业的恐惧和压力	主持人及在场工作人员充当招聘方，查阅资料出面试题，组员进行回答	多媒体、桌子、面试题	面试题不要太难，且符合招聘模式
小组总结分享环节	20 分钟	分享本节活动的感受	以小组围坐方式进行分享		主持人尽量让每位组员都发言

第六节　活动内容（见表 8－7、图 8－2）

日期及整节活动时间：20×× 年 11 月 15 日 16：00 至 17：20

活动主题：我的未来

表 8－7　　　　　　　　　　　　　　活动安排明细

活动名称	预计时长	活动目标	活动内容	所需物资	细节及注意事项
一，二，三，看这边	10 分钟	活跃气氛，提高组员参与活动的积极性	1. 一人在前面做指挥，其余人员均为参与者。 2. 当指挥说出：一二三，看这边的同时用手任意指一个方向。 3. 参与者需在指挥指出方向的同时把头偏到一个方向，方向不一致则为失败。 4. 失败后需从 0 开始记录成功次数。全员一次性通关则为成功		
挡不住的吸引力	30 分钟	帮助成员通过游戏，练习拒绝别人不当的请求，并体会拒绝别人与被人拒绝的感受。指导组员在干扰因素下能专心学习	1. 将成员分成 A、B 两组。将 A 信封交给 A 组，B 信封交给 B 组。（信封见图 8－2） 2. 工作人员说明比赛规则：由 A 组成员先开始提出请求，B 组成员皆可拒绝，活动进行中，只能动口，不能动手；超过 5 秒未提出邀请（或拒绝），该组即扣一分。 3. 工作人员视小组状况，适时裁决比赛中止，带领成员讨论下列问题： （1）拒绝别人时，心情如何？（不好意思？高兴？或是有点冲突？或……） （2）拒绝别人时，你所说的理由如何？（合理？合情？合法吗？） （3）被人拒绝时的心情如何？（生气？无所谓？或……） （4）邀请别人时，你所说的理由如何？（合法？合理？合情吗？）	信封、纸、笔	
生涯幻游	20 分钟	制订生涯目标	工作人员在轻柔舒缓的音乐中引导组员调整身体姿势，放松身心；开始幻游活动：想象一下 10 年之后的自己；分享和讨论		主持人尽量让每位组员都发言
评估问卷	20 分钟	回顾活动，反思收获	总结活动，以问卷进行自我评估		

A 信封里面写着："亲爱的伙伴：好东西要和好朋友分享！请你们用这句话作借口，想办法让对方答应你们的要求。记住，这是个比赛，胜利的一组可以得到一份奖品。祝你们成功！"

B 信封里面写着："亲爱的伙伴：不管对方用什么方法邀请，你们的心里实在不想答应，所以请你们用各种理由、各种方式拒绝他们！告诉他们：'不可以，因为……'。记住，这是个比赛，胜利的一组可以得到一份奖品。祝你们成功！"

图 8-2　信封内容

八、所需物资

1. 人员：社会工作者一名。

志愿者：两名。负责组织和开展游戏、准备活动道具、步骤会场等。

2. 物资及经费预算（见表 8-8）

表 8-8　　　　　　　　　　　活动物资经费

物资	单价	数量	合计
A4 张	20 元	1 包	20 元
签字笔	2 元	10 支	20 元
马克笔	15 元	1 盒	15 元
卡片	0.5 元	20 张	10 元
海报	3 元	10 张	30 元
20 件小物品	6 元	20 个	120 元
合计			205 元

九、预计困难及应变计划（见表 8-9）

表 8-9　　　　　　　　　　　活动预计困难及应变计划表

预计困难	应付方法
（1）在小组的初期，就有组员提出退出	若是一个人，工作人员可以去了解一下原因，如果组员坚持退出，与组员分析退组的利弊得失，遵循案主自决的原则；若是大多数提出退出，工作人员要召开小组会议，自我检讨活动内容，再讨论备选计划

续表

预计困难	应付方法
（2）组员拘谨、不想说话，对工作人员有抵触情绪	工作人员要善于观察，灵活地运用引导技巧或用游戏来缓解紧张的气氛
（3）组员不愿意认真思考他人的优点，以穿着、长相等肤浅的表面特征敷衍	工作人员与组员事先有明确的约定
（4）组员情绪低落，工作人员不能做一个寓意积极的结尾	工作人员要注意自己和组员的情绪

十、评估方法

1. 以调查问卷的方式筛选组员，筛选适合小组的组员，即以问卷方式评估组员的需求。

2. 在小组工作的最后阶段，组员将被安排完成一份评估问卷，以具体的指标，对小组活动效果进行评估。

3. 每次活动后，组员间互相交流分享。

4. 通过工作员和志愿者在活动中对组员的参与和投入进行观察。

5. 以出勤率与投入程度作为评估标准。

6. 每次活动都做小组活动情况记录表，活动结束后进行讨论，分享和反思，并提出改进的办法，下次尽力改正。

7. 可通过发放问卷的方式，调查组员周围的同学，对组员参加小组后学习习惯、学习态度等的改变进行评估。

二、小组初期

一般而言，在小组初期大家有机会聚会并相识，通过几次小组活动形成了彼此认同的小组目标和规范，小组动力开始形成。

（一）小组第一次聚会时的特点

小组初期，将选择的小组成员聚集起来，相互熟悉，探寻小组目标和规范，组员或彼此吸引或相互逃避。有人曾形象地描绘此阶段组员的关系为"趋避困境""捕捉情境"或"试探水流"。这个阶段成员彼此尚未熟悉，成员的情绪起伏较大，经常呈现出焦虑的、恐惧的、封闭的、伪装的甚至是不友好的态度。成员对小组缺乏信任，所以社会工作者要协助成员澄清期待和理想，识别个人需要。同时社会工作者也要应对成员的抗拒或过度的依赖，要尽快打开局面，促成小组成员之间的沟通。①

（二）小组第一次聚会时社会工作者的工作

小组工作第一次聚会应注意以下事项：

一是寻找相似性。在小组刚开始时，成员会以外表特征和经验基础来互动。例如相同的年龄、民族、性别、教育状况、爱好特长等因素都可以促进互动。此时社会工作者可以通过认真阅读成员的背景资料或向成员询问"谈谈你为什么参加这个小组"等方式来了解成员的相似性，以便制定工作目标和介入方法。相似性是成员互动的基础。在现实生活中我们明显地感觉到"似曾相识"和"惺惺相惜"是最容易产生互动的。所以，在小组聚会阶段，寻找相似性至关重要。

 案例 8-5：

在第一次小组聚会时，当社会工作者首先提到自己第一次辅导小组时，内心非常紧张，生怕不能胜任工作。有一位成员说："我最大的困扰和恐惧是第一次参加高考。"另一位成员接着说："我最大的担忧是自己的初婚。"第三位成员是担心如何进入今晚的小组聚会。此时，社会工作者与其他成员都体会到大家共同关心的问题，这就是万事开头难。

二是彼此交谈。在交谈中应注意两点：在这一时期成员倾向与社会工作者谈话，所以社会工作者要试图转移话题，引导成员彼此之间交谈。如社会工作者可以说："你在发言的时候，林某某好像一直关注着你，你们之间可以相互交流一下。"

三是消除顾虑。成员在交谈中总有他人不能真实地了解自己意图的顾虑。事实上，这是很难避免的，因为我们每一个人很难仔细听别人诉说，对他人的意图产生误解。这时社会工作者应积极与成员沟通，仔细倾听，引导成员之间最大限度地沟通。对表达能力欠缺的成员应给予特殊的关注，积极引导他们发言，帮助成员梳理思路，鼓励他们大胆地开口说话。

四是积极聆听。成员在第一次聚会时，有些急于表达自己的观点，而有些又

---

① 艾晶，小组工作在行动：（"我"与"小组"的第一次亲密接触）[M]. 北京：中国社会科学文献出版社，2016：235.

沉默不语。有的成员为了准备自己的发言而无法注意别人的表达，甚至有些人漫不经心，导致小组聚会只是各个成员的表达会，而缺乏彼此互动。社会工作者应要求成员关注他人的表达内容，学习聆听他人的心声。社会工作者本身也应用聆听的态度来协助成员沟通。

五是同理、真诚和接纳。同理就是社会工作者应站在案主的角度考虑问题。善于倾听也是同理心的表现；社会工作者必须是真诚的，并且会对小组成员做出诚实的回馈，使组员愿意说出自己的真实想法和感受。真诚包括诚实与开放的心胸，社会工作者必须学会接纳。接纳就是接受，社会工作者应抱有谦虚的态度，接受组员的行为、语言和想法等，仔细分析，制订一套有效的援助、治疗方案，以便有效地工作。

六是向成员解释清楚社会工作者的角色。虽然在小组筹备的会谈中社会工作者已经向组员说明小组的目的、社会工作者的角色、成员的角色等，但聚会一开始成员对自身的定位模糊，社会工作者在这一阶段有必要说明自己扮演的角色。小组成员对社会工作者角色应该有清楚的认识，不论社会工作者是促成者还是治疗师、援助者等，让成员清楚社会工作者的角色是非常重要的。

（三）小组规范形成时的特点和社会工作者的工作

小组经过第一次聚会，成员彼此认识并有了初步了解后，在以后的几次活动中小组组员开始扮演小组角色、形成小组规范和结构、确定共同目标等，这在小组初期我们称为小组规范形成时期。

1. 小组规范形成时的特点

在这一时期成员之间互动日益频繁，小组动力开始形成，主要特点表现在下列几个方面：

（1）小组规范产生。小组规范是指小组成员之间语言与非语言的沟通规则与影响他人行为的方式，包括保守秘密、彼此负责、参与原则、开放和诚恳的态度、批评与自我批评的态度、对小组和成员不满的表现方式等内容。规范引导小组的行为、总结小组的经验、制约小组的互动。当小组产生规范时，成员已经能彼此分享，彼此之间已经可以通过语言与非语言规范进行接触。

（2）小组结构的产生。这时小组出现了明显的结构特征。具体包括以下几方面内容。

一是沟通结构。小组第一次聚会时，沟通主要是在社会工作者与小组成员之间进行，而成员与成员很少沟通。到了小组规范形成时，组员之间的沟通基本达到理想状态，小组结构与刚开始相比发生了很大的变化，工作者慢慢转变自己在小组中的中心位置和领导角色，组员之间的沟通明显增加，并形成了大家认可的小组领袖。社会工作者在此时应该巧妙地运用一些技巧促使成员之间互动。

二是自然结构。此时由于年龄、性别、民族等因素导致小组分化和次小组的出现。

三是权力结构。权力即用何种方式来影响他人的能力和资源。有些人在小组中有较多的权力，主要原因可能是依靠他人的力量或握有重要的资源或者身强力壮等。社会工作者可以鼓励成员运用权力达成目标，但是绝不可伤及他人。社会工作者应该协助弱者使用权力，通过角色安排、自我肯定训练以及权力赋予，增强弱者的权力。

四是领导结构。在小组初期产生的领导者通常是善于表现自己、有强烈的自信心、比较外露、给人第一印象较好的人，但在中国的文化背景中，仍然保持着谦虚和"真人不露相"的传统观念。这就要求社会工作者在确定小组领导时，应该非常谨慎。工作者应该强调领导体系的任期制和流动制。在小组初期领导者并不稳定，权力争夺还是存在的，社会工作者应该十分注意。

五是角色结构。角色结构是人们在正式和非正式的小组中所具有的位置。在聚会时工作者已经帮助成员澄清自己在小组中的角色。一般而言，成员的角色可以由自己创造，也可以由工作者安排，还可以在活动中（角色扮演）临时创造。工作者在安排角色时要根据目标、任务以及成员的性格、特长等恰当安排。角色安排可以帮助成员处理"两极感情"，也可以帮助成员发现问题。

2. 小组规范形成时社会工作者的工作

有关工作者的职能和技巧可以做如下概括：在这一阶段工作者的地位是轴承的位置，是可变的角色。

（1）评估和管理小组规范。规范的产生不是由工作者制定的，成员才是规范的决定者，同时也是执行者。如果成员违反规范，工作者应引导成员按照规范执行，但决不能强制命令，应根据当时的情景加以疏导。

（2）支持和鼓励成员参与互动。工作者的支持和鼓励有两层含义：一是鼓励小组成员自我管理、自我约束。特别是对不善于表达的成员，应给予特殊的注意。例如，可以鼓励他们即兴发言，用下列话题刺激成员表达："如果你想说些什么，我们很乐意听。"二是工作者要对成员的行为负责任，不仅应帮助他们解决后顾之忧，而且要鼓励成员参与干预、保护、修正和引导，鼓励成员遵循规范，努力扮演好自己的角色。

（3）恰当地运用几种游戏。一是同心协力。在小组中每个人都有目标，但是若不经过集体合作，每个人很难如愿以偿，这样，非但自己的目标达不成，小组目标也得不到进展，齐心协力非常重要。二是集体作画，提高成员的合作精神。这个活动的目的在于增加成员的合作经验，同时也可以训练成员的联想力与创造力。三是突围与介入，使成员感受到小组的凝聚力。四是赠送礼物。举办一次小组聚会，事前让每一个人都准备一件有意义的礼物，并可以写上一两句自己最想说的话。五是描述我们的小组。邀请每一个成员用最简短的话，真切而动情地描述我们的小组，看谁表达得最富有感染力。旨在使成员建立从"这个小组"到"我们的小组"的意识。

三、小组中期

小组中期为小组重整与归纳阶段。成员开始关注自己在小组中的权力和地位，关心自己被小组和他人接纳的状况，成员个人"本我"暴露有所增加，可能会导致意见分歧甚至是权力地位的争夺，来争取自己在小组中的位置。在小组中期，随着组员的沟通和互动增强，组员之间会在价值观、权力位置等方面产生冲突，如果小组能够顺利地解决这些矛盾，小组就会进入和谐阶段。

（一）小组冲突时的特点和社会工作者的工作

大部分学者都认为小组形成后即刻会发生"重整"，这就是小组冲突。一般来说，冲突是无法避免的，而且冲突对于小组而言，既可能有建设性作用，也可能有破坏性作用。这种情况下，如果处理得好，小组就会健康发展，否则就会分裂。

1. 小组冲突时的特点

这一时期的总体特点是小组结构受到成员的挑战，权力分化和争夺，有些成员因为恐惧而想退出小组，成员之间、成员与工作者之间产生分歧和争吵、价值对立等。

首先，成员的自我意识和权力控制意识增强。此时成员开始想办法用自己的权威来影响他人，有人对小组在前一阶段产生的领导者表示不满，总认为自己比他人高明，总想用自己的权力控制他人。他们会提出"如果是我，绝对比他干得好"。如此会产生两种结果：一是有些成员权力欲不能得到满足，自己内心就会产生心理冲突和失落感，甚至是嫉妒感；二是有些成员把目标对准其他成员，寻找"替罪羔羊",促使成员之间产生冲突。作为社会工作者此时一定要非常注意,对小组中权力和控制欲强的人要给予特别的注意和分析,有时必要的对质是非常重要的。对于小组中如下一些特殊组员要给予关注:有攻击性的组员、沉默的组员、说大话者、替罪羔羊等。

其次,有些成员向工作者提出对质。经过小组前期,此时成员对自己在小组中的角色感到自满,他们开始表现自我。他们会提出"这是谁的小组"等话题,向工作者提出对质。一般经过三次小组聚会,成员向领导者提出"你现在认为小组的未来会如何,你的期待又如何"来对质工作者。这个问题不仅代表成员开始关心小组的过程,同时也代表成员对小组的参与。成员对小组工作者的态度也由一个"领导我们的权威象征"的观点,转变成"小组需要你,但是当我们需要你的引导时,我们会向你提出请求"。由此可见,冲突期就像人生命历程的青少年期,是一个充满感情而缺乏理智的时期,如果处理得好就会向成熟阶段发展;如果处理不当,小组有可能提前结束。所以,工作者必须积极努力,促使小组健康发展。

再次,小组冲突的形式。中国香港吴梦珍所著《小组工作》中,按冲突性质将小组冲突分成了三种不同的类型[①]:一是"理性及秩序式"冲突。它的重心是围绕小组目标的达成,而表达方面以理性为基础。如两位组员争论最有效的小组活动方案。这种争论对小组影响有限,但当其演变得越来越情绪化或权力化时,其结果就难以估计了。若解决得好,理性冲突能演化为小组进步的动力。二是"心理及情感式"冲突。它主要指因组员性格差别或行为不协调而产生的摩擦、不快,或是组员间因感情不和、意见相左而演变成的意气之争等现象,由于不能很好地控制自己的情绪而产生的冲突。此时,情绪因素控制了冲突的双方,小组的气氛也会变得紧张。三是"权力及控制式"冲突。它主要指小组成员间为了争夺小组的权力或影响力而产生的冲突。它的表现可以是正式的,如竞争小组领袖;也可以是非正式的,如想通过自身影响小组的决策。此种冲突成因复杂,影响深远。

2. 小组冲突时社会工作者的工作

在这一阶段工作者的角色和小组规范形成阶段基本相同。关于工作者解决冲突的方法和技巧,有以下几种方法可供学习参考。

第一,工作者要包容冲突。工作者应认识到冲突是很正常的现象,是小组的自然整合过程,不一定是坏事,绝大部分小组会经过这一阶段,处理得当,坏事

---

① 史铁尔,钟涛. 个案工作与小组工作 [M]. 北京:北京师范大学出版社,2017:201.

会变成好事。千万不要一有冲突就如临大敌，眼睛里揉不得沙子，非要把矛盾公开化，迅速解决不可，这其实是不明智的做法。原因有两点：其一，没有冲突的小组是不存在的，冲突是小组的正常现象；其二，许多矛盾是可以"自生自灭"的，有时矛盾不公开化，反而有利于矛盾的解决，若不加思考就将冲突公开化甚至上纲上线，可能不利于矛盾的解决。当然，有些冲突是要解决在萌芽状态的。所以，工作者的包容心态非常重要。

第二，工作者要冷静。所谓冷静就是不做冲动的反应，应让冲突在自然的过程中逐步化解，要善于解决冲突，冷静分析，循循善诱。遇到冲突时，工作者应冷静和敏锐地觉察出问题症结所在，不宜有威胁、指责、挑衅或惩罚的行为。工作者对于冲突的处理，有人认为应加以干预，以使小组结构不受损坏，但是有些人则持相反的看法，他们认为冲突有益于自我再认知，成员可以通过与别人的回馈了解冲突的本质，工作者可以引导成员从冲突过程中获得同理的能力，何况冲突本应由小组成员来处理。通常在小组发展过程中，冲突是有意义的，工作者不一定即时干预，但是一定要去面对它。面对冲突的处理方式可以是直接干预，也可以采取旁观的态度。

第三，工作者要理性。所谓理性就是无偏见，用客观公正的态度对待冲突。这种冲突无论是成员之间的，还是成员对工作者的，都应该持有"公心"。

第四，工作者要学会分享。工作者应对冲突负责任，敢于面对冲突，决不回避矛盾。分享的含义很广，包括工作者能够体验他人的感受和情绪，分享他人的痛苦、快乐等。工作者只有懂得分享，才会认真关注每一个组员的实际困难和他们的思想、情绪，也才会为他们提供实质性的援助。

第五，保持稳定。面对冲突，工作者为了整个小组的稳定，应尽可能协调各种矛盾。在冲突阶段工作者应以大局为重，表现出高超的协调能力，因为此时成员把工作者放在了"矛盾的焦点"位置，他们会把各种不满、指责、攻击等情感莫名其妙地发泄到工作者身上，这时工作者应表现出高度的同理、诚恳和接纳的态度，只有这样才能使小组度过危机期，顺利进入成熟期。

第六，焦点回归。就是把问题抛回给小组成员，让他们自我解决。工作者把论题抛回给小组是表现其轴承位置与可变角色的实质功能。所谓把问题抛回小组是指工作者不担任最终的决策者，而是一位提醒者和鼓励思考的媒介，他用启发性与示范性的表达鼓励成员发表不同的看法，让任何引起争议的话题能透过共同的参与达成共识，也就是创造一个以小组为焦点的问题解决情境。

第七，充分运用游戏。这一阶段要充分运用建立价值、信念和角色扮演的游戏，帮助成员澄清价值两难困境，解决冲突，使小组顺利进入成熟和谐的过程。

一是认清价值观、修正信念的游戏，如价值拍卖、鳄鱼河、冰海沉船等；二是角色扮演游戏，利用角色扮演来增进自我了解与设身处地的态度是直接而有效的。如果小组中冲突现象难以化解，不妨使用几种角色扮演的活动来复制冲突的情境。如角色互换游戏、角色冲突游戏等。

（二）小组成熟时的特点和社会工作者的工作

小组顺利度过冲突期后，就进入大家期待的成熟过程，这是每一个组员的理想，也是大家共同努力的结果。

1. 小组成熟时的特点

小组在经历冲突阶段时，如果领导者催化得当，成员会尝试去聆听别人的意见和看法，学习尊重别人表达意见的权利，在每个人不同的思想观念里求同存异，寻求一个大家都能接受的平衡点。

这一阶段，小组会呈现出下列特点：

（1）在凝聚力方面：组员随着时间推移，小组的界限被打破、组员会把"这个小组"变成"我们的小组"，成员认同自己是小组中的一员。

（2）在成员的稳定性方面：低离席率；低缺席率；高参与度。

（3）在成员满足感方面：拥有更多的愉快感；自尊及安全感增加；焦虑降低。

（4）在小组的内在动力方面：小组具有强大的影响力；小组一致性压力增加；小组目标、小组决策及小组规范等为成员所愿意接受；对小组内不同意见的容忍程度降低。

2. 小组工作成熟时社会工作者的工作

在小组凝聚力强的时期，工作者的角色和位置已经发生变化，他们处于催化促进的角色和边缘位置。此时工作者对成员之间的关系和活动节目的开展起到促进作用，就像一个协调师。由于成员自我管理能力的增强以及自我意识的觉醒，工作者的地位从中心转向边缘。整个小组也不围绕工作者而开展工作，小组此时完全被成员认同，成为他们自己的小组。根据以上分析，工作者应该做好下面几项工作。

第一，引导。引导的技巧主要表现在两方面：一是忠告；二是咨询。所谓忠告就是在活动开展前，工作者向成员提出原则性的建议和要求，以及工作者根据以往的经验向成员告诫可能出现的问题及其注意事项等。所谓咨询就是工作者随时解答来自成员的询问，帮助他们解开困惑和疑问，最大限度地提供信息。总之，此时工作者处于边缘位置，绝不能像前面的阶段，凡事都亲自过问和管理，而应该相对比较"超脱"，像一座灯塔，起到导航的作用。

第二，支持。工作者对小组的支持有两层含义：一是鼓励小组自我管理、自我约束。特别是对不善于表达的成员，应该给予特殊的注意，如可以鼓励他们即兴发言。二是工作者要对成员的行为负责任，不仅鼓励他们去做，而且应该帮助他们解决后顾之忧。

第三，充分运用下面两种游戏。一是信赖游戏。这种游戏主要是通过成员身体的接触，训练成员彼此之间的信赖度，以培养团队的安全感。如扶倒游戏、老鹰捉小鸡游戏。二是探索自我游戏。这类活动主要是教会成员面对自我、肯定自我。它主要是透过别人对自己的评价，树立自我新形象，如"谁是我"游戏、"重点轰炸"游戏。

四、小组后期

小组后期作为即将收尾的阶段，有其特殊性和重要的功能，是小组工作不可忽视的环节。此时工作者应帮助组员进行工作的总结、评估，使大家了解自己的收获、发现新的目标和需求、寻找新的小组、克服不良心态和消极行为的发生。

（一）小组后期的特点

一般而言，小组后期不单是指小组的最后一次聚会，它包括小组和组员达到预期的目标，准备结束小组的一个动态过程，同时还包括小组结束后，一些相关的跟进工作安排。其主要特点有以下几个方面。

首先，正面的、积极的情绪。小组组员在小组中具有正面、积极的情绪体验。他们通过参加小组活动，进一步增强了对自身的认识和了解，自我不断完善，组员的自我形象和社会功能也有所提高，有能力去面对和支配自己的生活，也会热切期待在未来的生活中可以实践在小组中学到的东西，对自己的将来有一份美好的憧憬。而且，部分组员已经能在组外获得满意的经验，并能与他人建立良好的人际关系，这一切使组员的自我能力感明显增强。

其次，负面的、消极的情绪。经过一段时间的相处，组员之间已建立密切的、支持性的组内人际关系，面对即将分离，组员难免有些悲伤和失落，部分组员亦会对将来能否建立一个互相信任与接纳的社会关系产生担忧，进而会产生一种被小组遗弃的感觉，初期加入小组的落寞感再度升起，拒绝分离。此外还有诸如否认、逃避、行为倒退、对外面世界的担心等。

最后，组员之间的联结呈现松散状态。小组后期，小组的影响力和小组规范的约束力都逐渐减弱，组员间的联系也比较松散，互动频率和强度相对降低。同时，小组成员开始将部分精力转向与外界的联系，为适应实际生活做准备，也有人由于害怕小组结束带给自己伤感，采取"自卫"行为，及早离组或对小组投入的感情减少，从而降低由于小组分离对自身的伤害。

（二）小组后期工作技巧

1. 离别的准备和情绪处理

小组工作的结束是小组工作的一个重要阶段，不仅需要做好结束的准备工作，而且要处理小组结束带来的情绪问题。

首先，后期开始的离组准备。告知小组成员离组的日期，协助组员回顾在组中的收获，检验组员目标达成的状况。在小组后期，一是工作者要在小组活动结束前一两次告知组员小组结束的大致时间，让成员有心理准备，接受即将分离的事实。二是鼓励成员提高独立解决问题的能力，减少他们对小组的依赖。在小组工作结束之前，工作者应该关注并培养小组成员的独立意识，创造条件使其学会面对不具支持性的环境，使组员学会运用在小组内培养起来的自信和学到的技巧与方法，面对困境，解决问题。三是了解组外的社会资源。小组工作结束后，小组成员将投入到组外的社会生活中，离组前对组外社会资源的了解和认识，对于小组工作的后续跟进及小组工作成果的巩固，有着举足轻重的意义。

其次，后期离别情绪的处理。小组结束期，成员有可能同时有正面和负面两种感觉。正面感觉往往来自小组成员自身成长的经历、进步、变化的喜悦；负面感觉通常是小组成员离别带来的悲伤和失落情绪。工作者可以通过强调组员的正面成功感受，来增强小组成员的信心和成长的力量；但对负面情绪的处理，则要小心谨慎。要帮助小组成员做好结束小组的心理准备，逐步接受分离的现实，从而淡化、弱化分离引起的小组成员内心的焦虑不安，增强小组成员处理离别情绪的能力，促进小组后期任务的完成。在处理组员离别情绪方面，目的并非消除组员所有的负面情绪，而是协助组员认识及面对客观现实，建立对事实和即将面对的新环境的正面和积极的态度，运用自己的能力和资源去适应新环境。

2. 小组的结束

当小组结束的准备工作充分做好之后，工作者可以逐步宣布小组的结束。

首先，处理最后的离别。一是讨论分享愉快的经验感受。工作者说明这是最后一次聚会，大家一起分享小组走过的心路历程。二是协助组员回顾他们在小组中取得的成果。协助组员回忆他们在小组中学到了什么及在学习中经历的过程，邀请成员总结整理自己的学习收获和发生的改变，尤其是比较参加小组前后在观念、情绪及行为上的具体差异。三是以欢送会等形式终结。小组结束形式要视小组的情形而定。对一个短期的任务小组来说，最后的离别相对来说简单一些。但对于一个关系亲密的长期小组来说，最后的离别内容则会丰富一些。四是祝福与道别。面对即将的分别，成员之间可以互送提前准备的小礼物，也可以互相说句祝福的话，留下几句临别赠言和寄语，还可以借助一些回馈活动或游戏，提供更充分的交流机会，使组员之间彼此祝福、告别。五是提醒保密。保密是小组活动自始至终都要遵守的规范，小组过程中工作者随时在提醒大家贯彻执行，但到了小组快结束时，工作者仍需再次提醒成员尊重他人、维护他人和自身的权益。最后，请成员填写团体意见反馈表，为小组评估做准备。

其次，为走进现实生活做准备。一是共同计划离组后的安排，要让成员的小组生活与现实的日常生活之间有一个理想的衔接，需要工作者与组员一起计划离开小组后的安排。二是寻找适当的资源。工作者可以寻求小组成员的家人或周围其他人的支持，帮助维持在小组成员身上已发生的变化。同时，工作者还可针对小组成员的需要，寻找适当的资源，甚至替小组成员做一些直接的转介工作，尽可能掌握其社区资源的情况，提供给小组成员寻求帮助的资源线索。让小组成员尽可能地掌握其身边的支持网络，从而拓宽其可运用的资源，协助其离组后的成长与发展。三是提供继续学习或进一步接受服务的资源。有些小组成员有兴趣或有必要继续学习，或想接受进一步的咨询、培训等服务，工作者可把自身所掌握的资源提供给小组成员，促使其进一步学习、巩固和提高。此外，还需要协助小组成员面对不支持的环境、锻炼独立解决问题的能力。

3. 小组评估

小组评估在小组工作中是非常重要的。小组评估不仅可以让工作者知道小组目标达成的情况、小组成员改变的状况，还可以帮助工作者了解自己工作的状况，为今后开展小组工作提供借鉴。

（1）评估方式。在小组过程中，评估方式主要包括：工作者自评、成员自评、观察人员或督导的评估三个方面。

1）工作者自评。重在两方面的评估：一是工作内容，即目标是否达成；二是工作表现，即小组工作者在领导小组中的技巧运用和与小组成员之间的互动过程是怎样的。

在针对工作内容的评估上，可设置以下相关问题：

①小组的活动方案或计划是否有效？

②对成员的了解程度如何?

③是否有效地协助成员获得了改变?

④成员新行为的习得、巩固情况如何?

⑤小组发展过程中,相关专业知识和技巧的运用情况如何?

⑥是否有效运用了社会资源?

在针对工作过程的评估上,可设置以下相关问题:

①小组成员间的关系如何?

②小组的气氛如何?

③处理小组事件的效果如何?

④能否催化小组,形成小组凝聚力?

⑤能否建立与成员的良好的互动关系?

⑥能否在小组过程中贯穿小组规范、运用小组动力?

2)成员自评。包括三个方面:一是参与小组的目标是否达成?二是参加小组过程的感受如何?三是小组效能如何?

在参与小组的目标是否达成上,会涉及:参加小组之初的期望是什么;参加小组后最大的收获是什么;小组过程带来了哪些个人改善;收获是否符合我们的期望,能否达到我们的期望值;个人的目标是否达成,小组的目标是否达成,二者之间是否有差异。

在参加小组过程的感受上,会涉及:小组活动的参与情况如何;小组对自我探索的程度如何;自己在小组中的定位状况如何;小组中自身的努力程度如何;活动中与他人的互动状况如何;自身对小组的融入程度如何。

在对小组效能的评估方面,主要涉及:小组是否协助自己达成了目标;小组活动是否有效;小组过程是否有意义,有价值;小组气氛如何;小组凝聚力如何;工作者的工作是否有效,是否符合自己的期望;小组成员的情感维系情况如何;小组成员的目标、进步状况如何;对小组满意的(或失望的)地方有哪些。

3)观察人员或督导的评估。分为两方面:一是对成员的观察和评估;二是对小组效能的评估。

在对成员的观察和评估上,主要会涉及:倾听的状况;自我表露的状况;成员间的同理、尊重的状况;成员间沟通的状况;有哪些破坏性的行为;有哪些抗拒、掩饰行为;有哪些防卫行为。

在对小组效能的评估上,会涉及:小组计划的可行性和有效性如何;工作者的工作行为如何;小组的结果如何。

总之，在对小组做评估时，一般会采取多角度、多主体的评估。

（2）评估方法。

小组评估常用的方法有面谈方式、记录方式、问卷或评估量表。

1）面谈方式。

面谈法是一种非正式的评估方法，是由工作者或专门的观察人员以小组或个人的方式与成员进行面谈，从而对小组工作进行了解，做出评估。

2）记录方式。

此方法包括文字记录和视听记录。文字记录指在小组活动进行的过程中，由专门记录人员将小组活动过程做摘要记录或逐字记录。视听记录就是用录音或录像的方式将小组过程记录下来，然后再由工作者或评估人员根据这些记录对小组做出评估。

3）问卷或评估量表。

这是最常用的评估方法，通过设计相关的文件或评估量表收集各方面的意见反馈，进行小组评估（见表8－10）。

表8－10　　　　　　　　　　　小组活动评估表

小组名称		活动地点	
活动主题		出席组员	
活动次数		缺席组员	
活动时间		工作者	
活动评估			
活动过程			
活动效果			
组员表现			
工作人员表现			
改进措施			

（3）小组评估报告的撰写。

小组评估报告的撰写在小组评估中占据重要地位，通过评估报告，工作者可以向机构或资助方展现自己的工作成果，也可以与别人交流自己的研究成果和知识。

1）评估报告的具体结构。

①前言。前言主要是描述撰写评估报告的目的、问题和研究的意义，即我的研究要解决什么问题？为什么要选择这些问题？本研究对理论和实务的意义是什么？

②文献回顾。指出本研究与过去研究的不同之处、相同之处；找出过去研究的不足和逻辑的错误；进一步说明本研究的重要性；将本研究与现在学术界知识创造的过程结合起来，成为科学知识创造的一部分。

③研究方法。主要是指系统地介绍本评估所选用的研究方法，比如，介绍评估对象的基本情况、解释为什么选用这种方法、陈述收集资料的方法与过程；说明具体的测量工具和本研究方法的不足等。

④评估对象的介绍和评估过程。系统介绍评估对象的情况，用简单明了的语言来介绍评估过程。

⑤分析和解释。将研究结果呈现出来，并提供合理的和符合逻辑的解释。陈述中可以使用图表来展示研究的结果。

⑥结论。总结评估的结果，提出评估的基本结论。在该部分，还可以提出具体的意见和建议，以供福利机构、项目发展、社工实务和社工教育等做参考。

⑦参考文献。

2）小组评估报告示例：

培养大学生职场危机处理能力小组评估报告

一、前言

本小组面向的是大学三年级的学生，他们即将踏入职场，对职场上的一些危机有许多的忧虑。因此，在进入职场之前他们想要学习一些职场危机的处理能力，以适应即将面临的职场生活。

有调查显示，目前国内有相当大的一部分职场人面临职场危机，他们在面临这些危机时，缺乏相应的处理危机能力，从而导致了人际关系、工作绩效，甚至是失业的严重后果。而对刚毕业的大学生来讲，他们只是一个职场新人，对一些职场规则、职场危机缺乏认知。因此，在大学生进入职场之前，借助小组这样的一个环境，了解一些关于职场危机的知识，并学习提升自身处理危机的能力是十分必要的。

培养大学生的职场危机处理能力不仅对他们的未来职场生涯有至关重要的作用，这对以后关于职场危机这一课题的研究也是十分有意义的，可以给同样研究主题的小组提供借鉴，增加培养职场危机处理能力小组的实践经验。

二、文献回顾

关于职场危机已经有很多的文献研究，但是这些研究与本次的研究有两点不同之处，具体如下：

（1）之前的文献研究注重的是理论研究，而对实践部分关注较少，在本次研究中，不仅做了前期的理论回顾与探索，而且将理论运用于实践，开展实际的小组工作，对组员进行实际能力的培养。

（2）之前的研究目光集中于职场人，忽视了进入职场之前的那一部分人群，这一人群中有相当大的一部分是即将毕业的大学生，而在本次研究中，小组的招募对象是在校的大学三年级学生，在他们进入职场之前，培养他们的职场危机处理能力，这样在进入职场之后就避免了许多麻烦。

三、研究方法

（一）小组采用的理念方法和理论支持

该小组的招募对象是即将踏入职场的大学三年级学生，这个年龄阶段的个体的世界观、人生观和价值观已基本定型，并具有较理性的思维方式，因此，可以通过小组的形式给他们提供帮助。该小组采用的理论方法和理念支持有社会化理论、互动理论、社会学习理论和小组动力学。

社会化是指一个人获得自己的人格和学会参与社会或群体的方法的社会互动过程。在大学生从高中到大学的转变过程中，因为面对的群体由高中的较为单一、同质性较高的群体变为大学来自不同地区、异质性较高的群体，因此需要继续社会化，学会如何在职场中成功地扮演自己的角色。

由于我们总是意识到自身行动对他人的后果，所以几乎所有人的行为都是以他人为导向的。在团队建设中，成员之间充分和良性的互动对团队发展至关重要。在小组中，通过各种活动使成员了解如何有效互动，增强其沟通能力，更好地完成小组目标。

根据班杜拉的社会学习理论，人的行为是可以通过后天的培训习得的，所以通过小组活动，可以使小组成员学习和培养处理职场危机的能力。

小组动力学旨在研究团体的动力关系，勒温认为一个小组就是一个单位，必须把它作为一个整体来分析，它并不是由个体简单形成的集合。所谓小组，不在于其成员相似或不相似，而着重于其成员之间的动力依存关系，意指每一位成员的状况和行动都与其他成员的状况和行动密切相关。在小组活动中，通过组员之间的互相影响、共同进步，促使小组成员能够将在小组中所学内容运用于现实生活。

（二）测量工具的选择

对小组过程各要素的测量，采取了多种测量工具。

（1）调查问卷。在组前面谈及小组最后一节时，组员将被安排完成同一份问卷，以比较他们在参加小组前后其合作能力是否有改进。

（2）分享记录。在小组最后一节，各组员分享自己的收获及对小组提出意见。

（3）过程笔记。工作者及志愿者在小组进行时观察及分析，并记录组员变化及小组变化。

（4）从出席率及参与、投入程度作评估。

四、评估对象的介绍和评估过程

（一）小组成员情况

本次小组共招募组员八人，五名女生，三名男生，他们来自不同学院的不同班级，性格气质特点各不相同，但是都存在对职场危机的困扰，希望得到工作者帮助，提升自己的职场危机处理能力，从而更加自信地步入职场。

（二）评估过程

本小组为培养大学生职场危机处理能力的小组，活动共分为五节，这里主要记录的是凝聚和谐阶段和工作生产阶段的两次小组活动。

1. 促进组员深化认知、自我接纳

在这一次的小组活动中，组员表现出强烈的自信与接纳，组内呈现关怀、和谐的气氛，组员之间彼此认同接纳。

工作者首先了解组员对危机的理解，以及对危机处理能力的理解；其次是让小组成员初步认识和培养洞察力；最后就是通过一些情景剧的形式探索并培养组员的应变能力。在这一次的活动中，组员之间互相帮助，主要合作的活动大家都积极配合，共同完成，组员之间初步形成信任的关系。

2. 鼓励组员将领悟化为行动

这一次的活动处于小组的凝聚生产阶段，组员之间彼此信任接纳，自我表露呈现最大的广度与深度，对工作者充满信心与希望。

通过前一次活动的学习，这一次的活动是让组员将上一节的学习成果运用于现实情境，考察组员的学习成果。组员表现积极踊跃，彼此帮助，对于工作者的帮助充满信任。

五、分析和解释

根据所选择测量工具的测量结果，得出以下评估结果：

（一）组员对小组的期望及表现

总体来说，组员比较重视学习处理职场危机的能力，希望通过提升自己的这些能力，为将来进入职场打下基础。大家对活动型的内容最感兴趣，对学习型活动的兴趣次之。调查显示，组员对小组规模和活动频率的期望与小组方案设计者的想法基本一致。

（二）小组对组员的影响

整体而言，该小组对组员产生了一定的积极影响。调查显示，被访的组员认为自己在小组中确实学到了许多职场危机处理的能力，例如洞察能力、分析能力、应变能力等。

（三）组员对小组的认识和评价

组员主动向工作者反映自己的感受，认为通过小组的活动所获得的一些能力在今后职场生活中一定会派上用场，表现出高度的自信，甚至表达自己想多参与类似的小组活动。

（四）对工作者的评估

工作者在小组工作之前进行了细致的小组方案设计，整个小组活动也都按照方案设计的流程进行，中间虽有一些瑕疵，但也都通过协助得到了解决，工作者的工作效能应该给予肯定，整个小组的活动设计是切实有效的。

六、结论

在此次的小组活动中发现，虽然组员们报名参加小组是因为认为自身缺少职场危机处理的能力，但是在实际的小组活动中可以看出，组员自身还是具备一定的危机处理能力的，只是这些能力表现得不明显，或是组员根本不知道这些能力对处理职场危机的作用。通过此次小组活动，将组员自身具备的一些能力进行开发，并且帮助组员学习了一些他们本身不具备的能力，这样就为他们以后进入职场打下了良好的基础。

通过此次小组工作也发现了一些不足之处，例如，工作者在回应组员的分享时程度不深，不能深层次挖掘组员的观点，对组员认知的深化程度不足，这在以后的小组工作中需要注意。

总体来讲，此次的小组工作活动设计是切合主题的，通过对组员的评估，小组的收效也是丰富的，组员处理职场危机的能力得到了一定程度的深化与提升。

七、参考文献

（略）

（三）小组结束后的跟进

1. 安排探访

在小组结束后一段时间，如一至三个月后，对小组成员进行探访，是小组工作延续的重要内容，也是巩固小组成果的关键。工作者可以安排一对一的个别追踪面谈或电话交谈，了解其离组后的工作、学习、生活状况、遇到的问题及其解决状况、人际交往状况等，使成员感到工作者对自己的关心和重视，并且可以通过了解组员的近况，做出评估及指导，使其得到更切合的资源提供。组后的探访还可以延伸到对组员家人的探访，从家人处了解组员的情况，并对从组员处了解的情况进行核实、印证，从而做到对组员离组后生活的客观把握。如需帮助则在个人、机构双方能力允许的情况下，给予适当的协助。

2. 转介和建立自助网络

转介是跟进工作中的一种，工作者首先要清楚地知道某些服务是否适合组员的需求才可做出转介。为此，工作者需要了解有关转介的程序和准则，了解其他机构的相关资源，并且同其他机构建立服务联系网络。在转介前，要使小组成员对此转介机构有所了解和准备，从而最大限度地适应该机构的服务。在工作者与小组成员对转介的需要达成一致后，才可进行转介服务。转介完成后，社工与小组成员之间最好保持相应的联系，以进一步把握转介后的状况和成效。如果转介失败，或成员不能从新的服务机构中得到所需，他们应告知工作者以尽快采取措施。

第三节　小组社会工作实习常见问题

一、实习的角色困境

角色是社会中或者群体中对具有某一身份特征的人的一种行为期待，由于每个人身份的不同，其扮演的角色也要随场景的变换而改变。当实习生进入到一个新环境中，需要重新建立新的关系，这时角色方面的困境就会显现出来，如角色不清、角色紧张等问题。因此社会工作专业学生初到实习机构时需要对自身的角色进行明确定位，据调查发现社会工作专业学生在实习中遇到的角色困境主要有角色不清、角色冲突以及角色差距三方面。

（一）角色不清

角色不清是指实习生在实习领域中对所需要遵守的行为规范缺少足够认识，

存在不清楚、不了解的情况。社会工作专业实习生在实习阶段如果不能确定在实践中承担的职责，就容易出现角色不清的困境。

 案例 8 - 6：

我对社会工作实习了解不多，感到迷茫，不知道该做些什么。在实习中，我一般都是听从机构的安排，让做什么就做什么，缺少主动性，不会积极进行思考，很少主动接触服务对象，走进服务对象的内心与其进行深入的交流。

 案例 8 - 7：

在机构实习时，我无法像机构中的正式员工那样有明确的工作职责，很多时候机构让我们啥都干，但交给你专业的任务他似乎又不放心。机构里每年七月开展"夏季送清凉"活动，按照惯例每年都有社工参加，当时大家都在忙各自手头的工作，而我对实习生的角色和工作内容缺乏全面的了解，导致我们在活动中不知道应该做些什么，也不知道哪些事情我们可以去做。

部分社会工作专业实习生在实习期间存在角色认识不清的情况，他们在实习的前期会显得无所适从，对实习工作缺乏合理规划，不知道自己能够做些什么，完全听从机构的安排。有的同学在大学学习阶段实务经验积累得较少，对实习中同样存在角色不清的困境，并且自己无法快速有效地解决，这些都会让他们产生角色不清的困境。

（二）角色冲突

角色冲突是指在实习生所扮演的不同角色之间发生矛盾或对立的情况，进而导致所扮演的角色失败。在实习的过程中，每一个实习生都会承担不同的工作，在不同的场域扮演不同的角色。每一个角色的扮演都需要与周围他人或环境进行有效互动。在互动的过程中，由于角色具有多样性和复杂性，因此就会引发角色冲突，社会工作专业学生在实习过程中发生角色冲突是经常发生的。实习协议上规定要按照实习机构的工作要求来开展活动，这样的话，学生的主动权就会受到限制。

案例 8-8：

实习的过程中除了要开展专业社会工作活动外，经常做一些机构里的行政性工作是难免的，有时这些行政性工作会占用大量时间和精力，因此专业性活动就会和行政性相关的工作产生冲突，分散部分精力和时间。

案例 8-9：

我是社工机构的实习生，机构和社区之间有时意见也有分歧，有时设计好的活动计划，机构同意了，但社区那边又觉得不可行，作为派驻的社会工作者夹在中间有时就很为难，机构和社区因项目联系在一起，地位本应是平等的，但社区是出资方，感觉又处于强势地位。

实习生的角色受学校和机构双重影响。一方面，社会工作专业的实习生还是在校生，其不可能完全脱离学校的管理，要遵守学校里的教学安排，积极参加学校里的团学活动和会议。另一方面，社会工作专业实习生兼具机构服务人员角色，他们还必须参与到机构的服务项目当中，听从机构的安排，完成机构分配的各项任务，同时还要尽可能地完成一些行政性的工作，如果是进驻到第三方工作，工作上还要受到服务购买方的指导。当实习机构、服务购买方对同一项目有不同意见，对项目的具体操作流程、操作细节发生分歧时，这时实习生就极易无所适从，从而就会容易陷入角色冲突的困境。

（三）角色差距

当个人对应扮演的角色理解领悟过高或过低，实习生就会与其所承担的角色之间产生距离，使得个人在实习过程中达不到应该具有的角色要求，导致实习生很难进入到应有的角色氛围中，角色差距因此而产生。有的实习生在学习阶段实务参与的较少，因此缺少社会工作专业实务经验，有的实习生对社会工作理论知识、价值观和方法有深厚的理论基础，就是因为对社工这个专业有很深刻的认识，所以对社会工作这个职业抱有浓厚的理想主义，当这种理想主义与现实中的实际境遇相遇时，实习生就会感觉到理想中的角色和现实角色的不同。在实习的过程中，就使得与本身扮演的角色存在一定的差距。

案例 8 – 10：

课堂上学习和实际开展是不一样的，存在很大的差距。在开展实务过程中，我遵循着走一步，摸索一步，边实践，边探索，边学习总结，摸着石头过河的实践策略。

案例 8 – 11：

刚开始实习的时候也不知道该如何扮演起自己的角色，总感觉和专业社工的差距很大，尤其是开展实务的时候，这种感觉更加强烈。后来经过老师的帮助与同学们的支持，对岗位也熟悉了，我自己也可以开展小组工作了，但是还是和理想中的效果存在差距。

学生在实习过程中对自己服务中的表现也不满意，感觉和专业社工这一角色还有很大差距。角色差距在社会工作专业实习过程中普遍存在。由于部分实习生对实习岗位的角色要求与岗位职责了解不到位，再加上缺乏相关工作经验，以及无法将课堂所学有效运用到实际工作中，做不到学以致用。

二、实习的四类陷阱

在带领小组的工作中，领导者的一些错误观念和其未完成的个人事件会成为影响小组发展甚至危及小组和领导者个人安全的因素。

（一）关系陷阱

一些人认为，小组工作就是把一个专业助人者和一群有问题的人聚集在一起，听取他们的问题和建议，以工作者广博的知识和智慧，帮助成员发现和解决问题。组员和工作者之间的关系是单向的，即工作者给予，组员接受。

事实上，小组中的领导者和组员并非只是给予者和接收者的关系，其本质是一种相互影响的关系，小组的所有参与者都会彼此影响。领导者需要注意的是，组员的需要永远是重要的，关系是为了组员需要而存在的。

（二）受伤的工作者

专业助人者过往受伤的经历会使他们深刻地理解服务对象心中的痛苦，为其提供心理辅导，促进其成长。然而，领导者所受的"伤"，可能也会伤害领导者和案主之间的关系。

受伤的工作者的表现：

（1）小组领导者超时工作，工作者扮演一个超人的形象；

（2）对工作的过度承诺和努力；

（3）过分投入的工作关系造成工作者工作关系和家庭关系紧张。

因此，工作者应注意分清案主和自己，避免包办代替。

（三）自恋的陷阱

小组领导者容易陷入四个自恋陷阱。

1. 渴望去治疗所有的人

对于初学做小组领导的人来讲，可能会认为他所学习的知识和技术对所有的案主都有直接的影响和效力，能够改变他们的生活。有人认为，小组领导只要在适当的时间，使用正确的方法，就能够协助案主解决问题。但事实上小组的过程并非如此单纯、简单。小组领导者为案主服务过程会因服务对象未达到预期的改变，产生消极情绪，如挫败感、无力感等，因此，工作者需要调整自己，练就一种坦然豁达的心态，不对自己有不切实际的要求。

 案例 8 – 12：

工作者甲：教科书告诉我们，小组工作者只要在适当的时间，使用正确的方法，就能够协助成员解决他们的问题。不知道别人怎样，我根本无法使我带的小组有这样的成效，我不得不承认有些人离开我的小组后并没有明显的改变，我感到很困惑和挫折，也对自己产生了很大的怀疑，我不知道我自己是不是真的适合再带领小组……

2. 了解所有的人

小组成员常常有一种错误的想法，认为领导者能够了解所有的人。不幸的是，小组领导者也会有这种奇妙的幻想，被诱惑相信这是真的。实际上，虽然领导者会持续使用专业的直觉，但仍然需要临床的资料。那些未被说出口的猜测，常常会带来负面的效果。而且，这种将小组领导者偶像化的结果，会使成员坚定地相信，他们不再需要对自己的生活负责，因为领导者知道自己是怎么回事，知道自己该怎样做。

案例 8 – 13：

工作者乙：有了这么多年带领小组的经验，我对自己的能力一直毫无怀疑，每一个成员只要一到小组，不用很长时间，我就能对他们的问题和表现说个八九不离十，我的成员也常常说我厉害，不用他们说，我就能读出他们的心理和感受……

3. 爱所有人

这一信念是指小组领导者认为自己应爱小组中的每个组员。社会工作专业价值观决定了社会工作者应尽自己所能帮助每一个需要帮助的人，在这一过程中，社会工作者会培养出"爱所有人"的信念，而不能有自己的想法和立场。这种要求是有偏差的。作为小组领导者，也是有情绪和感受的普通人，看待问题会有个人的看法和观点，不可能赞同所有组员的想法，社会工作者要认识到，指出组员的不妥，甚至对组员行为表达切适的情绪，反而会有利于他们认清自身存在的问题，对他们是一种促进。

案例 8 – 14：

工作者丙：在小组中我一直小心翼翼，照顾每个人的感受，我告诉自己要爱他们每一个人，让每一个人满意，但是团体并不如我想象的那么成功，我感觉很累……

4. 被所有人爱

这个信念是指小组领导者认为自己应得到小组所有组员的喜爱，这是一种不切实际的想法，当小组领导者有这种念头时，就会有意或无意迎合小组的需要，失去在某些问题上应有的立场，放弃小组领导者的责任。作为小组工作者应认识到，一些组员有不满情绪也是正常的，应勇敢面对不满，求同存异方能解决问题，如果一味迎合组员需要，对存在问题避而不谈，反而会影响小组发展。

案例8-15：

工作者丁：我费了很多力气，成立了这个小组，我已经做了我能做的一切，可是竟然有个成员直接地说，他不喜欢我带领小组的方式，这让我很沮丧，我做错了什么……

（四）反情感转移

工作者被案主所激发的意识反应或潜意识反应叫作反情感转移。小组领导者遇到的最明显的反情感转移是针对某一个人的一些反应，如某一个人的外表、年龄、人格结构、社会经济阶层和态度，会引发工作者潜在的内在感受和行为，而且这些反应并不是固定不变的，会随着不同的案主而改变。

 案例8-16：

工作者：我来自一个非常保守的农村家庭，我们的文化里孝顺是一个很重要的品质。我的父母对我的管教也很严，我从来没有违背过他们的意志，没有对他们说过不，包括我的婚姻，我也听了他们的话，离开了最爱的女友。听从父母的意愿，我娶了一个不爱的人，婚姻很不幸福，因此我一直都很后悔。一次，在小组中，一个成员说起他儿子有个女朋友，他不喜欢，正在想办法拆散他们。当时，我第一个反应就是感到一种莫名的悲哀，然后带着极大的愤怒和莫名的冲动暗示、鼓励成员，告诉这位父亲，他这样做是如何愚蠢，如果这么做了会有什么样的危害，结果整个小组组员被煽动得忘乎所以，直到这位父亲望着我，茫然地问："是这样吗？我是这样的吗？后果这么严重？"我才惊醒……

出现反情感转移，就需要小组领导者特别小心，提高自我觉察能力，以避免反情感转移行为的发生。

三、理论与实践的整合过程

"如何把社会工作专业的基础知识与技能变为具备实用性与工作效果的工作方法"这一问题贯穿社会工作实习的整个过程。作为社会工作专业实习生，他们已经对社会工作理论与方法都有了一定的认识，在实践中会有意识地用理论指导实务操作。

 案例 8 - 17：

　　本次小组活动主题是"忆往昔，燃夕阳"，让老年人分享年轻时所做的一件对以后人生产生积极意义的事情。对于所要分享的这件事情，我理所当然地就将其想成是一种快乐的事了，可是做了一番思考后，想到每个人的经历都是不同的，既有让人感到快乐幸福的事情，也有坎坷的事情。想到这些，在活动过程中，我针对那些沉默的服务对象，我表现出尊敬和接纳的态度，并向他们说明：如果不愿讲，可以不进行分享，是不是这个活动触动了你不愿意回忆的事情。此时，沉默的服务对象感觉到了我的尊重与关怀，开始哽咽，然后分享了年轻时的坎坷经历，这种沉重的氛围也感染了其他组员，小组氛围一度陷入低沉。显然这种小组氛围不利于小组目标的达成，怎样能既不影响组员分享的热情，又能使小组的效果不偏离既定目标？我首先是积极倾听了发生在部分组员身上的不幸，并着重记录他们是如何克服不幸的，在克服不幸时如何提升能力，并引导组员分享解决困难的方法，小组成员通过分享自己的故事发现自身潜能，共同商量解决问题的办法，提高了小组的动力。

　　实习生把知识与实践加以融合的工作流程主要包括：

　　首先，实习生对专业服务过程有一个理想化的认识，带着专业理论知识和角色认知进入实习场域，遵循社会工作的价值理念，想象通过预先设计好的小组活动流程去开展服务就能够取得良好的小组活动效果。

　　其次，对小组活动过程中组员之间出现的冲突进行处理。在案例 8 - 17 中部分组员针对发生在他们身上的不幸，组员沉默，不愿意分享，或者组员分享的内容偏离活动预设的主题两种情况。面对以上突发情况，实习生以理性的服务态度，运用接纳和尊重的服务技巧对保持沉默的成员表示理解，并对活动设计进行反思，根据成员的需求重新调整自己的错误认知模式和不合理的行为期待。

　　最后，在解决问题的过程中体现专业知识和理论的结合。案例中通过让老年人回忆岁月中一项有成就感的事情，使老年人认识到自身的价值，虽有部分老年人讲述了过去发生的不幸，造成大部分组员情绪低落，但实习生没有将话题强行牵引到令组员高兴的话题上去，而是在面对组员们悲伤情绪，运用优势视角理论，发现组员们在解决自身遭遇困境时的积极行动。在社工的引导下，小组组员不再仅仅分享不幸事件的经过，而是着重分享解决困境的方法，组员之间相互介绍自己的成功经验，这种转变使组员看到了自身的优势和解决问题的能力，同时增强了小组动力。

社会工作专业方法不是一套固定不变的行动程序，案例中社会工作实习生面对服务过程中的突发事件时并没有使小组活动被迫中断，而是在遇到突发事件时能根据具体情境不断调整已有的认知模式和行为期待，对自己原有服务方案进行修改和完善，并探索运用新的行为方式应对服务过程中出现的问题，最大程度满足小组成员的需求，达成小组活动目标，最终通过对专业知识和实践的整合形成新的实践性知识。

小 结

小组社会工作实务的目标是在小组工作者的带领下，通过有目的的小组情境与小组互动，激发组员的能力和潜能，改善组员的态度、情绪和行为，提升他们的社会功能。围绕小组工作实习的目标和要求的介绍，使学生了解开展小组社会工作实习的目的以及在实习中应具备的价值观、知识、能力和素养等。小组工作是一个动态发展的过程，包括小组筹备期、小组初期、小组中期和小组后期四个阶段，根据每个阶段面临的不同问题，学生要掌握每个阶段具体的工作任务、技巧和方法。针对小组社会工作实习常见的问题提出具体的策略。

 思 考 题

1. 简述小组社会工作的发展阶段。

2. 试论述小组工作筹备过程的技巧。

3. 当组员在小组活动开展中离组，你该如何处理？

4. 结合一个真实的案例（评估需要和确定目标），撰写一份小组计划书。提示：空巢老人、青少年、全职妈妈、大学生。

5. 如何在小组中加入社会工作元素？

6. 结合实习工作，撰写一份完整的小组评估报告。

7. 简述小组工作实习中常见的问题。

第九章

社区社会工作实习

【实训目标】

1. 深入了解社区社会工作实习的目标与要求。

2. 掌握社区社会工作实习的主要内容。

【实训技能点】

1. 把握社区社会工作实习的目标、要求。

2. 熟知社区社会工作实习的内容。

3. 了解社区社会工作实习中遇到的常见问题。

【思维导图】

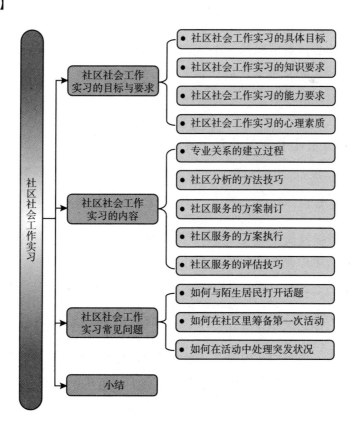

第一节 社区社会工作实习的目标与要求

一、社区社会工作实习的具体目标

社区社会工作专业实习的目标在于为实习生提供专业社区社会工作实务训练机会，使实习生在社区社会工作实习中尝试扮演社会工作实务者的角色，实践在课堂上学习到的理论和原则，深入体会各种专业工作技巧在社区社会工作中的运用，并且通过专、兼职实习督导协助实习生整合各种知识和理论，培养实习生适当的专业价值观和思考能力，为今后从事专业服务打下扎实的基础。具体目标为：

（1）使实习生有机会反思并发展社会工作专业价值观；

（2）使实习生掌握社区社会工作的知识，锻炼其社区社会工作能力；

（3）通过实习过程中的反思使得实习生对所学知识的理解水平有所提高；

（4）使实习生熟练掌握社区社会工作流程及方法；

（5）使实习生切身感受社区社会工作的价值与力量，进一步思考社区社会工作的本土化服务模式。

二、社区社会工作实习的知识要求

（一）基础知识

社会工作者的性质与要求，决定了基础知识对从事这一职业的工作者尤为重要。首先，社会工作者接触的是来自社会各个阶层的服务对象。服务对象的背景、职业、生活方式、习惯爱好均有较大的差异。只有当社会工作者对基础知识有大致的了解，才有可能与不同的服务对象达到有效的沟通与交流，而这种人际沟通又往往是解决问题的关键所在。其次，社会工作形式多样，内容复杂。社会工作者只有具备了更多的基础知识，才可以很好地处理各种复杂状况。

在社区社会工作实习中，社会工作者需要了解和掌握一些基本的基础知识，这些基础知识包括社区（乡村）文化、风俗礼仪、个人信仰、社区组成等人文、地理知识，也包括生活中的一些基本常识。这些知识在课本上不一定能学到，但却对社区社会工作的开展具有很重要的作用，为社工及实习生和服务对象建立关系、取得信任、更好地服务有很大的帮助，也为我们在专业方面更加深入和完善自己做好准备。

（二）专业知识

随着社会的发展，社会问题不断显现，问题的类型也不断变化，社会工作的专业性就显得尤为重要，现在的社会工作已不能满足于初期的基于同情、仁爱等情感道德的自发的救济活动。专业的社会工作强调其职业道德和职业情感的同时，还特别重视助人活动的科学性和有效性，用专业的方法来解决问题。而达到这一目的就必须依赖在长期实践中积累的对社会工作理论和实务规律性的认识及其概括和总结。

因此，在社区社会工作实习中，除了要掌握一定的基础知识之外，还要把社会工作者的专业知识及相关的心理学、社会学、教育学知识运用到实际的工作中，在工作中充分发挥自己的专业性。在理论运用方面，要选择适合服务对象的理论和方法，将理论知识和实际情况结合，设计出一套合适的方案；在方法选择方面，要根据服务对象的需求，选择有效的服务方法开展服务。

三、社区社会工作实习的能力要求

做好社区社会工作，对社会工作者的能力要求极高；反过来，参与社区社会工作能够提高社会工作者的综合能力及综合素质，特别是沟通能力、组织能力、适应能力、文字写作能力、随机应变能力、思维创新能力等。

（一）沟通能力

人们为了实现自己的目标，就必须与他人交流沟通，进行有效的社会交往。社会工作的专业性要求社会工作者进入服务对象与社会的各个系统，详细了解问题。所以，沟通能力对社会工作者来说尤为重要。

在社区社会工作中，社会工作者要和多方沟通，从服务对象到利益相关方，每一环节的沟通都非常重要。在沟通过程中，可以从言谈的方式，肢体语言的表现来传达或获取重要的信息，达到有效的沟通。

（二） 组织能力

社区社会工作的服务对象可能是个人，也可能是一个群体，所以在服务过程中，社会工作者需要具备一定的组织能力，以应对不同的需求。在小组工作中，社会工作者要结合各服务对象的利益及不同的需求，根据小组或群体的目标，拟定工作计划，组织引导小组或群体目标发展的活动项目。在这个过程中，社会工作者的组织能力将得到体现及提升。

（三） 适应能力

作为一名社区社会工作者，会面临不同的社会环境，社会上的新情况、新问题层出不穷，这就要求工作者有较强的适应能力。不管是熟悉的环境还是第一次接触的项目，都必须发挥作为社会工作者的优势，能较快地融入环境。在工作中，也会遇到不同的服务对象，要求社会工作者能够接受不同服务对象的不同需求。所以，社区社会工作者的适应能力显得非常重要。

（四） 文字写作能力

社区社会工作者不仅要能说会道，还要具备一定的文字写作能力。包括幽默干练、能言善辩，会撰写演讲稿、新闻稿等各种宣传资料。同时，社区社会工作者还要懂得表达的基本原则，就是不同公众要有不同的表达方式。要多考虑公众的需要和文化背景，抓住公众的心理；对于同一公众在不同的情况下，表达方式也要相应地变化。

（五） 随机应变能力

在开展社区工作活动中，出乎意料的事情随时都可能发生。这就要求社区社会工作者在工作中一定要机警、灵敏，有随时可以应对一切突发事件的应变能力，包括超前应变能力和临场应变能力；能够根据不同的场合，调节具体的社区活动策略和措施。遇到公众不理解而故意刁难的障碍时，能保持清醒的头脑，并想办法越过障碍继续前进；在日常社区工作中，遇到临时性的问题，能临阵不惊，保持理智，及时提出解决问题的方案，从而达到社区工作的目标。

（六） 思维创新能力

随着社会经济的发展，社区的需求千变万化，公众对服务的要求也越来越高，期待服务内容及服务形式能够走进心里，这就要求社区社会工作者有一定的创新能力（创造性思维），能够及时满足日益变化的需求。所谓创造性思维，指的是产生各种有用、有价值的新观念、新思想的认识过程，"创造"意味着革新、发现、发明、创新、形成新东西。创造性思维有许多具体的形式。其中，最常见的有两种：一是发散式的，是针对同一事物从多视角、多层面形成各种新观点的过程；二是聚敛式的，它是合逻辑地对各种观点进行评判、评论和选择其中最佳观点的过程。

四、社区社会工作实习的心理素质

现代社会，社会工作处于一个发展期，许多人对社会工作的专业性持质疑态度，这对从事社会工作的人来说，是一个不小的挑战，也不利于社会工作的进一步发展。社区社会工作者，首先需要深入了解社会工作的理论应用及实际意义，这有利于对自我角色的定位。其次，社会工作者接受并融入工作后，这份工作可以满足个人较高层次的需要，例如：归属感、爱、自我价值等。但在工作中，社会工作者需具备一定的心理素质。

（一）良好的认知能力

首先是敏锐的观察力，客观世界信息通过眼睛看、耳朵听、鼻子闻等途径进入人们的主观世界。一个有经验的社会工作者，从言谈举止、面部表情、精神状态、工作质量就可以观察出公众存在的思想问题和实际问题。所以，一个社会工作者要耳聪、目明，多种感官参与观察活动就会小中见大、疏中见密全面掌握情况。

（二）坚韧不拔的意志品质

意志是指自觉确定目的，根据目的支配、调节行动，从而实现预定目的的心理过程。作为社区社会工作者，应该有良好的意志修养。在动员群众、带领群众完成任务，实现既定目标的过程中，常常会遇到坎坷、困难和挫折，甚至会遭到误会和指责，如果有良好的意志品质，就会以坚强的毅力和振奋的精神，不断地去追求、去奋斗。

（三）稳定乐观的情绪

社区社会工作者具有稳定乐观的情绪是十分重要的，因为这能给人以开朗、豁达、友好的亲近感，能感染群众、鼓舞群众，激励和提高他们战胜困难的决心和勇气。当然，强调工作者以乐观情绪感染群众，不是要求工作者和群众嘻嘻哈哈，开低级趣味的玩笑，而是彼此之间真诚地交流，沟通思想，同娱同乐。

（四）奉献意识

社会工作者从事的是服务性工作，有些工作成果别人看不到，排不上名次，辛辛苦苦还不被人理解。社区工作对象中的孤老残幼，他们的社会地位不高，社会工作者与他们之间没有对等的权利和义务，而近似一种单向的服务，这就决定了社会工作者必须只求贡献不求索取。

（五）亲近意识

要有尊重人、关心人、爱护人的良好道德感，要有潇洒大方的风度，举止文雅的仪态、仪表，工作中要有群众观点，坚持群众路线，因为社会工作对象是"人"。

第二节　社区社会工作实习的内容

一、专业关系的建立过程

（一）社区工作关系建立与维系的原则

社区工作关系建立与维系应坚持七大原则：掌握群众参与的动机，有针对性地进行动员；让群众看到参与带来社区问题解决的成效；为参与者带来个人的改变；注意选择动员对象；让参与者有成就感；减少参与者付出的代价；注意工作者自身素质对居民参与的影响。

（二）社区工作关系建立的过程与方法

1. 与社区居民关系建立的过程与方法

（1）准备。

考虑清楚接触的目标和出发点；选择建立联系的对象；选择访问的时间；准备话题，引导访问的开始；穿着得体；预想可能会遇到的问题和克服困难的方法，以免临场阵脚大乱；对前往访问的场所环境有所了解，要做好准备。

（2）与居民接触。

①介绍自己：准备一两段开场白，根据不同情况和对象，采取不同的自我介绍方式。

Ⅰ　可说明自己是由与访问对象熟识的一个朋友介绍而来的。

Ⅱ　可用自己和访问对象都熟悉或有好感的活动作为谈话线索介绍自己。

Ⅲ　对自己抱不信任态度的人可适时出示证件，消除其顾虑。

Ⅳ　赠送一些物品或宣传单让其收存，加强对工作者的信任和好感。

Ⅴ　态度热情、诚恳，面带微笑，并清晰介绍访问目的。

②展开话题。在获得对方接纳与不拒绝的情况下，工作者要抓住时机，将话题逐步转向正题，避开敏感话题，从普通、容易回答的问题开始，从简单到复杂、从具体到一般，由感性到理性，由浅入深。

③维持谈话。工作者要用心聆听，积极主动了解居民存在的各种问题，体谅、周到地关心访问对象本人及其家庭情况，尽可能摸清居民的真实感受。

2. 与地方团体和政府部门接触

地方团体与政府部门是社会工作者要经常接触的组织机构，与他们的良好合作能促进社工集中优势、克服弱势，获得共同的发展。

社会工作者要学会与地方团体和政府部门交流合作。首先要了解这些部门的结构、文化、任务与目的，关注其有影响力的人物和要交往的人员，并分析地方团体、政府部门在某问题上的利益及组织间的关系，摸索不同组织在提供资源上的合作意愿与动机，针对不同组织之间的关系，安排不同的交往工作。

3. 深入社区工作的策略

进入社区，可以通过开展全区性活动，举办大众化的参与性活动，宣传咨询活动，介入社区事件，进行家庭访问，利用社区媒介展开宣传动员等形式深入社区，与社区居民建立良好关系。

二、社区分析的方法技巧

（一）社区分析的内容

社会工作者进入社区后，必须对社区进行一个全面的分析，了解社区的基本情况、社区居民及团体的关系、权力结构、社区问题与社区需要。主要包括对社区居民人口及其成分、住房状况、就业情况、社区地理环境与交通、基础设施与资源状况、社会服务、社区历史、经济、政治、文化传统、价值观念等方面的了解；通过街道办、居委会了解各类组织情况，包括辖区单位、业委会、物管公司、社团等，分析社区内权力结构；了解社区文化特色，对社会工作者发动居民、组织社区活动提供指导，并且找到社区工作介入的切入点。

（二）社区分析的方法与技巧训练

1. 收集社区资料

文献分析方法：查阅人口普查数据、地方志及其政府相关资料、社区机构原始记录资料、媒体报道和评论、其他个人或团体资料等。

参与式观察法：进入社区直接参与和观察，与居民自然交流，近距离观察其行为方式，了解真实的社区生活状态，积极地与被观察者交流。

访问法：以口头交谈方式，收集社区中部分有代表性的人物资料。适用于较大型且较难进行家庭普查的社区，但访问受时间、访问对象人数及性质等因素的影响较大。

社区普查法：通过问卷或访问对社区中的每一户进行调查，了解他们对社区需要的想法。适用于较小型的社区，如居委会、楼门（院）等。

2. 问题及需求分析

人的需要多种多样，基本来说可以划分为基本需要（如衣食住行）和心理需要（如归属感、安全感、自我实现等），由此发现一系列问题。通常运用马斯洛需求层次论与伯列绍的需求类型论来看待这一问题。

通过了解社区基本情况与认识社区需求，将收集到的资料进行有效梳理，对社区问题进行描述、界定，明确问题的范围、起源和动力，进而找到解决问题的关键。

3. 社区动力及资源分析

社区动力是指可以对社区发展起到积极推进作用的力量。通过社区体系分析与社区互动分析来对社区动力进行分析，进而有效地整合社区资源，推进社区工作。

对存在于社区内众多的个人、团体或组织做个别的分析，了解其特性，然后分门别类，并按其共同点归纳成不同的体系，如按其功能、性质等区分出不同类型、不同取向、不同层次的体系，并且对社区内各种群体的关系、彼此之间的交往联系的程度及状况进行分析，从而摸清工作者可以利用和发展的关系和动力。

（三）分析报告撰写

分析报告一般包括调查目的、调查对象、调查内容、调查方式、调查时间、调查结果和调查体会等。调查方式一般可选择资料法、问卷法、观察法等方法，调查体会可以是对调查结果的分析，也可以是找出导致结果的原因及应对办法等。

（1）写作前明确目的，理清报告包含的内容。

（2）整理分析后的材料，进行分类、鉴别、筛选，去粗存精，去伪存真。

（3）撰写社区分析报告。实事求是，不夸张，如实将分析的情况写出来；确立自己的观点、看法，但必须在尊重事实的基础上进行理性判断。

三、社区服务的方案制订

（一）社区整体服务方案的制订

一般服务方案可以分为三个部分：计划、执行和评估。其中计划由问题的认识分析与目标制定两部分组成，因此社区服务方案的制订分为以下四个阶段。

1. 问题的认识和分析阶段

（1）问题的认识和分析。

在社区分析里就要明确地分析出需要解决的社区问题。

（2）需要评估。

社会工作者确认了问题，掌握了问题在社区的分布情况，确定了未来行动的"目标对象"后，就必须进行需要评估工作。

2. 目标制定阶段

（1）界定总目标和影响性目标。

首要的工作是从目标人群中找出要介入提供服务的"求助者/受影响的人口"，并制定要达到的总目标和影响性目标。

（2）建立目标的优先次序。

根据已经确定的"明确性问题"，建立目标的优先次序。目标优先次序的界定主要需要考虑的是可拥有和可动员的资源。

3. 方案安排阶段

（1）制订可以实现目标的可行性方案。

在这个过程中主要是讨论多种可行的方法，清晰描述出各种限制，甄别哪些服务是可行的、有效率的和有效满足被服务者需要的。

（2）选择理想的可行方案。

可选用"可行性方案模型"来筛选理想方案，这个模型中有六个"筛选标准"：

a. 效率，指方案资源投入和服务产出比率；

b. 效果，指方案实现目标的程度；

c. 可行性，指实施这个方案达到成功的程度，包括方案是否实际可行，机构是否可以完成这个方案，机构过去完成这类方案的记录，方案计划是否适当；

d. 重要性，指这个方案是否唯一达到目标而必须推行的程度；

e. 公平，指这个服务方案能否公平地提供给有需要的个人或团体的程度；

f. 附加结果，关注的是方案中所产生的意外（目标之外）的效果，包括对社会所产生的正面和负面效果。

（3）决定资源需求和争取资源。

确定理想可行的方案后，就可以决定资源的总需求并进行资源的争取工作。处于优先的最可行的方案比较容易获得资源。

（4）制订行动计划。

当服务计划被批准可以执行后，必须先将服务方案的目标分解成若干具有可操作性的"执行目标"，并拟定目标执行方法和服务内容。

4. 服务方案的评估

社会工作者在设计社区服务方案的同时也应设计有效的评估方法，用来检验各项行动计划中所要推行的"方案活动"是否根据原定计划和日期推行并完成。更重要的是，确定的方案活动是否达到以及达到的程度如何。方案的评估一般采用两种方法：过程评估和效果评估。

（二）具体社区活动方案的制订

按照以下步骤撰写社区活动方案，可以全面地看待问题，从而为群众提供更加详细具体的服务。

掌握活动的基本目标——衡量参与的服务对象的特色、需要、兴趣——配合机构的宗旨、赞助团体的期望——评估本身拥有的资源及可以动员的资源——制订初步计划——评估可行性——确定详细计划——预期困难及解决办法——检讨及总结

四、社区服务的方案执行

（一）社区组织工作方法与技巧

1. 社区宣传教育与传媒利用

宣传教育：①可以印制宣传资料，张贴或发到居民手中；②可以发动社区党员、居民代表、居民小组长进行宣传；③可以利用黑板报、宣传栏、标语、横幅等方式进行宣传；④可以利用小区的广播、有线电视或网站的优势，将各项资料上网公布；⑤可以组织专题宣传月、宣传周及邀请活动，扩大社区的影响等。

传媒利用：可以在活动中采取采访报道、召开记者招待会、人物专访、事件的特写等方式。在邀请记者时应告知下列事项：

①单位或机构名称、简况介绍（自身的历史、影响等）；

②组织的活动名称、背景和主要内容、预期效果、独特性、重要性；

③活动的主要议程，安排时间、地点（交通路线）；

④如有重要人物到访及有进一步的资料派发应一并说明，以吸引记者的到来；

⑤注明联络人、联系电话、电子邮件地址等。

2. 居民活动组织

（1）直接接触。有目标对象的联系方式：可采用去信通知、电话联络或登门拜访三种方式进一步宣传、说服、建立关系；如果没有具体联系方式的可通过设立社区咨询站点、向往来居民宣传介绍、逐门逐户上门宣传等方式进行社区动员宣传；或者将居民召集在一起召开居民会议，让他们讨论社区问题表达个人意见。

（2）间接发动。最为常用的方法便是借助大众传播媒介报道、展板和广告宣传、电视新闻稿、宣传单、信箱广告、张贴海报和条幅等。

3. 社区骨干的培训

社会工作者指导社区骨干掌握的工作技巧包括：人际关系、开会、演讲、组织、谈判、游说、政治、与媒体接触、资源动员、沟通、管理、战略及战术、检讨、小组带领等。

社会工作者可以通过训练、实习、示范、阅读文章、录音、观看影音教材、亲身体验、观察、讨论和角色扮演等方式来加强社区骨干的工作技巧训练。

4. 志愿者队伍的培训

（1）招募志愿者方法。

志愿者分享经验树立典范，举办志愿者训练课程吸引志愿者参加，活动推广，对外宣传，举办志愿者招募周，印制志愿者服务资料册，运用互联网及电子邮件宣传志愿服务等方法吸引更多的志愿者参与活动。

（2）志愿者培训。

1）基础理论训练：志愿者工作概念及服务须知；了解社区对志愿者工作的期望及目标；掌握社区的需要及资源；了解服务对象的特征及需要。

2）技巧训练：①志愿者工作技巧：人际沟通，自我认识，活动程序设计；②特别技能训练：探访技巧，与其他服务提供者的合作技巧，急救训练，带领游戏技巧，小组工作技巧；③管理技巧训练：服务策划课程，领袖才能训练，资源管理。

（二）社区资源的连接与整合

社区资源既包括街居自有资源，也包括社区单位资源；既包括服务设施资源，也包括人力、科技和信息资源；既包括现有资源，也包括潜在资源；既包括经营性资源，也包括非经营性资源。要认识到资源的全面性、多样性，充分发掘和最大限度地利用资源。

同时，要建立政府主导、社区居委会主办、社会力量支持、社区居民广泛参与的运行机制，有效整合各方资源，促进共同发展。

五、社区服务的评估技巧

在进入社区开展服务之前，社会工作者要做好随时进行服务评估的准备。社区服务的评估方法有许多种，以下介绍基线测量方法与技巧在社区服务评估中的应用技巧。在第七章个案社会工作实习中介绍了基线测量如何评估服务对象接受辅导前后发生的转变，在社区服务评估中基线测量方法同样适用。

（一）操作程序

1. 建立基线

第一，确定介入的目标。例如，服务对象行为、思想、感觉、社会关系或社会环境的变化及指标。

第二，选择测量工具，包括直接观察或使用标准化问卷及量表。

第三，对目标行为进行测量并记录目标行为（或者思想、感觉、社会关系或社会环境）的情况。

这个过程建立的是基线数据，此过程也称为基线期。

2. 进入介入期测量

建立基线后就开始对服务对象实施介入，并对基线调查中所测量的各项目标行为和指标进行再测量，为数据比较之用。这个过程称为介入期。

3. 分析和比较

将基线期和介入期的数据按测量时间和顺序制成图表，将每个时期的数据资料进行连接，呈现数据的变化轨迹和变化趋势，并将基线期和介入期的数据进行对比，如果两个数据不同，一般可以认为是介入本身作用的过程。

（二）任务完成情况的测量方法与技巧

在实际工作中，服务对象的目标是被分解成许多具体的行动和任务的，通过探究服务对象和工作者完成哪些既定的介入任务也能确定介入的影响。

方法：运用 5 个等级尺度来测量任务的完成程度。（0）没有进展；（1）很少实现；（2）部分实现；（3）大体上实现；（4）全部实现。

将每项任务的最后得分加到一起，然后除以可能获得的最高分数，就能确定完成或者介入行动成功的百分比。例如，如果有三个任务要去完成，而可能获得的最高分数是 12（4×3），用得到的总分除去 12，再乘 100% 就是完成任务的百分比。

（三）目标实现程度的测量方法与技巧

1. 目标核对表

在有些情况下，社会工作的目标行为比较难以清晰界定，此时社会工作者和服务对象可以共同协商选择一些目标来指示介入的方向，并将它们罗列出来。

在工作介入过程中和介入结束时都用一些等级尺度来衡量介入后的行为，并进行记录，将介入后的行为与介入前所没有的、介入后才出现的行为进行对比，并讨论这些行为对服务对象的意义是什么。这样就可以发现介入前后服务对象的行为变化。

2. 个人目标尺度测量

社会工作的服务对象千差万别，因此工作者和服务对象可以制定非常个人化的测量尺度来评估他们的改变情况。

3. 测量方法

按照服务对象的具体情况，分别划分为轻重缓急不同级别，制定几个目标，然后使用一个大家认可的等级尺度，例如5级制，来测量和计算出服务对象实现个人化目标的情况。

第三节　社区社会工作实习常见问题

一、如何与陌生居民打开话题

对象是小朋友。面对初次见面的小朋友，社会工作者要去主动接触他们，可以先观察一下他们正在干什么，然后再与他们交流。比如，小朋友正在玩游戏，社会工作者可以主动申请加入其中，然后在玩的过程中自然而然会有所交流，游戏结束后他们自然就愿意和社工聊天了，说不定还会主动询问一些事情；或者可以从小朋友的兴趣爱好、学习等方面入手，了解其是否上兴趣班，老师教了什么内容，条件满足的情况下可以让小朋友展示一下才艺，并且要懂得适时地夸奖与赞美。

对象是家长。如果社区最近有重要或者盛大的事情，那么可以以此作为介入点进行交流，了解更多信息；另外可以采取社区漫步的方式，这是熟悉社区的一种很好的方法，可以在这个过程中，与家长们聊聊孩子，并且介绍社工身份，让他们对社工有所了解；还可以与家长朋友们聊一下，进而询问是否有社工可以提供帮助的具体问题等。

对象是青年。社会工作者可以与他交流爱情观、婚姻观等，可以聊兴趣爱好（如果能发现共同的爱好就可以更好地交流）等；可以通过现在居住的城市及老家、旅游景点、人文古韵、特色风俗、小吃等话题打开交流的局面。

对象是老年人。社会工作者可以询问他的基本情况（年龄、家庭情况）、身体状况等，其间可以引申到多方面的交流，比如保健知识、过往经历。老年人其实有很多话想说，特别是子女不在身边的。所以一般这种情况下，社会工作者更多的是作为一个倾听者，同时也能更快地被老年人接纳、信任。

二、如何在社区里筹备第一次活动

如何在社区里筹备第一次活动呢？

活动前期准备：（1）前提是方案已经做好，并且具有可行性；（2）其次就是要有场地，这就要与居委会、业委会等进行沟通商量，获得支持；（3）确保经费的提供，场地布置物料、活动所需物资的购买（活动过程中要用的材料、纪念品及奖品等），均需要经费支持，因此在准备活动时要确保经费的来源；（4）参与对象的招募，要开展一个活动，要确保宣传到位，有人员报名参与，活动才可能有效果；（5）工作人员的分工要明确，要确保活动的进展有条不紊；（6）领导及媒体的邀请；（7）活动物料的购买及场地布置等。

活动开始前的确认：（1）音响设备的最后调试；（2）流程的熟悉及彩排；（3）到场领导及嘉宾的确认。

三、如何在活动中处理突发状况

（一）活动过程中可能出现的突发紧急情况

（1）物资不足，不利于工作的开展；

（2）宣传工作不到位，没有多少人员参与；

（3）参与活动的对象不积极、不配合，现场氛围不够；

（4）参与对象临时退出；

（5）工作人员不够，活动秩序受到影响；

（6）活动游戏规则等不清，影响活动效果。

（二）处理方法

（1）尽量合理规划利用活动物资，同时更应该协调多方资源，利用少量资金进行购买。

（2）拓宽宣传渠道，充分利用QQ、微信等平台，还可以通过电话、短信等方式发布活动信息，并在社区内张贴活动通知与宣传单。

（3）主持人要选用有幽默感的人担当，带动全场气氛；情况允许的条件下，可以事先将一两个工作人员派到参与人员中，活跃气氛。

（4）活动开始前要跟参与人员说明情况，尽可能不临时离场；另外需要工作人员关注活动进展情况，发现情况时要立即去沟通，尽量将参与者留在活动现场。

（5）在活动开始前要做好准备，招募的工作人员一定要充足，并保证其明白各自的职责；如果工作人员确实不够，那么就让其他的工作人员分担剩余任务，或者在现场招募可以提供帮助的人员充当志愿者。

（6）游戏规则一定要清楚明了，主持人说话声音要适中，吐字清晰，语速要慢，并保证参与者听懂后再开始游戏。

小 结

社区社会工作是社会工作专业的三大方法之一，社区社会工作实习可以为学生提供专业社区社会工作实务训练机会，使实习生在社区实习中尝试扮演社会工作实务者的角色，实践在课堂上学习到的理论和原则，深入体会各种专业工作技巧在社区社会工作的运用，并且通过专、兼职实习督导协助实习生整合各种知识和理论，培养实习生正确的专业价值观和思考能力，为今后从事专业服务打下扎实的基础。本章主要介绍社区社会工作实习的目标与要求，在实习中要把学生的理论知识应用于实践中，要提升学生的沟通能力、组织能力、适应能力、文字写作能力、随机应变能力、思维创新能力。

本章重点介绍了社区社会工作实务训练中要把握的几项内容，包括如何建立专业关系、如何进行社区分析、如何制订社区服务方案、执行社区服务方案的技巧与方法、社区服务评估的方法与技巧。同时对社区社会工作中常见的问题进行了梳理与解答。

 思考题

1. 社区社会工作实习的目标是什么？

2. 社区社会工作实习应具备的知识与能力要求是什么？

3. 社区社会工作实习中建立专业关系的原则是什么？

4. 社区分析的主要内容有哪些？

5. 简述社区服务评估的程序与方法。

6. 结合实习案例，设计一个社区服务方案。

第 十 章

社会工作项目管理实习

【实训目标】

1. 深入了解社会工作项目管理实习的含义及重要意义。

2. 熟知社会工作项目管理实习的目标。

【实习技能点】

了解社会工作项目周期的关键环节，掌握社会工作项目策划与申请、实施、评估管理技能。

【思维导图】

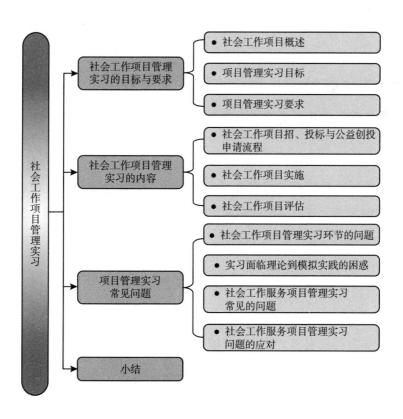

第一节 社会工作项目管理实习的目标与要求

一、社会工作项目概述

社会工作项目管理实习的目的是培养社会工作行业的管理人才。2011 年 11 月中央组织部、中央政法委、民政部等 18 个部委联合发布了《关于加强社会工作专业人才队伍建设的意见》（以下简称《意见》），它是社会工作人才建设的纲领性文件。《意见》提出要实施三大人才建设工程之一是"社会工作管理人才综合提升工程，重点加大社会福利、社会救助、社区服务、残障康复、婚姻家庭、职工帮扶等社会服务机构管理人才培养力度，提高社会工作服务管理科学化水平"。2012 年 4 月中央组织部、中央政法委、民政部等 19 个部委联合发布了《社会工作专业人才队伍建设中长期规划（2011—2020）》（以下简称《规划》），此文件要求进一步培养社会工作专业人才包括社会工作服务人才、管理人才和教育与研究人才。《规划》指出了社会工作管理人才培养的目标和途径。

（一）社会工作项目的定义与类型

1. 社会工作项目的定义

社会工作项目是社会工作服务项目的简称。它是为满足特定服务对象的需求，在一定时间内，运用一定的资源，按照预定的服务目标、服务内容和服务要求所设计、实施的社会工作服务任务。

2. 社会工作项目的特点

（1）项目目标的明确性。

社会工作项目的实施、评估主要依据买卖双方或者委托的合同进行，在合同中列明了当事方的权利和义务，社工机构要派遣社工完成合同中的义务。

（2）项目时间的周期性。

每个社会工作项目都有几个月至 3 年不等的服务周期，服务的期限在合同中明确有起止时间。但项目服务的影响力大小不一。

（3）项目人员的专业性。

《意见》指出，社会工作专业人才是具有一定社会工作专业知识和技能，在社会福利、社会救助、慈善事业、社区建设、婚姻家庭、精神卫生、残障康复、教育辅导、就业援助、职工帮扶、犯罪预防、禁毒戒毒、矫治帮教、人口计生、纠纷调解、应急处置等领域直接提供社会服务的专门人员。社会工作专业人才应充分发挥他们在困难救助、矛盾调处、人文关怀、心理疏导、行为矫治、关系调适等个性化、多样化服务方面的专业优势，对解决社会问题、应对社会风险、促进社会和谐、推动社会发展具有重要基础性作用。

（4）项目管理的行政性。

目前社工机构资金来源比较单一，资金主要来自财政资金和间接财政资金，这就意味着政府要对资金的使用严格监管，项目购买方要按照财政政策执行。

（5）项目对象的社会性。

社会工作服务的主要任务是解决社会问题。著名社会学家雷洁琼曾精辟地指出："民政工作就是中国特色的社会工作。"由此可知社会工作服务对象是所有需要帮助的老、弱、病、残以及为国家贡献的优抚人群。除社会工作项目合同的当事方外，中国化的社会工作服务模式是"五社联动"即社区、社会工作者、社区社会组织、社区志愿者、社区公益慈善资源共同组成的社会关爱服务体系。社会工作服务需社会各界广泛参与。

（6）项目服务的无形性。

社会工作服务是社会文明的标志，这个标志无号无形，是社会发展的软实力。社会工作项目服务作为有价无形商品与有形商品不同，项目评价较为困难，因多种因素影响导致社会工作项目的影响力有时不能立竿见影，项目的当事方对项目服务的评价角度不同，形成结果不同。但社会工作项目服务可使人与人之间相处的环境舒适感提升。

（二）社会工作项目的类型

根据不同的标准，社会工作项目可分为不同类型。

1. 按项目服务的对象与内容分类

按照项目服务的对象和服务的内容不同分为综合性项目、专项项目、岗位项目。综合性项目是指针对两个领域以上的服务对象而开展的项目，如社工站项目、党群服务项目；专项项目是指服务对象领域比较单一，如未成年保护项目、禁毒服务项目；岗位项目是指在政府机关的服务窗口和企事业单位购买的社工服务岗位项目。

2. 按出资方的不同进行分类

根据社会工作项目服务出资方的不同分为政府购买项目、基金会资助项目、企事业和个人赞助项目。政府购买项目是指由政府出资向社会组织购买服务的项目；基金会资助项目是基金会向社会组织资助开展服务的项目；企事业单位和个人赞助项目是指企事业单位或个人向社会组织出资开展的项目。

3. 按照社会工作项目服务获得的方式分类

按照社会工作项目服务获得的方式不同可分为招投标项目和机构自主申报项目。招投标项目是指社会组织根据招投标流程而中标的项目；机构自主申报项目是指社会组织结合服务方需求，按照自身实际而申请的项目。

（三）社会工作项目管理内涵

社会工作项目管理又叫社会工作项目化运作，是指项目运行的整个过程，运用社会工作的价值理念，整合有效社会资源，进行项目管理达到项目目标的所有活动。

（四）社会工作项目管理的周期与环节

1. 社会工作项目管理的周期

所有的社会工作项目服务都有服务起点和结束点，这就是社会工作项目周期，也是社会工作项目管理的周期。

2. 社会工作项目管理的环节

社会工作项目管理的环节又称社会工作项目运营的环节，包括立项——招、投标（申请）——实施——评估或者申请/立项——实施——评估。目前，社会工作项目资金来源主要是政府的财政资金、彩票公益金和公益性一类社会组织的资金，这些项目资金的使用严格按照立项——招、投标——实施——评估程序分比例支付。

二、项目管理实习目标

（一）社会工作项目管理实习的目标

通过社会工作项目管理实习，进一步巩固社会工作专业知识和理论，让学生获得更多的专业岗位工作经验，为今后学生从校门到社会坦然从容、自信沉着地工作打好基础。开展项目管理实习主要目的是让学生掌握项目申报、项目策划、项目实施、项目评估、总结与反思的管理技巧以及管理过程；增强学生的社会工作项目的服务与管理意识及项目的创新意识；增强学生的竞争意识、团队合作意识。主要任务是培养学生自学能力、应用能力和管理能力；提高学生分析问题和解决问题的能力；提升学生开拓创新能力。

（二）社会工作管理人才的建设目标

高校作为社会工作人才队伍建设的第一阵地，培养社会工作管理人才与服务人才同等重要，社会工作服务人才能把专业服务做成品牌，而管理人才能把这个品牌影响力发扬光大，高素质的管理人才能把品牌所属的社会工作服务机构（以下简称"社工机构"）打造为明星企业，进而推动社会工作行业的发展。特别是当今社会工作在社会上知名度不高的大环境下，可快速提高社会工作行业在社会上的公信力。

根据《规划》要求："组织实施社会工作管理人才综合素质提升工程，重点加大社会福利、社会救助、社区服务、残障康复、婚姻家庭、扶贫济困、职工帮扶等社会服务机构管理人才培养力度，提高社会工作服务管理的科学化水平。"根据社会需求，社会工作项目管理实习就是在以上领域培养适应社会工作行政管理、行业组织建设、服务机构发展和专业实务推进所需要的人才，培养造就一批立场坚定，具有宏观视野、战略思维与专业眼光，善于推动事业发展的社会工作行政和行业管理人才；培养造就一批具有社会使命感、懂运营、会管理、通晓社会服务专业知识的社会工作机构管理人才；培养造就一批熟练掌握专业督导方法与技术、具备丰富实务经验、善于解决复杂专业问题，能够带动社会工作服务人才成长、推动专业实务发展的社会工作督导人才。

三、项目管理实习要求

（一）社会工作项目管理实习纪律要求

实习生必须严格要求自己，维护学校荣誉，发扬团结友爱、吃苦耐劳的精神。增强集体观念、劳动观念和社会主义事业心、责任感；虚心听从校内外实习指导教师的指导，按照实习要求全面完成实习任务。学生应遵守实习的各项规章制度，服从实习单位的统一安排和指挥。未经实习指导教师允许，不得独自行动。实习期间，原则上不准请假，不得无故不参加实习。

学校应加强对学生的教育管理。做好学生的安全和纪律教育及日常管理，教育学生尊重实习指导教师和现场技术人员，遵守学校和实习单位的规章制度和劳动纪律，保守实习单位秘密，服从现场教育管理。在实习过程中，对学生加强指导、严格要求，做好学生的思想政治工作，关心学生的身心健康和生活情况，经常对学生进行安全教育，以防事故发生。

（二）社会工作项目管理实习内容要求

1. 实习内容环节要求

（1）针对项目申报环节的基本要求。

了解社会工作项目的实施主体和资源，以及社会工作项目运作的基本环节。

（2）针对项目策划基本要求。

在充分沟通的基础上做好学生的分组、团队组建、角色的分配等。初步培养学生的团队意识，激发学习热情。

（3）针对项目申请讲评基本要求。

在教师的带领下完成项目需求调研及策划要注意哪些问题，怎样保证项目的可持续性。

（4）针对项目实施管理要求。

项目实施前期根据具体情况对项目的服务和资金使用情况进行微调；项目实施中期关注服务质量、服务进度、资金使用和日常行政管理。

（5）针对项目评估要求。

在教师的带领下完成项目评估，任课教师给同学分配角色任务，同学在指定时间内认真完成。

2. 实习结果评价要求

学生按照实习大纲要求完成《实习周志》《实习报告》等事项，实习单位和校内指导教师根据学生实习表现综合评定实习成绩。

组织开展师生评价、实习基地对教学工作评价，及时进行总结及信息反馈，提高实习成效。推荐优秀实习指导教师、优秀实习生参加学校评审，并做好实习优秀作品汇总及存档工作。

第二节　社会工作项目管理实习的内容

无论是政府购买社会工作项目还是社会工作机构自主申报社会工作项目，一般而言，学生实习仅涉及申请——实施——评估——总结与反思环节，社会工作服务项目的立项由购买方完成（见图10-1）。在实际运作中，学生实习环节主要从项目申请、实施和评估三个方面执行。

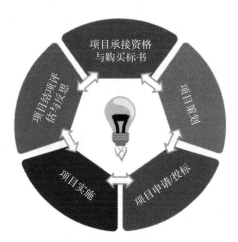

图 10-1　社工机构介入项目周期示意图

一、社会工作项目招、投标与公益创投申请流程

目前，政府购买社会工作服务一般通过官方网站公示的招标公告，有资质的社工机构都可以在规定的期限内购买招标文件，按照招标文件的格式及要求制作项目投标文件即标书。若不按照招标文件的要求制作标书，表明投标方不响应投标文件要求，该潜在承接商会被淘汰。

（一）社会工作项目招投标流程

1. 制作项目标书

政府购买社会工作项目服务标书有严格的格式和内容要求，项目标书由以下内容组成：投标函、授权书、资格审查资料、投标保证金、机构内部组织设置与管理方式、企业业绩与荣誉、项目实施方案、财务使用计划、服务承诺书等。政府购买社会工作项目招、投标流程见图 10 – 2。

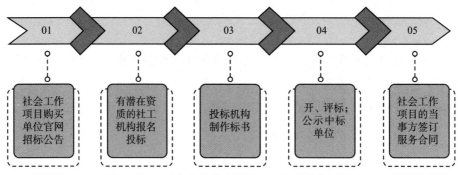

图 10 – 2　政府购买社会工作项目招、投标环节

投标函、授权书、资格审查资料、投标保证金、企业业绩与荣誉、服务承诺书有规定格式，应按照要求认真填写。机构内部组织设置与管理方式、项目实施方案、财务使用计划是学生的实训内容。

机构内部组织设置与管理方式能反映社工机构实力，也是后续项目实施质与量的保证。学生需了解这部分内容。项目实施方案、财务使用计划是学生重点实习内容。

（1）项目实施方案撰写。

项目实施方案是标书重点内容之一，如何写好评分较高的项目方案呢？

第一，以需求为导向设计项目方案。如果不了解项目服务对象的需求，项目就缺乏针对性。同时，项目的服务对象和关注的领域也要和资助方与购买方的需求相一致。第二，以目标为导向制订计划。项目服务计划中要有服务产出——成果。服务产出，即项目活动的直接产出；成果即服务对象在参加项目期间或之后的变化和收益。因为现在普遍存在的问题就是把活动当项目，把产出当成果，在申请书里不能清晰看到项目成果。这里讲的成果是指服务对象参与项目能给他们带来的改变与收益。这种改变和收益可以是有形的，也可以是无形的，满足他们的需要，使社会问题得到解决，这就是项目成果。第三，项目服务计划要有可行性。项目服务计划指标可量化：受益人数要量化、实施时间和范围要量化、资源的投入和经费预算要量化、项目目标要量化、项目成果要量化。第四，项目标书所表述的信息要真实、准确，做到言简意赅，突出重点，要下功夫推敲用词，注意表达的有效性和准确性。

项目实施方案主要包括服务时间、领域、目标、进度计划、人员配备与分工、社工的培训计划、社工督导计划、项目志愿者队伍建设计划及维护方案项目风险管理等。

（2）项目财务使用计划。

项目财务使用计划是项目资金的使用计划，又称项目预算。项目预算是一系列有目的的、有序的、在一定期限内待完成的活动的财务计划，其对整个项目的顺利实施是非常重要的。

一般情况下，项目预算都以人民币作为计价货币，但是也有的社会服务项目的资助方可能是以外币来计价的，这就可能会碰到由于汇率变动带来的风险。为防止这种风险，可以采取两种方法：第一种方法，可在合同中注明"汇率以合同签订之日的汇率计算"；第二种方法，可在合同中写明"如果汇率发生变化，差额部分由资助方弥补。"

①制定项目预算的意义。

第一，保证实施项目所需资金的落实。预算可以保证项目资金的落实，可以使项目顺利实施。一般情况下，如果经费没有落实，不要盲目去做项目。上海有家初创的社会服务机构获得一家企业的资助做项目，但是没有签订合同就开始投入实施。项目做到一半，由于企业领导变动，资金"打了水漂"。如此事件，应尽量避免。

第二，避免经费滥用或者使用不当的情况发生。预算可以对财务行为起到必要的监督作用，保证资金使用的有效性。做项目发生的费用，需要报销，机构的财会人员就可以按照预算中经费使用的用途和金额，进行控制和操作。这对于资金使用的安全性、有效性，能够起到很重要的保证作用。

第三，控制项目实际支出与预算之间的差额。社会服务机构一定要有公信力，公信力的重要表现就是要说到做到。有了预算可以更好地保证实际支出和预算的一致性，当然，也能很好体现一个社会服务机构的公信力。

第四，确保项目实施和资金使用的一致性，做到专款专用。专款专用是社会服务机构使用项目经费必须遵守的一个最重要、最基本的原则。有了详细的预算，各类用途和所涉金额等清晰完备，这就可以保障经费使用做到专款专用。

②项目预算的内容。

社会工作项目资金的使用范围主要包括社工工资及缴纳的社会保险基金、社工的督导费、培训费、业务活动费、管理费、税费及其他必要性支出。

第一，社工工资及缴纳的社会保险基金。社工薪酬依照当地的平均工资和职级差别确定薪级，并依法为社工缴纳社会保险基金。

第二，社工的督导、培训费。社工的督导、培训费一般占项目资金的2% ~

3% 不等。

第三，业务活动费。业务活动费是指开展项目活动或者提供服务所发生的费用。这部分经费是项目的直接成本，也就是在做项目的过程中发生的所有费用，包括人员的劳务费、志愿者补贴、培训费、场地费、宣传费、教材费等费用。

在业务活动费中，要列支直接管理和实施项目人员的费用。由于受"公益是免费的""公益没有成本"的错误观念影响，有些地方政府在购买服务时不考虑人员费用，这种做法带来了一系列不良后果。

人员费要据实计算。假如一个项目人员今年只做一个金额较大、需要一天8小时投入的项目，那么全部人工费都要计入这个项目的预算。如果是几万元的小项目，就要根据项目人员每天在这个项目中实际投入的时间，把一部分人工费计入这个项目的预算中，这称为合理分摊。假如一年做两个项目，要根据每天在这两个项目中实际投入的时间，确定在每个项目中应该支付多少人工费。

志愿者从事志愿服务是无偿的，但是志愿者在提供服务的时候也会发生一些成本，例如交通费、餐费等，因此对志愿者应给予适当的补贴。实践中，可以单独制作志愿者补贴的发放清单，列出志愿者名单，参加活动的时间、地点、内容、补贴的标准，发放清单由志愿者签收。补贴发放清单可以作为报销凭证。

第四，管理费。管理费是指在实施项目过程中发生的管理费用。主要包括领导和行政管理人员费用及办公费、水电费、邮电费、物业管理费、差旅费、折旧费、修理费等费用。管理费是一种间接成本，主要是用于项目管理以及和项目没有直接关系的人员费用。管理费原则上按照不超过业务活动费用总支出10%的标准编报。管理费在地方政府购买服务时已被确认为合规的一种财务支出项目，有的地方管理费的比例已突破了10%的限制。

第五，税费。税费是指为申报项目运营产生的营业税及附加。如果社会组织特别是社会服务机构尚未取得免税资格，需要按时缴纳这些税种。在做预算时，要根据国家规定的税率编报税费。

第六，项目的必要性支出。必要时，项目预算还可以设一个费用，叫不可预见费。不可预见费的编制，事先跟资助方或者购买方进行沟通，了解他们是否认可。不可预见费一般不要超过总经费的2%。

政府购买服务或者向资助方申请经费，如果对方有规范的项目预算表模板，就要按照模板进行填写。如果没有提供模板，可以参考下列不同类型项目预算表（见表 10-1、表 10-2）：

表 10 – 1 　　　　中央财政支持社会工作服务项目预算　　　　单位：元

资金来源	资金种类		金额
	扶持资金		
	配套资金	自有资金	
		社会募集资金	
		其他资金	
		合 计	
项目			
申报资金支出预算	1. 社会服务支持（以受益对象为单位的服务活动支出）		
	（1）开展服务支出		
	（2）发放物资支持		
	2. 固定资产购置支出		
	3. 项目执行费用		
	中央财政支持项目资金支出合计		
配套资金支持预算	1. 社会服务支持（以受益对象为单位的服务活动支出）		
	（1）开展服务支出		
	（2）发放物资支持		
	2. 固定资产购置支出		
	3. 项目执行费用		
	配套项目资金支出合计		

注：1. 社会工作者的工资不得列入申请资金预算；
　　2. 固定资产购置支出不得列入申请资金预算（项目中列明的除外）。

表 10 – 2 　　　　地方财政购买社会工作服务项目预算

序号	项目	报价/元	备注
1	社会工作者工资		社工工资、社保、公积金及福利
2	项目服务活动费		宣传资料、活动用品等
3	项目管理费		办公费用、行政管理、财务管理（10% 左右）
4	督导、培训费		

续表

序号	项目	报价/元	备注
5	税费		按营业税率、企业所得税等其他税率合计2%~4%计算
	总计		

注：1. 项目中不得列入固定资产预算；
2. 预算中注意地方法规与政策规定标准。

③项目预算的基本要求。

第一，紧扣资方要求，符合财务制度。项目资方要求是申请项目的刚性规定，项目申请方必须严格执行。如某地方政府购买社会工作服务项目要求承接商支付社工工资是项目预算资金的80%以上，潜在承接商要按此要求列支预算，否则取消投标资格。又如"中央财政支持社会组织参与社会服务项目"要求开展专业社会工作服务、心理咨询等活动的项目可以在中央财政资金中列支组织专门从事社会工作人员的工资性支出，但金额不得超过中央财政资金预算总额的30%，并按次（或工时）计费。无论是哪一种服务项目都要依据法规与政策列支预算，否则视同无效投标。

第二，围绕项目服务内容，贴合实际需要。要根据项目的实际需要做预算，不要弄虚作假。预算中的每一个数字、每一笔费用都要有理有据，能够经得起有关专家评议、资方或购买方的质疑，能够得到他们的认可。有些费用的标准，如法规与政策文件有规定的，就按照法规与政策文件的规定。没有法规与政策文件规定的按行业标准执行。总之，要了解开展项目所需的各种费用，如税费、督导费、培训费、场地费、授课费、广告制作费、专家费、志愿者补贴等，甚至包括其他机构做同样项目的费用情况。只有及时、准确地掌握各种费用信息，才能使项目预算做到与实际相符。

第三，项目预算要清晰具体。在项目预算中，每一笔开支都要清晰具体，用在什么地方、什么用途、多少数量、多少金额，要详细、清楚，要避免打统账、打包的做法。

第四，项目预算要涵盖所有的活动。由于预算跟项目计划里面的活动和服务是一一对应的，因此活动、服务做得越详细，做预算就越容易。同时，可在预算编制的基础上制作资金使用监控表，这样也可以让资助方或者购买方很清楚地看到资金使用情况。

第五，项目预算也可列入其他资金来源。如果社会工作服务机构能够提供配套资金或者其他的资金，就有获得资助或购买的可能性。如有其他资金或者配套资金，也要列入预算，要写清楚这部分资金的具体用途。

第六，合理列入风险预算，使项目预算更周全。合理的项目风险预算金不超过项目预算总金额的 2% ，最好是项目预算金的 1% 左右，它在项目预算里列为其他项。以后在项目实施中出现了无法预见的客观情况就可以使用这笔资金，但入账时需附情况说明。如：2021 年郑州市某区某社区社工站项目，因受洪水影响全市区需更换电缆才可通电，等政府救助需要一段时间，但每天需要整理报送材料，若自行解决电缆需支付两千多元。这样可从风险预算经费项中支出，一方面从财务管理角度是项目资金使用的合理微调；另一方面从审计的角度保证项目经费可以报销，确保通过审计。

第七，要邀请合作伙伴参与制定预算。如果项目是与合作伙伴共同实施并且要向合作伙伴支付费用，合作伙伴也要参与预算的制定。如果缺少了合作伙伴的参与，没有预算保证，后续项目无法进行；费用太高，不符合实际，资助方不会同意。

2. 项目投标流程

在实习教师的指导下，将学生进行分组，采用角色扮演法模拟招投标全过程，从送达投标书、开标、评标、中标四个环节进行开展实训。

（1）送达投标书环节。

1）递交投标书注意事项。

第一，学生应明确招标文件要求递交的截止时间和投标地点。按照招标文件要求，在规定时间之前把投标文件送到指定地点，或上传政府采购平台。投标文件截止后送达的，招标人会拒收。

第二，招标代理人收到投标文件后，签收保存，不到规定的截止时间不得开启。

第三，投标人已经递交了投标文件，但在规定的开标截止时间之前，还可以修改、补充或撤回已递交的投标文件，要书面通知招标人。修改、补充的内容是投标文件的组成部分。

第四，如果投标人不满三家，招标人应依据政府采购办法重新招标。

2）投标人应承担的义务。

第一，投标人不得相互串通投标报价，不得排挤其他投标人的公平竞争，损害招标人或者其他投标人的合法权益。

第二，投标人不得与招标人串通投标，损害国家利益、社会公共利益或者他人的合法权益。

第三，投标人不得以低于成本的报价竞标，也不得以他人名义投标或者以其他方式弄虚作假，骗取中标。

第四，禁止投标人以向招标人或者评标委员会成员行贿的手段谋取中标。

（2）开标环节。

实习生应明确投标管理规定。《中华人民共和国招标投标法》规定了开标时间和地点，开标时间应当在招标文件确定的提交投标文件截止时间的同一时间公开进行，开标地点是招标文件中预先确定的地点。

开标环节的主持人为招标方邀请的代理人，在开标现场所有投标人都应参加。开标时，投标人或其指定的代表检查投标文件的密封情况，也可以由招标人委托的公证机构负责检查，出具公证书。经现场确认无误，工作人员当众拆封，宣读投标人的名称、投标价格和投标文件要求的内容。招标人在招标文件要求提交投标文件的截止时间前收到的所有投标文件，开标时都应当当众予以拆封、宣读。开标过程应当记录，并存档备查。

（3）评标环节。

学生应了解评标委员会专家的构成与要求。评标委员会组成人员由招标人依法从政府采购专家库抽取，组建评标委员会。对于依法必须进行招标的项目，评标委员会由招标人代表和有关技术、经济等方面的专家组成，成员人数为五人以上单数，其中技术、经济等方面的专家不得少于成员总数的三分之二。

评标专家应当从事相关领域工作满八年并具有高级职称或者具有同等专业水平，由招标人从国务院有关部门或者省、自治区、直辖市人民政府有关部门提供的专家名册或者招标代理机构的专家库内的相关专业的专家名单中确定；一般招标项目可以采取随机抽取方式，特殊招标项目可以由招标人直接确定。与投标人有利害关系的人不得进入相关项目的评标委员会，已经进入的应当更换。

（4）中标环节。

中标人的投标应当符合下列条件之一：一是能够最大限度地满足招标文件中规定的各项综合评价标准；二是能够满足招标文件的实质性要求，并且经评审的投标价格最低，但是投标价格低于成本的除外。

若经评标委员会评审，认为所有投标都不符合招标文件要求的，可以否决所有投标。依法必须进行招标项目的所有投标被否决的，招标人应当重新招标。在确定中标人前，招标人不得与投标人就投标价格、投标方案等实质性内容进行谈判。

3. 签订合同

确定中标人后，招标人应发出中标通知书，同时将中标结果通知所有未中标的投标人。无论对招标人和中标人，中标通知书均具有法律效力。中标通知书发出后，若招标人随意改变中标结果，或中标人放弃中标项目，应依法承担法律责任。招标人和中标人应当自中标通知书发出之日起三十日内，按照招标文件和中标人的投标文件订立书面合同。招标人和中标人不得另行订立背离合同实质性内容的其他协议。依法必须进行招标的项目，招标人应当自确定中标人之日起十五日内，向有关行政监督部门提交招标投标情况的书面报告。合同条款参见拓展阅读《购买社会工作服务合同条款及格式》。

（二）公益创投项目申请流程

公益创投项目是公益创投发起方基于推动公益慈善事业发展的目标，借鉴风险投资、创业投资的理念和方法，通过提供政策支持、资金资助、能力建设、资源对接及其他服务，并与公益创投项目方建立长期的伙伴关系，以有效解决社会问题，达成社会效益最大化的一种活动。[①] 公益创投活动经过十几年的发展，已相对成熟。深圳市于 2022 年 12 月 28 日发布了《公益创投运行指南》，2023 年 1 月 1 日开始正式实施。这一指南是在总结深圳公益创投多年运作实务经验的基础上完成的，有效解决了 "公益创投运行关键要素不全、议题偏离或效能不足" 的现实问题，促进了公益慈善事业发展，规范了公开遴选制公益创投运作方式。公益创投项目的实习主要参照图 10 - 3 申请流程来进行。

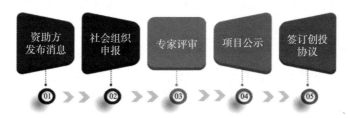

图 10 - 3　公益创投项目申请流程示意图

1. 资助方发布消息

（1）项目主体构成。

公益创投资助方，也称发起方，单位包括政府部门、群团组织、社会组织、企事业单位、多方联合体、个人等主体。公益创投受益方，即公益创投项目方，可以是社会组织，也可以是企事业单位等。

---

① DB4403/T 299 - 2022. 深圳市地方标准，公益创投运行指南 [S].

（2）创投资金来源。

创投资金来自于政府财政资金、福彩公益金、体彩公益金、慈善信托资金、捐赠资金等渠道。

（3）设立创投主题。

公益创投发起方及公益创投运行方根据公益创投目标确定公益创投主题或领域。公益创投的主题或领域包括：扶弱、济困；扶老、救孤、恤病、助残、优抚；救助自然灾害、事故灾难和公共卫生事件等突发事件造成的损害；促进教育、科学、文化、卫生、体育等事业的发展；防治污染和其他公害，保护和改善生态环境；符合促进地方发展，满足社会多层次、多样化需求的其他主题；符合慈善法规定的其他领域。

（4）公开征集项目。

公益创投运行方通过官方网站、媒体、合作伙伴网络等发布创投项目公开征集公告，向社会各界征集公益慈善项目。征集公告一般包括以下内容：申报范围；主题要求；申报主体资质要求；资金使用要求；申报材料要求；申报方式；投后管理和服务等内容。

2. 社会组织申报

申报渠道可通过公开自主报名渠道、邀请申报和推荐申报三种方式。

社会组织申报项目时，应准备以下材料：

（1）申报机构的资质凭证，如营业执照、缴纳税收证明、缴纳社会保险证明等材料。

（2）申报承诺书，一般包含以下内容：承诺提交的所有资料真实有效；承诺符合并遵守知识产权法相关要求；承诺遵守公益创投要求。

（3）项目计划书，应包含以下内容：项目基本情况；社会需求调研分析；项目方案；项目预算规划；其他辅助材料，根据不同申报要求，包含的材料有机构年报、年检报告、第三方审计报告、项目过往成效评估报告、获奖情况、合作情况、资源整合情况等。

3. 专家评审环节

首先，进行初评。在这一环节从以下几个方面评审申报材料：申报材料是否完整；申报主体资质是否符合申报要求；申报项目范围是否符合申报要求；申报项目内容是否符合申报要求；财务预算是否符合要求。

其次，尽职调查。公益创投运行方组织专家对通过初评的项目开展尽职调查，以确定晋级项目。尽职调查可包括以下内容：

（1）组织情况，可包括以下内容：使命、愿景、价值观；业务范围；法人治理结构；管理制度和财务制度；员工构成与资质；信息透明度、舆论情况。

（2）项目情况，一般包括以下内容：项目规模，服务范围、服务人数、外部合作情况、发展规划等；项目资源，项目开展所匹配的人力、物力、财力及现实条件情况；运营模式，项目具体运作的方式与方法；社会影响力，品牌效应、社会认可度、复制推广情况和项目成效；项目团队，开展同类项目执行和管理经验情况；风险应对意识、能力与策略；财务情况，资金规模、收支结构、财务审计报告等；社会资源整合能力。

（3）尽职调查结果运用。对尽职调查结果有以下处理情况：评审专家无意见的，项目参加后续评审环节；评审专家有修改建议的，项目申报主体应根据建议进行项目优化后进入后续评审环节。未通过尽职调查，项目失去参与下一阶段评审的资格。

最后，终评阶段。终评阶段的方式主要为项目汇报及答辩。评审专家根据评审机制（见表10-3），进行全面考察和打分。将专家打分结果进行汇总排序，并确定创投立项的项目。

表 10-3　　　　　　　　　　　公益创投评审机制

评审机制	具体内容
平均分制	评审专家团队对所有项目开展独立评分，取平均分为项目最终得分，根据项目最终得分进行优劣排序
背靠背评分制	评审团队由2位以上评审专家组成，针对同一个项目，可由评审专家们根据评审细则进行独立打分，取评审专家平均分作为项目最终得分，根据项目最终得分进行优劣排序
标准分制	标准分评分制度即常模参照性考试，依据申报项目总体的平均分、标准差等作为标准来解释分数的一种分数计算方式。其目的主要在于将单个项目得分与其他项目得分做比较，着眼于整体中单个项目得分的区分，以明确单个项目在整体中的位置，以便于对项目进行层次划分、排序，提供筛选依据
其他机制	由评审团队专家直接推荐优秀有潜力的项目进行资助

注：DB4403/T 299-2022. 深圳市地方标准，公益创投运行指南［S］.

4. 项目公示

公益创投运行方对各环节评审结果进行公示，公示期可为3~5天。公示期间，任何组织或个人如对公示结果有异议，可向公益创投运行方以书面形式提出异议。公益创投运行方对各方提出的异议应及时核实，并反馈处理意见。公示期内，有异议且核实的事项达到终止参与创投条件的项目，取消项目参与创投的资格。公示期满，对无异议的项目进行创投立项。

5. 签订创投协议

创投项目确定后，公益创投运行方与公益创投项目方签订创投协议，意为创投正式立项，协议包括以下内容：一般条款；合作范围；项目目标与实施方案；监测与评估要求；项目预算；违约责任和解决争议的方法；补充条款。公益创投运行方与公益创投项目方签订协议后，进行资金拨付和管理，包括但不限于以下方面：按照协议约定比例及时拨付首笔资金；在项目阶段性审核合格后及时拨付尾款；创投项目依据相关法律法规及公益创投运行方相关要求，对创投资金进行管理，不应用于其他用途。

拓展阅读 »»»»»»»»»»»»»»»»»»»»»»»»»»»»»»»

购买社会工作服务合同条款及格式

第一条：本合同当事人

甲方：

乙方（社会工作服务机构）：

法定代表人/负责人：

丙方（服务需求方）：

在平等、自愿、互利的基础上，经共同协商，就甲方将委托乙方对丙方实行的相关服务事宜，订立本合同。

第二条：价格

1. 合同总价（人民币）：_____万元。 大写：_____万元。

2. 合同总价包括了所有服务人员薪酬、督导培训、办公经费、服务活动、项目管理、技术支持、税费（包括关税、增值税）、保险费等全部费用。

3. 其中薪酬待遇，参照《×××政府购买社会工作服务资金管理暂行办法》文件相关要求进行执行落实。社会工作发展监管类项目根据实际合同约定执行落实。

4. 如合同内容没有变更，本合同价格为固定不变价。

第三条：项目基本情况

1. 项目名称：

2. 服务领域：社区党群综合服务中心项目

3. 服务对象：社区内全体居民群众

4. 基本服务内容：（依据招标书填写）

第四条：项目具体实施情况

1. 项目实施方案

项目实施方案按照落项后与服务需求方对接协商的最终年度实施方案计划为准。

2. 项目服务指标

3. 项目（岗位）派驻人员情况（见表 10－4）

表 10－4　　　　　　　　　　项目（岗位）派驻人员情况表

序号	岗位	姓名	性别	学历	所学专业	专业资格	专业年限
1	负责人						
2	社工						
3							
4							

第五条：委托合同依法签订后，即具有法律约束力，甲、乙、丙三方必须遵守合同条款，履行合同规定的责任义务。

第六条：项目服务期及验收标准

（1）本合同期限××个月，自 20××年×月×日起至 20××年×月×日止。

（2）乙方派驻社工服务试用期为 1 个月，自合同签订之日起算，1 个月后对试用不合格社工应按照购买方要求进行及时更换。

（3）验收标准：由第三方评估机构进行验收评估，购买方及用人单位参与评估考核。

第七条：服务要求

社工机构应在起始日起 7 个工作日内安排社工上岗，若在合同有效期内缺岗一个月以上的，经核实按实际缺岗时间扣除甲方支付乙方的服务费用。

第八条：三方权利和义务

1. 甲方的权利和义务

（1）在约定的时间进行拨款，若甲方在约定时间内未能按时拨款，造成重大影响的由甲方承担责任。

（2）甲方有权对乙方进行指导、监督和审计，具体包括财务监督、服务指导、服务监督及综合评估工作，乙方需配合甲方的工作。

（3）若乙方未按照协议将款项全部用于该服务开展，包括挪用、转借、另作他用等，则乙方须承担违约责任，甲方有权停止拨款，同时有权单方终止本协议，甲方终止本协议时，乙方应返还甲方已拨付的全部服务资助款项。具体履约过程中如乙方和丙方发生争议，甲方应承担协调处理的职责。

（4）丙方若不当使用社工，或让社工所做工作超出社工专业服务范畴的，情节严重的，经核查属实，甲方和乙方有权终止本协议。

2. 乙方的权利和义务

（1）乙方在收取甲方拨付的款项时，需先提供给甲方正式票据。

（2）乙方应严格按照要求将代收代付的资助款项用于社工工资、社工服务活动开展以及社工办公经费等，如不按要求使用的，乙方应返还甲方所拨付款项。

（3）乙方项目派驻社工，原则上不允许人员变动，乙方和服务需求方若建议更换项目负责人、派驻人员时，社工机构需及时与甲方沟通，协商后再进行调整。项目全年人员变动原则上不能超过50%；

（4）有下列情形之一的，乙方有权临时召回社工或解除合同并向甲方索要违约赔偿金：

①甲方未按时支付有关费用的；

②约定的服务内容发生变更而未取得乙方同意的；

③丙方对社工工作要求违反国家的法律、法规或损害其身心健康的；

④丙方无正当理由频繁要求调换社工的。

3. 丙方的权利和义务

（1）如因乙方社工故意或重大过失给丙方造成损失，丙方有权追究乙方相关责任。

（2）丙方应尊重乙方社工及其工作成果，提供安全的劳动条件和必要的工作环境。

（3）丙方应合理使用社工，使其充分发挥应有的专业作用，防止社工行政化倾向。

第九条：劳动条件

（1）乙方社工按照丙方正常工作时间提供社工服务，社工工作时间与用人单位工作总时间应保持一致，原则上不少于35小时/周。乙方接受培训的时间不得与丙方的正常工作时间冲突。

（2）丙方应保证乙方社工正常的作息时间和休假，合理安排其相关工作。如确需在双休日和国家规定的法定假日加班的，须在征得乙方社工同意并另行给予加班补贴的前提下进行，或者安排补休。

（3）丙方应对机构督导的相关工作予以实际的支持与配合，允许社工有集中督导时间，具体时间和地点与社工机构协商后予以固定。

第十条：服务承诺

（1）乙方应承诺根据服务单位要求修改、完善实施方案及提交的成果满足需求。

（2）乙方须对服务方案的实施、验收、培训、应用等提供协助和技术支持。

（3）乙方需要按照计划书所写内容开展服务，接受甲方代表到项目（岗位）点考察。

（4）乙方需向甲方提供项目（岗位）工作人员的学历、技术职称等基本信息。

（5）乙方需接受甲方对项目（岗位）提供督导和评估，以便共同研究，三方有权共同使用项目数据和资料。

（6）乙方需要留有项目财务支出单据，以供复查，对欠缺有效单据的支出，甲方不予承认。

（7）乙方若有重大财务变动，需要提交书面申请，经批准后才可调配。

（8）乙方在该项目（岗位）中所制作的宣传材料需放置"20××年×××购买社会工作服务"专用标志，除此之外使用标志需要经甲方书面授权。

（9）乙方应于整个项目结束后的十五个工作日内，向甲方递交包含账目结算在内的完整自评报告。

（10）乙方应遵守以上各条款，否则甲方有权随时终止项目，并追回拨款，相关不良记录将影响乙方日后的政府购买社会工作服务申请。

第十一条：拨款方式

项目付款比例依据各阶段第三方评估结果档次而定，总分分为四个档次，85分以上为"优秀"，75～84分为"良好"，60～74分为"合格"，59分以下为"不合格"。

本项目通过转账形式付款，分三期拨付。甲方于项目合同签订之日起30天内拨付服务经费的40%。项目通过中期评估为"良好"及以上的拨付服务经费的30%，"合格"及以下的拨付20%。项目末期评估为"合格"及以上的1个月内拨付剩余款项，为"不合格"的不予拨付10%的项目款项。

第十二条：技术资料

（1）乙方应按照招标文件规定的时间向甲方提供有关技术资料。

（2）没有其他两方书面同意，任何一方不得将有关合同或任何合同条文、规格、计划或者资料提供给与履行本合同无关的任何其他人。即使向履行本合同有关的人员提供，也应注意保密并限于履行合同的必需范围。

第十三条：涉及保密

甲、乙、丙三方应永久恪守因签署或履行本合同而获知的业务方面的秘密信息。任何一方如将获知的对方秘密信息泄露给第三方，应赔偿因泄密而给对方造成的一切损失并承担相应的法律责任。

第十四条：在合同期内，任何一方不得无故单方面终止合同，如任何一方无故终止合同，须提前一个月以书面形式通知对方，并且均须赔付对方相当于两个月的服务费金额。以下情况除外：

（1）乙方服务质量严重下降，导致服务单位环境不能达到合同要求标准，并经甲方多次警告及罚款均无效果，且已危害服务单位公众形象及生活环境，但因不可抗力造成的，即自然灾害、人为恶意破坏等因素引起的不在此列。

（2）甲方未能如期付款而影响乙方服务工作，受资金不到位而导致服务难以开展。

第十五条：违约与赔偿责任

1. 交付违约

乙方应在合同所规定的时间内完成和交付本合同规定的全部项目，如完成工作延时，甲方有权要求乙方作出补偿和采取补救措施，并继续履行本合同所规定的义务。如因甲方原因而造成的延期乙方不负延期责任。

2. 付款违约

如甲方付款延误，应当向乙方说明原因，做好解释工作。

3. 保密违约

任何一方违反本合同所规定的保密义务，承担由此引起的责任，违约方应按本合同总价的5%支付违约金。

4. 发生违约事件，守约方要求违约方支付违约金时，应以书面方式通知违约方，内容包括违约事件、违约金、支付事件和方式等，违约方在收到上述通知后，应于15天内答复对方，并支付违约金。如三方不能就此达成一致意见，将按照本合同所规定的争端解决条款解决三方的纠纷。

5. 不可抗力

（1）由于不可抗力（含政府相关政策重大调整及征收、拆迁等），直接影响本合同的履行或者不能按照合同的约定履行时，遇有上述不可抗力的一方可以免除相关合同责任，但遇有上述不可抗力的一方应立即书面通知对方，并在15天之内提供不可抗力的详细情况及合同不能履行，或者部分不能履行，或者需要延期履行的理由和有效的证明文件。按不可抗力对履行合同影响的程度，由三方协商决定是否解除合同，或者部分免除履行合同的义务，或者延期履行合同，乙方延迟履行本合同时发生不可抗力的,迟延方的合同义务不能免除。

(2)受到不可抗力影响的一方,应尽可能地采取合理的行为和适当的措施减轻不可抗力对合同的履行所造成的影响。没有采取适当措施致使损失扩大的,该方不得就扩大损失的部分要求免责或赔偿。

第十六条:争端解决

(1)凡与合同有关而引起的一切争议,甲、乙、丙三方应首先友好协商,如经协商后仍不能达成协议时,任何一方可以向甲方所在地法院提起诉讼。本合同的诉讼管辖地为甲方所在地的法院。

(2)在进行法院审理期间,除提交法院审理的事项外,合同其他部分仍应继续履行。

(3)本合同解释权归甲方。

第十七条:本合同及其附件和补充协议中未规定的事宜,均遵照中华人民共和国有关法律、法规和规章执行。

第十八条:本合同正本共____页,本合同正本一式三份,甲、乙、丙三方各执一份,具有同等法律效力。

第十九条:合同的生效、变更与终止

(1)合同经甲、乙、丙三方代表签字盖章后生效。

(2)如果乙方严重违反合同,并在收到违约通知书后在30日内仍未能改正的,其他两方可立即终止本合同。

(3)本合同在履行中如发生争议,三方应协商解决;协商解决不成的,通过法律途径解决。

(4)合同期满本合同自然终止。

甲方(盖章):

日期: 年 月 日

地址:

邮政编码:

电话:

乙方(盖章): 负责人(签字):

日期: 年 月 日

地址:

邮政编码: 电话:

开户银行：

开户账号：　　　　　　　　负责人（签字）：

丙方（盖章）：　　　　　　负责人（签字）：

地址：

邮政编码：　　　　　　　　电话：

日期：　　年　月　日

二、社会工作项目实施

（一）社会工作项目服务实施初期

因诸多因素的影响，社会工作项目服务计划在执行过程中会有无法实施的情况。在项目服务目标框架不变的情况下可以进行服务内容微调。如项目资金、服务时间、服务地点的变动。

（二）社会工作项目的日常管理

一般认为，项目管理包括以下内容，它也是社会工作人才培养项目管理的实习内容。

1. 项目行政管理

第一，项目行政管理是否制定和执行了项目人事管理制度、财务管理制度、物资管理制度及保密制度。第二，文件格式化管理，包括每月的汇报计划、总结个案类的档案资料表格、小组类的档案资料表格等。

2. 专业规范性管理

专业规范性管理即是否制定和执行了完善的社会工作专业服务规范和程序；是否全面、真实保存项目服务档案；是否制定了服务对象权益保障制度。

3. 项目进度管理

项目进度管理是指项目团队是否根据服务方案制订了总体工作计划和阶段性工作安排；是否制订了服务进度管理制度，并合理安排工作进度。

4. 服务质量体系与督导

服务质量体系与督导指是否建立了服务质量评估指标体系；是否建立专业督

导和培训机制；是否建立意见反馈与投诉处理机制；是否提出持续改进机制。

服务质量评估指标体系包括项目的评估目标、评估原则、评估主体、评估内容、评估方法、评估程序和评估报告运用。

5. 风险管理与应急预案

风险管理与应急预案指项目执行机构是否对其项目实施过程中存在的风险进行预估，是否制定了项目应急预案。

6. 志愿者管理

社会工作服务模式从"双工联动"① 到"三社联动"②，再到现在的"五社联动"③ 都有志愿者一方参与，要做好志愿者的管理，让志愿服务成为社区的一道亮丽的风景线。

7. 项目资金管理

项目资金管理是指项目资金使用是否符合预算执行方案和财务管理制度。

8. 项目成效管理

（1）目标实现程度。

目标实现程度评估内容包括：合同规定的服务目标达成情况；合同规定的服务数量完成情况；合同规定的服务对象改善情况；合同规定的服务组织及其专业团队从项目实施中得到成长发展的情况。

（2）满意度。

满意度是指评估服务对象、购买方、项目执行方对社会工作服务过程与成效的满意度。

（3）社会效益。

社会效益是对项目的影响力、可持续性、可推广性进行评估。评估内容包括：社会反响、奖惩情况、宣传报道、研究成果；决策影响：对项目可持续发展的思考与建议被相关部门采纳；资源整合：组织参与、社会捐赠、志愿者参与。

三、社会工作项目评估

社会工作项目服务评估是运用社会科学方法对社会工作服务的投入、过程、

---

① "双工联动"的双工指社工和义工。
② "三社联动"的三社指社区、社会组织和社工。
③ "五社联动"的五社指社区、社会组织、社工、社会资源和社区自治组织。

产出和效果等进行系统的研究和评价并作出结论的专业活动。2014 年，民政部发布《社会工作服务项目绩效评价指南》，对评估的定义、目标、原则、主体、内容、方法和程序作了规定。以下是作为评估成员应掌握的评估社工项目的一般流程。

（一）社工服务项目评估的流程

1. 购买方确定评估机构

社会工作项目服务的评估组织者一般由购买方负责确定评估方式和评估执行方，邀请具有专业评估资质的机构进行评估，落实评估经费，统筹评估相关事宜。

2. 制订评估方案

评估方案一般包含评估对象、评估目标、评估原则、评估指标体系、评估流程。评估方案要结合购买方建议，将评估方案交评估组织方确认，双方确认同意后签订委托评估协议书。

▰▰ **拓展阅读** ►►►►►►►►►►►►►►►►►►►►►►►►►►►►►►►►►►►

委托评估协议书

编号：

委托方（甲方）：

受托方（乙方）：

兹有甲方委托乙方对项目进行评估。乙方接受甲方委托。双方经协商达成以下约定：

一、委托评估事项

（一）项目评估范围：

接受乙方项目评估的，系项目（以下简称_____项目），共计____项。

（二）项目评估的主要内容

（三）项目评估工作时间要求

项目开展时间自　　年　月　日至　　年　月　日。

（四）费用及付款方式

1. 本协议的评估费为人民币（大写）_____元，该费用包括完成评估工作的所有运作资金、人员工资等有关费用。

2. 付款方式：甲方应在本协议签订后 20 个工作日内向乙方预付____%项目评估费，其余____%项目评估费在乙方提交评估报告后付清。

经费划拨至如下账号：

开户行：

开户名：

开户账号：

二、双方权利和义务

（一）甲方的权利和义务

1. 甲方的权利

（1）甲方对乙方的评估及报告撰写过程享有指导权，对乙方撰写的评估报告成果享有知识产权。

（2）甲方有权对乙方在评估工作开展过程中各项工作目标的完成情况、评估经费使用及各项评估指标落实情况进行监督，必要时提出修改意见和建议。

（3）对于监督过程中出现的问题，甲方有权对乙方提出整改要求。乙方在整改后仍不能满足开展评估工作条件的，甲方有权终止协议并向乙方追讨全部经费。

2. 甲方的义务

（1）按照合同规定如期向乙方拨付评估工作经费。

（2）协调各业务主管部门、各项目承办机构，尽力解决评估工作中遇到的问题，为乙方提供必要的支持和帮助。

（二）乙方的权利和义务

1. 乙方的权利

乙方按本协议规定获得评估工作经费；为完成本次评估工作，可以向甲方提出给予必要支持的要求。

2. 乙方的义务

（1）按照约定完成项目评估工作，出具真实、完整、专业的项目评估报告。由于受项目评估工作性质的约束，以及项目执行单位内部控制制度的固有局限性和其他客观因素制约，存在某些重大错报可能未被发现的风险，因此，乙方的评估责任并不能替代、减轻或免除项目执行单位的项目管理责任。

（2）对执行业务过程中知悉的项目执行单位的组织机密严加保密。除法律另有规定外，未经项目执行单位同意，乙方不得将其知悉的组织机密和项目执行单位提供的资料对外泄露。

（3）根据项目实际完成情况和甲方要求，分期分批出具评估报告（如因项目执行单位未能及时提供评估资料等原因造成延期的，另行商定）。

三、违约责任

（1）任何一方未按约定履行，另一方有权要求对方履行或终止本合约，并保留要求对方赔偿损失的权利。

（2）对于甲方原因造成乙方工作进度延期，甲方不得追究乙方责任。对于乙方因自身原因未能及时有效地履行本合约，甲方有权不支付相应的评估费用，直至终止合约。

（3）甲乙双方均应按照《中华人民共和国合同法》承担违约责任。

（4）本协议书一式四份，甲乙双方各执两份，具有同等法律效力。

甲方（盖章）：　　　　　　　　　乙方（盖章）：

法定代表人（签字）：　　　　　　法定代表人（签字）

联系人：　　　　　　　　　　　　联系人：

地址：　　　　　　　　　　　　　地址：

邮编：　　　　　　　　　　　　　邮编：

电话：　　　　　　　　　　　　　电话：

传真：　　　　　　　　　　　　　传真：

日期：　　年　月　日　　　　　　日期：　　年　月　日

3. 组织评估团队评估

一般来说，评估团队是由不少于 5 人的单数组成，其中取得中、高级社会工作者职业水平证书或受过硕士研究生及以上社会工作专业教育，且具有 3 年以上相关社会工作实务经验的人员不低于30%，1 名熟悉社会组织财务工作、具有中级及以上专业技术职务的财会人员。

4. 发送评估通知，召开说明会

评估执行方应至少提前 30 个工作日，书面告知被评估方评估的具体要求、评估标准、操作细则及安排。

5. 依据方案开始实施评估

评估采用实地评估与集中式专家评估相结合、各相关方参与的形式，第三方评估得分包含实地评估和专家评估两部分。实地评估指标体系由站点管理、专业服务、服务产出与成效、多方评价、财务管理五部分组成。

6. 出具报告，反馈评估结果

根据实地和现场汇报情况，撰写评估报告，内容应按照评估指标体系分项总结，包括项目概况、评估结果、服务成效、存在问题、改进建议五个方面。

以上就是评估方进行社会工作服务项目评估的一般流程。

（二）社会工作服务项目评估的内容

社会工作项目评估的内容分为一级、二级和三级（评价）指标。一级指标框架：项目管理、专业服务、服务产出与成效、多方评价、财务管理、加分与扣分项。二级指标是在一级指标的基础上进行细化。项目管理包括规章制度、团队管理（项目人员配备和资质）、项目期间社工被督导与培训情况。专业服务包括服务基础和过程管理，具体可细化为需求调研、服务计划、专业服务水平、资源链接、服务宣传、相关方沟通等内容。服务产出与成效包括合同指标完成情况、专业文章、服务品牌、社区社会组织培育情况。多方评价是指购买方、服务对象、基层社区组织及自评。财务管理包括财务制度、项目预决算、账目记录与凭证、社工薪酬计发与比例。加分与扣分项包括加分内容在项目期间受到的表彰；发表项目服务的研究文章等；扣分内容有项目人员的不稳定，特别是项目主管更换加重扣分，项目财务的重大漏洞等。三级指标可以结合具体情况进行设计。评估指标体系见表 10 - 5。

表 10 - 5　　　　　　　　　社工站项目指标评估体系

_____社工站项目　　　　　　　　　　　　　　　　总分：_____

项目	一级指标（大类）	二级指标（小类）	三级指标（具体层面）	得分
1	项目管理（×分）	规章制度	有关项目管理的规章制度（如：考勤制度、财务制度、信息公示制度等）	
		团队管理	人员资质；考核奖励；人员稳定	
		督导与培训	主题；次数；时间	
2	专业服务（×分）	服务基础	需求调研；年度计划；专业方法运用	
		过程管理	进度管理；风险管理；志愿者管理；评估监测	
3	服务产出与成效（×分）		以合同指标为依据，包括：合同指标完成情况、专业文章、服务品牌、社区社会组织培育情况	

续表

项目	一级指标 （大类）	二级指标 （小类）	三级指标 （具体层面）	得分
4	多方评价 （×分）	购买方	满意；基本满意；不满意	
		服务对象	满意；基本满意；不满意	
		社区基层组织	满意；基本满意；不满意	
		自评	满意；基本满意；不满意	
5	财务管理 （×分）	财务管理制度	完全符合要求；基本符合要求； 不符合要求	
		经费预、决算	完全符合要求；基本符合要求； 不符合要求	
		票据规范并使用合理	合理；基本合理；不合理	
		财务公开	公开；部分公开；未公开	
6	加分与扣分	表彰；经验交流等	按级别、次数情况加分	
		服务人员稳定情况	变动一次；变动两次；变动三次 扣×分	

评估人员：_____   评估日期：   年 月 日

（三）社会工作项目评估应注意的问题

（1）整理评估资料。第一，研究评估方案，初步熟悉流程；第二，认真研究评估实施方案，找出需要准备的材料及提交的时间节点等；第三，梳理评估内容，明确评估任务；第四，按照大类去梳理评估需要准备的事项，帮助团队建立明确的思路。合理的分工、规范的格式要求。主管做好合理分工安排，按照评估要求规范资料的格式。

（2）撰写自评报告。格式上，自评报告须严格按照评估体系模板，注意文字格式及排版；美观上，可适当运用图片、表格、框架图等佐证说明，切忌流水账形式；内容上，根据服务开展情况，进行分领域、分类型进行归纳、提炼、总结。

（3）回应专家问题。对于评估专家提出的疑问或者不清晰的地方，社工敢于表达及澄清。面对意见和建议，社工切忌与专家进行争论，虚心承认不足并请教整改方法。

（4）现场汇报展示。项目汇报需要遵循一定的逻辑顺序，把零散的服务内容用科学合理的逻辑串联，展示清晰的思路，突出服务框架，如从个人——家庭——社区——社会，微观——中观——宏观等知识点，结合项目开展的具体情况加以阐述。

第三节　社会工作项目管理实习常见问题

一、社会工作项目管理实习环节的问题

按照社会工作人才培养方案的要求，社会工作项目管理实习属于实践创新课程，时间不易太长，一般课时安排一周。特别是综合性的服务项目一周时间内不可能完成所有的项目运营环节，一周时间对学生训练一、二个环节已经较为可行。

1. 确定社会工作项目实习环节

根据学校安排实习周的时间，确定实习的主题与环节。实习主题可根据社会工作服务领域自由选择。实习环节可选择立项和评估/招、投标和评估/实施和评估或者所有项目运行环节。

2. 确定社会工作项目管理实习的主题

社会工作项目管理实习的主题，既要难易适中，又要让学生有学习思路、贴近实践。

二、实习面临理论到模拟实践的困惑

（1）实习开始时，实习生存在准备不充分情况，不太了解什么是项目投标，也不知道项目投标的流程是什么、该准备什么资料。

（2）不知道如何查阅资料？查阅的资料不知如何用于撰写标书。以往课程实训是个案、小组、社区活动策划方案撰写，如何把这些个案、小组、社区活动策划方案撰写应用到项目服务计划中感到迷茫。

（3）学生角色模拟分工不明，不同岗位的工作人员需要负责的具体工作内容不明确。

（4）在设计具体的项目活动计划时，因为缺乏实务经验，不知道如何具体

设计现实活动。在设计一些活动的细节时，缺乏把理论与实务结合的能力。

（5）虽然实习时有评标标准场景模拟的学生评委打分，但缺乏严肃的氛围和专业社工、评委的监督、评价，学生在模拟投标结束之后，只关心该组所得分数，不关心自己的不足和需要改进的地方。

三、社会工作服务项目管理实习常见的问题

（一）专业课程设置局限与项目的服务周期冲突

1. 专业课设置局限

专业课、理论课设置在社会工作项目管理之后，理论和工作方法不能有效指导学生实习。

2. 项目的服务周期冲突

安排学生实习的时间段与实习单位的项目运行不一致。

社会工作项目运行有周期性，周期有长有短，特别是综合性的项目周期较长。若学生实习时间段与项目周期、子项目周期或一场完整的服务活动周期一致，学生可以得到系统的服务能力训练。

（二）校内训练校外实践指导教师的缺位

得到一线社会工作者指导的学生，模拟实训效果更接近实践。因时间、报酬、社工机构人力资源管理制度等原因使校外一线社工难以到校内开展常态化指导。

四、社会工作服务项目管理实习问题的应对

1. 突发事件问题应对

社会工作实习时间段遇到突发事件发生时，可进行云实习或调整实习时间。

2. 专业课程设置局限与项目的服务周期冲突应对

（1）专业课设置局限应对。科学设置社会工作项目管理实习时间课程。

（2）实习安排时间与项目服务周期不一致。

建议安排学生实习之前调查实习单位服务项目的进度计划。

3. 与实习单位对接及实习单位的对实习生的管理问题应对

首先，与实习单位签订实习协议。协议中双方权利与义务要公平、具体、可行。其次，实习单位的实践指导老师对所指导学生的实习成绩有一定的话语权。

4. 实习生的实习态度问题应对

落实学校实习的规章制度及要求。

5. 实习生的安全问题应对

首先，购买学生实习期间的人身意外保险；其次，对学生进行安全教育和规章制度宣讲；最后，实习安排尽量考虑缩短学生生活地点与实习地点的距离。

小　结

社会工作项目管理实习的目的是侧重于培养社会工作行业的管理人才。本章介绍了社会工作项目的定义、特点与类型、社会工作项目实习的目标、项目管理实习的要求，重点强调了社会工作项目招投标与公益创投项目申请的流程，社会工作项目的实施与评估要求，对社会工作项目管理实习中常见的问题进行了解答。

 思考题

1. 社会工作项目的特点有哪些？
2. 如何对社会工作项目的类型进行分类？
3. 社会工作项目管理实习内容要求是什么？
4. 社会工作项目预算的内容包括哪些方面？
5. 社会工作项目的日常管理包括哪些内容？
6. 社会工作项目评估应注意的问题有哪些？

第十一章

实习总结、延展与反思

【实训目标】

1. 明确实习总结的含义、特点及作用，掌握实习总结的写作内容。

2. 明确实习延展的内容，掌握理论提升与实习宣传的要点。

3. 明确实习反思的含义，掌握实习反思的内容。

【实训技能点】

1. 掌握实习总结的写作方法。

2. 明确实习评价的标准。

3. 掌握实习宣传及理论提升的技巧。

【思维导图】

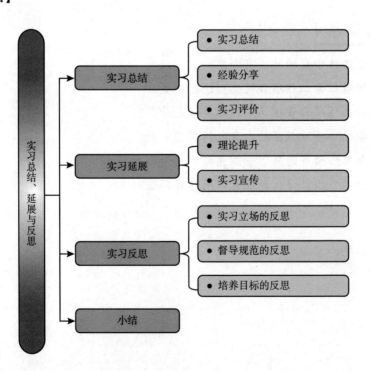

第一节 实习总结

一、实习总结概述

(一) 实习总结的概念

实习总结是对一个时间段的实习情况进行系统的回顾,通过分析研究,作出客观的评价,肯定成绩,找出问题,得出经验教训,摸索出实习规律,为发扬成绩,纠正错误,提高认识,明确方向而写成的书面材料。

(二) 实习总结的特点

1. 回顾性

实习总结是对自身社会实践进行回顾的产物,对过去特定阶段或特定工作进行的回顾和研究。

2. 评价性

实习总结是对前一段的工作情况进行客观公正的评价,对实习过程进行一个全面而详细的总结,是学生对自身获得工作经验的梳理与反思。

3. 证明性

实习作为人才培养方案中的一门课程,实习总结是赋予学生学分的依据,是学生获得学分的重要载体。同时,也是学生用自身的成绩、做法、经验等材料来证明实习总结中提出观点的正确性。

(三) 实习总结的写作要点

实习总结的结构形式基本上是由标题、正文、具名和日期四项组成。

1. 实习总结的写法——标题

公文式标题：时间＋文种

例：20××年社会工作实习总结

2. 实习总结的写法——正文

正文主要由前言、主体和结尾三部分组成。

前言（导语）——总结的开头主要用来概述基本情况。作为开头部分，要注意简明扼要，文字不可过多。

主体——这是总结的主要部分，内容包括成绩、做法和经验，问题和教训，今后打算等方面。这部分篇幅大、内容多，要特别注意层次分明、条理清楚。

结尾——应在总结经验教训的基础上，提出今后的方向、任务和措施，表明决心、展望前景。这段内容要与开头相照应，篇幅不应过长。有些总结在主体部分已涉及这些内容，就不必再写结尾。

（四）实习总结的类型

实习总结不同于一般的科学研究的总结。一般的科学研究关注的焦点是研究数据、研究过程及研究结论的科学性。实习是社会工作理论与方法运用于实践的过程。实习过程不仅涉及社会工作技巧与方法的运用，同时也涉及社会工作价值观的植入，教师、社工及学生的个人成长及社会工作服务专业化水平的提高。因此，实习总结应从多维角度全面梳理实习过程，总结实习经验。实习总结的类型分为学院总结、实习单位总结及学生总结三种类型。

1. 学院总结

学院总结是实习负责人全面梳理实习过程，从实习组织、实习过程、实习成效、改进措施等方面总结实习经验、教训及未来改革的方向。实习是学校实践教学的重要环节。实践教学相较于课堂教学，其形式更多样，教学手段更灵活，教学环境更复杂，对教师的综合素质要求更高。教师撰写实习总结的过程既是对实习教学过程的全面梳理，又是实习教学管理及教学工作的全面凝练、全面提升的过程。教师不断总结实习教学经验，反思教学不足，明确未来改进方向，从而不断提升教学水平、实务水平及综合能力。

【学院总结示例】

20××年社会工作专业毕业实习工作总结

按照学校及学院关于毕业实习的工作安排，我院组织20××级社会工作专业学生开展了为期×周的毕业实习工作，现将该项工作的开展情况总结如下：

一、实习对象及时间

1. 实习对象：20××级社会工作专业×名本科生。

2. 实习时间：20××年×月×日～×月×日。

二、实习地点及形式

1. 实习地点：集中实习×家社工机构×个社工站项目点，分散实习×家单位。

2. 实习形式：毕业实习采取集中与分散实习相结合的方式。集中实习由学院统一安排实习地点与时间；分散实习由学生自主联系实习单位。20××级社会工作专业共×名学生集中实习，×名学生分散实习。学院为所有实习毕业生指定校内指导老师，负责配合实习单位指导教师指导学生实习。

三、实习安排

本次毕业实习共×人，其中集中实习×人，分散实习×人。经过与实习机构多次对接商谈，挑选了能够提供优秀机构指导老师的成熟社工项目点开展集中毕业实习。同时对分散实习严格把关，要求学生必须在与本专业直接相关的实习单位开展实习。

集中实习的×名同学中，×名同学在××社会工作服务中心实习，分布在×个项目点；×名同学在××社区服务中心实习，实习地点为×个社工站；×名同学在××社会工作服务中心实习，实习地点为×个项目点；×名同学在××社会工作服务中心实习，实习地点为×个社会工作项目点；×名同学在××社会工作服务中心实习，实习地点为×个项目点；×名同学在××社会工作服务中心实习，实习地点为×个项目点；×名同学在××社会工作服务中心实习，实习地点为×个项目点；×名同学在××社会工作服务中心实习，实习地点为×个项目点。

分散实习的×名同学，实习地点为学生自己选择与专业相关的实习单位。

四、实习准备

1. 制定方案

20××年11月中下旬，社会工作专业召开相关工作会议，严格根据《××学院实践教学工作管理办法（试行）》讨论并制定《社会工作专业毕业实习方案》。

2. 宣传动员

为了保证毕业实习工作顺利开展，本专业于20××年2月中旬召开指导毕业实习教师会议，明确教师职责和要求。为社会工作专业的各个班级和学生分配指导教师，并强调毕业实习纪律与要求。同时，召开20××级社会工作专业毕业实习动员大会。各位指导老师与指导学生见面并就实习事宜进行了深入的沟通与交流。

3. 具体事宜

因政府购买社会服务总体支出减少，部分依赖政府购买服务的社会组织受到相应的影响，接纳实习生需求下降，20××级社会工作毕业实习遇到一定的困难。学院积极转换思路，改变传统政校、政企双边合作模式为政校企三方合作模式，借助政府的力量搭建"实习＋人才培养＋就业"三位一体合作平台。学院积极对接政府需求，经过与××事业局反复沟通，机构探访，实习岗位遴选等，与××社会事业局达成初步合作意向，打通了实习、人才培养及就业通道。由××社会事业局统一分派其管辖的社工机构的实习岗位，并对实习生进行统一管理、培养及考核，经考核优秀的学生将作为后备人才由××社会事业局指定社工机构优先聘用。20××年春季，我校社会工作专业共××名学生通过×社会事业局分派到×区×家社工机构×个社工站项目点实习。

本专业做好实习各项工作，为毕业实习的顺利进行提供保证。制定课程大纲、实践教学授课计划、本科生实习情况一览表、毕业生实习安排表、毕业生外出实习进出单；进行校外集中实习审批备案；为实习生购买实习保险；签订《社会工作专业三方实习协议书》。

4. 实习进度安排（见表11-1）

表11-1 实习进度安排

周次	章节	学时	教学内容	教学形式	备注
1~2	毕业实习的组织和安排；正式身份的确立	64	与实习单位建立关系；选定适宜的实习指导教师和社工督导 实习工作坊	讲授法、启发法、小组讨论教学法、参观教学法	分组、确定学生实习的岗位及工作安排
3	专业服务活动组织和安排	32	挑选服务对象；社会工作服务活动的基本安排以及实习需要完成的任务	讲授法、参与式教学法、读书指导法	为每个所指导的学生提供规定时间的指导工作

周次	章节	学时	教学内容	教学形式	备注
4~5	服务介入计划的设计	64	服务对象观察评估的主要内容； 如何设计切实可行的服务介入计划	讲授法、小组讨论教学法、实习法	对实习生制订的服务计划进行审阅，并对计划书内容给出建议和意见
6~8	服务介入计划的实施	96	服务介入的切入点； 服务对象支持关系的建立； 服务对象改变效果的维持	讲授法、参与式教学法、小组讨论教学法、练习法、情景教学法	对实习生最大程度上给予政策、资源以及精神层面的支持和援助
9~10	服务介入的评估以及实习周志、实习报告的撰写	64	服务介入的评估； 实习报告撰写注意事项； 实习的经验分享	讲授法、参与式教学法、小组讨论教学法、演示法	保证每位同学都有充分的机会和时间在宽松的气氛中分享彼此的经验

五、实习归档

本专业严格按照《××学院实习归档材料目录》要求填写并留存实习各项资料，并对相关材料进行验收归档，工作责任到人。

六、实习成效

通过 10 周的毕业实习，每位同学对于各自的实习项目有了更深的了解，对机构的运行流程、主要事务、服务群体都逐渐熟悉，对于现实中的社会工作有了切身的感受，对于机构运行的协调性也有了切身体会，不论是自身工作、社交、学习等能力，还是专业的组织、协调、交际能力都得到很大的锻炼和提升。同学们深刻理解了只有通过实践才能将理论知识内化为熟练技巧，获得更多的专业工作经验及更高层次的理解；也明白了在未来的人生道路上要坚持学习，学做人做事、学经验方法，以阳光积极的心态去面对学习、生活和工作，不忘初心、坚持初衷，将实习经历转化为工作经验，同时一定要有家国情怀，多学习多读书，实现自己的人生梦想。

学生实习期间恰遇×××区社工机构疫情三年以来第一次线下评估。同学们亲身感受了实地考察、资料审核、现场汇报、专家点评等评估环节，深受震撼和鼓舞。同学们积极将毕业实习与毕业论文等相结合，真题真做，把论文写在祖国大地上，理论与实践紧密结合，有效地促进了我校应用型人才培养目标的实现。

七、实习存在的问题

1. 学生没有做好实习思想准备。由于没有做好实习的充分思想准备，学生实习期间情绪波动很大。由实习初期的新鲜，到实习过程中的畏难，再到疲惫甚至厌倦。

2. 分散实习效果不好。分散实习由于实习地点太分散，实习指导教师对实习监管存在难度，加上学生考研复试、考公等原因影响实习效果。

3. 实习时间过长，学生对实习感到疲惫。由于国标要求社会工作实习时长不得少于 800 小时，故增加了毕业实习的时长。但是由于实习期间与考研、考公等冲突，学生显现出实习疲惫，积极性不高。

4. 实习时间与考研时间冲突。由于时间冲突，部分考研学生对实习有意见。

八、实习改进措施

1. 试行实习工作坊。在实习第一周试行实习工作坊。利用实习工作坊对学生进行思想动员、实习任务分配、实习技能演练、上届实习经验分享及实习督导和实习单位负责人见面会等，使学生对实习做好充分的思想及行动等各方面准备，避免直接从学校到实习单位跨越太大，无法适应。

2. 加强对分散实习的监管。一是要做好充分的思想工作，使学生明白分散实习与集中实习同等重要；二是要对分散实习生布置针对性强的实习任务，通过任务驱动来达成实习效果；三是指派专人负责分散实习工作；四是研究分散实习监管方式和方法。可通过集体研讨方式探讨加强分散实习监管的措施。

3. 修订人才培养方案，加长专业实习，缩短毕业实习。毕业实习由于与考研复试、找工作相冲突，所以可适当缩短。但由于国标有关于实习总时长的规定，所以需要加长专业实习时长，可安排在大三开展专业实习。

4. 分类开展毕业实习。可将学生实习分为考研和不考研的两类。针对参加考研复试的同学，可错开考研复试时间开展实习。针对不考研的同学，可按照教学进度正常安排实习。

2. 实习单位总结

实习是校企合作的主要内容之一。实习单位与高校联合开展实习活动，可进一步加强交流，拓展合作空间，吸纳优秀人才，扩大社会影响。实习单位虽然实务经验丰富，但是教学经验与能力不足，对教学规律和教学方法了解不够，对学生特点和需求把握不准。实习单位与高校联合开展实习活动，可通过实战演练，了解实习教学中的优势和不足，进一步完善实习教学措施。实习单位总结是实习单位对实习教学过程的全面梳理和审视。通过实习总结进一步总结经验，反思不足，完善措施。

【实习单位实习总结示例】

20××年××实习单位实习总结

20××年2月至3月，机构接收了××学校20名实习生，分配在四个项目点。具体实习情况总结如下。

一、实习组织

机构成立实习工作领导小组，由机构副总干事××任组长，负责实习工作对接、协调和督促工作。四个项目点项目负责人为组员，负责各个项目点实习生的实习管理、指导、评价等工作。

二、实习工作安排

（一）实习工作对接

由机构副总干事××负责与学校实习负责人进行对接，商定实习方案、实习大纲、实习内容、实习岗位、实习生分配、实习指导教师等具体事宜。

（二）实习动员大会

实习第一天，在机构总部召开实习动员大会。参加人员有机构副总干事××，四个项目点负责人，学校指导教师及实习生。实习动员大会由机构办公室主任××负责组织。主要内容为介绍机构基本情况、实习生管理规定、实习要求以及与学校指导教师一起对学生进行实习思想教育、安全教育、纪律教育等。

（三）签订实习三方协议

学校、实习单位及实习生签订实习三方协议。每名实习生均需与机构及学校签订实习协议。也可采用委托代理的方式，委托一个负责人与机构签订实习协议，但需办理正式的委托代理手续。除此之外，实习生还需填写实习申请表交机构行政审核存档。

（四）实习生分配

根据机构项目点实习岗位情况，20名实习生分配到4个社工站项目点。平均每个项目点分配5名实习生。实习生具体分配名单已与学校沟通确定。各项目点负责人需按照实习分配名单安排实习生开展实习活动。

（五）实习生管理

实习生需按照机构实习生管理办法进行管理。按照《实习生管理办法》中的考勤制度及考核管理办法规定对实习生进行日常管理。

（六）实习指导

实习指导教师需结合《实习大纲》及项目点服务实际，安排实习生开展服务活动，并对实习生进行必要的专业指导和思想教育。

（七）实习评价

实习指导教师需结合实习生实习表现、实习任务完成情况等对实习生进行综合评价，客观公正地对实习生实习课程进行打分，并对实习生专业及职业发展提出意见和建议。

三、实习工作经验

1. 根据学生需求及个性特点安排实习岗位。社会工作服务开展是要根据服务对象的需求开展服务。对实习生的岗位安排也要结合学生的需求及个性来安排，这样才能充分调动学生的积极性。如有的学生比较活泼，适合安排一些探访、资源链接的工作。有的学生比较内向，适合安排文书整理的工作。当然，社会工作是对人的服务，社会工作服务必然要与人打交道。对于那些内向型的学生，要鼓励他们与人交往。可通过外向型与内向型、男生与女生混搭方式开展探访、社区调研等活动，帮助学生提升人际交往能力。

2. 制定机构实习工作方案。明确实习工作安排、人员分工、要求等。实习工作方案越细化越好。针对实习过程中发现的问题，要及时调整完善工作方案。

四、不足及改进措施

指导教师缺乏实习教学经验，对实习教学内容不熟悉，学生特点不熟悉，对学生指导不能做到因材施教。

改进措施：要严格遴选指导教师。遴选责任心强、实务经验丰富、实习指导意愿强烈的社工作为实习指导教师。实习工作正式开始前，可通过与学校实习指导教师交流座谈等方式沟通实习工作内容，必要时可邀请学校教师对机构社工进行有关实习教学内容及方法技巧的培训。实习结束，可召开机构与校方指导教师共同参与的总结交流会，交流经验，弥补不足，提出改进措施，不断完善实习工作。

3. 学生总结

学生实习结束以后，需要对实习过程进行回顾，体会在实习中的心得。在实习的过程中，哪些工作进展得比较顺利？哪些服务需要改进？这些经验的归纳和整理，总结反思，可以使学生在遇到类似问题时少走弯路，有章可循。

学生实习总结的最主要方式是撰写实习报告。撰写实习报告的过程是实习生自我发现和自我探索的过程。实习生需要对实习过程进行全面总结和反思，需要对实习工作场景进行回放，从中探索社会工作服务的技巧和方式，提升社会工作服务水平。撰写实习报告的过程也是理论提升的过程。实习过程是从理论到实践再到理论的闭环过程。实习生将书本理论知识运用于实践，再从实践中总结经验，提升理论和方法水平。

童敏认为学生自我总结报告通常涉及五部分内容：社会工作专业服务的开展情况、成功的经验和感受、督导的作用和运用、专业成长和个人成长。[①] 田国秀认为实习报告的撰写通常涉及五部分内容：专业实习的开展情况、成功的经验和感受、失败的教训与思考、督导的运用和作用、专业提升和自我成长。[②] 香港城市大学社会科学部实习报告主要内容包括发展回顾、获得的成绩及能力的增长（知识、技巧、价值观、态度及专业发展）、获得的改进及发展（知识、技巧、价值观、态度及专业发展）等方面。在此，我们通过一个学生实习总结报告案例介绍实习报告各部分内容的要点。该案例仅做参考，实际写作过程中可以仁者见仁，智者见智。

【学生实习总结示例1】

20××～20××学年第1学期社区工作实习总结

经过一个学期的学习，基本掌握了《社区工作》这本书的理论知识，但是，理论知识的学习，如果没有实践的证实和指引，就不能发挥理论知识在实践中的作用，也不能深刻领会理论知识的精髓。本学期末，通过在社区实习，掌握了许多在学校不曾接触过的知识和技能，当然，也存在很多不足和遗憾。现将本次实习总结如下。

一、实习目标

社区工作作为社会工作三大方法之一，相比较于个案工作、小组工作是实践性很强的工作方法。只有通过理论与实践相结合，才能更好地体会社区工作的意义。本次实习总目标是深刻了解社会工作者在实际社区工作中的意义和实施过程。具体目标首先是通过本次实习，深入了解社工机构，了解社工机构中组织、运行、人员安排。首先，通过指导教师和机构社会工作者的讲解，更好地了解专业特色、性质以及专业未来发展方向，为学生未来毕业、就业给予解答。其次，

---

① 童敏. 社会工作实习指南［M］. 北京：高等教育出版社，2008：148－149.
② 田国秀. 社会工作专业实习［M］. 北京：中国人民大学出版社，2016：123－124.

通过开展具体社区服务活动更好地将所学知识和实践相结合。在实践中验证所学知识，并在现实活动中积累经验、反思不足，对自己所学知识取长补短。最后，通过本次实习，培养学生对社会工作的认同感，切实体验作为一名社会工作者的职责和社会责任感。

二、实习内容

在去社区实习之前，经过指导教师和机构负责人联系、协商，最终确定了实习地点和实习内容。机构社区负责人给我们布置了元旦游园会的主题策划案。经过我们小组共同讨论，撰写了本次元旦游园会的策划书。对于策划书的内容，我们按照社区工作策划的规范格式完成。在实习第一天，机构社区负责人带领我们小组简单认识了一下社区机构的人员和社区机构的主要情况后，对策划书的内容进行完善指导，如游戏设定奖项问题、游戏规则问题等。由于该社区老年人居多，参加活动能力有限，因此我们策划书的游戏设定为"猜灯谜、拉水杯、打保龄球等。"我明白了设计活动内容必须要从社区实际出发，充分考虑参加游戏的社区居民需要，才能更好地开展游戏。实习第二天，我们帮助社区机构的工作人员整理社区人口普查资料。作为社会工作者来说，人口普查进社区，不仅可以帮助街道办事处更好地完成人口普查的任务，而且可以利用人口普查的机会更好地开展居民走访活动，了解社区居民基本情况。当然，在整理资料的时候，也要求社会工作者细致、耐心的工作态度。

实习第三天，我们小组针对已经制定好的策划书对活动过程进行实地推演。活动的开展需要从实地推演找出可能存在的问题，才能做好应急预案，防止在活动中意外事件的发生。通过推演，我们认为在活动中可能会有两个问题出现：一是可能因为天气较冷的原因，参加活动的居民不多；二是可能会由于群体效应参加活动人员较多从而造成现场混乱无法维持秩序。对于这两点，我们给出的预案是：第一，由于天气原因无法改变，我们的活动场地预定在社区花园内，空间充足而且有阳光；第二，与社区机构内其余几名社工一起共同维持活动秩序。这样一来，既做好了预演，又做好了预案，更好地确保了方案可操作性。下午，机构开展了"欢庆元旦，共同制作米酒"活动。在活动开始之前，社工项目负责人为活跃气氛，组织大家共同唱歌，既达到了暖场的效果，又使我们双方共同认识，对服务的开展起了很好的铺垫作用。看似简单的制作米酒活动，却需要社区居民的相互配合，相互学习，才能制作出醇香诱人的米酒。

实习第四天，我们准备开展活动。先在社区内拉横幅，而后大家各自分工布置场地。由于天气原因，我们选择了备选方案，在社区花园内举办活动。经过通知，社区居民大多数都来参加活动了。有许多老人，也有儿童，还有一些年轻的父母。社区居民在参加活动的同时，也与其他人进行沟通交流、学习，儿童之间也慢慢培养出了友谊。活动结束后由参加者凭借奖券领取奖励。活动结束，大家都有序离开后，我们把场地收拾干净，大家总结一下活动经验，本次活动圆满结束。

通过实习，我了解了社区活动原则的把控非常重要。在社区活动中容易遇到很多不可控的事情，比如服务对象忽然间的刁难，活动过程中出现的意外，服务对象不遵守秩序，社工如何才能控场？在活动开展过程中，我们需要把握一些原则：比如坚持正常的活动流程，不能因为一个人而打乱活动节奏。对于该服务对象，可以将他暂时安置在活动之外，活动结束后再具体了解该服务对象的意图。活动之前要与服务对象共同制定活动规则，让服务对象形成规则意识。

通过实习我也对如何做好一场社区活动有一些自己的看法。

社区活动组织开展得好，对于社工与居民建立良好关系，得到社区认可和支持以及社区服务的顺利开展至关重要。开展社区活动，有以下几点需要注意。

1. 明确活动目的

明确活动的目的，明确活动的总目标和具体目标。要有大局意识和系统观念，要把该场活动放在整个项目活动规划中去思考和规划，而不能把活动单独割裂开来。

2. 写好活动方案

写活动方案时注意几点：活动分工责任到人；活动流程从前到后安排；风险防控部分应提前预估风险，并提出应对风险的方案。

3. 做好活动执行

在活动执行过程中需要重点关注人、事、物三者之间的关系。

4. 要充分调动资源

要调动一切力量，多方共同参与，才能有效提升活动的影响力和参与度。

三、实习成果

通过本次实习，我收获了许多知识、技能，也总结了许多宝贵的经验，我将从知识、能力、素质三个方面进行评价。

1. 知识方面

我学习到了许多在课本上无法学到的知识。比如说现实情况下社工机构具体运作及如何与他人共同合作负责一项具体的活动等。

2. 能力方面

经过实习，不仅锻炼了我的沟通、交流能力，还提升了我与他人合作的能力。在社区工作中，沟通表达能力和协作能力都是必不可少的技能。

3. 素质方面

在实习中，我了解到社区机构人员的专业素质，他们与他人交谈的举止、方式都值得我们深入学习。无论从事任何行业，都要具备专业素质和职业素养，这样才能把工作做好，更好地服务他人。

通过本次实习，我的个人能力有了很大提升。对于社会工作专业的认识也更加深入，对于将来就业的方向也有了更清晰的目标，同时也增强了专业自信和认同感。作为一名社会工作专业的学生，我会在学习理论的同时积极实践，用理论指导实践，用实践证明理论，同时我也会严格要求自己，努力提升个人素质，培养专业能力，向优秀的社工人才看齐，努力成为一名优秀社工人才！

【学生实习总结示例2】

20××~20××学年第2学期毕业实习总结

经过一个月的实习，我熟悉了社会工作机构、社工站的工作环境和组织架构，了解了社会工作服务工作流程和工作内容，提高了实务技能，学到了很多书本上学不到的知识和能力。现将本次实习总结如下。

一、实习目标

理解巩固和灵活运用所学社会工作专业理论知识于社会工作实践，用理论指导实践，用实践丰富理论。

熟悉社会工作机构的服务流程，了解在具体的服务过程中社工机构的人员安排、资源链接、活动服务计划与安排，获得专业社会工作者的专业指导，提高实务能力。

了解服务对象的服务需求，根据服务对象的需求制定相应的服务方案。学习和运用社会工作实务技巧和方法帮助服务对象解决问题，提升人际交往、沟通、组织能力，体会社会工作的专业价值。

加强对社会工作职业的了解，增强专业自信和职业认同。提高学习能力、分析问题和解决问题的能力，提升综合素质。

二、实习内容

实习第一周，我来到××街道办事处××社工站报到，熟悉社工站工作环境。通过实习督导老师的介绍，我对社工站的服务有了初步了解，学习了区民政局社工站建设实施方案。我了解到社工服务站是通过政府购买服务的形式实施的。社工站通过搭建基层公共服务平台，健全基层民生服务体系，不断增强困难群众的获得感、幸福感和安全感。我参加了社工站例会，聆听社工们对工作的汇报、总结，反思指标推进计划和下一步具体工作安排。我明白了及时的工作汇报、总结能够发现问题，反思不足，共同商讨解决办法，加强工作督促，从而推动工作顺利开展。

此外，我还协助社工站开展了以"科学养生，幸福生活"为主题，针对××社区老人开展的健康知识讲座。参与活动准备、帮助老人就座、维持会场秩序、拍摄活动照片、撰写新闻稿和活动总结等工作。

本周实习主要是了解、适应和学习。实习初期缺乏实践经验，从熟悉社工站、项目、社工到举办健康知识讲座，我学到了很多知识和经验。例如，项目总结例会可以帮助社工查漏补缺，开展老人知识讲座时要学会与老人沟通的技巧，时刻关注会场情况，预防突发事件的发生。

实习第二周，我参加了机构政府购买社工项目中期评估汇报研讨会。会中聆听了××街道××社区党群服务中心项目、"颐和工程"社区养老服务项目、××街道社工站服务项目等汇报。××教授和××老师分别对项目进行点评，并提出建议。通过聆听专家点评我明白了项目重点要突出服务特色和服务成效，要注重社会工作专业性的提升。

我还同项目社工一起针对××社区高龄、独居、空巢老人进行入户探访活动。第一次探访共4户6名老人。探访前，提前了解入户探访的注意事项。探访时要有礼貌，注意沟通技巧。在"三八妇女节"来临之际，社工站链接社区心理工作室等资源，开展以"暖春三月，感恩有你"为主题的亲子活动。我参与了活动环节设计，提前制作活动PPT，组织画风筝活动。

在本周的活动中，我学习了沟通的技巧，也积累了一些实务经验。比如，在记录老人基本情况时，要学会关键词记录法；在组织儿童活动时，要注意降低任务的难度，方便儿童能够完成，也要多鼓励亲子间亲密互动。

实习第三周，我参加了社工站例会。例会中了解了项目指标完成情况，独居空巢老人入户探访情况和困境儿童服务开展情况。同时我作为会议记录者，认真聆听和记录此次会议具体内容并完成会议记录。本周我完成了第二次探访和第三次探访，完成了6名独居空巢老人探访记录。这两次探访吸取了第一次探访的教训和经验，注重沟通技巧。通过探访我明白了提前了解入户探访注意事项的必要性。在探访过程中，我有以下收获：进门前要先敲门询问，经服务对象允许后进门。要面带微笑，态度和善地作自我介绍。先不急于抛问题，先观察老人正在做什么，是否需要社工帮忙；因探访对象多为高龄老人，大多患有高血压、高血糖、高血脂、腿脚疼痛等常见病。因而在询问过程中，不仅要了解老人的身体状况，还要询问治疗情况，用药情况，身体恢复情况等，提醒老人按时用药，有不适及时就医。有时老人会因吐露自己的身体状况和病情产生伤感悲伤情绪，社工要及时关心和鼓励老人，使老人保持良好的心态；在探访活动中我也注意到很多老人对手工小组，义诊义剪活动感兴趣，社工应将记录的信息和需求细化于实务中，以便提供更具有针对性的服务。

实习第四周，我学习了社工宣传周相关的社工宣传信息，观看了社工站拍摄的社工宣传线上视频，搜集了针对心智障碍儿童开展绘画治疗的资料，了解了绘画治疗的运用方法和效果，对心智障碍儿童的心理困境有了更加深入的了解。参加了实习总结会议，实习督导老师对我实习以来的工作和表现进行了总结，提出对我实习工作的建议，并对我在实习中遇到的问题进行了解惑，提出了指导建议。

通过社工宣传周活动，我感受到社会工作者对社会工作职业的热情和认同。通过搜集绘画治疗法在心智障碍儿童运用的资料，我更加了解心智障碍儿童的心理，对绘画治疗法有更加深入的认识。通过××老师的督导，我明白了社会工作实务的重要性，要不断提升自身的专业水平。社工除了需要掌握社会工作专业理论、专业伦理、实务技巧外，还需要具备不断学习新知识，接纳新事物的能力。不仅需要具有社会工作专业思维，同时也需要具有创新思维和发展思维。

三、实习成果

知识方面，通过实习我掌握了探访的技巧、沟通的技巧，积累了组织老人活动、儿童活动的服务经验。在实习过程中加深了对书本理论知识的理解和运用，积累了实务经验，丰富了专业知识。

能力方面，通过实习提高了自己的沟通能力、人际交往能力、活动组织能力及解决问题的能力等，锻炼了个人的综合能力。

素质方面，增强了对专业的信心和职业的认同，内化了社会工作价值观和专业伦理，提高了专业素养和综合素质。

二、经验分享

经验分享是总结社会工作专业服务经验的常见方式。经验分享不仅可以促进实习生之间、实习生与机构及服务对象之间的交流学习，还可以加强各方的了解、支持和合作，有效促进专业服务水平的提升和服务质量的提高。经验分享主要包括实习生之间的经验分享和多方的经验分享两种方式。

（一）实习生之间的经验分享

实习活动通常是分组进行的，每组成员的服务对象不同，实习内容也有很大差异。例如，社工站服务项目和司法社会工作服务项目不仅服务对象不同，服务介入的策略和方法、服务运用的理论和技巧等均有较大的差别，每位实习生的实习经历和实习感受都不一样。实习生之间的经验分享不仅可以加强实习生之间的交流学习，同时还可以促进实习生之间的相互支持，提高实习生的专业素质。

实习生之间的经验分享可以采取以下两种方式：一是讨论会。参与本次实习的学生一起分享彼此的经验和感受。也可以邀请机构一些有经验的社工或者实习督导参加经验分享会，更有利于加强实习生之间的相互支持和促进。二是总结表彰会。在分组总结分享的基础上，评选出优秀实习小组及优秀实习生，由优秀实习小组及优秀实习生详细介绍自己实习活动的过程和经验，树立实习标杆，发挥示范效应。为了充分调动实习生分享的积极性，可通过游戏等方式让每一位实习生都有机会在轻松、信任、和谐的气氛中交流彼此的想法和经验，加强实习生之间的相互支持，促进专业素质的提升。

（二）多方的经验分享

多方的经验分享指的是实习生、服务对象、实习督导、机构社工、用人单位代表等多方主体之间的经验交流分享。多方的经验分享不仅可以增进多方的交流学习，同时也体现对人的尊重，增强多方的支持和合作。尤其在目前社会工作认知度不高的情况下，通过多方经验分享和现场互动，可以让居民更好地认识和了解社会工作。

在开展多方经验分享会的时候有以下几点需要注意：一是要多站在对方的角度思考问题。比如要站在家长所面临的生活压力和挑战的角度理解为什么很多家长都把关注孩子的焦点放在学习成绩方面。二是应把交流的重点集中在怎样改进服务方式和水平上。提问的内容主要包括两个方面：哪些方面比较成功？哪些方面需要改进？三是要注意交流的方式方法。比如对于需要改进的内容尽可能避免仅仅指出不足，要把与会各方的注意力集中在如何提高社会工作服务的专业化水平上。比如可以提问：在服务过程中您印象最深的是什么？要是有可能的话，您希望获得什么方面的帮助？什么形式的帮助？在整个服务介入过程中有什么让你感到不舒服、不适应？你觉得怎样才能减少这些不舒服的感觉？四是要根据服务对象的真实需求，结合机构的期望和自己的工作能力，有区别地吸收和采纳在经验分享会中收集到的意见和建议，循序渐进推进社会工作服务工作。

三、实习评价

（一）实习评价的概念

实习评价是对实习活动和实习生实习表现所作出的综合评定。实习评价可作为学生实习成绩、遴选实习单位及实习活动改进的依据。

（二）实习评价涵盖内容

实习评价的主要内容包括六个方面。

1. 专业基本能力

专业能力决定一名社工服务能力与服务水平所达到的高度。实习生要具备比较专业的社会调查能力、人际交往能力、社区公共事务管理能力等。

2. 开拓创新能力

创新能力体现在实习生在实习过程中，能发现新事物、研究新问题、解决新矛盾、开拓新途径、产生新思想、取得新成果的能力。

3. 解决问题能力

遇到问题要沉着、冷静，要有良好的判断力和快速反应能力，要能经得住困难，要有解决复杂问题的能力。

4. 同理沟通能力

在社会工作实习中特别强调，工作者的基本素质是与服务对象建立信任关系的关键，也是沟通和会谈的主要技能。这是做好社会工作的前提，同样是一种能够站在别人的立场上理解自己行为和感受的态度。

5. 社会活动能力

社会活动能力不仅体现在与政府部门、社会团体以及其他行业的交流与合作上，也表现在与广大群众的交流合作中。学生实习的一个环节就是提升个人的社会活动能力。

6. 语言及文字表达能力

实习生应具备较好的语言表达能力、文字表达能力和掌握现代办公手段的能力等。

（三）实习评价表填写要求

1. 实事求是

实习评价表中的实习内容一栏主要是填写实习中个人思想表现、实践技能、综合素质等方面取得的成绩，实习生一定如实填写，不能弄虚作假，否则将损害实习生的个人形象。

2. 客观公正

实习评价表的填写应本着客观、公正原则进行。实习生应准确描述实习的内容与收获，实习机构指导教师（实习督导）如实评价学生的实习表现，学院指导教师根据学生成绩客观公正给予评价。

3. 格式完整

实习单位和学院对实习生的评价表是由学生在上学期间参加实习的单位所开具的证明文件，需加盖单位公章，可作为今后求职时用人单位的参考。实习评价表应包括实习机构、实习时间、实习职位、机构评定等内容。

4. 内容丰富

实习评价主要涵盖专业基本能力、创新能力、解决实际问题能力、同理与沟通能力、社会活动能力、语言及文字表达能力，对实习教学和理论联系实际的认识，巩固和加深所学理论知识的程度，分析、解决、创新能力的提高，社会生活能力的提高等内容。

（四）实习评价的类型

实习评价包括四个方面的内容：学院及实习单位对实习生的评价、学生对实习工作的评价、实习单位对实习工作的评价及学校对实习单位的评价。

1. 学院及实习单位对学生实习的评价

学生实习评价是实习单位和学校对实习生实习表现作出的综合评定，可作为学生实习成绩的依据和求职的证明材料。

学生实习评价主要涵盖的内容包括学生实习期间的思想表现；专业能力；创新能力；分析、解决实际问题能力；团队协作与组织管理能力；语言及文字表达能力；理论联系实际的能力等。

实习评价表填写要求：一是要实事求是（见表 11 - 2）。实习评价表中的实习内容一栏主要是填写实习中个人思想表现、实践技能、综合素质等方面取得的

社会工作实习教程

成绩，实习生一定要如实填写，不能弄虚作假，否则将损害实习生的个人形象。
二是要条理清晰。实习评价表填写具体全面、条理清晰、逻辑性强、书写工整。

表 11 - 2　　　　　　　　　　学院及实习单位对实习生评价表

姓名		学号	
实习机构		实习类型	
实习时间			

实习内容：

　　　　　　　　　　　　　　　　　　　　　　　　　　　　实习生：
　　　　　　　　　　　　　　　　　　　　　　　　　　　年　月　日

机构评定：

　　　　　　　　　　　　　　　　　　　　　　　　　　　机构督导：
　　　　　　　　　　　　　　　　　　　　　　　　　　　年　月　日

学校评定：

　　　　　　　　　　　　　　　　　　　　　　　　　　　指导教师：
　　　　　　　　　　　　　　　　　　　　　　　　　　　年　月　日

毕业实习综合成绩：

　　　　　　　　学院盖章：　　　　　　　　机构盖章：
　　　　　　　　年　月　日　　　　　　　　年　月　日

2. 学生对实习工作的评价

学生对实习工作的评价主要是学生对实习工作的组织、管理、指导教师水平及专业相关度、知识匹配度等方面的综合评价。目的是从学生的视角对实习工作进行全面评估，征求学生的意见和建议，以利于进一步改进和完善实习工作（见表 11 – 3）。

表 11 – 3　　　　　　　　　学生对实习工作的评价表

学院/专业	
基地名称	
实习时间 实习类型	实习时间：　　　年　　　月　　　日至　　　年　　　月　　　日 实习类型：□认识实习　　□专业实习　　□毕业实习　　□其他＿＿＿＿
对实习 工作的评价	1. 实习前培训　　　　　□好　　□较好　　□一般　　□较差 2. 学院指导教师　　　　□好　　□较好　　□一般　　□较差 3. 实习单位指导教师　　□好　　□较好　　□一般　　□较差 4. 实习内容及要求　　　□好　　□较好　　□一般　　□较差 5. 任务安排及要求　　　□好　　□较好　　□一般　　□较差 6. 实习过程管理　　　　□好　　□较好　　□一般　　□较差 7. 个人实习收获　　　　□好　　□较好　　□一般　　□较差 8. 实习专业相关度　　　□高　　□不高　　□不相关　　□不清楚 9. 所学知识与实习岗位匹配度　□高　　□不高　　□不相关　　□不清楚
意见或建议	

3. 实习单位对实习工作的评价

实习单位对实习的评价是实习单位对学校人才培养目标、课程设置、师资水平、实习管理及实习生综合素质等方面的综合评价，并征求实习单位的意见和建议（见表 11 - 4）。

表 11 - 4   实习单位对实习工作的评价表

实习单位（盖章）				
地址				
基本情况	实习时间：　　年　　月　　日至　　年　　月　　日 实习生：　　年级　　　　专业　　班，共　　人			
对专业的评价	1. 培养目标　　□明确　　　□较明确　　□一般　　□较差 2. 课程设置　　□合适　　　□较合适　　□一般　　□较差 3. 师资水平　　□好　　　　□较好　　　□一般　　□较差 4. 实习组织　　□好　　　　□较好　　　□一般　　□较差 5. 学生综合素质　□好　　　□较好　　　□一般　　□较差 6. 总体评价　　□好　　　　□较好　　　□一般　　□较差			
意见或建议				

4. 学校对实习单位的评价

学校对实习单位的评价是全面评估实习单位岗位是否充足、软硬件环境、实习培训、实习指导教师水平、实习内容安排、实习过程管理、实习岗位与专业的匹配度及实习补贴等，以此作为遴选实习单位及改进实习工作的依据（见表 11 - 5）。

表 11 - 5 　　　　　　　　　　　　学校对实习单位的评价表

实习单位				
实习时间 学生类型	实习时间：　　年　　月　　日至　　　　年　　月　　日			
	实习生：　　　　年级　　　　专业　　　班，共　　　人			
	实习类型：□认识实习　□专业实习　□毕业实习　□其他＿＿＿＿			
对实习 单位的评价	1. 实习岗位　　　　□充足	□较充足	□不足	□短缺
	2. 实习软硬件环境　□好	□较好	□一般	□较差
	3. 实习前培训　　　□好	□较好	□一般	□较差
	4. 实习单位指导教师□好	□较好	□一般	□较差
	5. 实习内容安排　　□好	□较好	□一般	□较差
	6. 实习过程管理　　□好	□较好	□一般	□较差
	7. 实习岗位专业相关度□高	□不高	□不相关	□不清楚
	8. 实习补贴　　　　□高	□不高	□一般	□没有
意见或建议				

第二节　实习延展

　　实习活动结束后，一方面要及时总结和分享实习经验，提升实习专业水平；另一方面要延展实习活动的效果，扩大社会工作的社会影响力。实习延展活动可以分为两类：一是社会工作服务的理论提升，形成可复制可推广的经验；二是社会工作服务经验的宣传，通过媒介把社会工作服务经验扩展开来，让更多的居民认识和了解社会工作，提高社会工作的认知度和认可度。

一、理论提升

　　理论来源于实践又反过来指导实践。要实现社会工作服务的可持续发展，提高社会工作服务的效能，就要及时将社会工作服务经验进行理论提升，形成可复制可推广的经验。尤其是实务经验的理论提升可以为其他社工提供现成的经验，少走弯路，减少实践成本，提高服务效率和效果。就实习生而言，实习时间与毕业论文或学期论文撰写期间可能会重合。实习生从实习开始就要明确实习期间面临的双重任务：一方面要完成实习任务，将所学理论知识融于实践，提升实践能力；另一方面要完成论文任务，实习期间注意搜集论文素材，明确论文写作思路，完成调研及访谈任务，积极与实习督导沟通论文写作思路等。实习期间也可以通过社会工作相关媒介投稿发表文章，将实习中获得的实务经验予以理论提升，将社会工作服务经验予以推广，扩大社会工作服务的影响力。以下节选了实习生发表在〖社工客〗上的文章和毕业论文摘录。

【社工客】

社区老年志愿服务问题探究与对策

近年来，我国正面临着严峻的人口老龄化问题，而"积极老龄化"是破解这一难题的重要举措。"积极老龄化"倡导老年人树立健康、积极的养老观，根据自己的特长、能力、爱好参与到社会政治、经济、文化建设中去，强调社会为老年人提供社会参与的机会及权利保障，使老年人老有所为、发挥余热，永葆健康的心态和精神面貌，活出生活的自信和生命的风采。

参与社区志愿服务是老年人社会参与的重要途径和渠道。实践证明，近年来在社区治理中，老年志愿者作为社区民间力量发挥了不可低估的主力军作用，成为活跃在社区基层的一道亮丽的风景线。

一、老年志愿者参与社区服务的重要意义

1. 有助于推进"积极老龄化"，为老年人赋权增能

我国目前已经进入人口老龄化阶段。自20世纪90年代末开始，世界卫生组织就倡导"积极老龄化"。"积极老龄化"的三大支柱分别是"健康""参与""保障"。其中"健康"不仅包括身体健康，而且包括心理健康，即拥有健康的心态。而老年人作为志愿者积极参与社会活动，有利于调节自身心理抑郁，走出封闭心理，增强对外在世界的悦纳度，从而充满自信，以饱满的热情去拥抱生活。老年人是重要的人力资本，尤其是处于老年初期和中期的老年人，他们身体健康，精力充沛，又掌握一定的专业知识和技能，而且相当一部分老年人主观上也有参与社会公益事业的意愿，通过参与社区志愿服务活动，可以激发内在潜能，服务社会，使其老有所为。

2. 有助于老年人重新定位自我角色，实现自我价值

退休以后，老年人逐渐退出社会舞台，回归家庭生活。"角色退出"给老年人的内心带来了巨大的落差感，使其顿时失去了生活的方向，得过且过、自我放弃。而社区是老年人生活的家园，参与社区志愿者服务活动，不仅可以使老年人丰富生活内容，填补内心空虚，摆脱孤独感和失落感，找到"家"的感觉，而且可以弥补老年人在职场中社会角色的丧失，使其通过在志愿活动中帮助他人、服务社会，重新定位自我角色，重拾自信与自尊，找回生命的意义和价值。

3. 有助于增强社区服务有效供给，提高服务质量

一方面，老年人了解社区居民真正的需求，倘若其加入到社区志愿者队伍中，可以有的放矢，提供适切性的服务；另一方面，老年人人力资本的沉淀积累及丰富的阅历，使其具备不同领域、不同专业的知识与技能，而且，老年人大多数心态比较沉稳，在开展社区服务时，从容冷静，工作有耐心，不浮躁、不急躁，这些特点有助于老年人提供周到、精细化服务。

4. 有助于推进社区治理，维护社区和谐稳定

社区的政治、经济、文化、环境建设有赖于高效的社区治理。社区治理是公共治理理论在社区领域的实际运用，即要求社区治理主体的多元化，不仅要求有政府、企事业单位参与治理，还要求社区基层民间组织如志愿者队伍共同参与治理。很显然，老年志愿者队伍是社区治理的重要社会资本，可以降低社区治理成本、提高社区治理效率，维护社区的和谐稳定。

二、我国老年志愿者参与社区服务存在的问题

近年来，伴随着国家积极老龄化政策的推进及社区教育的发展，老年志愿者在社区服务中作用日益凸显，但也存在一些问题。

1. 参与意识淡漠

在我国，老年志愿者文化尚未形成，老年人参与社区志愿服务意识淡漠。其原因在于：

一是老年人对自身角色定位存在偏差。认为工作劳苦一辈子了，退休以后就应该颐养天年，唱唱歌、跳跳舞、下下棋、品品茶，悠然自在，享受生活。

二是家人的阻挠和不支持。大部分家庭子女也持有传统观念，认为老年人退休以后该回归家庭，安守本分，肩负起照看儿孙、为家庭做贡献的义务。

三是社会对老年人的角色认同存在误区。长期以来，基于消极的角色认同文化，社会对老年人的生命状态存在偏见，认为老年人年老体衰，属于弱势群体和重点受关怀的对象。在这种文化的影响下，老年人无形中也接受了这种消极的标签，渐渐降低了其参与社会活动的意愿。

2. 参与率低且持续性不强

近年来，除了社区内一些老党员思想认识和觉悟高，参与社区服务积极性较高，且持续性较强外，大多数老年人参与社区服务较为被动，且持续性不强，原因在于：

第一，社会对老年志愿者参与社区服务的宣传不到位。实践中大多数老年志愿者参与社区服务主要是通过熟人朋友介绍而来的，而通过志愿者组织发动及媒体宣传加入的则较少，尤其是作为基层工作组织的街道办事处和社区居委会对该项工作的重视程度不够，尚未建立系统高效的宣传机制。

第二，激励机制不到位。事实上，老年人退休以后渴望参与社区服务与社区生活，以消解孤独感和被遗弃感，然而由于缺乏针对老年志愿者的配套激励机制，使得老年志愿者参与社区服务的劳动成果得不到应有的尊重与肯定，长此以往，势必会影响老年人参与志愿活动的积极性。

3. 服务质量和水平较低

老年志愿者参与社区服务的服务质量和服务水平较低，存在受众满意度低的现象。其原因在于：

一是人职匹配不到位，致使个体难以人尽其才。在实践中，社区基层在分配工作任务时，迫于人员短缺，往往忽略了对志愿者个体专长优势和服务岗位的深入分析，缺乏对志愿者工作任务的合理安排。

二是不重视系统化培训工作，造成服务质量和服务水平参差不齐。社区基层工作者对老年志愿者参与社区服务的培训工作重视程度不够，培训活动形式主义严重，培训形式单一，这在一定程度上影响了老年志愿者的服务效果和服务质量。

三、社会工作介入我国老年志愿者参与社区服务

1. 推进成立社区志愿组织，扩展志愿服务范围

社会工作者可以运用优势视角发掘老年人的优势，根据服务对象的实际情况开展相适应的志愿者服务活动，逐步发展服务对象成为志愿者，随着活动的推进逐步成立志愿者机构，以保证老年志愿服务有组织、有计划开展。通过在社区中开展"安全用药，健康伴我""为了未来，安全健康志愿红"等活动，可以增强老年人对自我的认识，提高自我认同感，在此过程中发现各自的优势与潜能。

针对有志愿意向的服务对象，组建老年志愿者组织队伍，发挥社区老年人的熟人优势，引导社区老人挖掘社区退休的"知识分子"和社区低龄老年人加入，使自身从"被服务"的对象，转变为服务奉献、回馈社会的践行者。

2. 帮助掌握服务技巧，推进服务专业化

社会工作者可以对志愿者进行专业知识方面的培训，了解社区作为基层自

治组织发挥的作用及社会组织在社区治理中扮演的角色，引导他们成为志愿服务组织的一员，让老年人认识到自己在多元社会治理中的重要性及志愿者身份的必要性。

除此之外，社区工作者也要为社区老年志愿组织提供关于活动开展的相关培训与指导，包括制订服务计划、确定服务对象、如何开展服务、链接多方资源等活动，促进老年志愿者专项能力提升，促进老年志愿服务活动向专业化、规范化方向发展，确保老年志愿组织走合法正规的发展道路。

培育社区老年志愿者，发展老年志愿服务是实现老年人社会参与的主要方式，更是推进"积极老龄化"的重要支柱。社工要充分发挥自己的专业优势，链接各方资源，将培育、发展老年志愿者工作提上日程，充分发掘并利用老年群体所蕴藏的社会资源，并在实务过程中不断总结经验、创新方法，从而积极应对我们目前正面临的老龄化问题。

（本文作者：郑州市郑东新区慧仁格社会工作服务中心社工宋瑾全、实习生陈密琳）

【毕业论文节选】

社会工作实习中期督导需求与专业成长

（一）实习中期督导需求

实习中期学生的督导需求根据个人体验不同而呈现多样化，在实习中期学生通过参与多种实务工作获得相关经验，在工作中也会出于多种原因需要指导。

A6：有一次我跟随一名社工入户探访社区内的困境儿童，在路上社工向我简单介绍了这名儿童的基本情况，他身体有些残疾不方便下楼活动。尽管我们已经做好了心理预设，提前设想了一些可能会发生的状况，但在探访过程中还是遭到了服务对象的强烈排斥，他很大声地斥责我们从他家出去，我一瞬间被吓得不敢出声，社工及时安抚服务对象的情绪，见他心情平稳之后我们才结束探访。回到机构后社工指导我说这种情况不要怕，要学会机智应对，这次探访经历是我在实习过程中最难忘的。

A10：我所在的社会工作服务站里目前只有一名社工，她常常忙于行政事务，甚至一天之内要跑很多单位盖章，实务上辅导我较少，但是她对我的能力很信任，我经常帮助她完成各项文书工作和活动。还有一次她得知我曾担任过小学老师，便鼓励我为社区内小学生普及物理知识，物理小课堂最终在社区内特别受欢迎，我也感到很有成就感。在工作上有一些出错的地方她会及时帮我指正，我真的在实习期间收获颇丰。

根据上述访谈情况，实习中期实习生对督导的需求总体可分为三种：实务前指导、实务中指导及实务后指导。实务前指导是指在开展活动或专业介入之前，督导者向实习生强调工作注意事项、工作方法等以便工作顺利开展。初次接触新领域的实习生面对突发状况难免措手不及，而实务中指导就是在实习生遇到紧急情况时给予帮助与指导；在此阶段多数学者建议督导并非直接给出答案告诉实习生怎么做，而是通过间接引导的方式激发实习生的潜能，助推实习生成长，再次遇到类似情况时有能力快速做出抉择以应对突发状况。实务后指导是在实习生完成工作之后进行的反思性成长，实习生应当阶段性反思在工作中出现的失误及不足之处，可以通过自身努力弥补短板以防类似问题再次发生。而在此过程中实习督导发挥的作用是协助实习生反思是否在实务过程中出现问题，以及如何解决，帮助实习生指点迷津。

（二）实习中期专业成长

经过一定实务经验的积累，在实习中期多数学生已经先后经历了活动策划、活动举办、入户探访等相关工作。笔者从人本主义视角出发，将在此阶段实习生所获得的专业成长分类，具体如下：

首先是实务经验和个人阅历的丰富。实习生通过不同的活动可以获得多方面的个人能力提升，一名专业的社工需要掌握多方面技能。多数被访者表示，通过此次实习体验到了多种社会工作服务类型，个案、小组和社区之前都只能在书本中体会，第一次亲身实践不仅提升了活动策划的能力，体验在服务过程中穿插服务技巧，在活动开展期间与社区居民的对话也加强了自身人际沟通技巧。

其次是专业技能的增长和服务方法的掌握。在实际社会工作实务中，有经验的社工并不会刻意强调专业知识的运用，而是将专业技巧与方法间接体现在服务过程中。学生在经历实务活动后应及时反思社工所运用的技巧，并逐渐学会将书本中的知识灵活运用。

A4：有一次我正在机构前台值班，机构每周都会固定开展兴趣班供社区内居民参加，当时楼上正在上舞蹈课，有一名中年男子气冲冲来到前台说有人阻止他参加活动，并且拿起前台的物品试图砸向我。幸好社工前来制止他，并且提出要报警解决，这名男子见状便离开了。这名男子是机构的服务对象，但是当时已经对我构成人身威胁，此时社工处理得非常及时准确，而我当时大脑一片空白不知所措，通过这件事我也学到了很多。

最后是专业伦理价值观的增强。专业伦理贯穿实务全过程，其重要性不亚于社会工作实务的其他专业技巧。即使我们在学校中已经熟练理解专业伦理与价值观，但实习生在实习阶段出于多种原因很有可能会不够重视甚至忽略这至关重要的一环，并且造成严重的后果。在实务过程中社会工作者不是根据伦理守则按图索骥，而是选择以某些社会工作终极价值（如助人自助、增进案主福祉等）作为行为指导。因此在实务中强调专业伦理就十分必要，实习生出于专业熟练度或实习时长等限制，无法跟随专业社会工作者完成从服务开始到结束这一全过程，但遭遇可能触及伦理价值的情况时，要及时向社工反映寻求帮助而不能擅作主张。

（三）实习中期督导需求与专业成长研究

笔者将所研究的社会工作专业实习生在实习中期所需督导进行分类并按照需求的程度进行排序，由图 11 - 1 可知实习中期实习生对专业的督导需求有所增加，其中对专业工作方法、工作技巧及专业知识的渴求最为显著。

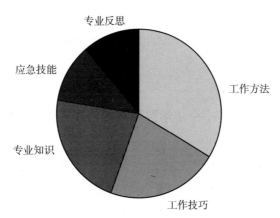

图 11 - 1　实习中期实习生所需专业督导分类

实习中期实习督导者所扮演的角色也逐渐多元化。此时实习生期望实习督导扮演实务专业老师的角色，在实务工作中做出榜样示范，或参与到实习生实务工作中，给予建设性意见及指导。但实习督导因自身工作繁忙而无法时刻顾及实习生的感受，因此笔者建议实习生应主动寻求督导，正确表达自身督导需求，引起实习督导的关注。

同时，实际上实习生所期待的实习督导方式并不是完全正确的，例如，当实习生需要督导全程参与时极易产生依赖，从而不利于自身探索性主动成长。笔者建议实习督导者一方面以宏观角度看待实习生的督导需求，培养其专业自主性便于实现自我成长。一是在技术层面，干预专业人员的具体工作实践；二是在政治或意识形态层面，塑造专业人员的使命感或社会作用。另一方面实习督导利用自身丰富经验给予正确指导，从而培养实习生成为一名合格的社会工作者。

（本文作者为河南财政金融学院社会工作专业学生王红蕊）

二、实习宣传

实习宣传是为了让更多的社会成员了解社会工作的理念和方法，提炼服务和实习经验，提高社会工作的认知度和认可度，进一步扩大社会工作的影响力。实习宣传的形式包括网站宣传、报纸宣传、公众号宣传、自媒体宣传、电视广播宣传等。实习宣传分为学校实习宣传和实习单位实习宣传两个方面。学校实习宣传是及时将实习管理、实习亮点等予以提炼，形成可复制、可推广案例，扩大实习活动的社会影响力。实习单位宣传是将校企合作实习经验、实习服务经验等予以总结推广，进一步加深社会成员对实习单位工作及社会工作服务的了解，进一步扩大实习单位及社会工作的社会影响力。

【学校实习宣传】

"四学一探"——法学院积极探索认识实习新模式

20××年3月21日至4月1日，在疫情防控形势下，法学院教师××、××、××积极探索认识实习新模式，充分运用现代信息技术，整合校内校外资源，设计了"四学一探"认识实习模式，带领学生在校内完成对理论基础、价值理念、方法技巧、行业发展、学业指导、人生规划等全方位专业认识。"四学"是通过"行业专家讲座+优秀毕业生分享+线上仿真体验+课堂互动"的形式，学习行业专家的专业前沿知识、学习优秀毕业生的宝贵经验、利用线上专业仿真模拟情景学习专业技巧、通过师生互动与生生互动深入讨论学习；"一探"是通过线上"云参观"的形式，参观了解社工开展服务的场所和活动，真实感受社会工作的工作环境和服务内容。

社会工作专业毕业生××通过"云参观"的方式，带领同学们参观了某村党群服务中心的活动场馆及社工日常服务活动，让同学们直观地看到了社工的工作环境和工作内容，增强了专业的体验感和自信心。我校优秀毕业生——2020年度中国百名社工人物××进行了"我的学习、实践与工作历程分享"；郑州市金水区××社会工作发展中心理事长××开展了"社会工作专业价值和案例分享"讲座；郑州人民医院优秀社工××举办了"黑暗中的那道光——初识社工"讲座；我校优秀毕业生××分享了"社工成长路"、××讲述了"我的五年社工路"。

法律专业指导教师××博士结合自己 26 年"法律＋经管＋科技"的复合型工作经验，与同学们深入探讨并全面分享了三个"实"：实然之法、实务经验以及实用技能。带领学生"云参观"了校外实践基地——××公司。公司四位高管组成的导师组与信法学子时空连线，开展了在线讲授、"云座谈"、"云指导"等活动。河南××律师事务所主任××律师作了题为"审判思维与辩论思维评述——基于案例角度"的在线实务讲座；原××主任、被业内誉为"××"的××老师，就"信用风险管理与挂牌公司"主题与师生连线交流，同时也表达了××协会愿意与××学院推进产教融合、共建产业学院的意向；××律师事务所主任××律师，就"法科生职业生涯规划"主题在线与同学们交流。

本次认识实习活动不仅加强了同学们对专业的认知和信心，也加深了我校与实务部门专家、校友的联系，促进了产教融合发展，达到了多赢的效果。

【实习单位宣传】

××社工机构表彰优秀实习生

时光如逝，岁月如梭。转眼间实习生在本实习基地为期一个月的实习活动已经告一段落，实习生们在工作过程中勇于担当，将理论知识与实际工作相结合，积极开动脑筋，为机构活动出谋划策。在此次实习过程中机构共评选出 6 名优秀实习生，以资鼓励。

因疫情防控要求，实习生无法离校到机构参与表彰活动，故本次表彰活动于 20××年 4 月 2 日在××内举行，机构负责人××老师为获奖者颁发了荣誉证书，参与活动的还有学生实习负责人××老师、××老师。

××老师对××社会工作服务机构表示感谢，同时对获奖学生表示祝贺。××老师在颁奖后对获奖学生提出殷切希望，并邀请优秀学生来机构发展。

第三节 实习反思

社会工作实习是社会工作专业实践教学的重要组成部分。需要按照实践教学要求制定教学大纲、教学进度、教学方案等教学执行文件，需要学校、实习单位共同参与完成教学计划。它区别于志愿者的无偿服务，也不是一对一的学徒式训练，而是教育工作者让学生在社会真实场景中把所学理论知识、价值理念、工作技巧应用其中，通过整合、内化与反思，成长为合格社会工作者的过程。通过实习反思，实习生、教师、机构和一线社工共同讨论总结在实习过程中的利弊得失，指导未来专业实践。反思是对过往经验的思考与分析，有助于指导未来的实践。Schon 提出反思分为对行动的反思和在行动中反思，前者侧重于回顾与总结，后者则强调即时性，二者均包括反思过往经验、检视自己的感受，尝试运用理论解释行动的合理性，以便在今后的实习行动中加以改进与完善。① 社会工作实习一般的反思议题有以下几方面。

一、实习立场的反思

社会工作实习生从学生身份转化为新手社会工作者，来自自身、服务对象以及机构的边缘体验是实践中阻碍的主要来源。作为实习生，身份转化意味着思维方式、沟通方式、行动方式等方面的变化，不仅需要不断练习精进专业服务技能，也要从心理上真正适应职业角色。② 对此，基于实习生立场，需要反思是否存在边缘性参与阻碍这样的不确定性因素。

（一）自身的边缘性体会

从实习生个人角度来看，在学生角色转化为职业人角色的过程中，有以下三方面转化带来的困难：一是理论应用与实践技能的缺乏。实习生应用理论时生搬硬套，没有真正理解理论知识的内涵；实务经验的欠缺则表现为干预技巧不足，无法提供专业服务、不知所措等各种困扰。二是价值观冲突。实习生容易因自身与专业价值观的冲突，而带着偏见、批判等偏差区别对待服务对象。三是自我关怀不足。实习生作为新职场人，面对服务对象需要付出情感劳动，是否存在情绪敏感、缺乏自信、心态不稳等情况？实习生往往缺乏自我关怀意识，欠缺自我关怀能力，自然也难以提供有效的专业服务。

---

① Schon D. A. Educating the Reflective Practitioner ［M］. San Francisco：Josey - Bass，1987：26 - 28.

② 卢玮，傅秀峰，徐蕾. 经验性反思：社会工作实践教育中的反思能力意涵研究——基于 50 篇社会工作实习生的反思日记［J］. 社会工作，2023（2）：40 - 56 + 108，109.

（二）与服务对象的边缘性互动

社会工作专业实习生由于自身实务经验、理论知识不够充足，对服务对象了解有限，当服务对象产生"抱怨""质疑""不满情绪"等消极反馈，实习生会如何处理？面对服务对象的参与度、负面反馈以及消极应对，作为实习生是否感到受挫和无力？在实践中实习生因无法预测服务对象的反应而不能采取有效措施提升服务效果，实习生产生挫败感，感到"沮丧""自信心受打击"会如何应对？这些问题都需要提前做足功课，做好充分准备。

（三）组织中的边缘性管理

实习生在社会工作机构或社区组织的架构内处于最底层，不受机构组织直接管理，但要被动接受工作安排，处于边缘地位，自然其承担的工作并不能确定。这就导致几个方面处境：一是实习生被安排的工作与专业服务的关联性不强；二是实习生作为新手，出于规避服务风险，团队中专业人士、督导会安排其边缘性的专业服务任务，不会涉及服务核心；三是实习生自身组织活动少，难以担任主要角色，往往以协助者身份参与其中。在这样一种处境下，实习生如何应对这种困扰？

二、督导规范的反思

从学校和机构角度看，指导教师督导的规范性和专业性是主要的关注点。这里的指导教师既包括高校的教师督导，还含有机构督导。社会工作作为一种职业的发展虽有十几年的历史，但其运行仍处于举步维艰的境地。在这种情况下，学校督导实践经验较少，机构督导专业性缺乏，同时还存在"无督导、有督导无指导、督导形式化"等缺位现象。对此，我们需要反思，督导规范性能否支撑学生的专业实习？学校与机构作为协同育人的教育主体，学生如何获得正面的专业影响？

（一）高校督导的规范性挑战

中国社会工作发展呈现的"教育先行"特征突显了高校教育工作者对专业发展的推动作用，突出了实习教育在专业教育和人才培养中的重要地位。由于社会工作专业有自身独特的价值理念，专业教师需要通过言传身教来体现社工的理念和技巧，特别是实习指导教师，他们与学生的近距离接触时间更长。无论是定期的督导会谈，还是非正式接触，其对学生的影响甚为深远。理想中的实习指导教师，在理论知识的掌握上、工作技巧的熟悉上、为人处世的练达上都应该成为学生的楷模。因此，学校层面需要反思如何提高高校教师的实务经验与督导经验。

（二）机构督导的缺位性问题

有效实习的催化剂是督导。机构督导承担了学生实习的督导任务，帮助学生内化专业伦理、掌握专业技巧、把握专业方法。但目前国内实习机构督导欠缺的是社工理论知识，其所具备的专业技能难以有效传递给实习生，而会使实习计划不能达成预定的要求，会让实习生感到"边缘性参与"的迷茫，觉得他们是机构的"打杂""跑腿"的办事员，与其追求的实习目标相去甚远，违背了实习的良好初衷。近年来国内设立了大量社会工作机构，机构督导人才培养相对滞后，能够胜任实习生的督导任务的实务工作者较为缺乏。机构督导的不足及理论知识的欠缺使其难以满足学生的专业需求，学生参与专业性工作的层次不高，不能真正融入社工机构的实际工作，这会极大地影响实习生在专业上的迅速成长。

三、培养目标的反思

实习生在实习过程中强调以价值、理论和技巧为主的专业能力培养是重要的环节，而以人际交往、书面表达、管理能力为主的职业能力培养同样必需。[1] 在实习中，仅仅提升专业能力并非唯一，我们还要反思高校社工专业培养的目标是什么，培养的学生应成为什么样的人。

（一）人际交往能力培养的反思

社会工作是一门与人进行沟通和交流的职业。要做为民服务的工作，就需要人际交往能力，换言之就是人际沟通能力。通常意义上，人们习惯于把社会工作者的交往对象局限于"和服务对象打交道"，而现实生活中和社会工作者交往的个体或群体非常广泛，社会工作者扮演的角色十分多元。他们所交往的对象不仅仅是服务对象，还有社工机构、政府部门、链接资源的单位等。如工作在社工站

---

① 刘斌志，谭坤成. 论社会工作核心能力的培育：基于实习与督导的反思 [J]. 社会工作，2015（5）：118－124＋128.

的一线社工，在其工作的社会工作机构，他是员工；在其服务的社区居委会，他是合作者；面向服务对象，他就化身为服务的提供方；面对其链接的资源方，他就是需求方。因此，和不同的人群或组织打交道，就不能用一成不变的方法去应对，这十分考验实习生的人际沟通能力，这种能力的高低差异决定着工作成效的好坏。具有良好沟通能力的人，其工作成果才可能被机构认可、得到社区支持以及服务对象认同。人际交往能力的提升，固然与学生本人的关系很密切，对于高校社工专业学生来讲，实习过程中强调人际沟通能力也是培养目标需要重视的重要内容。

（二）书面表达能力培养的反思

在我国，当前社会工作职业领域较为重要的一项技能是写作能力。作为社会工作者，开展活动时，新闻稿的撰写离不开文字功夫；申请项目时，申报书的写作更需要文字功底；成果汇报时，汇报的总结报告同样运用文字材料；机构评估时，评估材料的提供对文字要求更高。文字表达能力并非仅是社会工作者需要的，无论哪类行业对书面表达能力都提出了较高要求。工作计划的拟定、工作总结的撰写、工作报告的起草并非社工行业所独有。工作在政府部门，有年度计划、年终总结、工作报告、五年规划；就职于公司企业，会有各类文书的撰写，这些都对书面表达能力提出了要求。同样，社会工作领域文字写作能力是职业核心能力的一个重要方面。因此，为了提升社会工作实习生的这一核心能力，实习过程中关注学生实习报告的撰写质量，要求学生掌握实习计划、实习日志等文字材料的技巧，也应在培养目标中予以足够重视。

小　结

实习总结是对一个时间段的实习情况进行系统的回顾，通过分析研究，作出客观的评价，肯定成绩，找出问题，得出经验教训，摸索出事物发展规律，为发扬成绩，纠正错误，提高认识，明确方向而写成的书面材料。实习延展包括理论提升和实习宣传等内容。实习反思主要从学生、督导及培养目标三方面展开。基于实习生立场，需要反思是否存在边缘性参与阻碍这样的不确定性因素；基于督导规范性角度，需要反思高校督导的规范性挑战和机构督导的缺位性问题；基于培养目标视角，需要反思以人际交往、书面表达等为主的职业能力培养问题。

思 考 题

1. 实习总结的含义及特征是什么？

2. 实习总结的类型有哪几类？主要包含哪些内容？

3. 结合自己的实习内容，写一篇不少于3000字的实习总结。

4. 依据实习过程，反思遇到的挑战与困惑。

第十二章

案例选编

 案例 12－1：

"天使增羽，为失依儿童插上梦想翅膀"
——生态系统理论在父母一方服刑子女个案中的应用

一、背景介绍

（一）基本资料

1. 服务对象姓名：大宝、二宝（化名）

2. 性别：男

3. 文化程度：小学

4. 接案原因

服务对象的奶奶打电话主动求助，通过电话交谈，告知社会工作者服务对象已厌学在家近一个月，家里无能力为其辅导，每谈到上学问题，服务对象都刻意回避，让家人非常担心。此外，服务对象自尊心强，易发怒。因此，求助社会工作者，希望能够帮助其重新回到学校。

（二）背景资料

1. "服刑家庭"，缺乏关爱

服务对象的妈妈是服刑人员；服务对象的爸爸因病不能外出工作，且文化水平不高，家庭经济主要来源依靠年事已高的爷爷奶奶的退休工资，与服务对象沟通太少，外出活动不多。

2. 家庭支持系统完整，但关系复杂

服务对象婶婶、奶奶与其同住一个小区，婶婶对服务对象比较关心，但对其爸爸意见较大，认为他不出去挣钱，整日待在家中，对孩子不负责任，两人之间争吵不断。自从服务对象母亲服刑后，服务对象的爸爸便整日在家中，与亲戚走

301

动较少。

3. 厌学在家,课业中止

因其家庭的特殊状况,经常被同学捉弄和嘲笑。因此,服务对象感觉自尊心受挫,讨厌班级,讨厌学校,进而厌学在家,不愿继续学业。

4. 是否接触过其他服务及情况

有,学校老师对其比较关注,经常与其谈话教育,但是效果不是很明显。

二、分析预估

(一)理论分析

生态系统理论认为个人的问题及解决方法取决于个人与家庭、群体和社区之间的和谐互动。在人和环境这个着眼点的前提下,要满足个人、家庭、群体和社区的需要,环境必须有足够的资源鼓励人与环境做"正面积极的互动",要达到这一目标,社会工作者必须致力于改变环境,并使之更有效地回应个人、家庭、群体和社区的需要。在本案例中,服务对象与其家庭系统和学校系统互动出现了障碍,无法从两个重要系统中获得支持。因此,社会工作者在介入策略中,致力于改变服务对象的家庭系统功能和修复学校系统对服务对象的作用,以促进服务对象生态系统平衡,进而帮助服务对象增能。

(二)服务对象问题分析

1. 家庭系统方面分析

(1)服刑家庭,家庭生活压力大,缺少与子女沟通,导致服务对象平时没有得到及时、合理的家庭教育,进而形成了服务对象孤僻的性格。

(2)家庭系统中爸爸与婶婶之间关系不融洽,导致服务对象所生活的家庭系统不被其认可,进而导致服务对象易怒的状况出现,并日益严重。

2. 学校系统方面分析

(1)学校老师对服务对象生活方面关心较少,只是谈话教育,希望其好好学习,最终适得其反,服务对象更加抵触学校,导致厌学在家。

(2)学校同学对服务对象的嘲笑和捉弄,严重挫伤了服务对象的自尊心,加剧了服务对象的厌学心理。

3. 服务对象自身分析

(1)人际交往及情绪管理。服务对象易怒,性格孤僻,与外界交流少。

(2)服务对象极强的自尊心也导致其自卑,面对其他同学讨论自己,会很敏感,服务对象渴望得到支持和关心,谈到学校的时候,就刻意回避,戒备心强烈。

(三)服务对象需求分析

(1)家庭系统关系疏导。修复家庭成员间的关系,改善沟通方式和其他家庭支持系统作用的发挥。

（2）学校系统关系疏导。协调学校老师加强对服务对象的关怀，同时参与学校、班级整体友好环境的改善，促进学校形成友好的社交环境。

（3）对服务对象进行情绪疏导，调整情绪，改变认知，提高自我认同感。

三、服务计划

（一）服务目标

建立服务对象的家庭支持系统，完善家庭系统功能，促进服务对象的正常社会功能的恢复。

（二）过程目标

（1）发挥服务对象家庭内部支持系统的作用，协助服务对象父亲掌握与子女沟通的技巧和方法，令其意识到亲子关系的重要性，促进家庭内部改变。

（2）发挥服务对象学校外部支持系统的作用，通过与学校老师和学生的沟通，让其在服务对象的改变中发挥重要的支持作用。

（3）运用优势视角，让服务对象从家庭、学校、社区三个方面发现自身的优势，重新树立自信，扩大交际。

（三）服务策略

服务开展以生态系统理论为指导，以改变家庭支持系统功能为主，辅以修复学校支持系统功能，充分发挥这两大系统的作用，形成良性互动。而在系统中不同的体系开展工作，则选择性使用认知行为理论、结构家庭理论、焦点解决短期治疗等方式进行逐一解决，最终达到恢复服务对象家庭系统整体功能的目的。

（四）服务计划

（1）通过访谈、家访等方式建立专业关系，从而改变服务对象的认知，促进行为改变。

（2）鼓励服务对象参与社工服务，参与社区活动，认识更多同伴，建立朋辈支持网络。

（3）与服务对象家庭成员沟通，运用结构家庭理论治疗等技巧，对目前服务对象的问题进行分析，促进家庭成员的改变，促进服务对象与家人的有效沟通，改善家庭关系，形成良好的成长环境。

（4）与服务对象的学校老师沟通，让其在班级内部建立友好班级环境，进而推及全校的友好环境建立，为服务对象回归校园做好基础。

（5）与服务对象的交流，采用焦点解决短期治疗，协助服务对象发现自身优势，树立自信，改善情绪，顺利回归校园。

四、服务计划实施过程

（一）重点建立专业关系，运用接纳、尊重和倾听等技巧

（1）社会工作者主动上门交流，认真倾听服务对象的心声，从服务对象奶奶那里了解到服务对象的日常生活和喜好，通过交谈，让服务对象感受到关注、接纳，建立了专业信任的关系。

（2）社会工作者在走访时，通过之前的了解，采用沟通的小技巧，比如：交流一些兴趣爱好，找到共同喜欢的事情，与服务对象玩游戏，了解到服务对象爱看书，便带他到社区图书室挑选图书来看，这些对建立良好的专业关系起到了很好的作用。

（二）帮助服务对象改变认知，在参与社工服务中，促进行为改变，运用认知行为治疗模式。

（1）通过一段时间的接触，鼓励服务对象走出家门，到社区里去，通过参与社区活动，让服务对象认识了更多的朋友，也变得更加积极。

（2）具体行为改变有：在一次社区公益与慈善活动中，在图书室看书的服务对象放下课本，要一起参与，过程中，主动帮助社会工作者搬运活动物资，还帮助其他小志愿者提袋子，有时候也会帮助其他小朋友解决作业问题，这些表现非常好，社会工作者发现服务对象慢慢学会与人互动，懂得帮助他人，结交新朋友。

（三）帮助服务对象改善家庭系统功能，改善家庭成员关系，运用结构家庭理论技巧。

（1）通过和家庭成员的座谈，大家一起讨论，社会工作者引导大家分享目前家庭现状产生原因，并提出改善意见或建议。社会工作者通过总结分析，最终大家达成一些共识：①改善家庭成员间的疏远关系，多多关注服务对象；②父亲不再整日待在家中，平时抽时间多带孩子出去走走；③体谅服务对象奶奶的不易，帮忙分担家庭压力。

（2）一段时间后，社会工作者上门回访，服务对象家庭氛围有了一定改善，不再沉闷了，家庭关系缓和，服务对象反馈：爸爸带他出去玩的次数多了，奶奶也比以前高兴了。

（四）重点帮助服务对象修复学校在家庭支持系统中的作用，形成友好环境后，让服务对象顺利回归学校，主要是社区营造技巧在学校中的运用。

鼓励服务对象回到学校，社会工作者与学校老师、服务对象父亲、奶奶和婶婶共同鼓励服务对象回归校园，学校老师通过服务对象之前在学校的表现，给予了服务对象积极的反馈，比如，数学学得好，思维灵活，让服务对象找回了在学校的价值，同班同学也邀请他一起去图书室看书。在老师、同学、社会工作者和

服务对象奶奶的共同努力下，服务对象回到了校园。

（五）为巩固服务对象的改变，共同制订计划。

（1）主动关心父亲和奶奶，经常分担家务。

（2）在学校团结同学，遇事多思考，在社区遇到居民热情打招呼。

（3）每周来社区参加活动。

（4）最近的亲子活动和父亲一起来参加。

（六）跟进、回访

一周后，社会工作者打电话询问服务对象最近情况，服务对象奶奶把最近情况反馈给社会工作者，服务对象在学校、家里表现都很好。

目前，服务对象在学校里表现非常好，还经常带班里同学来社区看书、写作业，经常参加社区活动，成为一名优秀的小志愿者，对待身边的人更加礼貌、热情。

五、总结评估及结案

（一）总结评估

（1）目标达成情况。在服务对象奶奶和班主任老师的帮助下，服务对象三年级第二学期已读完，期末成绩也不错，在学校表现很好，经常能来社区参与活动，并且认识了更多的好朋友，可以看出服务对象在个案工作完成后，改变很明显。

（2）过程评估。社会工作者以生态系统理论介入为主，同时运用焦点解决短期治疗、认知行为治疗和社区营造等专业社工技巧，很好地完成了对服务对象制定的工作目标。但在工作技巧上，遇到了很多困难，在多次请教督导后，才找到了介入策略和方法。

（二）结案

服务对象家庭关系得到改善，家庭系统功能得到修复，服务对象顺利回归校园，并积极参与社区活动，积极交流，约定的目标基本达成，因此予以结案。

六、专业反思

（1）要根据服务对象的具体情况，抓住主要矛盾，具体问题具体分析。

通过对问题的分析，选择以主要矛盾为主线，然后展开具体工作方法的思考，分清主次，根据服务对象面临的不同问题，开展相对应的工作，理论与实践相结合，敢于变通，灵活地运用社会工作技巧，具备较好的应变能力和良好的沟通能力，应该多些协助案主从不同的角度考虑别人的想法和目的，会起到更好的服务效果。

（2）社会工作者专业技巧不足，影响了服务对象问题的解决效率。

社会工作者在整个个案工作中，面临的问题远远比个案本身要复杂得多，社会工作者经常会出现困惑，主要是由于社会工作者自身专业知识和能力不足，面临问题时，在服务过程中多次请教督导，后来在督导的指导下，完成了个案服务。

七、督导评价

社工在个案服务过程中，能以生态系统理论为出发点，较为全面地分析案主在家庭、学校、社区三者系统中存在的问题及困境，逐一采取介入方法，引导案主重新认识自己的生态系统，克服自身和环境障碍，从而达到缓和案主的家庭关系、重新就学、融入社区的个案目标。

八、个案工作记录表（见表 12 - 1 ~ 表 12 - 6）

表 12 - 1   **个案工作记录表**

服务使用者姓名：大宝、二宝

日 期	20××年3月7日		时间	15：00 至 16：00
工作方法	□面谈 ☑家访 □电话 □小组 □活动			
本次工作目标	①进一步了解服务对象的个人信息资料 ②了解服务对象的现状和需求			
过程记录（包括对内容、问题及需要的分析、处理、评估、应用技巧等）	从服务对象奶奶那里了解到基本的信息资料，服务对象已厌学在家近一个月，家里无能力为其辅导，每谈到上学问题，服务对象都刻意回避，但服务对象之前是非常喜欢看书的。初步分析可能是在学校出现了困扰，导致情绪变化突然。服务对象刚开始对社会工作者的到来很抵触，不愿多说话，社会工作者便运用了支持性技巧，面向服务对象，身体前倾，同时找到共同话题，以此为谈话的切入点，于是便想到了读书的话题。 社会工作者：听说你非常喜欢看书啊，那你平时都喜欢哪些书呢？ 服务对象：喜欢的书多了，昨天在看《地道战》。 社会工作者：看来你比较喜欢这一类的书啊，我们那里有很多这样的书，下次我可以给你带几本。 服务对象：真的假的？（很惊喜） 社会工作者：当然是真的。 …… 话题展开后，开始和服务对象建立信任的专业关系，通过和服务对象奶奶交谈，初步与服务对象接触，了解到其对学习还是有兴趣的，但仍然不想去学校，也不愿多说。第一次访谈只能到此结束			
关键进展/成果/注意事项	服务对象情绪比之前好很多，经过此次交谈，初步了解到服务对象学习方面的需求，服务对象也开始信任社会工作者，有助于专业关系的进一步建立			
跟进计划	与服务对象约定下一次见面时间，为服务对象准备好图书，向服务对象的奶奶和学校老师了解情况，为下一次访谈做准备			
督导意见	该记录没有对案主的主要问题进行阐述，似乎是对学习不感兴趣。要明确阐述案主的问题，以及对案主存在该问题有一定的分析。在遇到案主抵触的情况下采用的相关技巧，也可以记录下来。总体过程记录内容单薄			

表 12 – 2   个案工作记录表

服务使用者姓名：大宝、二宝

日 期	20××年3月14日	时间	15：00 至 16：00
工作方法	□面谈　☑家访　□电话　□小组　□活动		
本次工作目标	①进一步了解服务对象的需求，帮助服务对象做需求分析 ②与服务对象签订个案服务同意书，并订立服务计划目标		
过程记录（包括对内容、问题及需要的分析、处理、评估、应用技巧等）	今天社会工作者带来了服务对象喜欢的书，服务对象很激动，对社会工作者也很礼貌，这是一个好的开端。社会工作者从服务对象的家庭、学校了解到的情况是：因为处在服刑家庭中，本身就比较特殊，家庭系统中爸爸与婶婶之间关系不融洽，导致服务对象所生活的家庭系统不被其认可，进而导致服务对象易怒的状况出现，并日益严重。另外加上学校同学对服务对象的嘲笑和捉弄，严重挫伤了服务对象的自尊心，加剧了服务对象的厌学心理，老师也做过谈话，但是效果不明显。 因此，社会工作者初步分析出服务对象的需求： 1. 家庭系统关系疏导，培养家庭成员间的关系，改善沟通方式和其他家庭支持系统作用的发挥； 2. 学校系统关系疏导，协调学校老师加强对服务对象的关怀，同时参与到学校、班级整体友好环境的改善，促进学校形成友好的社交环境； 3. 对服务对象进行情绪疏导，调整情绪，改变认知，提高自我认同感		
关键进展/成果/注意事项	服务对象已经开始愿意接受社工服务，并且共同制定了目标		
跟进计划	跟进服务对象最近的情绪变化，邀请服务对象参加最近组织的一场社区公益慈善活动		
督导意见	过程记录需要再提炼，逻辑比较混乱。需求方面要明确指出		

表 12 – 3　　　　　　　　　　个案工作记录表

服务使用者姓名：大宝、二宝

日　期	20××年3月21日	时间	16：00 至 17：00
工作方法	□面谈　□家访　□电话　□小组　☑活动		
本次工作目标	运用社区营造技巧，通过让服务对象走出家门，参加社区活动，认识更多同伴，建立朋辈支持网络		
过程记录（包括对内容、问题及需要的分析、处理、评估、应用技巧等）	服务对象在参加这次社区活动中，跟随其他志愿者一起帮助我们工作人员搬运活动物资。过程中，我发现服务对象主动帮其他小朋友拿东西，很快便和这些小朋友玩到了一起，看得出服务对象很开心。"下次活动啥时候？记得叫我啊！""好的，没问题。"（服务对象从之前很长一段时间的沉默寡言，今天终于展现出了积极活泼的一面，这是社区营造技巧发挥了作用，在这样的环境下，服务对象会改变很快。） 活动结束后，社会工作者和服务对象交谈，问道"参加这次活动有什么感想？可以和我分享一下吗？" 服务对象：我觉得我最大的收获就是，我帮助到了其他人，认识了新的朋友，很高兴。 社会工作者：真棒，今天你又进步了，给你点个赞。 社会工作者在看到服务对象的改变和进步时，要给予及时的鼓励，真诚的眼神或手势，可以让服务对象感受到尊重、关心和真诚，有助于服务对象自身的积极改变。 服务对象在这样的社区环境下，发生了明显的变化		
关键进展/成果/注意事项	服务对象在同辈的环境中，变化很大，表现很好		
跟进计划	跟进服务对象家庭关系最近的变化		
督导意见	记录语言除了描述对话以外，要严谨专业。过程记录在描述中较为流水化，要对服务对象的变化和行为进行详尽描述		

表 12 - 4   **个案工作记录表**

服务使用者姓名：大宝、二宝

日 期	20××年 4 月 14 日	时间	15：00 至 16：00
工作方法	☑面谈 　□家访 　□电话 　□小组 　□活动		
本次工作目标	让服务对象了解到家庭关系的变化和学校班级氛围的改变，为其回归学校做准备		
过程记录（包括对内容、问题及需要的分析、处理、评估、应用技巧等）	社会工作者：最近你的爸爸对你的关注有没有多一点呢？有没有带你出去玩啊？ 服务对象：嗯，有，爸爸说要带我出去玩呢。（笑得很开心） 社会工作者：家里吵架的次数有没有少一点，你喜欢现在这样的家庭环境吗？ 服务对象：基本上没有了，现在爸爸、婶婶、奶奶都对我特别好，我很高兴。 社会工作者：家人都这样关心你，作为孩子，我们是不是也应该孝顺他们啊？ 服务对象：……（沉默中，服务对象可能在思考，这时候给予服务对象鼓励支持。这个时候可以运用澄清技巧，帮助服务对象对模糊不清的陈述作更详细、清楚的解说，使之成为清楚、具体的信息。） 社会工作者：其实他们对你的最大期望就是希望你能回到学校好好学习，将来做个有用的人。另外，在我们的共同努力下，学校的同学也已经认识到了自己的错误，他们都非常希望你能回到校园里去，一起学习，一起玩耍，你愿意有更多的好朋友陪你学习和玩耍吗？ 服务对象：……（服务对象心里在纠结） 社会工作者：（这个时候对服务对象的问题和需求，大致上已经有了问题解决的思路，可以提出相关建议）给服务对象陈述回到学校学习的重要性。		
关键进展/成果/注意事项	服务对象的家庭关系已经得到了缓和，通过交谈，感觉到服务对象对学校还是有一定向往的		
跟进计划	与服务对象家人沟通，与学校班主任老师沟通，尽快帮助他回归校园		
督导意见	本段记录，只是言语上的记录，可以对案主的动作也进行描述，记录内容丰富一些，补充一些对于案主行为的分析。同时，最后一句案主的省略号，这一点要加以说明（因省略号代表意思较多）		

表 12－5

个案工作记录表

服务使用者姓名：大宝、二宝

日　期	20××年4月21日	时间	15：00 至 16：00
工作方法	☑面谈　□家访　□电话　□小组　□活动		
本次工作目标	巩固服务对象的改变，共同制订计划		
过程记录（包括对内容、问题及需要的分析、处理、评估、应用技巧等）	服务对象已回归校园 此次面谈，在和服务对象的共同谈论中，帮助服务对象制订了计划 1. 主动关心父亲和奶奶，经常分担家务 2. 在学校团结同学，遇事多思考，在社区遇到居民热情打招呼 3. 每周来社区参加活动 4. 最近的亲子活动和父亲一起来参加 服务对象认为可以做到以上内容，表示可以接受		
关键进展/成果/注意事项	注意跟进和回访		
跟进计划	一周后进行电话回访，向服务对象家人了解服务对象在家里和学校里的近况		
督导意见	记录中，帮助他们具体指的是谁？案主对于制订的计划反应如何。如何制订的计划，是否代表案主的需求。建议进行修改		

表 12－6

个案结束评估表

案主姓名：大宝、二宝

1. 您对服务的整体评价是：

☑非常满意　□满意　□一般　□不满意　□非常不满意

2. 负责社工对您提供了何种帮助？请从下列范围内挑选（可选多项）

□提供资料　　　☑情绪辅导　　　☑人际关系辅导

□就业辅导　　　□经济援助　　　□转介服务

□课业辅导　　　□其他（请注明）

3. 自接受本社工服务后，您的情况有否改善？

	√								
有改善	10	9	8	7	6	5	4	3	2	1	没有改善

4. 与社工接触时，您对解决你的困难的积极性如何？

□非常积极　☑积极　□一般　□不积极　□非常不积极

5. 社工的表现

	是	否	不适用
1）关心您	☑	□	□
2）了解您的需要	☑	□	□
3）有需要时能转介您接受其他服务	□	□	☑

6. 本个案结束之时，您与社工双方同意的目标能否达到？

☑能　□不能（原因：＿＿＿＿＿＿＿＿＿＿＿）

7. 其他评语或意见

备注：如服务使用者不能填写此表格，社工可以提问和代写其意见（请注明"社工代填写"及原因）。

 **案例 12 – 2：**

"离家，归家"——离家出走的困境儿童危机介入服务

一、背景介绍

（一）服务对象基本信息

王燕燕（化名），女性，17 岁，汉族，是一名困境儿童。

（二）家庭情况

服务对象母亲去世，父亲患有三级智力残疾，奶奶卧病在床，妹妹上初中，服务对象本人辍学在家。

（三）生理状况

服务对象身体状况良好，性格内向。

（四）经济情况

服务对象无工作，其父亲有残疾补贴，打些零工贴补家用。

（五）案例来源

20××年3月，社会工作者对辖区内民政对象进行走访，添加服务对象微信，计划后续跟进服务利用微信联系。随后服务对象向社会工作者借钱求助，在社会工作者还没有了解清楚借钱缘由时，得到了服务对象离家出走，其父亲报警的消息，社工立即采取紧急行动，为其服务。

二、分析预估

（一）问题分析

经过社工前期走访、观察等了解，服务对象目前遇到的困境主要表现在以下方面：

（1）服务对象与其父亲就外出找工作无法达成一致。

因服务对象未满18周岁，在学校因为时常逃课，找不到人，服务对象毕业后不上学在家帮助照料生病的奶奶。由于之前的事情，其父亲依旧不放心其独自外出，也不同意服务对象外出找工作。服务对象离家出走前给家里留的话是要出去找工作，身上仅有50块钱，其父亲着急报警。

（2）服务对象亲属缺乏与家人沟通的技巧，家庭支持较弱。

服务对象性格内向，很少言语反驳其父亲的话，在与社会工作者的交流中，自我表达较弱。妹妹上学，奶奶瘫痪，母亲去世，家庭成员无人能倾听服务对象

的想法，其家庭支持较弱。

（3）服务对象缺乏朋辈支持。

服务对象性格安静，朋友较少，兴趣爱好较为广泛，日常活动范围小，需要扩大社交支持。

（二）需求评估

社会工作者协助服务对象及其家人对当前的问题和原因进行综合分析，同时，将服务对象的需求按照优先次序加以梳理，依次为：

1. 心理疏导

服务对象需要学习解决问题的技巧，提升解决问题的能力，而不是采用极端方式逃避问题。

2. 家庭支持

服务对象的想法需要充分与家人沟通，得到家人的理解与支持。

3. 社交支持

服务对象需要适当增加与外界的交流与互动，并进一步拓展和完善社区内的支持网络。

（三）资源分析

（1）自身的资源优势。面对自身的困境，改变意愿较强，本人及其亲属愿意配合社会工作者做出努力。

（2）外在的资源优势。政府针对困境儿童有一定补贴，社区居委会及社会工作者对其格外关注。

三、服务计划

（一）服务理论与模式

1. 危机介入理论

危机是指一个人的正常生活受到意外危险事件的破坏而产生的身心混乱的状态，危机介入模式就是针对服务对象的危机状态而开展的调试和治疗的工作方法。某个特殊的事件成为危机满足三个条件：一是阻碍服务对象重要目标的实现，使服务对象的基本需要无法满足；二是超出服务对象现有的能力，使服务对象无法凭借以往的方式解决问题；三是导致服务对象出现心理失衡，使服务对象处于心力交瘁的脆弱状态中，无法忍受任何生活压力。

服务对象的出走对其家庭来说是很危险的事情，一个没有社会经验的少女，没有经济来源，出门时身上只有50块钱，家人十分着急，报警寻求帮助，其以离家出走的偏激行为来逃避压力事件。这种行为，对于其自身而言同样也是一种需要及时介入的危机。

危机介入模式采取的是一种心理、社会相结合的服务介入策略，将服务对象的内部心理调整与外部资源链接整合在一起，并且针对服务对象危机的消除提供直接有效的服务。服务对象的家人联系不到本人，且身无钱财，出门见网友、找工作，不确定是否有生命危险，亟须危机介入。社工首先要想办法确认服务对象的生命安全，随后帮助其脱离危机状态，进行心理疏导，通过针对服务对象心理调整与外部资源链接整合的方式介入其目前的危机状态。

2. 心理社会治疗模式

心理社会治疗模式是指立足于生理、心理和社会三重因素的综合分析与协调，充分协调个人与社会环境的关系，推动个人内在自我需求的真正实现的一种理论模式。该理论始终围绕一个核心：心理因素和社会因素之间的关联，包括内部的心理、外部的环境以及两者之间的相互影响三个方面。心理社会治疗模式将个人与环境之间的这种关系概括为"人在情境中"，要求社会工作者既需要深入个人的内心，了解服务对象的感受、想法和需求，还需要仔细观察周围环境对服务对象施加的影响，分享个人适应环境的具体过程。

（二）服务目标

按照服务需求的优先次序，社会工作者积极协助服务对象表达服务诉求，了解其家人的服务期望，在此基础上，双方共同参与，商讨确定了此次服务的方向和目标。

1. 服务目的

服务的目的在于帮助服务对象有效摆脱危机的影响，稳定服务对象的情绪，与服务对象建立互相信任的合作关系，积极协助服务对象解决当前的问题，缓解其家庭关系。

2. 服务的具体目标

（1）确认服务对象的生命安全，找到服务对象，稳定服务对象情绪，在有限的时间内，快速、有效地帮助服务对象摆脱危机。

（2）协助服务对象与其父亲沟通，帮助其学习沟通技巧，彼此理解、彼此信任。

（3）为服务对象链接资源，协助其构建社会支持网络。

（三）服务策略

针对服务对象的具体情况和服务需求、目标，社会工作者将通过直接介入和间接介入两种方式为其提供专业服务。

1. 直接介入策略

帮助服务对象运用自己的内在资源，以达到改变的目标，社会工作者的任务是：

①前期：对服务对象进行心理疏导，帮助服务对象对事物采取正确的分析态度与方法，从而能够正确、有效地解决问题。

②中期：帮助服务对象及其家人学习沟通技巧，互相理解与信任。

③后期：邀请服务对象参与社区活动，扩大社交范围，增强社会支持网络。

2. 间接介入策略

运用外部资源的目的是将服务对象系统与资源系统联结起来以增强服务对象的社会功能。帮助服务对象运用现有的外部资源与街道办事处及社区积极沟通，和服务对象家人共同解决当前问题，提升服务对象及其家庭应对困境的能力。

四、服务计划实施过程

（1）第一阶段：稳定服务对象，确定服务对象当前所在位置，保证服务对象生命安全。

社工接到服务对象离家出走的消息后，立刻对其情况进行评估，确定此事为紧急情况，第一时间与服务对象微信联系，确认其是否安全，并借助其前期向社工借钱的契机，向服务对象确认其大概位置，接着与××区民政负责人对接，告知社工前期针对服务对象所做的工作，与其一起向服务对象提供的地点前去寻找，最终在警察、服务对象家人、朋友、社工的共同努力下成功找到服务对象，并将其带回家中。

服务对象回家后，社工立即前往服务对象家中了解相关情况，做相应的介入。社工在与服务对象面谈时为了照顾服务对象的情绪，确保谈话内容的真实性与隐私性，特意将服务对象父亲支开，通过谈话与观察了解服务对象离家出走的原因、最近几天的经历以及是否受到伤害，社工鼓励服务对象充分表达自己的思想和情感，引导服务对象主动述说自己遇到的问题，同时积极倾听及表达同理。

服务对象向社工透露自己自从辍学后一直被爸爸锁在家里照顾奶奶，很少外出，只能通过网络与朋友联系，自己也想出去找工作，于是借着和朋友出去玩的机会离家出走，想找到一份工作。社工对于服务对象无法走出家门表示同理，同时也告知服务对象离家出走会导致家人担心，还有可能遇到不可控的危险，在此基础上，社工引导服务对象遇到问题可以与爸爸沟通，也可以向社工寻求帮助，一定要保证自己的安全。在对服务对象情况进行沟通了解之后，社工嘱咐服务对象好好休息，放松心情，安全回来就是最好的结果。

在与服务对象父亲的沟通中社工了解到，服务对象辍学后有跑出去的先例，一般当天就会回来，为了保护服务对象，所以才将服务对象关在家里，没想到此次服务对象离家出走这么长时间，不得不寻求社区、社工乃至警察的帮助，社工建议服务对象父亲，服务对象既然安全回来了，家人可以告知服务对象此次离家出走的危险性，但不要打骂服务对象，让服务对象先好好休息。

（2）第二阶段：跟进服务对象的生活及情绪改变状况，及时提供情绪疏导。

社工一直通过服务对象微信、朋友圈了解其生活状况，并寻找合适的时机与服务对象约定入户探访，从服务对象的兴趣爱好入手，社工了解到服务对象最近的生活及情绪状况。在服务对象情绪稳定的基础上，社工询问对于爸爸将其关在家里的真实想法，服务对象表示自己知道爸爸也是为了她和妹妹的安全着想，也不会埋怨爸爸，但是自己还是想出去找份工作，不想整天待在家里，情绪激动时，社工及时转移话题，并安抚服务对象情绪，为其提供情绪疏导，并与服务对象约定下次探访的时间。

在另一方面，社工也及时将该情况告知督导，寻求专业支持，并表示密切关注服务对象的动态，如果有新的情况保持沟通，及时交流相关信息。

（3）第三阶段：再次确认服务对象安全，与其明晰社工的服务内容和范围。

3月31日，社工发现服务对象突然连发几条微信朋友圈，与上次服务对象离家出走的情况非常相似，社工立刻微信与服务对象视频联系，确认其是否在家，在确认服务对象安全在家的情况下与服务对象约定4月第一期去家里探访，在探访过程中服务对象再次提出借钱的需求，社工了解借钱缘由后向服务对象解释了社工的服务内容和范围，她的哪些需求是可以寻求社工支持和协助的，哪些方面是需要她自己主动努力实现的，社工建议其与家人说明钱的用途，寻求家人的帮助。

（4）第四阶段：详细了解服务对象的原生家庭与周围环境，促进服务对象与家人（父亲）积极有效沟通。

在详细了解服务对象的原生家庭及周围环境后，社工明确了问题的关键所在，服务对象父亲是为了服务对象安全将其关在家中，服务对象也能理解父亲的做法，但是父亲不说自己的初衷，服务对象也不提自己的想法，家庭成员之间的沟通存在问题，因此社工将服务对象和服务对象父亲聚在一起，促进服务对象与父亲积极沟通，讲明双方的想法，协助其建立有效的家庭沟通方式，从而解决服务对象当前的困境。

（5）第五阶段：巩固服务对象前期危机介入的改变，制订后续跟进计划。

目前，服务对象自己及家庭中的问题已经解决，也积极参与社区活动，社工协助服务对象将前期已有的积极改变进行巩固，服务对象也学会自己解决问题，并表示会主动与父亲沟通，改善亲子关系。社工对服务对象的改变给予肯定，表示后续如果有什么解决不了的问题还可以寻求社工的帮助，并告知服务对象虽然本次服务结束了，但还可以保持联系，社工也会定期看望服务对象。

五、总结评估

（一）评估方法

1. 访谈法

社会工作者通过与服务对象及其家人的访谈，了解他们对服务的满意度、服务成效等，从而进行综合评估。

2. 观察法

在开展服务及后续跟进时，观察服务对象的性格、表现及行为改变，对服务进行评估。

（二）过程评估

（1）介入初期：社会工作者根据前期与服务对象建立的信任，通过语言引导，与服务对象开视频确认了服务对象的生命安全，并获取了服务对象的当前位置。社会工作者与服务对象保持联系，第二天前往其所在地寻找。经过其家人、当地警察等多方合作，顺利找到服务对象。社会工作者及时处理，抓住了有利的、可改变的时机，减少了服务对象对自身的伤害。

（2）介入中期：根据前期的介入，社会工作者通过简洁易懂的语言、专心的聆听、感情的支持等技巧稳定服务对象的情绪，并再次确定服务对象的安全，与服务对象建立互相信任的合作关系。

（3）介入后期：社会工作者进一步了解服务对象的原生家庭，与其家人沟通，帮助服务对象及其家庭通过学习家庭沟通技巧与方法，帮助家庭成员之间互相理解和信任，家庭成员之间的沟通得到改善。同时，服务对象也积极参与社区活动，与同辈群体沟通交流，性格也逐渐开朗。

（4）介入结束期：随着服务对象问题的解决，个案目标已达成，帮助服务对象了解主要问题，消除危机带来的负面影响。挖掘家庭力量，协助其建立社会支持网络系统，通过后续跟进服务，社工发现其个人及家庭的变化，正在步步变好与和谐。社会工作者告知服务对象及家庭服务即将结束，并安抚服务对象不舍情绪，告诉服务对象后续还会有跟进服务，服务对象表示理解。

（三）效果评估

通过危机介入，帮助服务对象摆脱了危机，服务对象了解到独自外出的风险，也理解了家人的着急担心。在服务对象情绪稳定后，社会工作者协助服务对象分析危机产生的原因，并积极协助服务对象解决当前问题，通过与服务对象交谈，结合社会工作者对其家庭的观察，服务对象的家庭沟通问题有所改善，家庭成员的沟通能力得到明显提升，服务对象解决问题能力也得到提升；通过社区活动，服务对象交到了同龄朋友，朋辈群体支持也逐渐增强。

六、专业反思

（1）危机介入要求社会工作者要迅速作出判断。

本次危机介入困境儿童，社会工作者快速地作出危险性判断，在有限的时间内快速、有效地与服务对象取得联系，确认其生命安全。随后了解服务对象的主要问题，对其进行心理疏导，稳定情绪。困境儿童及其家庭的问题是多方面的，困境儿童的服务支持需要个人、家庭、社会共同合作，仅凭社会工作者个人是解决不了的，服务过程中多方合作，为服务对象及其家庭提供服务，促使其问题得到解决。

（2）抓住服务对象面临的主要问题，对症下药。

确保服务对象的安全后，社工在对其进行心理疏导，稳定情绪的基础上，了解服务对象面临的主要问题，并运用其个人、家庭、社会资源，共同合作为服务对象及其家庭提供服务，促使其问题得到解决。

（3）社工需要较高的专业度，为服务对象提供危机介入服务。

危机介入需要社工有较高的专业能力，社工在遇到解决不了的问题时，要学会向专业能力高的督导寻求帮助，为减少服务对象接触陌生人而产生的不安情绪，社工要有技巧的寻求帮助，可提前与督导联系，商讨解决方法，为服务对象提供有效服务。

 案例 12 - 3：

陪伴打开心扉，支持铸就成长——焦虑症孤儿个案介入

一、个案背景

（一）服务对象基本资料

服务对象小慧（化名），女生，12 岁，六年级，社工在入户探访困境儿童时，来到服务对象家中了解家庭情况，社工询问服务对象最近身体和生活状况，服务对象说自己最近总是失眠、心烦意乱、做事提不起兴趣，希望社工可以帮她想办法摆脱这些困扰。

（二）服务对象家庭背景基本资料

服务对象在父母离异后跟随妈妈生活，不久后妈妈自杀，父亲因病去世，与外婆、舅舅、舅妈以及两个表弟一起居住，家里共有六口人，平时是舅妈在家照顾她与两个表弟，家庭关系紧密，舅舅、舅妈对服务对象也比较关心，服务对象

有什么问题，舅舅和舅妈也会及时解决，但他们表示不会与孩子沟通，平时是孩子上学需要资料费就直接给钱，给予更多的是物质上的支持。服务对象与两个表弟关系很好，平常也会一起玩。

二、个案分析

（一）问题分析

1. 生理问题

服务对象说自己最近总是失眠、心烦意乱、做事提不起兴趣，舅舅、舅妈带服务对象到医院做过检查，但检查结果显示并没有问题。

2. 心理问题

服务对象目前上六年级，马上就要升初中，学业繁重，最近的一次考试，成绩不太理想，服务对象害怕自己小升初的考试失败。

3. 社会支持问题

在与服务对象舅舅的交谈中，其表示不会与孩子沟通，家庭给予服务对象的物质支持较多，因缺乏与孩子沟通的知识及技巧，情感以及心理方面的支持较少。服务对象跟随舅舅搬到安置房后，邻里沟通也变少，服务对象与两个表弟关系较好，平常也会一起玩，但除了两个表弟外，几乎没有其他的朋友。

（二）需求分析

（1）缓解失眠、心烦意乱、做事提不起兴趣等焦虑的情绪。

（2）服务对象希望得到家庭的支持，就像爸爸、妈妈的关爱。

（3）服务对象想要结交更多的朋友。

三、服务方案

1. 服务目的

根据问题分析与需求分析情况，此个案的目的一方面逐步改变服务对象因学业压力造成的焦虑情绪，同时增强服务对象家庭对其的支持。最后，协助服务对象改善其人际关系，强化其在交友行为上的进步，协助服务对象在现实生活中交到更多的朋友。

2. 服务目标

（1）消除和缓解服务对象因考试和升学造成的失眠、焦虑情绪。

（2）促进服务对象与家人沟通，使服务对象能够得到来自家庭的支持。

（3）构建服务对象的社会支持网络，鼓励服务对象参加社工组织的活动，拓宽其人际交往网络，结交更多的朋友。

3. 介入理论

（1）认知行为治疗模式

认知行为理论：认知行为疗法主要认为一个人认知程度和认知水平对人们的行为方式起着决定性作用，人的认知会影响人的心理和情绪状态，从而影响人的行为，认知行为疗法主要是通过改善人们的认知达到行为矫正的目的。焦虑症患者的认知活动影响他们的行为方式，之所以会出现焦虑不安、紧张担忧的心理状态也是由于他们不恰当认知，但是人的认知活动是可以调整和改变的。在本案中，案主因对产生其焦虑障碍因素的认知不清，从而导致了焦虑症的产生，所以社工需要帮助案主正确地认识焦虑症，解除案主对其的顾虑和担心，并且帮助案主重建在学习等问题上的正确认知，从而从源头上走出焦虑症的困扰。

（2）心理社会治疗模式

心理社会治疗模式是指立足于生理、心理和社会三重因素的综合分析与协调，充分协调个人与社会环境的关系，推动个人内在自我需求真正实现的一种理论模式。该理论始终围绕一个核心：心理因素和社会因素之间的关联，包括内部的心理、外部的环境以及两者之间的相互影响三个方面。心理社会治疗模式将个人与环境之间的这种关系概括为"人在情境中"，要求社会工作者既需要深入个人的内心，了解服务对象的感受、想法和需求，还需要仔细观察周围环境对服务对象施加的影响，分享个人适应环境的具体过程。

四、介入过程

（1）第一阶段：一方面使用专业量表对案主进行精神量表测试；另一方面通过与服务对象本人的面谈、与服务对象家庭成员的面谈、访谈等从个人、家庭、社会三个系统进行资料收集，全面了解服务对象生理情况、心理情况、家庭情况等前提下与督导进行个案研讨，评估服务对象的问题与需要。

（2）第二阶段：在这一阶段的主要任务就是为案主提供心理辅导，澄清和厘清案主所焦虑的问题，与案主一起去面对困难，帮助她制订详细的学习计划，从一些非理性情绪中走出来，对考试失败问题形成新的认知，从而使他自己能够认识到自己的情况并发觉他自身的潜能，自主地去控制和调整焦虑情绪以达到更好地治疗效果。

（3）第三阶段：促进服务对象与家人沟通，使服务对象能够得到来自家庭的支持。鼓励案主尽可能多地参与家庭活动，挖掘案主参与家庭生活后个人的变化，如爱的感受、感知家庭的温暖等。另外，与案主家庭成员取得沟通，增强家庭对案主的关爱及成长的关注。

（4）第四阶段：提升服务对象的人际交往技巧，邀请服务对象参加社区活动，为服务对象提供接触陌生人的机会，可首先协助其与其他社工接触，再过渡到与同辈群体接触，在练习过程中学习基本的人际交往的技巧，同时通过正面强化提升案主在此方面的成就感。

五、结案评估

1. 评估方法

（1）服务对象评估。

通过问卷和访谈的形式了解服务对象对社工链接资源及服务的满意度。

（2）服务效能评估。

运用观察法及问卷总结和提炼服务成效，并与预先制定的服务目标相比照，评估服务成效与预期目标的吻合程度及各个目标的达致程度情况。

2. 评估内容

（1）服务对象评估。

服务对象对社工的服务较为满意，从最初的担心踌躇、被动接受服务到最后的开始主动寻求改变，这些不仅表现在个案服务评估表上也表现在日常的接触当中。

（2）服务成效。

社工通过链接资源、整合信息及引导改变，服务开始阶段所制定的服务目标基本全部达成，改善情况较好。

六、总结反思

1. 服务技巧和手法的反思

社工在此个案跟进中担当陪伴者、支持者、协调者的角色，充分使用同理心、澄清、对质、聚焦、情感反映等面谈技巧，耐心倾听服务对象表达的事件，尊重服务对象的感受，与服务对象逐步建立了稳固的信任关系，从而使个案的跟进越来越顺畅。

2. 青少年问题的反思

青少年问题往往与家庭相关，且持续时间长，短期内是不可能解决的，从开始到结束都需要有足够的耐心，把握跟进的节奏。对于此个案的改变除了社工的不断跟进外，还与服务对象的家庭情况改变有关，服务对象的舅舅、舅妈能够提供情感上的支持对服务对象的影响较大。

 **案例 12 -4：**

"童心携手，共筑绿园"垃圾分类学习小组

一、背景介绍

（一）需求调查

我国人口规模庞大，所产生的生活垃圾堪称巨量。据统计，垃圾分类可以使人均生活垃圾产生量减少三分之二，有利于改善垃圾品质，使焚烧（或填埋）更好的无害化。

（二）问题分析

推行垃圾分类，就要开展广泛的教育引导工作，让广大人民群众认识到实行垃圾分类的重要性和必要性，通过有效的督促引导，让更多人行动起来，培养垃圾分类的好习惯，全社会人人动手，一起来为改善生活环境做努力，一起来为绿色发展、可持续发展做贡献。

（三）政策依据

党的十八大以来，习近平总书记多次就垃圾处理工作作出重要指示："实行垃圾分类，关系广大人民群众生活环境，关系节约使用资源，也是社会文明水平的一个重要体现。"

（四）服务方向

积极引导青少年融入社会、服务社会，开展青少年垃圾分类学习小组，让其认识垃圾分类，了解垃圾分类，从小培养垃圾分类的好习惯，以此来影响家庭，影响社区，影响社会，为环境的可持续发展培养新力量。

二、分析预估

班杜拉-社会学习理论：观察学习中，班杜拉认为人的行为，特别是人的复杂行为主要是后天习得的。行为的习得既受遗传、生理因素的制约，又受后天经验环境的影响。班杜拉认为行为习得有两种不同的过程：一种是通过直接经验获得行为反应模式的过程，班杜拉把这种行为习得过程称为"通过反应的结果所进行的学习"，即我们所说的直接经验的学习；另一种是通过观察示范者的行为而习得行为的过程，班杜拉将它称为"通过示范所进行的学习"，即我们所说的间接经验的学习。班杜拉的社会学习理论所强调的是这种观察学习或模仿学习，本小组中社会工作者通过现场讲解垃圾分类的知识技巧并示范，让服务对象通过观察进行模仿学习获得学习经验，同时对于服务对象习得经验及时给予肯定和支

持回馈，促使服务对象增强学习的动机，提升学习的兴趣。

三、服务计划

（一）小组理念

在社会工作者看来，通过小组过程，为组员提供观察学习环境，通过社会工作者现场演示，让组员观察并模仿，在观察学习的过程，组员获得学习经验，社会工作者引导组员在学习中思考、掌握并实践运用。社会工作者运用该类型小组的方法，依据儿童的需求和特点，以游戏为载体，融入小组工作的理念和元素，提升服务对象学习的动力和积极性。

（二）小组目标

1. 80% 以上的组员在小组中能认识垃圾分类标志，分辨垃圾类别。

2. 80% 以上的组员加入垃圾分类小小志愿服务队，宣传垃圾分类。

（三）小组性质

学习小组。

（四）小组对象

社区内 8～12 岁报名参加暑期公益课堂，参与活动积极性高的儿童、青少年。

（五）小组时间

20××年 7 月 10 日至 20××年 8 月 7 日每周三 15：00～16：00。

（六）小组程序

1. 小组第一节：活动主题："破冰"，建立专业关系（见表 12 - 7）

表 12 - 7　　　　　　　　　活动安排明细表

时间/时长	活动目的	程序内容	物资/备注
15：00～15：10 （10 分钟）	让参与者了解小组	社会工作者向小组介绍小组背景、目的和意义，节数和具体时间安排和地点	—
15：10～15：20 （10 分钟）	让组员自我介绍，并与社会工作者相互了解	小游戏"串名字"，让大家进行自我介绍，相互认识	—
15：20～15：40 （20 分钟）	共同规范小组	制定小组契约，引导小组共同制定小组契约	大白纸 1 张、水彩笔 1 盒
15：40～15：50 （10 分钟）	让组员表达对小组的期望	社会工作者引导组员写下自己在这个小组中的目标和期望	水笔 1 盒、卡片纸若干
15：50～16：00 （10 分钟）	总结	社会工作者带领组员总结本次活动，并邀请组员发言，接纳组员对活动的意见和建议	—

2. 小组第二节：活动主题：初识垃圾分类（见表 12 - 8）

表 12 - 8 活动安排明细表

时间/时长	活动目标	程序内容	物资/备注
15：00~15：05（5 分钟）	回顾上节的内容	让组员回忆上节内容，更快融入本节活动	—
15：05~15：15（10 分钟）	社工向组员介绍垃圾分类的种类，让其认识垃圾分类以及垃圾分类的标志	把垃圾分类的定义介绍给组员，将垃圾分类小卡片——介绍说明	垃圾分类小卡片
15：15~15：35（20 分钟）		请部分组员分辨卡片上的垃圾种类	—
15：35~15：55（20 分钟）		让部分组员分享对垃圾分类的认识	—
15：55~16：00（5 分钟）	总结	社会工作者总结本节小组活动，并预告下节活动内容	—

3. 小组第三节：活动主题：脑力大作战，垃圾我来辨（见表 12 - 9）

表 12 - 9 活动安排明细表

时间/时长	活动目标	程序内容	物资/备注
15：00~15：05（5 分钟）	回顾上节的内容	让组员回忆上节内容，更快融入本节活动	—
15：05~15：10（5 分钟）	介绍本节活动内容	介绍本节小组活动目标及内容	—
15：10~15：15（5 分钟）	了解四类垃圾具体分类	儿童志愿者为大家朗读垃圾分类解说，了解"垃圾名牌"包含的内容	"垃圾分类游戏道具"
15：15~15：45（30 分钟）	以"你比我猜"游戏的形式开展知识传递	运用"垃圾名牌"卡片开展"你比我猜"游戏	
15：45~15：55（10 分钟）	对手中"垃圾名牌"进行正确分类	组员把手中的"垃圾名牌"进行正确分类	
15：55~16：00（5 分钟）	总结	社会工作者总结本节活动，并预告下节活动内容	—

4. 小组第四节：活动主题：情景模拟，寓教于乐（见表 12 – 10）

表 12 – 10　　　　　　　　活动安排明细表

时间/时长	本节目标	程序内容	物资/备注
15：00～15：05 （5 分钟）	回顾前三节所学内容	让组员回忆前三节内容，更快融入本节活动	—
15：05～15：10 （5 分钟）	介绍本节活动内容	介绍本节小组活动目标及内容	—
15：10～15：45 （35 分钟）	进行现场模拟，引导组员学习并掌握垃圾分类小小志愿队的操作技巧	小组组员分好角色：一部分是垃圾分类小志愿者；一部分是社区居民。现场模拟小志愿者向社区居民宣传垃圾分类	情景剧剧本准备
15：45～15：55 （10 分钟）	活动分享	分享环节，由组员给大家依次做分享	—
15：55～16：00 （5 分钟）	总结	社会工作者总结本节小组活动，并预告下节活动内容	—

5. 小组第五节：活动主题：小手拉大手，我们一起走（见表 12 – 11）

表 12 – 11　　　　　　　　活动安排明细表

时间/时长	本节目标	程序内容	物资/备注
15：00～15：05 （5 分钟）	回顾上一节活动内容	让组员回忆上节内容，更快融入本节活动	—
15：05～15：10 （5 分钟）	整理小组经验，巩固小组成效，让组员充满信心迎接美好未来	社会工作者向组员介绍本节活动内容和目标	—
15：10～15：40 （30 分钟）	垃圾分类小小志愿者走进社区宣传垃圾分类	组织小志愿者走进社区，实践操作垃圾分类宣传	垃圾分类宣传页
15：40～15：50 （10 分钟）		由组员分享实践操作的感受	—
15：50～16：00 （10 分钟）	离别总结	处理组员离别情绪，宣布小组结束，并告知垃圾分类小小志愿队成立，以后会定期开展垃圾分类志愿服务活动	小礼物 15 份

四、服务计划实施过程

（一）小组筹备期

小组筹备期，社会工作者结合暑期公益课堂的观察和访谈，设计了该小组。社会工作者撰写计划书，在课堂结束后进行了招募和筛选，最终确定8人参与。与此同时，社工准备好本次小组活动所需的物资，购买道具。

（二）小组初期

小组第一节，组员都非常积极，准时到达活动室。首先社会工作者以领导者的身份向组员介绍本小组的主要内容，表达了小组的期望目标，期待组员的积极参与和精彩表现。

社会工作者通过"串名字"的游戏来让小组成员尽快记住彼此的名字，同时也是活跃小组气氛的重要一环。随后建立小组规范，让小组成员写出各自希望的小组的样子，社会工作者进行筛选总结，最终选择适用于本小组的规范，便于小组成员的管理与小组活动的开展。结束前社会工作者带领组员一起回顾本节小组的经过，并再次提醒下节小组的时间。

（三）小组中期

小组中期，主要是通过现场示范、游戏教学来带领组员学习，同时让组员通过情景模拟来实践垃圾分类宣传，在参与中学习，在学习中成长。

总体来看，小组成员的参与度很高，出勤率一直保持7人，有事情无法参加的组员也会提前请假。

（四）小组后期

小组最后一节，社会工作者组织组员走进社区，实践操作垃圾分类宣传。随后，社会工作者带领组员一起回顾以往活动，大家感触很深刻，表示会给爸爸妈妈讲述垃圾分类的知识。最后，社会工作者宣布垃圾分类小小志愿队成立，以后会定期开展垃圾分类志愿服务活动，大家满怀期待。

五、总结评估

（一）评估方法与内容

（1）过程评估：社会工作者观察评估组员对在整个小组过程中的投入程度和表现；组员分享自己对每节小组内容的想法；不同阶段与个别家长的沟通，了解组员对垃圾分类知识的掌握情况。

（2）结果评估：运用参加者意见表来评估组员对小组的满意度及目标达成情况。

（二）组员和家长评价

（1）首先通过《小组参加者意见汇总表》来看，组员们对本次小组活动的评价大部分都在4.8分以上（5分为非常满意），由此可见，组员对本次小组的目标、时间安排、场地、形式、具体环节等的评价和满意度都很高。具体请见小组活动具体参加者意见反馈汇总表。

活动名称："童心携手，共筑绿园"垃圾分类学习小组

活动目标：1.80%以上的组员在小组中能认识垃圾分类标志，分辨垃圾类别；2.80%以上的组员加入垃圾分类小小志愿服务队，宣传垃圾分类。

发放意见表数量：8 份

回收有效意见表：8 份

1）参加者对活动评价汇总（见表 12 – 12）。

表 12 – 12　　　　　　　　　　小组参加者意见汇总表

评价项目	非常不满意 1	不满意 2	一般 3	满意 4	非常满意 5	单项总分	单项平均分
1. 我认为活动目标可达致	0	0	0	0	40	40	5
2. 我满意活动的时间编排	0	0	0	4	35	39	4.875
3. 我满意活动的形式	0	0	0	4	35	39	4.875
4. 我满意活动的场地	0	0	0	0	40	40	5
5. 我满意活动的内容	0	0	0	4	35	39	4.875
6. 我满意社工的工作表现	0	0	0	0	40	40	5
7. 我满意社工的工作态度	0	0	0	4	35	39	4.875
8. 我愿意参加此活动	0	0	0	8	30	38	4.75
9. 我对此活动整体满意度	0	0	0	0	40	40	5

2）参加者对活动的其他意见或建议汇总。

很喜欢这个活动，还学到了很多的垃圾分类知识；很开心可以作为垃圾分类宣传员向叔叔阿姨宣传垃圾分类。

（2）社会工作者观察到，组员在参与本次小组过程中热情积极，每节小组结束都依依不舍，这也从侧面反映出组员对小组的喜爱程度。

（3）家长的反馈，有许多组员每次来参加活动都是由家长送来的，几个家长都感慨道：孩子学习垃圾分类非常有意义，在家里还"教育"我们要做好垃

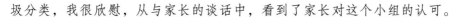

圾分类，我很欣慰，从与家长的谈话中，看到了家长对这个小组的认可。

（三）总体目标实现度

通过社会工作者的观察、参加者意见表汇总、组员及家长评价，小组的具体目标：组员都能认识垃圾分类标志，在小组中能正确分辨垃圾类别；所有的组员都加入垃圾分类小小志愿服务队，宣传垃圾分类。组员不仅学会垃圾分类，并且能够运用，甚至成为垃圾分类宣传员，目标达成并有新的突破。

六、专业反思

（一）小组目标应考虑小组的可持续性，思考长远

首先，小组目标的设定要结合小组问题本身和服务对象特点。垃圾分类作为社会热点问题，将会持续推行和发展；其次，服务对象是儿童、青少年群体，他们需要在学习中成长，在成长中进步。社会工作者通过开展垃圾分类活动，强化组员所习得的内容，初步目标便已达成，更重要的是运用与实践，以及小组最终能给组员、家庭、社区带来的影响和变化。如在小组目标设定80%以上的组员加入垃圾分类小小志愿服务队，宣传垃圾分类。小组最后成功组建垃圾分类小小志愿服务队，让组员学以致用，向家庭、社区，甚至社会传递垃圾分类，从我做起的正能量。

（二）学习与成长实则同步进行，让组员互相影响，共同成长

社会工作者要善于借助团体动力，让小组服务对象间彼此支持，看到彼此的行为和学习模式。小组工作中，每一个成员都是一个资源库，他们会在小组中真实地表现出各种适应性与非适应性的行为，他们也会分享自己的想法、经验、感受，小组服务对象在观察、模仿其他成员的过程中，自己得到了一定成长，最终达到共同成长的目的。

（三）不足之处

第一，社工在面临小组中的个别组员情绪问题时，沟通技巧和经验方面不足，今后要多多注意与组员的沟通，发现他们的特点，建立好友友好关系；第二，社工对于分享环节缺乏有效技巧，在面对被动组员时，社工要积极主动地与有经验的同工进行交流和学习，寻求专业督导的支持，自己更要努力学习小组的带领方法和技巧，多一些锻炼和尝试；第三，对于组员的自主性和社工的介入性，两者要做好均衡，不要因为既往印象低估任何年龄阶段的服务对象的想法和能力。

 **案例 12 - 5：**

"我们都一样"回迁安置社区儿童桌游成长小组

一、背景介绍

城市化的发展基本以老城区改造和城市向外扩张为主要途径，农村的大量土地被征用，房屋被拆迁，由此形成了大量的拆迁安置社区。在拆迁安置社区居民中，来自儿童群体的发展需求须引起关注，由于儿童身心发展尚不成熟，他们面对家庭环境、生活环境的变化很容易出现适应困难等情况，而目前拆迁安置社区所提供的儿童服务远无法满足他们的多样化和个性化需求。家庭是儿童的第一张保护网，是他们寻求支持与满足的首要途径。由于拆迁安置社区的家庭情况特殊，家庭照顾的职能往往缺失，造成新一代"城市留守儿童"现象。

本案例中所服务的群体，主要是某镇拆迁安置社区的 10～14 岁儿童，其中以留守、孤儿等困境儿童为重点对象，通过前期调查发现，该社区居民大多以外出务工为主要经济来源，繁重的工作使其无法尽心照顾他们的子女，而儿童的成长期需求相对较多且多样，此外，由于独生子女占大多数，而如今的住宅模式也极大地限制了儿童朋辈交往。针对这种现状，社会工作者结合暑期活动策划开展了桌游成长小组，通过桌游来提升儿童的内在潜能，激发服务对象主动自觉地改变和成长，培养兴趣的同时获得朋辈支持。

二、分析预估

（一）马斯洛的需求理论

根据马斯洛的需要理论，人的需要层次可以分为生理的需要、安全的需要、归属和爱的需要、尊重的需要和自我实现的需要。生理的需要是最基本的需要，即满足维持身体机能正常运作的需要；安全的需要包括与别人建立良好稳定的人际关系，避免恐惧和焦虑；归属和爱的需要是希望与他人建立感情的联系（如结交朋友、追求爱情等）或被群体接纳尊重的需要除自我尊重外还包括他人对自己的尊重和理解；自我实现的需要是希望通过个人的努力来实现自己的目标，体现自己的价值，发挥自己的潜能。

本小组通过桌游的过程让服务对象满足归属与爱的需要，在小组中协助儿童增强沟通与交流能力，培养他们的分享与团队协作意识，培养兴趣、收获朋友，促进他们的健康成长。

（二）优势视角理论

优势视角相信人可以改变，每个人都有尊严和价值，都应该得到尊重。优势视角认为每个人都有自己解决问题的力量与资源，并具有在困难环境中生存下来的抗逆力。优势视角认为在社会工作助人实践过程中关注的焦点应该是案主个人及其所在的环境中的优势和资源，而非问题和症状，改变的重要资源来自于案主自身的优势，个人的经验是一种优势资源。

本小组服务采用社会工作优势视角的观点思考服务对象问题，服务对象处于成长学习的快速时期，学习和接受新知识能力较强，服务对象拥有较多的同辈群体支持，能在群体中获得成长与改变的力量。同时，社工协助服务对象以另一种态度去思考自己的问题，引导服务对象发现自己的能力与长处。

三、服务计划

（一）小组理念

在社会工作者看来，每个人都具有不断发展和成长的潜能，都有与人交往的需求，通过小组过程，为组员提供密切的互动和真实的回馈，可以帮助组员和小组感知他人对自己的反映和评价，建立更正确的自我意识、自我形象和自我评价，提升自信心，从而拉近组员之间的距离和关系。社会工作者运用该类型小组的方法，依据拆迁安置小区儿童的需求和特点，以桌游互动为载体，融入小组工作的理念和元素，促进儿童的健康成长。

（二）小组目标

1. 每位组员在小组中至少结识 3 个小伙伴。

2. 每位组员可以勇敢地、主动地向他人分享快乐与喜悦。

3. 通过小组过程中的互动，提升组员的人际交往和沟通能力。

（三）小组性质

成长小组。

（四）小组对象

拆迁安置社区的 10～14 岁儿童 10 名，其中包含留守、孤儿等困境儿童 4 名重点对象。

（五）小组时间

2021 年 6 月 28 日至 7 月 15 日每周一、周五 15：00～16：00。

（六）小组程序

1. 小组第一节：活动主题：交个朋友（见表 12 - 13）

表 12 - 13　　　　　　　　　　活动安排明细表

时间/时长	活动目的	程序内容	物资/备注
15：00～15：10（10 分钟）	让参与者了解小组	社会工作者向小组介绍小组背景、目的和意义，节数和具体时间安排和地点	—
15：10～15：20（10 分钟）	让组员自我介绍，并与社会工作者相互了解	小游戏"串名字"，让大家进行自我介绍，相互认识	—
15：20～15：40（20 分钟）	共同规范小组	制定小组契约，引导小组共同制定小组契约	大白纸 1 张、水彩笔 1 盒
15：40～15：50（10 分钟）	让组员表达对小组的期望	社会工作者引导组员写下自己在这个小组中的目标和期望	水笔 1 盒、卡片纸若干
15：50～16：00（10 分钟）	总结	社会工作者带领组员总结本次活动，并邀请组员发言，接纳组员对活动的意见和建议	—

2. 小组第二节：活动主题：初识桌游（见表 12 - 14）

表 12 - 14　　　　　　　　　　活动安排明细表

时间/时长	活动目标	程序内容	物资/备注
15：00～15：05（5 分钟）	回顾上节的内容	让组员回忆上节内容，更快融入本节活动	—
15：05～15：55（50 分钟）	社工向组员介绍桌游，教会组员本节桌游的规则	社工对游戏规则进行介绍，带领组员初玩狼人杀	桌游道具
15：55～16：00（5 分钟）	让组员表达此次聚会的感觉，使社工了解组员小组的想法及建议	每个小组成员进行个人分享，通过别人眼中的自己，加深对自己的进一步了解，表达参与感受	—

3. 小组第三节：活动主题：玩转桌游（见表 12 - 15）

表 12 - 15　　　　　　　　　　活动安排明细表

时间/时长	活动目标	程序内容	物资/备注
15：05～15：10（5 分钟）	介绍本节活动内容	介绍本节小组活动目标及内容	—

时间/时长	活动目标	程序内容	物资/备注
15：10~15：15 （5分钟）	对上节课堂内容进行回顾	小组组员相互熟悉，在社工的引导下，共同回想上次活动内容，加深彼此印象	"桌游道具"
15：15~15：55 （40分钟）	组员代表带领组员玩桌游	社工邀请组员代表来组织桌游，社工从旁协助	
15：55~16：00 （5分钟）	让组员表达此次聚会的感觉，使社工了解组员小组的想法及建议	每个小组成员进行个人分享，及游戏中的个人体会	—

4. 小组第四节：活动主题：回忆时光（见表12-16）

表12-16　　　　　　　　　　活动安排明细表

时间/时长	本节目标	程序内容	物资/备注
15：00~15：05 （5分钟）	对之前课堂内容进行回顾，让组员重温小组内容	与组员总结分享内容 请组员分享参与小组的感受	—
15：05~15：10 （5分钟）	对之前桌游进行重温，锻炼小朋友大脑思维能力，加强小朋友们之间的沟通交流，增进友情	小组成员交替玩以下游戏，自由PK，最后以"你比我猜"游戏的形式开展知识传递，在各类桌游中，追忆小组时光	—
15：10~15：45 （35分钟）		通过"一元五角"游戏，相互拥抱，给予自信和温暖	—
15：55~16：00 （5分钟）	总结	社会工作者总结本节小组活动情况，并预告下节活动内容	—

5. 小组第五节：活动主题：描绘未来（见表12-17）

表12-17　　　　　　　　　　活动安排明细表

时间/时长	本节目标	程序内容	物资/备注
15：05~15：10 （5分钟）	整理小组经验，巩固小组成效，让组员充满信心迎接美好未来	社会工作者带领组员回忆前几节小组内容，总结目标完成情况	—

时间/时长	本节目标	程序内容	物资/备注
15：10～15：40（30分钟）	通过画画的形式描绘出自己的理想，注入无限希望	组员根据社工的讲解，在白纸上描绘出自己心目中的未来	水彩笔1盒、白纸若干
15：40～15：50（10分钟）		组员分别发言，分享自己的作品	—
15：50～16：00（10分钟）	处理离别情绪，展望未来，感悟成长，美好祝福	社会工作者发放第一节活动中书写的卡片，让组员自我发现目标和期望是否达到，畅谈在小组中的感受与收获，以及表达对未来的希望	小礼物15份

四、服务计划实施过程

（一）小组筹备期

小组筹备期，社会工作者根据前期走访调研，发现服务对象的需求，结合暑期系列活动设计了该小组。社会工作者通过上门邀请和宣传进行了招募和筛选，最终确定10人参与，其中有4名是留守、孤儿等困境儿童。与此同时，社工准备好本次小组活动所需的物资，购买道具。

（二）小组初期

小组第一节，组员都非常积极，准时到达活动室。首先社会工作者以领导者的身份向组员介绍本小组的主要内容，表达了小组的期望目标，期待组员的积极参与和精彩表现。

社会工作者通过"串名字"的游戏来让小组成员尽快记住彼此的名字，同时也是活跃小组气氛的重要一环。随后建立小组规范，让小组成员写出各自希望的小组样子，社会工作者进行筛选总结，最终选择适用于本小组的规范，便于小组成员的管理与小组活动的开展。结束前社会工作者带领组员一起回顾本节小组的经过，并再次提醒下节小组的时间。小组初期，社会工作者通过破冰游戏和小组专业手法的介入，促进组员之间的互动，减少陌生感。

（三）小组中期

小组中期，主要是通过桌游教学来带领组员学习，当遇到问题时，组织组员进行思考总结，共同商量如何解决出现的问题，每当一节游戏结束时，让组员进行分享，引导组员认识团队协作的重要性，在参与中学习，在学习中成长。

从总体上看，小组成员的参与度很高，出勤率一直保持在8人，有事情无法参加的组员也会提前请假。通过中期的几期活动以后，组员之间的隔阂感和距离感慢慢消失，信任感不断增强，小组开始前或者结束后会自发地组织玩游戏，人际关系不断拓展，都认识了新朋友，有家长反映："孩子变化很大，以前不爱说话，很怕人，现在大方多了。"

（四）小组后期

小组最后一节，社会工作者组织了一场"描绘未来"的主题活动，让组员描绘心中的美好未来，表达对未来的希望。社会工作者对活动进行了总结，对服务对象的学习热情和参与效果提出表扬，为他们能够坚持努力最终学会新桌游、认识新朋友而感到骄傲，同时告诉服务对象小组活动到此结束，后期会根据大家的反馈和需求还会组织新的小组活动。

五、总结评估

（一）评估方法与内容

（1）过程评估：社会工作者观察评估组员对在整个小组过程中的投入程度和表现；组员分享自己对每节小组内容的想法；不同阶段与个别家长的沟通，了解组员参加小组后的变化。

（2）结果评估：运用参加者意见表来评估组员对于小组的满意度及目标达成情况。

（二）组员和家长评价

（1）首先通过《小组参加者意见汇总表》来看，组员们对本次小组活动的评价大部分都在4分以上（5分为非常满意），由此可见，组员对本次小组的目标、时间安排、场地、形式、具体环节等的评价和满意度都很高。具体请见小组活动具体参加者意见反馈汇总表。

● 活动名称："我们都一样"拆迁安置社区儿童桌游成长小组

● 活动目标：

①每位组员在小组中至少结识3个小伙伴；

②每位组员可以勇敢地、主动地向他人分享快乐与喜悦；

③通过小组过程中的互动，提升组员的人际交往能力和沟通能力。

发放意见数量：5份

回收有效意见表：5份

● 参加者对活动评价汇总，参加者对活动的其他意见或建议汇总（见表12-18）：

表 12 - 18 小组参加者意见汇总表

评价项目	非常不满意 1	不满意 2	一般 3	满意 4	非常满意 5	单项总分	单项平均分
1. 我认为活动的目标可达致	0	0	0	4	0	20	4
2. 我满意活动的时间编排	0	0	0	4	0	20	4
3. 我满意活动的形式	0	0	0	0	5	25	5
4. 我满意活动的场地	0	0	0	0	5	25	5
5. 我满意活动的内容	0	0	0	0	5	25	5
6. 我满意社工的工作表现	0	0	0	0	5	25	5
7. 我满意社工的工作态度	0	0	0	0	5	25	5
8. 我愿意参加此活动	0	0	0	5	0	25	5
9. 我对此活动的整体满意度	0	0	0	0	5	25	5

（2）社会工作者观察到，组员在参与本次小组过程中热情积极，每节小组结束都依依不舍，这也从侧面反映出组员对小组的喜爱程度。

（3）家长的反馈，几个家长都感慨道：孩子有了明显改变，从以前在家话很少到话很多，现在每次回到家都很开心，从与家长的谈话中，看到了家长对这个小组的认可。

六、总体目标实现度

通过社会工作者的观察、参加者意见表汇总、组员及家长评价，小组的具体目标：每位组员在小组中至少结识 3 个小伙伴；每位组员可以勇敢地、主动地向他人分享快乐与喜悦；目标有效达成，组员也因此相互认识，建立起友谊关系。通过具体目标的实现，通过小组过程中的互动，提升了组员的人际交往能力和沟通能力，习得了良好的行为模式。

七、专业反思

（一）小组发展过程中要善于运用专业手法

首先，在小组主题和内容设计上秉承社工服务理念和以需求为出发点；其次，社工在小组发展的每个阶段有不同的介入方法和工作重点，比如小组初期，社工要以观察和引导为主，小组中期，社工要鼓励组员尝试和分享为主帮助他们增加信任感、提升参与热情等，后期则是强化组员习得的内容。最后，社工对于组员要运用不同的专业方法进行评估。

（二）社会工作者要注重建立与服务对象之间的关系

小组之初最重要的工作是与服务对象之间建立良好的关系。关系建立的情况直接影响着服务的效果。本次小组的服务对象为特殊的困境儿童和拆迁安置区的孩子，他们的沟通能力和学习能力相对较弱，如何建立好关系是一项非常重要的工作。社会工作要做好引导工作。拉近社会工作者与服务对象、服务对象相互之间的关系，这对今后开展类似的小组活动是一次很好的探索。

（三）社会工作者在小组的不同阶段要对角色进行定位

在小组开展的过程中，社会工作者要在不同的阶段扮演好自己特定的角色。前期主要是扮演领导者和组织者，组织服务对象认识小组，了解小组；中期是观察者、支持者和引导者，引导组员积极参与到活动中，观察小组成员的行为改变，适时地做出调整；后期对小组进行总结、理组员的离别情绪，完成小组活动。

 案例 12－6：

心灵"零距离"——农村留守儿童支持小组

一、背景介绍

（一）服务对象面临的问题

服务对象是一个特殊的群体——农村留守儿童，从个体生命成长历程来看，这一时期正是人身体发育、性格养成、知识积累的关键时期。儿童在成长过程中需要学会与人交往最基本的技能，如感知他人、体验周围人的情感、积极地向外界表达自己的意愿、接纳外界正向的信息等。由于父母亲情教育的缺失，留守儿童在自身发展过程中遇到了一定的障碍，留守儿童的生活出现了很多问题。

心理学研究表明，儿童对父母具有依恋倾向。依恋是幼儿出生后最早形成的人际关系，依恋的性质与程度直接影响着儿童对周围世界的安全感和信任感。留守儿童年龄幼小就离开父母，父母关爱严重缺失，尽管有爷爷、奶奶或亲戚朋友监管，但毕竟与父母不同。留守儿童处在身心迅速发展时期，对生理、心理以及人际交往问题存在种种困惑，但由于外出务工的父母与孩子缺乏交流，同时，他们的临时监护人由于年龄和文化层次的限制以及心理上代沟，又难以与这些儿童进行有效的沟通，了解他们的情况和心理需求，从而使得留守儿童无法得到及时的帮助和内心的烦恼得不到解决，长期得不到亲情的抚慰和关怀，很多留守儿往往会感情淡漠，大多缺乏归属感和安全感。

B 乡位于距城市较远的农村，这里因经济条件落后，中青年人外出打工者较多，导致老人和儿童留守家中。一到周末，孩子的照看和教育成为摆在很多祖父母面前的普遍性问题，服务对象大多数为留守儿童，社会工作者组织的"周末大课堂"为他们提供了一个周末的好去处，但是他们来自各自的村庄，彼此之间比较陌生，缺少交流。结合相关资料和社会工作者的发现，他们面临的问题主要集中在以下几个方面：

（1）家庭教育缺失。父母外出务工，留守儿童只能交给祖父母照顾，由于祖父母文化程度普遍偏低，满足不了其学习、教育和管理的需求。重养轻教的隔代监护只会溺爱和放纵孩子，严重影响他们的健康成长。

（2）性格缺陷严重。大部分留守儿童的父母 1 年回家 1 次，有的 2~3 年才回家 1 次。留守儿童大多年龄在 1~15 岁，正是性格、情感形成和发展的关键时期。缺乏亲情关爱，导致多数留守儿童性格孤僻、自卑、任性，有的甚至存在暴力倾向。

（3）缺乏朋辈支持。服务对象是从各村来到大课堂的，大家彼此之间缺少沟通和交流，人际交往平台较少，性格多孤僻、内向，人际交往能力下降。

（4）社会知识不足或扭曲。家庭是儿童社会化的首要承担者，父母在儿童的基本生活技能、社会规范、社会角色、个人理想、道德情操及个性特征等各方面起着指导和示范作用。但由于外出打工，父母与孩子疏于联络，而临时监护人多持一种不求有功、但求无过的心态，一般仅限于照顾留守儿童的日常生活，不注重精神上的引导和道德上的规范，这导致留守儿童社会知识严重不足，对人际交往的原则、方法和技巧知之甚少。

（二）服务对象实际存在的需求

社会工作者根据前期的走访和调研，整理的调研报告显示：大部分留守儿童在课业辅导和兴趣爱好方面有较大需求，于是开展了常规性的服务"周末乡村大课堂"，在此基础上，社会工作者发现这些来自各村的服务对象，他们虽然平时在这里写作业，但是彼此之间依然很陌生，大多数服务对象害怕也不愿与他人交流，于是社会工作者组织开展了心灵"零距离"关爱留守儿童支持小组，以拉近他们之间的关系，帮助他们获得朋辈支持。

二、分析预估

埃里克森的人格发展八阶段理论：埃里克森认为，人的自我意识发展持续一生，他把自我意识的形成和发展过程划分为八个阶段，这八个阶段的顺序由遗传决定，但是每一个阶段能否顺利通过却是由环境决定的，在人格发展中，个人与其周围环境的互动起着主导和整合的作用，所以，每一个阶段都是不可忽视的，8～12岁的学龄期孩子，正处于第四个发展阶段，在这个阶段，个体面临的主要冲突是勤奋与自卑，这一阶段的儿童除了都应在学校接受教育，学习重要知识外，还有一个重要联系就是同伴，与朋辈群体在一起学习知识、技能、技巧等，可有助于儿童克服自卑，获得勤奋的品格。

马斯洛需求理论：根据马斯洛的需求理论，人的需要层次可以分为生理的需要、安全的需要、归属和爱的需要、尊重的需要和自我实现的需要。生理的需要是最基本的需要，即满足维持身体机能正常运作的需要；安全的需要包括与别人建立良好稳定的人际关系，避免恐惧和焦虑；归属和爱的需要是希望与他人建立感情的联系（如结交朋友、追求爱情等）或被群体接纳尊重的需要，除自我尊重外还包括他人对自己的尊重和理解；自我实现的需要是希望通过个人的努力来实现自己的目标，体现自己的价值，发挥自己的潜能。小组工作人员在开展小组活动时，应协助农村留守儿童增强沟通与交流能力，培养他们的分享与团队协作意识，矫正其不正常行为，并且减轻留守儿童的心理压力，最后促进他们的健康成长。

认知理论：认知理论是以认知心理学为基础而形成和发展起来的。它认为，人的行为主要受制于理性思考，而不是潜意识中的本能，不良行为主要产生于认知上的错误或理性思维能力的缺乏，小组工作的很大任务就是要帮助留守儿童获得对世界的正确认知或完善理性思考的能力，以对各种社会行为和现象形成的正确认知，从而使他们的行为得到正确、理性的指引。他们出现的问题，很大程度上是认知错误，我们在小组活动中应用认知理论来重新构建他们关于父母亲情、世界观、人生观以及人际关系等。

三、服务计划

（一）小组理念

在社会工作者看来，每个人都具有不断发展和成长的潜能，都有与人交往的需求，通过小组过程，为组员提供密切的互动和真实的回馈，可以帮助组员和小组感知他人对自己的反映和评价，建立更正确的自我意识、自我形象和自我评价，提升自信心，从而拉近组员之间的距离和关系。社会工作者运用该类型小组的方法，依据留守儿童的需求和特点，以心理团体游戏为载体，融入小组工作的理念和元素，促进留守儿童的成长。

（二）小组目标

1. 每位组员在小组中至少结识3个小伙伴。

2. 每位组员可以勇敢地、主动地向他人分享快乐与喜悦。

3. 通过小组过程中的互动，提升组员的人际交往能力和沟通能力，习得良好的行为模式。

（三）小组性质

支持性小组。

（四）小组对象

B 乡 7～12 岁父母在外打工由祖父母或亲戚照顾，有明显的心理障碍和认知行为偏差并且希望通过良好的沟通、合作以及疏导，改善人际关系的农村留守儿童。

（五）小组时间

20××年 4 月 13 日～5 月 19 日每周六 14：00～15：30。

（六）小组程序

1. 小组第一节：活动主题："破冰"，建立专业关系（见表 12 - 19）

表 12 - 19　　　　　　　　活动安排明细表

时间/时长	活动目的	程序内容	物资/备注
14：00～14：10（10 分钟）	让参与者了解小组	社会工作者向小组介绍小组背景、目的和意义，活动节数和具体时间安排和地点	—
14：10～14：30（20 分钟）	让组员自我介绍，并与社会工作者相互了解	小游戏"串名字"，让大家进行自我介绍，相互认识	—
14：30～14：50（20 分钟）	共同规范小组	制定小组契约，引导小组共同制定小组契约	大白纸 1 张、水彩笔 1 盒
14：50～15：15（25 分钟）	让组员表达对小组的期望	社会工作者引导组员写下自己在这个小组中的目标和期望	水笔 1 盒、卡片纸若干
15：15～15：30（15 分钟）	总结	社会工作者带领组员总结本次活动，并邀请组员发言，接纳组员对活动的意见和建议	—

2. 小组第二节：活动主题：心灵交汇初探（见表 12 - 20）

表 12 - 20　　　　　　　　活动安排明细表

时间/时长	活动目标	程序内容	物资/备注
14：00～14：05（5 分钟）	回顾上节的内容	让组员回忆上节内容，更快融入本节活动	—

时间/时长	活动目标	程序内容	物资/备注
14：05～14：10 （5分钟）	让组员快速融入小组活动	热身游戏"马兰花开"，促进组员尽快熟悉身边朋友	—
14：10～14：30 （20分钟）	了解交往现状，学会主动交往，通过游戏，让组员感受生活中的友谊的可贵与美好，并通过沟通与合作赢得更多朋友	给每一个组员发一张友谊之花卡。卡片上的每一朵花瓣对应着一条交友中的优点，涂上自己目前拥有的花瓣	花卡若干、彩笔1盒
14：30～14：50 （20分钟）		请部分组员展示自己的友谊之花，并说明自己有哪些优点和缺陷，想一想自己通过哪些优点可以弥补这些缺陷	—
14：50～15：10 （20分钟）		心语心愿，把自己与别人交往中最想对对方说的话写在卡片上，送给朋友	花卡若干、彩笔1盒
15：10～15：25 （15分钟）		实话实说，请部分组员分享收到心语卡及读到内容的感受	—
15：25～15：30 （5分钟）	总结	社会工作者总结本节小组活动情况，并预告下节活动内容	—

3. 小组第三节：活动主题：情景再现，促进交流（见表12－21）

表12－21　　　　　　　　　　　活动安排明细表

时间/时长	活动目标	程序内容	物资/备注
14：00～14：05 （5分钟）	回顾上节的内容	让组员回忆上节内容，更快融入本节活动	—
14：05～14：10 （5分钟）	介绍本节活动内容	介绍本节小组活动目标及内容	—
14：10～14：40 （30分钟）	通过故事来引导服务对象如何与人交流	给组员讲《小明的故事》并请组员回答：你经历过小明的经历吗？如果你是小明会怎么办？	小明的故事事例5则
14：40～15：00 （20分钟）	故事分享	社会工作者根据组员的回答做总结，并告诉组员正确、合适的做法	—
15：00～15：25 （25分钟）	通过哑剧来引导服务对象如何与人交流	开始哑剧表演，采访演员感受和观众感受	哑剧表演准备
15：25～15：30 （5分钟）	总结	社会工作者总结本节小组活动情况，并预告下节活动内容	—

4. 小组第四节：活动主题：情景模拟，引发思考（见表 12 – 22）

表 12 – 22   活动安排明细表

时间/时长	本节目标	程序内容	物资/备注
14：00 ~ 14：05 （5 分钟）	回顾上节的内容	让组员回忆上节内容，更快融入本节活动	—
14：05 ~ 14：10 （5 分钟）	介绍本节活动内容	介绍本节小组活动目标及内容	—
14：10 ~ 14：40 （30 分钟）	引导组员学习并掌握交往的技巧和策略，学会表达和倾听	环节 1：情景剧表演 一天晚上，好哥们儿小王与人打架找到小李帮忙。组员自由发挥：①小李包庇小王；②小李劝导小王向老师说明情况。思考两种情景，你觉得那种是真正的友谊？你在生活中遇见过类似这样的事件吗？遇到类似的情况你该怎么办？	情景剧剧本准备
14：40 ~ 15：10 （30 分钟）		环节 2：学会倾听 1. 请同学两两一组进行咨询。倾诉主题是"我最伤心的一件事"在课前社会工作者安排一些故意不倾听的角色，两分钟后互换倾听者和诉说者位置。 2. 分别询问倾听和诉说双方感受	—
15：10 ~ 15：20 （10 分钟）	活动分享	分享环节，有组员给大家依次做分享	—
15：20 ~ 15：30 （10 分钟）	总结	社会工作者总结本节小组活动情况，并预告下节活动内容	—

5. 小组第五节：活动主题：友谊之家，增进支持（见表 12 – 23）

表 12 – 23   活动安排明细表

时间/时长	本节目标	程序内容	物资/备注
14：00 ~ 14：05 （5 分钟）	回顾上节的内容	让组员回忆上节内容，更快融入本节活动	—
14：05 ~ 14：10 （5 分钟）	介绍本节活动内容	介绍本节小组活动目标及内容	—
14：10 ~ 14：40 （30 分钟）	引导服务对象学会合作，懂得分享	环节 1："建立友谊之家"给组员发一张大白纸，组员共同画一个"友谊之家"，并为这个家起一个名字选出房主	白纸、水笔若干

时间/时长	本节目标	程序内容	物资/备注
14：40~15：10 （30分钟）	引导服务对象学会合作，懂得分享	环节2："美化友谊之家"给每个组员发一张漂亮的卡片，组员把自己认为最重要的交友原则写在后面，送给自己有好感的组员，贴在"友谊之家"上面	卡片若干
15：10~15：20 （10分钟）	引导组员分享活动感受	"分享友谊之家"组员轮流分享自己的"友谊之家"，并谈谈感受	—
15：20~15：30 （10分钟）	总结	总结本节活动表现，表达对组员们的关怀，为最后一次活动作提前预告	—

6. 小组第六节：活动主题：相信自己，美好未来（见表12-24）

表 12-24 　　　　　　　　　活动安排明细表

时间/时长	本节目标	程序内容	物资/备注
14：00~14：05 （5分钟）	回顾上一节活动内容	让组员回忆上节内容，更快融入本节活动	小零食
14：05~14：10 （5分钟）	整理小组经验，巩固小组成效，让组员充满信心迎接美好未来	社会工作者向组员介绍本节活动内容和目标	—
14：10~14：40 （30分钟）	通过画画的形式描绘出自己的理想，注入无限希望	组员根据社工的讲解，在白纸上描绘出自己心目中的未来	大白纸若干，彩笔1盒
14：40~14：55 （15分钟）		组员分别发言，分享自己的作品	—
14：55~15：15 （20分钟）	感悟成长，美好祝福	社会工作者发放第一节活动中书写的卡片，让组员自我发现目标和期望是否达到，畅谈在小组中的感受与收获，以及表达对未来的希望	卡片10张
15：15~15：30 （15分钟）	离别总结	处理组员离别情绪，宣布小组结束	小礼物10份

四、服务计划实施过程

（一）小组筹备期

小组筹备期，社会工作者结合调研报告和日常的访谈，以及对当地留守儿童目前基本情况的分析，设计了该小组。招募方法是通过周末大课堂课间的宣传和日常的入户走访，因周末大课堂人数较多，社会工作者进行了年龄限制：7~12岁之间，最终成功招募20人。与此同时，社工准备好本次小组活动所需的物料，购买了道具等。打印好小组服务对象出席表。

（二）小组初期

小组第一节，小组成员都非常守时，准时来到活动室。社会工作者首先以领导者的身份向组员介绍本小组的主要内容，表达了小组的期望目标，期待组员的积极参与和精彩表现。

社会工作者发现，组员中有"抱团而坐"现象，也有"独自沉默"的，沉默的占多数，在得到大家对目标的认同后，鼓励大家相互认识，首先把大家的座位顺序打乱，社会工作者先以自己做示范，然后要求每位组员从姓名、年龄、个人爱好三个方面进行自我介绍，有了社会工作者的示范后，大部分组员比较活跃，也有些组员声音很小。接下来，社会工作者引导组员提出小组契约，共同制定小组规则。完成这些之后进入今天的游戏环节。小组结束前，社会工作者带领组员一起回顾本节小组的经过并再次提醒下节小组的时间。

小组初期，社会工作者通过破冰游戏和小组专业手法的介入，促进组员之间的互动，减少陌生感。

（三）小组中期

小组中期，主要内容是通过故事分享总结、情景剧表演来促进组员交流，同时，让每个组员能够切身参与到小组中来，分组合作，学会分享。

总体看，每期小组中组员的参与度很高，小组的出勤率一直保持在15人以上，有事情无法参加的组员也会提前请假。树立榜样对于引导组员遵守规范有着很明显的效果。在小组过程中对于表现好的组员，社会工作者及时给予表扬和鼓励，为大家树立榜样，其他组员也会学习。比如，有一次，小组结束后，一个组员主动帮助社会工作者打扫卫生，社工便在下一节小组中表扬了他的行为，之后这个组员每次都很积极，其他组员也会留下来主动打扫卫生。

通过中期的几节活动，组员之间由陌生到逐渐熟悉，组员之间的交流慢慢增多，相互之间的信任逐渐加强。组员的规则意识加强，活动参与积极，分工合作良好。组员之间的社会支持不断拓展，在小组开始前或者结束后会自发组织玩游戏，结识了新朋友，培养了新友谊。有家长反映：孩子原来很内向，不愿意与别人交流。参加小组活动后变化很大，现在见着陌生人也不害怕了，会主动与人家打招呼。性格也变得开朗多了，也比以前爱说话了！

（四）小组后期

小组快要结束时，组员表现出小小的担忧，有所留恋。还一直询问下周还有吗，社会工作者回应，只要大家有这样的需求，家长也支持，我们后续还可以为大家设计相应的活动，在小组最后一节，社会工作者带领大家一起回顾以往活动，大家也有所感触。临近结束，组员有些依依不舍，继续不停地问社工以后还有没有别的小组，社工告知组员小组的结束不意味着大家之间关系的结束，组员之间在平时依然可以继续沟通交流，互相分享。

五、总结评估

（一）评估方法与评估内容

1. 过程评估

（1）评估组员在整个小组活动中的表现。

（2）评估组员在每节小组活动中的收获。

（3）通过与家长沟通，了解组员的变化。

2. 结果评估

通过《小组参加者意见汇总表》评估组员对小组活动的满意度和小组目标达成情况。

（二）组员和家长评价

1. 由《小组参加者意见汇总表》统计结果来看，组员对本次小组活动的打分都在 4.5 分以上（5 分为非常满意）。组员对本次小组活动的目标、时间安排、场地、形式、具体环节等的满意度都很高（见表 12 – 25）。

表 12 – 25　　　　　　　　　　小组参加者意见汇总表

评价项目	单项总分	单项平均分
1. 我认为小组的目标可达致	23	4.6
2. 我满意小组的时间编排	23	4.6
3. 我满意小组的形式	25	5
4. 我满意小组的场地	25	5
5. 我满意小组的内容	23	4.6
6. 我满意社会工作者的工作表现	25	5
7. 我满意社会工作者的工作态度	25	5
8. 我投入此小组	23	4.6
9. 我对此小组的整体满意度	24	4.8

2. 参加者对小组服务的其他意见或建议汇总为如下几方面。

（1）活动再多几节更好。

（2）通过小组服务对象出席表发现，本小组的出席率一直保持在 15 人以上，缺勤的组员也都是事先请过假的。从侧面反映了组员对小组的喜欢程度和投入程度都比较高。

（3）社会工作者观察到，组员在参与本次小组过程中热情积极，每节小组结束都依依不舍，这也从侧面反映出组员对小组的喜爱程度。

（4）家长的反馈，有许多组员每次来参加活动都是由家长送来的，几个家长都感慨道：孩子有了明显改变，从以前在家话很少到话很多，每次回到家都很开心，从与家长的谈话中，看到了家长对这个小组的认可。

（三）总体目标实现度

具体目标达成：每位组员至少结识了3个小伙伴；每位组员都可以勇敢、主动向他人分享快乐与喜悦；组员之间相互认识，建立起友谊。总体目标达成：提升了组员的人际交往能力和沟通能力，习得良好的行为模式。

（四）存在问题

（1）社会工作者在小组规则上处理不到位，当出现打破规则的组员时，没有及时处理好，影响了后续环节的开展。

（2）组成员在过程中的突发情绪，负责社工因经验缺乏，处理效果不理想，影响了小组的整体氛围。

（3）对于被动组员，社会工作者在一定程度上缺乏合适的方法和技巧去促进和引导其发言及有意识的分享。

六、专业反思

（1）小组发展过程中要多次运用专业手法。首先，在小组主题和内容设计上秉承社工服务理念和以需求为出发点；其次，社工在小组发展的每个阶段有不同的介入方法和工作重点，比如小组初期，社工要以观察和引导为主，小组中期，社工要鼓励组员尝试和分享为主帮助他们增加信任感、提升参与热情等，后期则是强化组员习得的内容。最后，社工对于组员要运用不同的专业方法进行评估，以便得到更真实有效的评估结果，在今后的服务过程中，不断提升和完善。

（2）小组的推广性强。首先，7~12岁的儿童群体都面临要学习技能、发展沟通能力、获得自信勤奋等品质的需要，特别是农村的留守儿童，此群体有共同的服务需求。其次，本类型的小组以参与式、团体式、分享式、表演式的主题居多，让大家感受到一种心灵上放松，对农村的留守儿童来说，充满着好奇和期待，在一次次的分享后，大家变得勇敢、主动和积极，同时团体游戏合作与交流，又增加了群体之间的沟通。适合农村留守儿童在开展心灵沟通、成长教育、人际沟通服务方面，可供参考。

（3）不足之处。第一，社工在面临小组中的个别组员情绪问题时，沟通技巧和经验方面不足，今后要多多注意与组员的沟通，发现他们的特点，建立友好关系；第二，社工对于分享环节缺乏有效技巧，在面对被动组员时，社工要积极主动地与有经验的同工进行交流和学习，寻求专业督导的支持，自己更要努力学习小组的带领方法和技巧，多一些锻炼和尝试；第三，对于组员的自主性和社工的介入性，两者要做好均衡，不要因为既往印象低估任何年龄阶段的服务对象的想法和能力。

 **案例 12 - 7：**

督导在新入职社工专业成长中的功能与作用

随着社会工作专业化和职业化进程的加快，社会工作行业蓬勃发展，社会工作服务机构越来越多，社会工作从业人员也越来越多，随之而来的是行业对社工的个人要求也越来越高。社工不仅需要更加专业的理论知识，还需要具备多方面的专业技巧和能力。作为新入职社工来说，这对他们极为艰难，因为他们不仅要适应一个新的工作环境，也要服务好各类服务对象，完成自己的日常工作，实现入职期、迷茫期到成熟期的转变，早日成为一名专业社工。在这期间，社会工作督导就显得尤为重要。本案例通过讲述督导对新入职社工提供督导服务的过程，可以清晰地看到社会工作督导在新手社工专业成长中的重要作用。

一、督导准备阶段

（一）督导需求的收集

根据近些年对机构新入职社工的观察和分析，发现了新入职社工初入行业时的现状，特别是社工应届毕业生存在理论与实务脱节、角色转换迷茫、社工理念不够内化的特点，因此根据机构督导制度的安排及要求，需要对新入职社工进行督导。督导根据之前的经验，结合机构新入职社工的特点，通过问卷、访谈等方式对该社工进行了督导需求调研并分析，接着与社会工作者进行了沟通和确认，最后进行了详细的督导前的准备工作。

1. 督导背景

（1）社会工作者基本情况：谷社工，女，22 岁，20××年应届毕业生，于 20××年 6 月入职机构，在一个街道社工站项目做一线社工。

（2）社会工作者专业背景：20××年毕业于某大学社会工作专业，本科学历，在校期间学习了社会工作专业理论，并参加了 2022 年度助理社会工作师考试。

（3）社会工作者实习情况：大学期间参与过志愿服务，并在某社工机构的一个社工站项目进行了一个月的实习，并参与策划了 2 场社区活动。

（4）社会工作者工作环境：工作的项目点是一个街道社工站项目，已运营 3 年，服务 6 个社区的民政对象，共有社工 4 人，其中有 2 名资深社工，与社区关系融洽，工作氛围轻松愉快。

2. 督导需求

社工督导根据社会工作者的背景情况进行了需求分析，并与社会工作者进行了沟通和确认，最终社工督导认为该社会工作者主要存在以下需求：

（1）熟悉工作环境，顺利度过入职期。

（2）深化价值理念，提升职业认同感。

（3）加强专业学习，提升专业能力。

（二）督导需求的分析

1. 督导需求的理论分析

（1）社会学习理论。

班杜拉认为，人的行为主要是后天习得的，行为的习得既受遗传因素和生理因素的制约，又受后天经验环境的影响。班杜拉认为行为习得有两种不同的过程：一种是通过直接经验获得行为反应模式的过程，称为"通过反映的结果所进行的学习"，即我们所说的直接经验的学习；另一种是通过观察示范者的行为而习得行为的过程，称为"通过示范所进行的学习"，即我们所说的间接经验的学习。社会工作者由于自身能力的不足，工作经验的欠缺，因此社工督导应教授社会工作者在社会工作实务方面的知识和内容，同时也可以分享自己的工作经历、经验等，以供社会工作者进行观察模仿习得内化。

（2）优势视角理论。

"优势视角"是一种关注人的内在力量和优势资源的视角。意味着应当把人们及其环境中的优势和资源作为社会工作助人过程中所关注的焦点，而非关注其问题和病理。优势视角基于这样一种信念即个人所具备的能力及其内部资源允许他们能够有效地应对生活中的挑战。社工督导应让社会工作者相信每个人、团体、家庭和社区都是有优势的，在自己的工作开展过程中，遇到问题的时候应甄别、利用优势资源去对抗工作中遇到的难题。

（3）理性情绪理论（ABC 理论）。

该理论是由美国心理学家埃利斯创建的。理性情绪理论认为激发事件 A 只是引发情绪和行为后果 C 的间接原因，而引起 C 的直接原因则是个体对激发事件 A 的认知和评价而产生的信念 B，即人的消极情绪和行为障碍结果 C，不是由于某一激发事件 A 直接引发的，而是由于经受这一事件的个体对它不正确的认知和评价所产生的错误信念 B 所直接引起。入职初期，社会工作者会面临特殊服务对象、社工薪酬等问题，社工督导要协助社会工作者理清情绪，理性分析，抛弃"绝对化要求""过分概括化"和"糟糕至极"等不合理想法，有意识地用合理观念取而代之。

2. 督导需求的实务操作分析

（1）针对社会工作者熟悉工作环境，顺利度过入职期的需求，应充分发挥督导的行政性功能，让社会工作者充分了解机构的概况，对机构有一个整体的了解，向社会工作者交代岗位职责，明确机构、项目管理者、督导、社工之间的关系，熟悉机构的管理制度，同时要发挥支持性功能，让老社工带领新社工共同完成工作，之后再培养社工独立开展工作能力。

（2）针对社会工作者深化社工理念，提升社工认同度的需求，应充分发挥督导的教育性功能，通过自我披露、面谈和分享树立社会工作直观形象，从个人工作经验出发，向社会工作者分享自己的经历，让社会工作者直观感受到专业价值理念的体现；观看社工宣传和教育视频，通过案例指引社会工作者认清专业价值与实务如何相结合；开展职业及自我认知座谈，带领社会工作者重新审视自我，审视自我与职业的契合度，以加深职业认知，形成职业认同。同时社工督导引导社会工作者通过分享和总结，不断将所学内容与日常实务工作相结合，从而将社会工作理念和价值观内化，重新认识社会工作的价值。

（3）针对社会工作者加强专业学习，提升实务能力的需求，应充分发挥督导的教育性和支持性功能，通过协助社会工作者熟悉工作流程、定期开展培训、实施督导计划、指导工作技巧、个别案例督导等过程，推动社会工作者专业成长，同时也要及时关注社会工作者的情绪和状态，给予社会工作者充分的情感支持和帮助。

（三）督导的过程安排

社工督导根据社会工作者的背景情况进行了需求分析，并与社会工作者进行了沟通和确认，最终确定督导的时间、地点以及督导方式。

1. 督导时间：20××年6月4日~8月5日

2. 督导地点：社区个案活动室

3. 督导方式：一对一个别式督导

（四）督导中可能出现的问题及解决方案

1. 出现问题：社会工作者角色转换困难，缺乏想法和思考。

解决方案：在这个阶段，社工督导要与社会工作者进行充分的沟通交流，了解原因，给予情感支持。必要的时候也可以充分发挥督导的行政功能，运用机构考核制度和激励措施，促使督导对象更快地投入到工作中去。

2. 出现问题：在督导过程中，社会工作者参与积极性不高。

解决方案：感同身受是建立人际关系的重要因素之一。社工督导在进行督导跟进时，可以围绕社会工作者感兴趣的话题展开讨论，这样社会工作者觉得社工督导是理解自己的，就会分享更多的想法或者信息，这种沟通要比机械式的一问一答更自然，更容易建立良好的专业关系。在这个阶段，社工督导在进行面谈时，一定要营造一个舒适的环境，能让社会工作者感受到被关心、被重视，舒适和谐的环境能让人放松身心，调节情绪，促进社工督导与社会工作者的沟通。

3. 出现问题：社会工作者认为自己能力不足，没有办法做好专业服务工作。

解决方案：在这个阶段，社工督导应充分运用优势视角的理论，引导社会工作者看到自己的优势和资源，找到自己在以往服务和生活工作中的闪光点并加以提炼，增强社会工作者的专业自信。同时，社工督导也可以通过理论知识和专业技巧培训增强社会工作者的专业服务能力，促使社会工作者可以更加自信地去开展专业工作。

二、督导开展阶段

（一）督导过程节录

1. 第一阶段：建立良好的专业关系，了解社会工作者基本情况，帮助其熟悉工作环境。

主要内容：与社会工作者初步接触，了解其基本情况。为了获得社会工作者的信任和接纳，社工督导从社会工作者的兴趣入手，从社会工作者目前感兴趣的事情谈起，并运用同感、尊重和接纳等技巧获得了社会工作者的信任。从谈话中进一步了解社会工作者的情况，社工督导让社会工作者填写了自我评价表，根据自评结果，社工督导进一步掌握了社会工作者在人际关系、对工作的态度、自身掌握的技能等方面的初步情况。

接下来，社工督导向社会工作者介绍了机构概况，包括机构职能、人员分工、岗位设置等情况，让其对机构有了整体性了解，并告诉社会工作者所在岗位的职责以及可利用的外部资源。为了让社会工作者更有动力做好本职工作，在管理制度方面，重点讲了机构考核和激励机制，主要是让社会工作者知晓工作要求和看到职业晋升空间。最后社工督导为其安排老社工带领，共同工作一段时间，以便更好地帮助其适应工作岗位，顺利度过入职期。

通过第一阶段的会谈，社工督导和社会工作者建立了良好的专业关系，取得社会工作者的信任。社会工作者很乐意接受社工督导的帮助，并和社工督导一起探讨制订了服务目标。

2. 第二阶段：培养社会工作者的社工理念，协助社会工作者完成职业生涯规划。

主要内容：为进一步培养社会工作者的价值理念和认同感，社工督导通过面谈和分享树立社工的直观形象，从个人经验出发，向社会工作者分享自己的经历，比如，如何选择社工行业、最感动的事、最有成就的事、心态的变化等，让社会工作者直观地感受到专业价值理念的体现。为进一步加深社工的职业认知，社工督导带领社会工作者重新审视自我，对社工理念和价值观的认同度，对自身与社工这个职业的契合度。

社会工作者认为：经过大学四年的学习，自己对社工的理念和价值观还是比较认可的，但是对于社工这个职业还是有些迷茫的，不确定自己是否适合做社工，但是愿意尝试并坚持下去。社工督导根据社会工作者的回答，带领社会工作者了解了在机构平台层面的社会工作者的职业生涯，一是管理路线，从实习生——一线社工——项目主管——部门主任——副总干事——总干事，选择这条路线需要拥有专业能力、足够经验、管理能力、领导能力；二是实务路线，从一线社工——内部督导——行业督导，而这条路需要拥有扎实的一线实务经验、专业技巧、督导知识等，通过这些讲述，进一步加深了社会工作者的职业认知，有助于形成职业认同。

3. 第三阶段：协助社会工作者发现自己的特点，制订学习计划，提升实务能力。

主要内容：社工督导带领社会工作者进行了自我分析，分别从优势、劣势两个方面进行了反思总结，社工督导带领社会工作者一同在纸上分条写下，优势：社工专业出身，价值观比较认同，性格外向、学习能力强、认真细心、责任感强；劣势：实践经验不足、理论缺乏实践、缺乏计划意识、专业能力薄弱。社工督导结合社会工作者的自我评价表，与社会工作者进行了讨论分析，对社会工作者的优势给予了肯定和鼓励，同时也针对其发现的劣势，提出了相关改进建议，协助社会工作者参照专业知识和技巧、实务技能、个人专业素质、专业发展、综合能力五个方面制订了个人成长计划，包含具体目标、具体行动、效果监测、督导跟进等。通过督导，社会工作者对个人成长有了清晰的认识，明确了思路和努力方向。

4. 第四阶段：跟进社会工作者执行情况，对个别案例进行督导。

主要内容：由于前期建立了良好的专业关系，社工督导会定期与社会工作者沟通岗位上的工作开展情况，社会工作者也会主动寻求社工督导帮助，在学习中、工作中遇到的困惑都会及时和社工督导联系，社工督导会带领社会工作者反思原因，并引导社会工作者自己先去思考、去尝试，同时也会给出一些自己的建议。在会谈时，社会工作者提出了自己在开展服务中遇到的困难——自己精心策划的暑期活动人员招募不理想，如何招募更多的服务对象参加社区活动？针对这个问题社工督导首先向社会工作者了解了暑期活动的策划内容以及目前的状态，之后询问社会工作者针对这一现象是否进行了反思和改进，随后带着社会工作者一起进行了原因分析，鼓励社会工作者可以先做一些尝试，督导者也提出了相关建议：一是宣传方面可以从多渠道考虑，依托物业、居民骨干、宣传媒介等进一步扩大宣传；二是内容设计方面可以更加契合本小区服务对象的特点和需要，形式可以创新一下。会谈后社会工作者结合社工督导的建议进行了尝试，找到了原因，并进行了调整，最终人员招募达到了理想状态。

5. 第五阶段：评估近期服务质量，促进自我认知，增强自信，提供情绪支持。

主要内容：社工督导和社会工作者共同回顾了这两个月督导的整个过程，肯定了社会工作者这段时间的进步和成效，并对社会工作者现在的状况给予鼓励和赞赏。会谈中，社工督导发现社会工作者的自信心逐渐增强，工作能力、人际关系和沟通表达等方面都取得了良好的效果，社工督导看到社会工作者基本已经度过了入职期，工作状况已经改善并且稳定，建议社会工作者保持好状态，坚持学习，努力提升专业实务能力，早日成为一名优秀的社工。

（二）督导过程分析

1. 分析督导对象需求阶段

在这个阶段，社工督导根据之前的经验，结合机构新入职社会工作者的特点，对该社会工作者进行了需求分析，并与社会工作者进行了沟通和确认，然后选择从行政性督导入手，主要为了新入职社会工作者可以尽快熟悉环境，转变角色，顺利度过入职期，深化社工理念，提升社工认同度，提升实务能力。

2. 建立专业关系阶段

在这个阶段，社工督导通过运用积极倾听、专注、鼓励、尊重、接纳、同理心等技巧获得了社会工作者的信任。此外，社工督导发挥行政性职能向社会工作者介绍了机构概况，让其对机构有了整体性了解，并告诉社会工作者所在岗位的职责以及可利用的外部资源，帮助其更好地适应工作岗位。

3. 深化社工理念阶段

在这个阶段，社工督导从个人经验出发，向社会工作者分享自己的经历，让社会工作者直观地感受到专业价值理念的体现。为进一步加深社工的职业认知，社工督导带领社会工作者重新审视自我，增强社工理念和价值观的认同度，提高自身与社工这个职业的契合度。

4. 制订成长计划阶段

在这个阶段，社工督导带领社会工作者进行了自我分析，分别从优势、劣势两个方面进行了反思总结，社工督导对社会工作者的优势给予了肯定和鼓励，同时也针对其发现的劣势，提出了相关改进建议。随后带领社会工作者一起制订具体可行的个人成长计划。

5. 提升实务能力阶段

在这个阶段，社工督导会定期与社会工作者进行沟通交流，对社会工作者的工作和成长进行及时跟进，个别案例督导时会引导社会工作者面对问题时要敢于思考、勇于尝试，遇到问题可以再次进行讨论，直到问题得到解决，督导后，社会工作者根据建议去执行取得了理想的结果。

6. 总结和回顾阶段

在这个阶段，社工督导引导社会工作者进行了总结和回顾，促使社会工作者对这段时间的督导内容有了进一步的理解。通过总结回顾，社工督导发现社会工作者有了明显的成长和进步，社会工作者的自信心逐渐增强，工作能力、人际关系和沟通表达等方面都取得了良好的效果，并且现状比较稳定，社工督导给予了肯定和鼓励，并叮嘱社会工作者要坚持学习。

三、督导后期阶段

（一）督导过程总结与反思

1. 从价值观角度分析

在督导过程中，社工督导充分采用了"助人自助"和"以人为本"的社会工作价值理念，根据社会工作者的特点进行了具体的分析，并引导社会工作者进行反思总结，自我提升，最终实现了推动社会工作者自我学习和自我训练的目的，顺利度过入职期。

2. 从知识和技能角度分析

在督导过程中，社工督导通过运用积极倾听、鼓励、摘要、信息提供、提问、建议等会谈技巧，使社会工作者熟悉了机构环境和概况，引导社会工作者进行了自我分析和成长计划的制订，并进行有效跟进和落实。在个别案例督导方面，面对社会工作者提出的问题，社工督导有意识地引导社会工作者进行反思、分析、尝试，最后给出了相关建议，充分发挥社会工作者的主观能动性。

3. 从社会环境总体问题角度分析

在督导过程中，社工督导从个人理解的角度对新入职社会工作者进行了需求分析和督导，同时也借鉴了其他人的经验给予分享，使社会工作者对社工行业有了进一步的认知，促进了职业认知的形成。同时，社工督导建立为社会工作者初步建立了社会支持网络，安排老社工带领新社工一起工作，帮助其获得朋辈支持，机构层面也给予了充分的支持，促使社会工作者尽快适应和成长。

4. 从培训能力角度分析

在督导过程中，社工督导主要是与社会工作者通过面对面沟通的方式进行，引导社会工作者进行了自我分析和自我学习，协助社会工作者制订了具体可行的个人成长计划，并跟进落实情况，最终工作能力、人际关系和沟通表达等方面都取得了良好的效果，通过这段时间的督导，增强了社会工作者的个人知识和技能。

5. 从评估督导能力角度分析

在督导结束后，社工督导通过面谈和观察的形式了解督导效果，从面谈中，社会工作者提到自己在沟通能力、文书写作、实务能力、专业认同等方面都有了明显的进步。经过近几次督导时的观察，发现社会工作者确实有了明显的成长和进步，自信心逐渐增强，工作开展也比较顺利。其项目负责人也表示社会工作者最近进步很快，工作效率很高。

（二）回应社工反馈

1. 社工反馈

在本次督导中，督导采用社会学习理论、优势视角理论等专业理论知识对我进行一对一督导。在督导前，督导会认真地跟我沟通时间、地点和督导方式，充分地尊重我的选择权。在我刚入职的时候，督导首先对我的基本情况进行了解，辅助我填写自我评价表。向我介绍机构概况，帮助我树立正确心态，顺利度过入职过渡期。在入职一个月，对工作有较熟悉认知后，督导帮助我进行职业规划，向我介绍晋升的两种途径：其一是管理升职，可以通过职位晋升；其二是专业晋升，通过努力，成为督导。在督导时，他运用同理心技巧，站在我的角度考虑，与我分享他个人的发展经历，帮助我加深对社工认知；在他的鼓励指导下发现我的特点，自我进行优势劣势分析，制订个人成长计划。我在独自策划开展暑期活动后存在疑惑，如暑期活动人员招募不理想等问题。督导会耐心帮助我分析原因，引导我进行自我反思，然后给予我建议，我可以考虑在宣传和方案设计上创新，吸引人员兴趣。非常感谢督导对我的指导，在他的帮助下，我减少了很多工作和生活上的曲折，在他的指导下，我对专业的认知不断加深，学会了如何更好地成为一名优秀社会工作者。

2. 督导者回应

非常感谢你对我的评价和认可，看到你顺利度过入职期，并且有所收获，有所成长，我也非常开心，证明这段时间的督导是有意义的，大家都得到了成长与收获。希望你接下来可以继续按照计划来学习成长，我也会定期对你的成长情况进行跟进和监督，陪伴你学习和进步，因为社会工作是一个实务性很强的专业，需要我们不断地学习新知识和新能力，只有这样才能早日成为一名专业社会工作者。

（三）制订后期督导计划

1. 跟进社工个人成长计划执行情况

社会工作者度过入职期以后，社工督导将会对社会工作者的个人成长计划继续跟进，督促社会工作者定期自我检视，社工督导也会就督导过程中出现的问题和困惑及时给予回应和解答，并定期评估社会工作者的服务成效和学习成长情况。

2. 组织社工积极参加相关实务培训

针对社会工作者目前专业能力不足的特点，社工督导将积极协助社会工作者参加社工机构、社工协会、政府等相关机构的培训、讲座、沙龙、参观等各种活动，促使社会工作者可以在专业方面得到成长。

3. 协助社工完善社会支持系统

针对社会工作者刚刚进入机构项目开展工作，各种关系尚未很好地建立，社工督导将分享在社区服务工作中需要用到的人力、财力、物力等方面的资源于社会工作者熟知，从机构层面和个人层面来促使社会工作者的正式支持系统和非正式支持系统的建立完善。

 **案例 12 - 8：**

社会工作者人际关系能力提升督导

社会工作者在服务过程中，不仅需要处理好与团队成员的关系，同时还要处理好与用人单位以及所在机构的关系。这就需要掌握一定的人际关系处理技巧，提升人际关系处理能力。本案例以社会工作者人际关系能力提升为例，对其督导的过程及内容进行详细介绍与分析。

一、督导准备阶段

（一）督导需求的收集

1. 督导需求初步收集

社工督导在正式督导之前让社会工作者填写了《督导需求评估表》，该社会工作者提出督导需求具体如下：

（1）作为一名项目主管，如何处理好与用人单位领导及同事的关系。

（2）如何处理好与团队成员之间的关系。

（3）如何处理好机构安排的专业服务与用人单位安排的行政工作之间的关系。

2. 督导需求确认

社工督导收到社会工作者的督导需求之后，对社会工作者的需求有了详细的认识，梳理后得到督导需求如下：

（1）如何处理与用人单位领导及同事的关系，解决既有矛盾和冲突。

（2）如何处理团队关系，搞好团队成员工作之间的平衡。

（3）如何处理与社工机构之间的关系，搞好专业服务与行政工作之间的关系。

（二）督导需求的分析

1. 督导需求的理论分析

社工督导在梳理社会工作者督导需求的过程中发现，社会工作者的问题核心和焦点都是关系的处理，于是选择了"情绪 ABC 理论""社会角色理论"和"沟通三要素与一致性沟通"作为需求分析和督导基础。

（1）情绪 ABC 理论。

情绪 ABC 理论由美国心理学家埃利斯创建，该理论认为激发事件 A（activating event）只是引发情绪和行为后果 C（consequence）的间接原因，而引起 C 的直接原因则是个体对激发事件 A 的认知和评价而产生的信念 B（belief），即人的消极情绪和行为障碍结果（C），不是由于某一激发事件（A）直接引发的，而是由于经受这一事件的个体对它不正确的认知和评价所产生的错误信念（B）所直接引起。错误信念也称为非理性信念。正是由于我们常有的一些不合理的信念才使我们产生情绪困扰。

（2）社会角色理论。

社会角色理论是社会心理学理论之一。社会角色理论认为：人们在社会结构中占据一定的位置，每一个位置都与一个特定的角色相关。社会角色是与人们的身份、地位相符合的一整套权利和义务的总称。它是人们在社会结构中所被期望的表现和行为的集合体。运用不同的视角来看待自身角色，我们也会产生不同的改变，并发展出与之相对的应对方法。人们能通过对社会化经验的学习，不断调整自己的角色来适应文化和社会，从而形成恰当的社会角色和社会行为，完成社会化。并且在社会的正面鼓励和负面惩罚的准则之下，不断地根据实际情况进行调整和修改。

（3）沟通三要素与一致性沟通。

沟通三要素，包括自我、他人和情境。自我指的是我是否接触到自己的感受与需求，并愿意为自己表达与行动；他人指的是我是否关心与接纳对方的感受与需求，并愿意积极倾听与探寻；情境指的是我是否注意到双方所处的环境与客观条件，并愿意以对等协商的态度处理彼此所面临的问题。根据各个要素在沟通中的关注程度，可以将沟通分为讨好、指责、打岔、超理智和一致性沟通五种沟通姿态，每个人因为其各自的过往经历而有所不同，其沟通姿态也各有不同。

2. 督导需求的实务操作分析

（1）运用 ABC 理性情绪疗法进行情感支持需求分析。

ABC 理性情绪疗法是以理性治疗非理性，帮助求治者以合理的思维方式代替不合理的思维方式，以合理的信念代替不合理的信念。

社会工作者与用人单位领导的矛盾已经达到白热化的程度，情绪崩溃，彷徨无助。不知道如何处理与用人单位领导的关系。社会工作者承担了团队大部分工作，目前又面临评估工作，身心交瘁。社会工作者非常需要得到心理上的安慰，困境上的理解以及情感上的支持。

社工督导使用倾听、同理心等方法，给予社会工作者以情感上的理解和关怀。引导社会工作者辨识自我非理性信念，反思自己由于这些非理性信念，直接影响了他在行动中的表现。通过改变对人和事务的认知，在磨合的过程中逐渐达成共识，而不仅仅是对特定的人有意见和对事件的争论。

（2）社工角色定位分析。

社会工作者认为自己已经在用人单位工作 3 年了，早已经与用人单位融为一体，并且用人单位领导也不止一次提到社工与用人单位员工一视同仁。但是在工作安排上又区别对待。

社会工作者之所以有这样的困惑，归根结底是没有做好自己的角色定位，在社工机构与用人单位之间迷失了自我。社工督导引导社工正确进行角色定位，主动承担基于角色所产生的权利义务。根据所处工作环境的变化不断调整自己的角色来适应文化和社会。

（3）运用沟通理论进行处理关系需求分析。

由于沟通能力不足，社工与用人单位领导关系白热化，甚至出现离职极端情绪。根据沟通理论，社工督导引导社会工作者检视在沟通中较常使用的沟通姿态，并探索其真实的内在体验。在信任的基础上，社工督导与社会工作者一同探讨其个人对于沟通表达的真实看法，一起学习沟通三要素和五种沟通姿态，协助其评估自己的沟通姿态和自我分析，形成对自己的沟通姿态，内在关注的认识，提升对于沟通有效性的重视程度。

（三）督导的过程安排

通过与项目社工进行沟通，确定督导时间、地点及督导方式如下：

1. 督导时间：20××年7月12日上午9：30～11：30

2. 督导地点：项目会议室

3. 督导方式：个别督导

（四）督导中可能出现的问题及解决方案

1. 督导过程中可能出现的问题

（1）社会工作者表达自我观点和感受不清晰。

（2）涉及关键性问题时，社会工作者有所顾虑不愿意表达。

2. 问题解决方案

（1）社工督导及时引导社会工作者真实、开放地表达自我。

（2）社工督导应把握督导的进程，切忌急于求成。

二、督导开展阶段

（一）督导过程节录

1. 明确督导目标

社工督导与社会工作者一起分析了其现状，了解其困扰的目标问题，梳理出核心问题明确了督导目标：一是解决与社区领导及同事的关系；二是处理好团队的关系；三是处理好机构工作与用人单位工作之间的关系。

社工督导告诉社会工作者会和其一起面对并解决问题，社会工作者需要信任和配合社工督导以助于尽快达成督导目标。

2. 与非理性思维辩论

社工督导通过情绪ABC理论引导社会工作者辨识自我非理性信念，反思自己对于沟通的信念，直接影响了他在行动中的表现。改变对沟通的认知，即沟通是彼此表达各自的期待和要求，在磨合的过程中达成共识，而不仅仅是对特定的人有意见和对事件的争论。

3. 正确进行角色定位

社工督导引导社工正确进行角色定位，主动承担基于角色所产生的权利义务。根据所处工作环境的变化不断调整自己的角色来适应文化和社会。从而形成恰当的社会角色和社会行为，完成社会化。

4. 了解沟通姿态，学习一致型沟通

根据沟通姿态的具体内容，社工督导引导社会工作者检视在沟通中较常使用的沟通姿态，并探索其真实的内在体验。在信任的基础上，社工督导与社会工作者一同探讨其个人对于沟通表达的真实看法，一起学习沟通三要素和五种沟通姿态，协助其评估自己的沟通姿态和自我分析，形成对自己的沟通姿态的初步了解。

（二）督导过程分析

督导工作刚开始时社会工作者情绪激动、极端，甚至有离职的想法，言语当中较多的无力感和负面的自我评价。社工督导耐心倾听社会工作者倾诉，给予对方情感上的关怀和支持。运用 ABC 理性情绪疗法帮助帮助社会工作者纠正不正确的认知，树立对自我、他人及事务正确的认知。社会工作者情绪慢慢稳定，打消了离职的念头。

社工督导通过引导社会工作者明确自己的角色定位以及角色所承载的权利义务，使社会工作者明白角色与环境的关系。在不同的工作环境下如何调整自己的角色以适应社会。社工对自我角色定位有了清晰的认知。明确了未来工作的重点和努力的方向。

通过了解自我沟通状态，社会工作者关注到了自己内在的需要，发现了隐藏在自己记忆当中的关键事件，了解到这些原因之后，社会工作者整个人都轻松了很多。社工督导协助社会工作者评估自己的沟通姿态和自我分析，增加了社会工作者对沟通的认知和沟通技巧的了解，增强了社会工作者想要尝试沟通的动力。

三、督导后期阶段

（一）督导过程总结与反思

1. 价值观

在督导过程中，社工督导以真诚、尊重、同理心、开放的态度引导社工督导活动的开展，在督导关系中以良好的互动促进社会工作者的自我完善。

2. 知识

社工督导重视项目社会工作者能力的培养和再学习，通过引导社会工作者进行独立思考以提升其独立思考的能力和应对问题的能力。

3. 技能

社工督导以情绪 ABC 理论、社会角色理论、沟通三要素和一致性沟通为理论指导，提升社会工作者自我认知、角色定位、人际沟通等方面的技巧，有效缓解了社会工作者面临的问题。

4. 社会环境总体问题

社会对社会工作者专业服务的认知度不高，社会工作者要依托用人单位开展专业服务，所处环境复杂，需要处理与用人单位、社工机构、团队及服务对象的各方面关系。专业社会工作教育只能满足从事社会工作专业服务的需求，实际工作中处理人际关系等应用类的技巧还需要社工督导对社会工作者开展更多的职业培养。

5. 培训能力

社工督导帮助社会工作者进行了情绪 ABC 理论、社会角色理论、沟通三要素和一致性沟通的讲解和练习。

6. 评估督导能力

社工督导制订了符合社会工作者现实问题的督导方案，并运用有效的督导方法和技巧实现了督导目标。

7. 督导中做得较好的方面

社工督导以真诚、尊重、同理心、开放的态度引导社工督导活动的开展，较好地达成了督导目标。

8. 督导中需要改进的方面

因时间关系，社工督导没有帮助社会工作者做情景练习，在后续的督导中，可加强此种形式的督导。

（二）回应社工反馈

1. 口头反馈

社工督导告知社会工作者会持续关注其问题，随时给予帮助。

2. 书面反馈

社工督导通过督导记录表对社会工作者给予了及时反馈："建议可以通过工作计划和分配、工作授权，主动与用人单位及社工机构协调和沟通等处理好各方面人际关系，以适应现在的工作岗位。"

（三）制订后期督导计划

为了更好地协助社工提升沟通能力及专业能力，保证社会工作服务的效果，制订后期督导计划如下：

1. 督导目标

（1）了解现状，回应情绪，表达接纳。

（2）引发自我反思。

（3）解决人际关系处理中的困难。

2. 督导时间

社工督导与社会工作者提前约定。

3. 督导形式

实地督导、面对面督导等。

4. 督导频率

面对面/实地督导，每月至少一次。

5. 督导内容

（1）对社会工作者提供培训，如工作计划和分配、工作授权、协调和沟通、工作监督、总结和评估。

（2）引导其学习工作需要的专业及管理书籍，提升专业及管理能力。

参 考 文 献

中文：

[1] DB4403/T 299 – 2022. 深圳市地方标准. 公益创投运行指南 [S].

[2] DB51/T 2442 – 2018，社会工作督导基本规范 [S].

[3] GB/T 42380 – 2023，未成年人司法社会工作服务规范 [S].

[4] MZ/T 058 – 2014，儿童社会工作服务指南 [S].

[5] MZ/T 064 – 2016，老年社会工作服务指南 [S].

[6] MZ/T 094 – 2017，社会工作方法 个案工作 [S].

[7] MZ/T 166 – 2021，社会工作督导指南 [S].

[8] MZ/T 167 – 2021. 儿童福利机构社会工作服务规范 [S].

[9] MZ/T 169 – 2021，养老机构社会工作服务规范 [S].

[10] Oyntha L. Garthwat. 社会工作实习 [M]. 吕静淑，译. 上海：华东理工大学出版社，2015：81.

[11] 艾晶. 小组工作在行动：（"我"与"小组"的第一次亲密接触）[M]. 北京：中国社会科学文献出版社，2016：235.

[12] 陈良谨. 中国社会工作百科全书 [M]. 北京：中国社会出版社，1994：128.

[13] 程书松，胡善平. TIE 循环与反馈：社会工作专业"实习就业一体化"模式建构研究 [J]. 北京城市学院学报，2021 (3)：100 – 104.

[14] 戴昕. 美国费里斯州立大学循证实践实习模式对社会工作学院实习的启示 [J]. 长沙民政职业技术学院学报，2012 (4)：88 – 91.

[15] 丁碧云. 社会个案工作 [M]. 台北：台北编译馆，1972：120.

[16] 何洁云，谢万恒. 社会工作实践——小组工作 [D]. 香港：香港理工大学应用社会科学系，2002：152.

[17] 何雪松，赵环，程慧菁. 英国的社会工作实践学习：模式、运作与启示 [J]. 华东理工大学学报（社会科学版），2009 (4)：1 – 5.

［18］库少雄．社会工作实习［M］．武汉：华中科技大学出版社，2003：3-7．

［19］刘斌志，谭坤成．论社会工作核心能力的培育：基于实习与督导的反思［J］．社会工作，2015（5）：118-124+128．

［20］刘梦主编．小组工作［M］．2版．北京：高等教育出版社，2013：185．

［21］卢玮，傅秀峰，徐蕾．经验性反思：社会工作实践教育中的反思能力意涵研究——基于50篇社会工作实习生的反思日记［J］．社会工作，2023（2）：40-56+108，109．

［22］民政部关于促进民办社会工作机构发展的通知［EB/OL］．中华人民共和国民政部网站，https：//www.mca.gov.cn/．

［23］深圳市社会工作者协会，深圳市社会工作督导选拔管理办法，2022．http：//www.sznshm.com/files/upload/20220904/637979213069453941.pdf．

［24］史柏年，侯欣编著．社会工作实习［M］．北京：社会科学文献出版社，2003．

［25］史铁尔，钟涛．个案工作与小组工作［M］．北京：北京师范大学出版社，2017：201．

［26］孙唐水．增能式社会工作实习模式探索：以南京N学院社会工作系实习为例［J］．社会工作，2014（1）：60-68．

［27］田国秀．社会工作专业实习［M］．北京：中国人民大学出版社，2016．

［28］童敏．社会工作实习指南［M］．北京：高等教育出版社，2008：148-149．

［29］王瑞鸿．社会工作督导：选拔、培养、使用、激励：本土化探索的地方性实［M］．上海：华东理工大学出版社，2021：136．

［30］王思斌．社会工作概论［M］．2版．北京：高等教育出版社，2006．

［31］王思斌．社会工作概论［M］．3版．北京：高等教育出版社，2014．

［32］王思斌主编．社会工作导论［M］．3版．北京：北京大学出版社，2021．

［33］魏寿洪，王雁．美国循证实践在自闭症谱系障碍儿童干预中的应用及其对我国的启示［J］．比较教育研究，2011，33（6）：15-19．

［34］向荣．中国社会工作实习教育模式再探索：建立与完善实习基地及其督导制度［J］．云南高教研究，2000，18（2）：50-52．

［35］肖萍．社会工作实习教育模式的本土性探讨：资源概念的引入［J］．南京社会科学，2006（3）：107-113．

［36］曾华源. 社会工作实习教育：学生自我学习手册［M］. 中国台北：洪叶文化，2014：62.

［37］赵芳. 团体社会工作：理论·实务［M］. 北京：知识出版社，2005：221.

［38］郑妙珠. 社会工作专业"成长导向型项目化实习模式"探究：以 H 学院的经验为例［J］. 社会与公益，2019（2）：60 – 65.

英文：

［1］Helen Harris Perlman. Social Casework：a Problem-solving Proless［M］. The University of Chicago Press，1970：164.

［2］Schon D. A. Educating the Reflective Practitioner［M］. San Francisco：Josey – Bass，1987：26 – 28.

后　记

本教程经过近一年的筹备、编写、反复校对终于付梓，在此，我们对经济科学出版社团队及责任编辑李雪卓有成效的工作表示感谢。

本教程大纲主要由高芙蓉、黄文斌老师牵头，毛慧琼、何新华老师参与拟订，经全体编写小组成员多次讨论后确定。编者大多具有社会工作实务和社会工作教学的双重经验，既有创建或管理社会服务机构的经验，又有长期受聘于社会服务机构或高校开展督导与教学的经验。各章编者分别为：高芙蓉（上海城建职业学院社会工作专业教师，负责编写第一、三章）；黄文斌（华东理工大学社会与公共管理学院博士研究生，上海城建职业学院社会工作专业教师，负责编写第二章）；毛慧琼（河南财政金融学院社会工作专业教师，负责编写第四、五、七章）；何新华（河南财政金融学院社会工作专业教师，负责编写第十一章，第十二章案例 12-5、案例 12-6、案例 12-7、案例 12-8）；毕亚斐（河南财政金融学院社会工作专业教师，负责编写第六、八章）；丁慧敏（河南财政金融学院社会工作专业教师，负责编写第十章，第十二章案例 12-1、案例 12-4）；陈丽丽（上海城建职业学院社会工作专业教师，负责编写第九章）；王栋生（郑州市郑东新区乐意社会工作服务中心社工，负责编写第十二章案例 12-2、案例 12-3）。高芙蓉负责全书的统稿，黄文斌参与校对工作。

鉴于时间仓促、水平所限，书中难免有疏漏不妥之处，敬请方家及广大读者不吝赐教。

主　编
2023 年 10 月